Traité de droit commercial OHADA

Ursil LELO DI MAKUNGU

Junior-Jackson BOSAKELIA LOKWA

Jean BAKOMITO GAMBU

Traité de droit commercial OHADA

L'Harmattan

5-7, rue de l'École-Polytechnique – 75005 Paris
www.editions-harmattan.fr
ISBN : 978-2-343-25387-9
EAN : 9782343253879

Préface

Je me sens, en ce moment, très honoré d'avoir été désigné par les auteurs pour l'écriture de la préface du présent traité de Droit Commercial, œuvre d'un triumvirat scientifique (Ursil LELO DI MAKUNGU, Junior-Jackson BOSAKELIA LOKWA et Jean BAKOMITO GAMBU) piloté par le Professeur Ursil LELO-DI-MAKUNGU, Vice-Doyen en charge de la Recherche de la Faculté de droit de l'Université de Kisangani, dont l'esprit multi-domaine et tentaculaire de recherche est à la fois avéré et très aiguisé non seulement dans la profondeur et l'expertise de ses études transversales mais aussi dans leur interdisciplinarité qui transcende largement les lisières scientifiques traditionnelles.

Les réelles considérations que j'éprouve envers ce coauteur au regard de ses dimensions académique et scientifique qui font la fierté de son alma mater et donc sa renommée au-delà des frontières de la RDC m'ont déterminé à accepter de remplir cette énorme tâche.

La parution du présent « Traité de Droit Commercial » vient à point nommé en ce moment où se modernise continuellement le droit commercial congolais qui a connu moult mutations depuis sa migration vers le droit OHADA qui le gouverne désormais et qui est lui-même inondé par nombre d'actes uniformes ultérieurs pour la mise à niveau de ce droit très évolutif et dont les matières restent très mouvantes du fait de la forte nervosité des activités économiques et des acteurs de la vie économique.

Le caractère admirable et pratique de cet ouvrage réside dans l'expression qu'il est d'un travail très fouillé et suffisamment documenté des professionnels du droit qui mettent à niveau le droit commercial congolais pour l'utilisation aussi bien utile qu'agréable tant des opérateurs du droit (personnel académique et scientifique en droit, enseignants et chercheurs, avocats, défenseurs judiciaires, magistrats et étudiants en droit) que des agents économiques publics et privés sans omettre tous autres sympathisants du droit, - voilà qui me touche particulièrement.

Je recommande la compulsion, l'étude et la lecture du présent ouvrage de référence qui s'articule notamment en une relecture serrée, rigoureuse et systématique de différents controverses, doctrines et textes juridiques sur les matières qui y sont généreusement développées, à toute population cible ci-haut citée qui sera édifiée par ses illustrations, ses analyses pertinentes et ses idées tout aussi enrichissantes qu'intéressantes assorties d'un cocktail de réflexions destinées à irriguer son esprit critique.

Qu'il me soit permis, chers lecteurs, de vous conviez à la découverte du contenu de ce joyau qui est un nouveau-né dans la doctrine pour un excellent régal devant nourrir votre curiosité et étancher votre soif du savoir scientifique.

Professeur Glombert LOKO MANTUONO

Chef de Département de Droit Economique et Social de la Faculté de Droit de l'Université de Kisangani et Vice – Doyen honoraire en charge de la Recherche

Introduction Générale

Le présent ouvrage est élaboré conformément à l'Acte Uniforme du 15 décembre 2010 portant Droit commercial général, AUDCG en sigle en vigueur en République Démocratique du Congo. Le droit commercial général étant au cœur du droit économique,[1] il a été préconisé, dans le souci de doter aux lecteurs des connaissances générales et pratiques en la matière, de recourir à l'ensemble des sources de cette branche du droit qui transcende au dualisme juridique classique. Il est vraiment indispensable de recours à plusieurs disciplines pour mieux l'aborder notamment, droit comptable, droit des sûretés, droit des obligations. Il n'est pas pour autant une juxtaposition de matières, un enseignement pluridisciplinaire.

En réalité, une matière spécifique, avec un champ de connaissances précis : « le commerçant, personne physique ». Autant de considérations qui obligent à faire des choix métrologiques pour aborder ce cours. Il est nécessaire d'insister sur l'approche contemporaine qui doit être résolument interdisciplinaire pour mieux étudier cette discipline en prodigieux essor.

Cela explique la référence à plusieurs textes juridiques. Aussi, le souci de contextualisation de l'ouvrage aux réalités du pays a toutefois conduit à l'illustration de spécificités nationales par un apport substantiel tiré de de la règlementation interne.

Il s'inspire des programmes universitaires en cours à travers le monde et reprend pour se faire, l'essentiel des thèmes habituellement enseignés dans cette discipline.

---

[1] *En tant que la partie du droit qui permet la réalisation de la politique économique des pouvoirs publics conformément à l'impératif d'intérêt général.*

Première section. DEFINITION, DOMAINE ET CARACTERES DU DROIT COMMERCIAL

§1. Notion et domaine du droit commercial

Le droit commercial tire son origine du mot « commerce » et ce dernier a un sens juridique qui n'est pas le sens usuel. En droit romain, l'expression commercium a été employée pour désigner tous les rapports juridiques que les hommes ont entre eux relativement à l'utilisation des biens, les choses étaient dites incommercio ou extracommercium. Le commerce était alors le droit de participer aux opérations juridiques.

1. Définition du droit commercial

L'expression « droit commercial » est traditionnelle, mais elle est devenue singulièrement impropre aujourd'hui. On entend par là l'ensemble des règles de droit qui, dans un pays déterminé, traduisent en termes juridiques l'armature et les mécanismes de l'activité économique.[2]Le droit commercial est la partie du droit privé relative aux opérations juridiques faites par les commerçants, soit entre eux, soit avec les clients.[3]

Ainsi compris, le droit commercial occupe position intermédiaire entre le droit privé et le droit public ; son domaine empiète aussi, dans une certaine mesure variable, le domaine du droit pénal, du droit administratif et du droit de la procédure.

S'il est appelé droit « commercial », c'est en souvenir de l'époque lointaine où l'activité économique se traduisait pratiquement au négoce, au commerce des marchandises. Comme on l'a fait observer fort justement, il y aurait avantage à remplacer cette qualification désuète par celle du « droit économique », car l'emploi persistant de l'expression ancienne n'est pas sans inconvénient. Il risque de faire perdre de vue l'autonomie permanente de la discipline elle-même, en dépit de l'évolution rapide et profonde de notre régime économique et social. Il entretient aussi l'illusion de l'« absorption » du droit commercial par le droit public et par droit administratif, alors qu'il s'agit, au contraire, d'un développement nouveau et d'une transformation du droit économique lui-même.

C'est avec justesse que M. Fredericq souligne que l'évolution actuelle paraît tendre vers l' « absorption du droit commercial par un droit aux contours plus vastes, le droit économique ».[4]

---

[2]VAN RYN J, *Principes de droit commercial Tome 1er*, Etablissements Émile Bruylant, Bruxelles, 1954, P.3.
[3]*LUKOMBE NGEHENDA*, *Droit commercial Général Ohada en application en RDC*, PFDUC, Kinshasa, 2018, P.6.
[4]G. LYON-CAEN, *Contribution à la recherche d'une définition du droit commercial*, Rev.trim.comm., 1949, P.583.

2. Domaine virtuel du droit commercial

Quel est le domaine virtuel du droit commercial ?

Pour répondre à cette question, une distinction s'impose entre ce que l'on peut appeler le domaine virtuel du droit commercial et son domaine formel, tel qu'il est déterminé par le droit positif. Le droit virtuel du droit commercial est déterminé par son objet : il doit comprendre toutes les règles qui répondent aux besoins propres de l'activité économique. Il englobe donc outre le commerce proprement dit et l'industrie, la production elle-même, dans la mesure où les règles ordinaires du droit privé ne lui suffisent pas. Il est susceptible de régir aussi dans la même mesure le travail indépendant des artisans.

Le domaine virtuel du droit commercial correspond, en somme, à celui de l'économie politique que les auteurs classiques définissent l'étude « de l'activité de l'homme appliquée à la production, à l'appropriation et à la consommation des richesses »,[5] ou encore l'étude « des lois générales qui déterminent l'activité et l'efficacité des efforts humains pour la production et la jouissance des biens que la nature n'accorde pas spontanément à l'homme[6] Le « commerce », au contraire, n'est que « le dernier anneau de la chaine de la production, comprise au sens large ».[7]

Il y a cependant deux ordres d'activités qui, tout en se rattachant à la vie économique, échappent à l'emprise du droit commercial et ne paraissent pas devoir jamais s'y trouver complètement englobées. Ce sont, d'une part, les professions libérales, d'autre part, les activités « subordonnées » de ceux qui ne participent à la vie économique que sous la direction d'autrui et en exécution d'un contrat de louage de services.

Cette double exclusion se justifie très logiquement. Les professions libérales sont soumises à des règles déontologiques incompatibles avec les techniques propres à la pratique des affaires et avec l'organisation des entreprises économiques. Leur exercice ne peut pas, comme l'activité des chefs d'entreprises, être inspiré uniquement par le souci du rendement le meilleur. Ces règles, qui dérivent d'une tradition souvent forte ancienne, sont socialement utiles : elles sont de nature à maintenir l'autorité morale, l'indépendance et le crédit personnel dont doivent jouir ceux qui se consacrent à ces activités, pour qu'ils puissent remplir leur fonction de la société.[8]Quant aux employés et aux ouvriers, leur exclusion du secteur commercial au point de vue juridique s'explique par une raison analogue : les règles propres à la technique des affaires leur demeurent

[5]L. SAY & J. CHAILLEY, *Nouveau dictionnaire d'économie politique.*

[6]P. LEROY-BEAULIEU, *Traité théorique et pratique d'économie politique*, 4e éd., t.1er, P.13. L'auteur précise plus loin que les lois économiques concernent aussi la circulation, la distribution et la consommation de ces biens : op.cit., P.14.

[7]LAUFENBURGER, *Le commerce et l'organisation des marchés* (traité d'économie politique), cité par Jean VAN RYN, op.cit., P.4.

[8]SAVATIER J. *La profession libérale*, Paris, 1947, p.360 et suivantes.

étrangères. Mais cette situation pourrait se modifier profondément, si le personnel de l'entreprise se voyait reconnaître un rôle agissant dans le fonctionnement de celle-ci.

3. Domaine formel du droit commercial

Il faut souligner que le mot « commerce » ne traduit pas toujours la même signification par tous les utilisateurs. Au sens économique, le vocable commerce vise la circulation et la répartition des richesses. Du point de vue juridique, le concept commerce, a une signification plus large. Il comprend non seulement les opérations de circulation et de répartition des richesses que font les commerçants mais aussi les opérations de production que font les industriels et des opérations financières qu'effectuent les banquiers.

Il résulte de cette précision que la définition donnée précédemment laisse au droit commercial une conception étroite

Le domaine formel du droit commercial, qui devrait logiquement correspondre à l'ensemble des règles décrites ci-dessus, est cependant, en droit positif, beaucoup plus limité et ce pour des raisons d'ordre historique ou traditionnel qui se comprennent aisément. Les différents secteurs du droit commercial moderne, en effet, se sont développés d'une manière empirique, parallèlement à l'activité économique elle-même. A son premier stade, celui du « droit des marchands », le droit commercial ne régissait que les opérations sur marchandises (au comptant et, plus tard, à terme), certains instruments de paiement et de crédit, ainsi que la liquidation du passif des commerçants défaillants. Très tôt s'y sont jointes les institutions si originales auxquelles donna naissance le commerce maritime et dont l'une l'assurance a pris ultérieurement un développement extraordinaire, au point de déborder largement le cadre du droit commercial sensu lato.

Le développement de l'industrie et l'épanouissement du régime capitaliste, au XIXe siècle, ont donné au droit commercial un élan d'une ampleur exceptionnelle par la création d'innombrables entreprises sous la forme des sociétés, par la multiplication et la complexité de plus en plus grande des opérations de banque, de crédit et de finance, par la multiplication des opérations de bourse et des marchés à terme.

Si le droit commercial a pu ainsi annexer à son domaine des territoires nouveaux et importants, il n'a cependant pas réussi à y inclure tous les secteurs de la vie économique. Par force de la tradition, il est resté le droit privé des marchands, auxquels on a ajouté toutefois aujourd'hui certaines entreprises industrielles, les banquiers, les financiers, ainsi que les activités accessoires du négoce.

Alors que les activités relatives à la production (les entreprises minières et agricoles, notamment), les opérations immobilières, les activités artisanales, les entreprises économiques auxquelles participent les pouvoirs publics, restaient en dehors du domaine formel du droit commercial, à séjours, depuis la réforme intervenue en 2008 sur la transformation des entreprises publiques du portefeuille de l'Etat, et l'adhésion de notre Pays au traité de l'Ohada en 20012, ces activités de production, sont désormais, sous l'emprise formelle du droit commercial à travers le vocable acte de commerce par nature.

Ces opérations se rapportent à l'exercice du commerce, et sont dites pour cette raison actes de commerce que l'article 3 de l'acte uniforme relatif au droit commercial général, appelle « acte de commerce par nature », et d'autres actes de commerce le sont par la forme et d'autres encore par le fait que leur auteur est un commerçant à raison de son commerce ; le droit commerce général Ohada connait ainsi des actes de commerce qui ne sont pas nécessairement ceux par nature...

C'est un ensemble des règles relatives aux commerçants (individus ou sociétés), aux biens commerciaux et aux opérations commerciales. Il est une branche du droit privé et se présente comme un droit d'exception par rapport au droit civil qui constitue le droit commun, alors que le droit public régit les rapports entre l'Etat, ses organes et les individus d'un pays. Le droit privé règle les rapports des particuliers entre eux.

Dans les rapports entre particuliers, le droit civil est la base essentielle ; le droit civil est la règle raison pour laquelle on dit que c'est un droit commun. De ce droit commun s'est détaché progressivement comme d'un tronc commun divers droit spécial : le droit commercial, le droit maritime et aérien, le droit du travail et le droit de la sécurité sociale, le droit des assurances.

Le droit commercial est un droit exceptionnel, car il comprend des règles particulières dérogeant du droit civil établies dans l'intérêt du commerce.

Il est cependant mieux de garder l'expression « droit commercial » pour les besoins de l'étude.

IIème Section. Autonomie et tendances permanentes du droit autonome

§1. Unicité et autonomie du droit commercial

Si l'on considère que le domaine reconnu au droit commercial par la législation actuelle, on cherchera vainement à le présenter suivant un plan rationnel ou même à dégager les caractères communs des règles disparates qui le composent. Les efforts de la doctrine pour y parvenir ont toujours échoué.

Si l'on reconnaît, au contraire, que le droit « commercial » est, en réalité, « droit des affaires » ou, mieux encore, le droit des activités économiques, on met en évidence le seul principe d'unité qui permette de justifier le groupement en une seule discipline de ces règles diverses. Du même coup, on dégage l'idée qui permettra, à l'occasion de développements ultérieurs ou lors d'un regroupement plus judicieux des matières juridiques, de donner au « droit économique » la configuration et l'étendue qu'il devrait avoir.

Est-ce bien utile, alors que d'excellents auteurs prédisent l'élimination progressive du droit commercial traditionnel, au profit du droit public-droit administratif, d'une part, du droit social, d'autre part, le résidu qui en subsisterait étant absorbé par le droit civil, devenu le droit privé.[9] Nous le pensons, car cette opinion pessimiste au sujet de l'avenir du droit commercial repose, à notre avis, sur la méconnaissance de ce que l'on pourrait appeler « les constantes » de ce droit.[10]

§2. Constantes du droit commercial

Le droit qui régit les activités économiques est essentiellement mouvant, mais, toute époque et en tous lieux, il se « polarise », en quelque sorte, au tour de trois tendances entre lesquelles il oscille constamment, suivant l'évolution du milieu social : contractuelle, statutaire, institutionnelle.

A toute époque, et dans toute société évoluée, le droit de l'économie porte l'empreinte, dans une proportion qui peut varier très largement, de ces trois tendances.

Il comprend toujours un secteur « contractuel » : les règles applicables aux opérations commerciales nouées volontairement, par l'accord des parties intéressées (ventes, marchés, louages d'ouvrages ou de services, prêts, mandats, courtage, commission, etc.).

---

[9]Voy. RIPERT, *Traité élémentaire de droit commercial*, n°s 12 &13, cité par Jean VAN RYN, op.cit., P.7.

[10]Voy., en faveur de l'autonomie nécessaire du droit commercial : HAMEL, Etudes offertes à G. RIPERT, t.2, « Droit civil et droit commercial en 1950 », Vivante, tout d'abord partisan de la suppression du droit commercial en tant que droit distinct, enseigne au contraire, dans les nouvelles éditions de son Traité, que c'est le droit commercial qui doit attirer à soi tout le droit privé, en devenir le noyau, le droit étant réduit à un rôle accessoire, voir même entièrement absorbé.

Mais le droit de l'économie est nécessairement aussi, pour une partie, un droit statutaire ou professionnel. Les activités économiques ne peuvent se dérouler que dans un « cadre » ; leur exercice est soumis à certaines conditions et entraîne certaines conséquences. Les unes et les autres sont déterminées par des règles auxquelles s'attache, par leur nature même, un caractère impératif. Elles tendent à assurer la sécurité des transactions économiques (ce que l'on appelle parfois la police du commerce), ou la protection du public ; elles pourront même, en régime dirigé, constituer une pièce essentielle de la politique sociale du pays.

Le droit économique comprend enfin, et c'est, sans aucun doute, son élément le plus important et le plus original, toutes les « institutions », nées de la pratique des affaires et qui sont les instruments indispensables de la vie économique moderne. L'institution n'est, à vrai dire, que la traduction juridique, sous la forme d'un ensemble de règles, légales ou extralégales, de ces instruments eux-mêmes.

Les multiples agencements, les « mécanismes », suivant l'expression de M. RIPERT, que la pratique des affaires a fait imaginer, en vue des buts les plus divers, constituent, si l'on veut reprendre la terminologie d'Hauriou, soit des institutions-choses (titres à ordre & au porteur, par exemple), soit des institutions « incorporées » trouvant leur fondement dans un groupe social (sociétés commerciales), dans l'affectation d'un patrimoine ou d'un ensemble des biens à des fins déterminées (fonds de commerce), ou dans l'un et l'autre (masse faillie).

§3. Permanence de ces tendances

Aucune de ces trois tendances n'est jamais complètement éliminée, car elles répondent toutes trois à des exigences permanentes, intrinsèques, de l'activité économique. Celle-ci implique la succession rapide et l'exécution expéditive d'opérations nombreuses, pour lesquelles la technique ordinaire des obligations conventionnelles ne suffit pas toujours. Elle exige, d'autre part, un cadre permanent, une discipline, une organisation dont l'esprit, l'étendue et la rigueur peuvent grandement varier, mais qui doivent toujours exister, car la liberté absolue dans l'ordre économique ne serait que l'anarchie, conduirait aux pires désastres, et n'a d'ailleurs jamais existé nulle part. Il lui faut enfin nécessairement, et c'est le plus en plus indispensable, à mesure que s'accroît la complexité de notre civilisation matérielle, ces « mécanismes », ces instruments ingénieux qui permettent, notamment, de drainer les capitaux, de les faire circuler, de multiplier les moyens de paiement, d'échafauder des entreprises immenses et d'en assurer le fonctionnement.

La permanence de la tendance contractuelle et de la tendance statutaire n'est pas moins certaine. On en trouverait de multiples preuves dans l'histoire des régimes juridiques modernes. Nous n'en citerons que deux, les plus frappantes : jamais, même au temps du « libéralisme économique » le plus absolu, c'est-à-dire pendant le cours du XIXe siècle, l'on a pu se dispenser d'imposer des obligations professionnelles aux commerçants, ni de réglementer l'exercice de l'activité économique, tout au moins dans certains secteurs. En revanche, même en Russie soviétique, nous signale SAVATIER,[11] sous un régime d'économie dirigée et planifiée, les « contrats commerciaux » continuent à jouer un rôle essentiel.

§4. Originalité du droit commercial

Les constantes du droit économique ne permettent pas seulement de maintenir l'unité et la cohésion de ce droit, en dépit des variations de son contenu ; elles donnent aussi le moyen d'éviter la transposition arbitraire, en droit commercial, des méthodes d'interprétation et des techniques propres au droit civil. Nous y reviendrons plus tard en examinant d'une manière approfondie la nature et le rôle des institutions commerciales.

Elles permettent aussi de corriger l'affirmation, maintes fois répétée, que le droit commercial est droit « dépendant du droit civil » : ce n'est vrai que pour cette partie du droit commercial dont l'importance varie et, à notre époque, tend à décroitre, qui se rattache à la tendance contractuelle. Après avoir affirmé, en termes généraux, la subordination du droit commercial au droit civil,[12]les auteurs ont tout de même appliqué aux institutions commerciales,[13]avec une apparence de justification, les procédés techniques du droit civil lui-même.

Un danger du même genre menace aujourd'hui le droit commercial du côté du droit administratif. Le phénomène le plus remarquable de l'évolution actuelle est, en effet, l'intervention grandissante des pouvoirs publics dans l'activité économique et l'apparition d'entreprises d'un genre nouveau, beaucoup plus rapide rigides, plus réglementées, inspirées d'un esprit souvent fort différent de l'esprit de compétition des entreprises traditionnelles.

Mais cette transformation, si profonde soit-elle, n'empêche pas que les activités économiques continuent d'avoir besoin de leur régime propre : les entreprises économiques, quel que soit leur vêtement juridique, ne pourraient pas sans danger être traitées comme de simples personnes de droit public. Pour garder leur vitalité, elles doivent conserver une autonomie relative et fonctionner suivant les techniques et les méthodes propres à la vie des affaires.[14]

---

[11]Voy. R. SAVATIER, *Les métamorphoses économiques et sociales du droit civil d'aujourd'hui*, 2e éd., n°s 63 à 65

[12]Un exemple récent : R. SAVATIER, Traité de droit commercial, 1948, n°13 : « le droit commercial n'est que la réunion des exceptions apportées aux règles du droit civil dans l'intérêt du commerce ». C'est là, à notre avis, une définition aussi inexacte que précise.

[13]VAN RYN J, op.cit., P.10.

[14]En réalité, c'est la cloison étanche entre le droit privé et le droit public qui tend à disparaître : cf. J. Rivero, « *Le régime des entreprises nationalisées et l'évolution du droit administratif* », *Archives de philosophie du droit*, 1952, p.164 et suivent.

§5. Situation actuelle

Nous assistons sans aucun doute, depuis la première guerre mondiale, à une évolution profonde du droit commercial, contrecoup inévitable des transformations de la société moderne elle-même : une oscillation de plus en plus ample le déplace du « pôle » contractuel vers les pôles statutaire et institutionnel. Voir dans ce phénomène le signe d'un déclin du droit commercial, ou symptôme de son absorption prochaine par des autres branches du droit, c'est se méprendre sur sa véritable fonction et sur ses constantes. Il n'est question ni d'une élimination, ni d'une décadence du droit commercial, ni surtout de la disparition de ses caractères propres. Il s'agit seulement d'une transformation interne. Pour y voir autre chose, il faut identifier arbitrairement le droit commercial, considéré en tant que discipline autonome, avec le droit d'une époque, éphémère comme l'elle-même.

IIème Section. Les notions traditionnelles : commerçant, acte de commerce, but de lucre.

§1. Caractère suranné des notions du commerçant et de l'acte de commerce

L'exposé qui précède montre que le domaine du droit commercial ne peut plus, aujourd'hui, être déterminé par des notions traditionnelles de « commerçant » ou de l'« acte de commerce ». Elles sont l'une et l'autre le produit de l'histoire, mais leur rôle à notre époque ne peut plus être que fort modeste.

Autrefois, le droit commercial était principalement un droit professionnel applicable à une catégorie spéciale de personnes : pour décider si les règles du jus mercatorum étaient applicables, c'était à la qualité propre de l'individu mis en cause qu'il fallait se référer. Cela est resté vrai aujourd'hui, mais seulement pour le secteur « statutaire » du droit commercial : obligations professionnelles, possibilité d'une déclaration de faillite, participation à l'élection ou fonctionnement des juridictions et des organismes commerciaux (tribunaux, chambres de commerce, etc.). En dehors de ce secteur, la notion de commerçant ne joue plus aucun rôle sous réserve de l'observation que nous ferons ci-après à propos des « actes de commerce ». Il va de soi, en particulier, que les institutions commerciales ne sont nullement soumises à des règles différentes selon la qualité ou la profession des personnes qui y adhèrent ou qui les utilisent.

L'importance restreinte de la notion traditionnelle du commerçant est même de plus en plus réduite, car cette notion tend à se fragmenter et à se diversifier ou, au contraire, à se perdre dans des notions plus larges. Les réglementations nouvelles se spécialisent, elles s'appliquent souvent à certaines branches de l'économie, c'est-à-dire seulement à certaines catégories de commerçants.

La notion vétuste du « commerçant » paraît devoir céder bientôt la place à celles, bien réelles et efficaces, de l'« institution commerciale », de l' « entreprise » et du « chef d'entreprise ».[15] Nous aurons maintes fois l'occasion d'y revenir. Il nous suffit, pour l'instant, de souligner le caractère inadéquat de la conception, dite « subjective », du droit commercial, qui prétend ramener tout ce droit à une réglementation professionnelle.

La notion de l'« acte de commerce » s'explique aussi par l'histoire. Elle ne fut, à l'origine, qu'un artifice destiné à étendre, par le jeu d'une fiction, la compétence de la juridiction consulaire à des personnes qui n'étaient pas membres de la corporation des marchands. Non seulement en vue de l'étendre, comme il est dit ci-dessus, mais aussi pour la restreindre, même entre marchands, aux seuls « faits de commerce », et maintenir de la sorte, pour le surplus, la compétence des juridictions de droit commun (cf. ESCARRA, Principes, t. Ier, n°84).

§2. La conception objective du droit commercial

Les auteurs classiques ont cru néanmoins pouvoir échafauder sur cette notion une « conception objective » du droit commercial qui, d'après eux, aurait été adoptée par le législateur comme une conséquence logique de la suppression des corporations. Dans ce système, le droit commercial serait l'ensemble des règles applicables à une catégorie d'actes juridiques. Les juristes ont fait de multiples efforts pour dégager les caractères communs à tous les actes hétéroclites placés pêle-mêle, par le législateur, dans la liste des « actes de commerce ». L'échec fut complet : aucun des critères proposés n'a résisté à l'examen. Mais une idée générale, dégagée à cette occasion, s'est cependant maintenue : l'intention lucrative, dit-on souvent, est essentielle pour qu'un acte soit commercial : la recherche du « bénéfice » est, en quelque sorte l'« âme » du commerce : VOY., notamment : Cass., 25 février 1953, Pas., 1953, I, 170.

§3. Critique

Cette conception du droit commercial nous paraît à la fois inexacte en son principe et stérilisante par les conclusions auxquelles elle a conduit. Inexacte, parce que la notion de l'« acte de commerce » n'a aucune consistance réelle et que dès lors, la conception objective du droit commercial est elle-même sans valeur. Les articles 3 & 4 de l'AUDCG énumèrent, sans les distinguer, des contrats qui sont couramment conclus par des personnes étrangères au commerce (achats pour revendre, par exemple), des activités qui constituent des véritables

[15] Jean Van, op.cit. p.11, 12.

professions, ou qui font l'objet d'« entreprise », des actes qui sont, en réalité, les instruments de l'activité économique moderne (effets de commerce), et , enfin, des actes qui ne sont commerciaux qu'en raison de la qualité de leur auteur.

Cette accumulation hétéroclite est, à la rigueur, admissible si son seul but est de déterminer la compétence d'une juridiction d'exception comme celle des tribunaux de commerce. Mais il serait vain d'y chercher un fondement solide pour déterminer le domaine du droit commercial. Sans doute, tous les actes de commerce énumérés par la loi sont-ils régis par le droit commercial ; mais ce droit s'étend bien au-delà, ainsi que nous l'avons vu. Prétendre le contraindre serait ignoré le secteur statutaire de ce droit. Ce serait ignoré aussi les institutions commerciales importantes et nombreuses qui se sont développées en dehors du cadre étroit et arbitraire des actes que la loi « répute de commerce ».

Il serait erroné, dès lors, de prétendre que le droit commercial n'est que le régime juridique applicable aux « actes réputés commerciaux par la loi ».

§4. La théorie classique du but de lucre : critique

L'idée du « but de lucre », d'autre part, retenue comme le critère fondamental pour déceler le caractère commercial d'un acte ou d'une opération, devrait, à notre avis, être abandonnée, à ce point de vue au moins. Elle est, tout d'abord, difficile à préciser, si l'on prétend la donner pour la pierre de touche du « commercial » : le but de lucre existe-t-il, notamment, lorsque l'auteur de l'acte avait, dès l'origine, l'intention de ne point conserver pour lui-même le bénéfice qui serait obtenu ?

D'autre part, l'on est obligé d'apporter à cette prétendue « règle d'or » des exceptions tellement importantes qu'elles ruinent le principe lui-même : il y a, dit-on, des actes commerciaux « par leur forme », indépendamment de l'intention qu'a pu avoir leur auteur ; en outre, les actes accessoires, ou par relation, conservent leur caractère, dit-on, même s'ils ne tendent pas à la réalisation d'un bénéfice.

Mais la conséquence la plus grave de la théorie classique, c'est qu'elle exclut a priori du domaine du droit commercial toutes les activités économiques exercées par les pouvoirs publics, par des organismes qui en dépendent ou qui sont sous leur contrôle. Or, l'intervention des pouvoirs publics dans l'activité économique devient de plus en plus fréquente ; l'importance vitale de certaines entreprises, la circonstance qu'elles constituent, en fait, un monopole, ou encore des raisons politiques, font souvent juger nécessaire de les placer en dehors de la libre initiative privée, et de transformer un secteur plus ou moins vaste de l'activité économique en service public de nature commerciale.

Selon la théorie classique, ces entreprises échappent entièrement et nécessairement au droit commercial : la mission de l'Etat, des provinces, villes, communes et secteurs ou chefferies est de servir l'intérêt général, dit-on ; dès lors, leurs actes ne peuvent avoir pour but la réalisation d'un bénéfice ; ils ne sauraient donc être considérés comme des actes de commerce et être soumis au régime du droit commercial.

Cette thèse juridique étriquée est tellement en opposition avec la réalité, la loi elle-même a dû réagir contre elle : de nombreuses dispositions, tant légales que règlementaires qui régissent les services publics ou les établissements publics dont l'activité est principalement économique, placent expressément ces organismes dans le secteur du droit commercial, en « réputant » commerciaux leurs engagements. Voilà donc des actes de commerce ex lege, dépourvus cependant de cette « intention lucrative » qui est l'« âme » du commerce, d'après la doctrine classique.

En réalité, les entreprises qu'exploitent les pouvoirs publics prennent un caractère mixte : dans une mesure variable selon le cas, elles sont soumises aux règles générales des services publics ; mais leur « exploitation » proprement dite (comptabilité notamment), et leurs relations avec le public, demeurent, en principe, régies par le droit économique, c'est-à-dire, pour conserver la terminologie traditionnelle, par le droit commercial.

§4. Rôle du but de lucre dans le droit commercial contemporain

L'intention de réaliser un bénéfice doit, à notre avis, être retenue sur un autre plan, où sa fonction est d'ailleurs importante : elle est le critère, non point de l'« acte de commerce » au sens absolu, notion sans valeur scientifique, mais de la profession commerciale, d'une part, et, d'autre part, de l'organisation commerciale d'une entreprise.

Ainsi, s'explique que les activités économiques exercées par les pouvoirs publics ou par les organismes qui en dépendent, puissent rentrer dans le domaine du droit commercial : il en sera ainsi lorsque ces activités prennent la forme d'entreprises conçues sur des bases commerciales, c'est-à-dire avec l'intention d'obtenir des recettes supérieures aux dépenses. Peu importe que l'Etat lui-même, ou établissement public qui gère l'« entreprise », n'ait point pour fonction ni pour le but principal la réalisation de bénéfice. Cette circonstance empêche seulement ce qui va de soi, que l'Etat lui-même devienne commerçant.

Bien que la recherche du bénéfice ne soit pas, dans ces organismes, le « régulateur » de l'entreprise, elle n'en commande pas moins le fonctionnement de l'institution : celle-ci doit assurer la conservation de son capital propre, dresser un bilan annuel ; ses bénéfices reçoivent diverses affectations.

IVème Section. Sources du droit commercial

§1. Sources formelles et sources réelles : les institutions commerciales

Avant d'indiquer les sources du droit commercial, il convient de préciser ce que l'on entend de cette expression. Si l'on prétend ne s'attacher qu'aux sources « directes » ou « formelles », si l'on recherche seulement quelle est l'autorité qualifiée pour formuler les règles juridiques et en imposer l'observation, on devra nécessairement constater que, tout comme le droit civil, le droit commercial n'a d'autre source que la loi écrite au sens large du terme et la coutume.

Mais les sources formelles ne sont que des organes d'expression du droit. Celui-ci est constitué, sous le rapport de sa substance, par les données des sources réelles.[16]

C'est presque un truisme, à notre époque, de dire que tout le droit n'est pas dans la loi même on y ajoute la « coutume », source formelle pratiquement peu importante aujourd'hui. La loi et la coutume se bornent à enregistrer et à traduire en règles formelles « les mouvements du Droit dans le milieu social, sans être donc elles-mêmes, à proprement parler, des sources du droit. C'est du milieu social que sort le droit, et c'est par conséquent, le milieu social qui est la seule source du Droit.[17]

Cette constatation, résultat le plus tangible du mouvement scientifique si fécond dont l'œuvre de Gény a, en quelque sorte, marqué le point culminant, est d'une importance toute particulière en droit commercial, puisqu'il est unanimement reconnu que, dans ce domaine, un grand nombre de règles ne sont exprimées par la loi écrite. Mais les auteurs se bornent généralement, après cette constatation, à ajouter que ces règles « non légales » sont des règles « coutumières ».

Il est cependant impossible de comprendre les données immédiates et mouvantes de la vie des affaires pourraient être considérées comme revêtues d'une autorité impérative par cette source formelle du droit que constitue la coutume, c'est-à-dire la répétition traditionnelle d'une pratique et la constance de son caractère obligatoire (opinio nécessitas). De nombreuses pratiques commerciales, en effet, naissent et varient constamment, selon les nécessités : une loi fiscale, la dépréciation d'une monnaie, une guerre, des modifications douanières, peuvent suffire à la modifier instantanément. Comment pourrait-on voir là du droit coutumier ?

---

[16]BONNECASE, *Introduction à l'étude du droit*, 3e éd., t. Ier, n°139. (Si l'on veut analyser une règle de droit », dit encore le même auteur (n°168), « il faut essentiellement distinguer la substance dont elle est faite et la forme qu'elle revêt pour s'imposer.
[17]VAN RYN J, op.cit. p.18.

Si l'on veut saisir les règles de droit telles qu'elles se dégagent du milieu social, du « donné », on constate immédiatement qu'elles se cristallisent toujours autour de « situations » déterminées, si bien que ce que l'on dégage, à l'analyse, ce sont des faisceaux de règles, des ensembles, des systèmes, ce que l'on appelle parfois, dans le domaine économique, des « mécanismes ». Ces systèmes de règles constituent, en somme, des « institutions » au sens le plus large de l'expression.

A. Sources formelles

Ce droit tire ses sources aussi bien sur le plan interne qu'international.

A. Sources nationales du droit commercial général.

a) La constitution de la RDC du 18 février 2006 telle que révisée et complétée à séjour pose en ses articles 34, 35 et 37 pertinemment les principes sacro sains de la sacralité de la propriété privée, liberté de commerce et d'industrie et la garantie au droit à l'initiative privée tant aux nationaux qu'aux étrangers.

L'exercice des activités économiques repose encore, à notre époque, sur le principe de la liberté du commerce et de l'industrie, en dépit des restrictions et des limitations qui ne cessent d'y être apportées. Ce principe permet à tout particulier de créer une entreprise économique, d'en poursuivre l'exploitation ou d'y mettre fin. Elle implique nécessairement, d'autre part, la liberté de la concurrence, mais avec l'obligation corrélative de respecter, dans l'exercice de cette liberté, les « usages honnêtes ».

Le pouvoir exécutif et les autorités administratives subordonnées ne peuvent, sous prétexte d'assurer la police du commerce, interdire ou rendre pratiquement impossible l'exercice d'un commerce ou d'une industrie : Cass., 8 juillet 1907, précité (1er arrêt) ; Bruxelles, 7 décembre 1945(motif), pas. 1950, II, 20, Voy. En outre, la liberté de commerce touchant à l'ordre public, elle ne peut être supprimée par des conventions particulières. Il ne faut toutefois pas confondre ces conventions illicites avec celles, librement consenties, qui apportent seulement des restrictions ou des aménagements à cette liberté dont leur validité est indéniable, sauf dans les cas prévus par la loi.

Les limitations et restrictions légales

Ce principe peut être dérogé par législateur, dont les considérations sont fort diverses.

- Elles concernent souvent des cas particuliers : ainsi, l'exploitation des entreprises entrant dans certains secteurs est soumise à l'autorisation administrative préalable, le cas notamment de l'agrément de la Banque Centrale du Congo requise pour exploiter le secteur bancaire ; l'agrément de l'autorité de régulation des assurances ; de celui du ministre de mines pour les sociétés minières.

- L'interdiction d'exercer certaines professions commerciales peut être prononcée à titre de peine par les tribunaux ; l'exploitation de commerce est, d'autre part, incompatible avec certaines fonctions ou professions.

- A la liberté du commerce, la loi substitue parfois le monopole ;

- La police du commerce : l'exercice des activités commerciales et industrielles peut être réglementé, par mesure de police, dans l'intérêt général. Ces mesures de police sont, en ce domaine, extrêmement nombreuses et prennent les formes les plus variées ; elles peuvent même comporter l'exigence d'une autorisation préalable, mais à condition de ne pas rendre pratiquement impossible l'exercice d'une profession déterminée. Les mesures en vigueur concernent notamment les conditions imposées aux établissements dangereux, insalubres ou incommodes, les mesures propres à assurer la loyauté des transactions, à protéger la santé des consommateurs, à éviter l'exagération des prix ou la spéculation.

a) La loi commerciale et civile

➢ On entend par loi commerciale, des lois générales applicables à toutes les activités commerciales sans distinction, soit des lois qui s'appliquent à telle ou telle catégorie d'entreprise commerciale (lois bancaires, droit des assurances, droit de transport… Décret du 28 juillet 1934 sur la lettre de change, du billet à ordre et des protêts, décret du 10 décembre 1951 concernant l'introduction dans la législation Congolaise de la loi uniforme sur le chèque).

➢ Loi civile applicable à titre supplétif en cas de silence du droit commercial. Toutefois, il importe de souligner que les usages peuvent écarter les lois civiles à conditions que ces dernières ne soient impératives.

a) La coutume ou les usages de droit

Les règles de droit tirant leur force d'une coutume véritable sont devenues extrêmement rares. Les conditions de la formation d'une coutume (l'usage immémorial et le « sentiment de nécessité juridique » : cf. Gény, Op.cit., n°119) se rencontrent rarement dans la vie économique : l'évolution des procédés techniques et des formes y est aujourd'hui trop rapide pour que l'on puisse assister à l'élaboration des règles de droit objectif proprement coutumières ; l'intervention de la loi de plus en plus fréquente et minutieuse, s'y oppose également.

Il existe cependant des règles, relativement anciennes, qui constituent un véritable droit coutumier commercial. Elles consacrent parfois des solutions différentes de celles que prévoit le code civil : telle est la règle de la solidarité présumée entre débiteurs contractuels, celle de la mise en demeure sans formalité et non toujours par sommation ou acte équivalent, comme le prévoit le droit civil.

La tenue des livres de commerce improprement dénommés « facultatifs » et des règles de la comptabilité commerciale sont du droit coutumier.

Ces règles coutumières ne tirent pas leur force obligatoire de la simple volonté tacite des intéressés ; aussi les appelle-t-on souvent, pour cette raison, les usages de droit, par opposition aux usages conventionnels, dont la portée est beaucoup plus limitée.

S'agissant du rapport entre les usages de droit et la loi, quelques observations compléteront ultérieurement ce bref rappel des principes :

- Lorsqu'un conflit oppose une règle coutumière à une loi impérative, il convient de rechercher avec attention s'il y a coïncidence entre leurs domaines d'application. C'est en inspirant de cette idée que l'on a pu poser en principe que la coutume commerciale l'emporte sur la loi civile, même si celle-ci est impérative, à moins qu'elle ne soit fondée sur une exigence d'ordre social supérieur (Gény, op.cit. t. 1er, P. 430). Ainsi, se justifie l'anatocisme admis en matière de compte courant en dehors des conditions prescrites par le code des obligations.

- La preuve d'usage de droit ne doit pas être rapportée par les parties : le juge doit le connaitre aussi bien que la loi elle-même : RIPERT, n°48, cité par Jean VAN RYN, Op.cit. P.24. Mais la violation d'un tel usage ne donne pas ouverture à cessation.

b) Les usages conventionnels

Il s'agit de certaines pratiques, en général locales ou professionnelles, habituellement suivies, et que l'on sous-entend dans les actes juridiques, pour interpréter ou compléter la volonté des parties ou celle de l'auteur de l'acte : Gény, Méthode d'interprétation, t. 1er, n°130. Les usages conventionnels tirent leur force de l'autonomie de la volonté, comme les contrats : ils « suggèrent une intention non exprimée ». Leur rôle est important en matière commerciale : on suppléera, dans les contrats commerciaux, les obligations résultant de l'usage, à moins que les parties ne les aient écartées, soit expressément, soit tacitement en adoptant des règles différentes.

Par opposition avec les règles coutumières, les usages conventionnels doivent être prouvés, si leur existence est contestée : la preuve se fera par témoins ou, plus généralement, par production d'un « parère », c'est-à-dire d'un certificat délivré par les entreprises commerciales notables ou par un regroupement professionnel. Ils ne peuvent jamais faire échec à la loi supplétive.

c) Réglementations professionnelles

Le droit commercial écrit n'est pas tout entier dans les lois et les mesures administratives. Un pouvoir réglementaire limité à des secteurs déterminés de l'économie est reconnu à des divers organismes doués de la personnalité juridique ; leur mission est de tracer le cadre dans lequel se dérouleront certaines opérations commerciales et d'exercer un contrôle sur elles ; leurs règlements arrêtés par eux, mais seulement soumis à l'approbation du pouvoir public. Les regroupements professionnels des producteurs ou de distributeurs peuvent rendre obligatoires certaines réglementations économiques arrêtées par eux sous réserve du concours du pouvoir public.

B. Sources internationales

a) Traités et accords internationaux

Les marchés économiques nationaux sont bien souvent trop étroits. De plus en plus, les relations commerciales s'étendent au-delà des frontières, ce qu'entraînent des nombreuses conventions internationales pour régler les droits et obligations des parties concernées ; c'est le cas du Traité signé à Port-Louis, le 17 octobre 1993 entre quatorze Etats africains francophones membres de la zone franc relatif à l'harmonisation du droit des affaires en Afrique, OHADA en sigle, tel que révisé à Québec le 17 octobre 2008, auquel la RDC a adhéré le 12 juillet 2012.

Ce traité institue un véritable système juridique dont la finalité est en substance de conforter dans le continent Africain, un état de droit favorable au développement économique. Afin de réaliser cette finalité, le traité précité poursuit deux objectifs à savoir, d'une part l'adoption des règles modernes et adaptées aux économies locales, et d'autre part, le développement des procédures appropriées ainsi que la promotion de l'arbitrage, car la mondialisation de l'économie exige l'harmonisation des droits et des pratiques du droit.

Par la signature de ce traité, les Etats concernés se sont dits déterminés ' accomplir de nouveaux progrès sur la voie de l'unité africaine et à établir un courant de confiance en faveur des économies de leur pays en vue de créer un nouveau pôle de développement en Afrique. Pour parvenir à cette fin, ils ont estimé nécessaire « la mise en place d'un droit des affaires harmonisé, simple, moderne et adapté ».

Aux termes de l'article 10 du traité de l'OHADA précité, « les actes uniformes sont directement applicables et obligatoires dans les Etats Parties, nonobstant toute disposition contraire de droit interne, antérieure ou postérieure ».[18]

En conséquence, le droit commercial général positif en République Démocratique du Congo a comme la source principalement l'« Acte Uniforme du 15 décembre 2010 portant le Droit commercial général, AUDCG en sigle »

B. Institutions commerciales

Le mot institution possède deux acceptions distinctes, qu'il importe de ne pas confondre, bien qu'elles ne soient pas sans parenté. L'institution est tout d'abord un ensemble des règles, légales ou extralégales, auxquelles se soumettent les personnes dont l'activité se déroule dans un secteur précis (comp. La définition d'HAURIOU, Principes. , P.126 : « toute organisation créée par la coutume ou loi positive », et celle de BONNECASE, Introduction à l'étude du droit, 3e éd., n°6 : composé des règles de droit constituant un tout organique, embrassant une série indéfinie de relations quoi dérivent toutes d'un fait unique fondamental). Exemple d'une institution légale : la lettre de change, qui crée pour les divers souscripteurs des obligations envers des tiers avec lesquels ils n'ont aucun rapport contractuel. Exemple d'institution extralégale : les multiples titres d'ordre ou au porteur créé en marge de la législation positive, les cartes bancaires notamment.

L'institution est ensuite une organisation permanente qui s'oriente vers l'individualité vivante et tend à la personnalité morale. C'est le service public, la société ou l'association (personnalisé ou non), l'entreprise. Elle trouve son fondement réel soit dans un groupe social, soit dans l'affectation d'un patrimoine à des fins déterminées (fonds de commerce). Elle ressortit soit au droit administratif (service public), soit au droit privé (entreprise), et peut évoluer de l'un à l'autre (entreprises nationalisées, services publics à caractère commercial et économique).

---

[18]Ce texte a soulevé beaucoup de débats. Les interrogations subsistent en dépit du fait que cet article tranche clairement en faveur de la primauté et de l'effet direct des Actes uniformes. La CCJA a eu l'occasion de préciser la portée de l'art.10 **Dans un avis du 30 avril 2001*, sur la demande de la République de Côte d'Ivoire concernant l'effet abrogatoire des AU sur le droit interne, elle a admis que « l'art.10… contient une règle de supranationalité parce qu'il prévoit l'application directe et obligatoire dans les Etats parties des Actes uniformes et institue, par ailleurs, leur suprématie sur les dispositions de droit interne antérieur et postérieur. En vertu du principe de la supranationalité qu'il consacre, l'article 10 du Traité qui prévoit l'application directe et obligatoire des Actes uniformes dans les Etats parties, nonobstant toute disposition contraire de droit interne antérieur et postérieur, contient bien une règle relative à l'abrogation du droit interne par les Actes uniformes. L'article 10 apparaît alors comme la seule disposition susceptible de consacrer la supranationalité des Actes uniformes, conformée par les articles spécifiques de chaque Acte uniforme ». En toute hypothèse, le droit OHADA l'emporte sur toute disposition nationale. Il entraîne l'obligation pour les autorités nationales d'interpréter tout le droit national en conformité avec les Actes uniformes et, le cas échéant, réparer les conséquences dommageables de leur irrespect. Il reste que les juges nationaux ont l'obligation d'assurer le respect dudit article (*ISSA SAYEGH J., POUGOUE P., et SAWADOGO F., OHADA : Traité et Actes uniformes commentés et annotés, JURISCOPE, 4ème édition, Cedex, 2012, p.35-56.*).

Les institutions de cette deuxième catégorie sont nombreuses et importantes en droit commercial. Mais les institutions de la première catégorie (institutions simples ou institutions-choses) le sont aussi, et c'est sur elles qu'il convient d'insister en étudient les sources de ce droit.

Comme on l'a dit maintes fois, le droit écrit, en tant qu'il concerne l'activité économique, est perpétuellement en retard sur l'évolution naturelle des choses. Les institutions se forment et évoluent spontanément et ne sont consacrées qu'après coup par la règle écrite, d'ailleurs bientôt dépassée : le droit commercial est ainsi infiniment plus vivant que le droit civil, et, par conséquent, d'autant plus intéressant au point de vue sociologique, puisque l'on peut souvent y surprendre la règle durant son élaboration, débarrassée par suite de l'élément d'arbitraire qu'apporte le législateur en la formulant.

Application en droit commercial : ce droit fourmille d'institutions au sens 1er dont beaucoup sont d'ailleurs consacrées par le droit écrit. On reconnaît notamment la présence d'une institution chaque fois qu'une règle s'impose à des tiers par le fait de leur adhésion à une pratique, ou de leur entrée dans une sphère déterminée, sans que l'obligation qui en découle résulte pour eux d'une convention. C'est une erreur, en effet, de croire que le droit commercial soit essentiellement contractuel : la vie des affaires exige, à tout instant, l'adhésion à des pratiques diverses susceptibles de créer des droits ou des obligations envers des tiers non contractants.

Le seul fait d'adhérer à la pratique de la lettre de change, par exemple, crée pour chaque signataire des obligations envers des tiers inconnus. Toutes les tentatives de trouver explication juridique de ce mécanisme dans le cadre contractuel (mandat, délégation, stipulation pour autrui) ont échoué. Sans doute, aujourd'hui, puisque ces règles découlent de la loi écrite, peut-on expliquer le phénomène par la volonté du législateur. Mais l'explication ne vaut pas pour les titres à ordre ou au porteur dont la circulation n'est pas organisée par aucune loi.

Ce sont toujours, il est vrai, les intéressés eux-mêmes qui, par un acte de volonté unilatérale, sollicitent ou acceptent l'application des règles groupées dans l'institution. La déclaration unilatérale de volonté, en effet, ne peut être une source d'obligation sans qu'un élément intrinsèque à la volonté individuelle garantisse le sérieux et l'utilité sociale de l'engagement. Cet élément est fourni par des règles de l'institution, à laquelle on adhère en remplissant, par exemple, certaines formalités. Ex : souscription à la fondation d'une société d'anonyme, engagements cambiaires.

- Rôle de la jurisprudence et de la doctrine

C'est à la doctrine et surtout à la jurisprudence qu'il appartient de dégager du donné social les institutions qui s'y sont plus ou moins confusément organisées, et d'en définir les effets. Sans que d'ailleurs, ni l'une ni l'autre ne soit des sources formelles du droit. Leur rôle est non seulement d'interpréter la loi, mais aussi de servir d'« expression, à défaut de la loi, à la fonction permanente des sources juridiques réelles ». Ce rôle, dont elles s'acquittent d'une manière satisfaisante, dispense le législateur, dans des cas, d'une intervention qui risquerait d'être moins nuancée et d'insérer la pratique dans un moule trop rigide.

Pour interpréter les règles de nature institutionnelle, pour en déterminer la portée et les effets, il faut recourir, non pas à la recherche d'une intention subjective comme dans le contrat, mais à l'analyse du « donné » social, économique ou historique, de l'origine et du but de l'institution.

Les décisions judiciaires abondantes et constantes émanant de la Cour Commune de Justice et d'Arbitrage, CCJA en sigle et des juridictions nationales de l'espace OHADA forment une jurisprudence dont le rôle est si important en droit commercial en tel enseigne en effet, qu'elle est souvent appelée soit à suppléer aux lacunes de la loi, soit en précisant la portée.

Faudrait-il aussi noter ici que la doctrine étant des opinions émises sur une question droite par des auteurs de notoriété avéré (professeurs, magistrats avocats et autres, a une autorité purement morale et peut influencer très souvent le législateur et le juge. Elle joue un rôle important dans l'interprétation des lois et par conséquent dans l'élaboration même du droit positif.

C. Hiérarchie des sources

Les développements qui précèdent nous permettent de préciser l'ordre dans lequel il convient de recourir aux diverses sources du droit commercial :

1° les dispositions d'ordre public de la loi commerciale et celles qui ont le même caractère en droit civil, mais ces dernières seraient périmées éventuellement par l'usage commercial, à moins qu'il ne s'agisse d'une disposition fondée sur une exigence sociale d'ordre supérieur ;

2° les usages de droit et les institutions commerciales ;

3° la convention des parties ;

4° les usages conventionnels, en donnant la préférence à l'usage local ou spécial par rapport à l'usage général ;

5° les lois commerciales ;

6° les lois civiles (dans les matières des obligations et des conventions).

Vème Section. La technique juridique en droit commercial

§1. Tendance à l'« objectivation » des obligations- ses raisons

Les procédés techniques employés dans l'élaboration du droit commercial sont imposés par les caractères propres des opérations commerciales et des obligations qui en résultent : l'activité commerciale comporte la répétition d'opérations nombreuses, standardisées, qui se succèdent à un rythme rapide et doivent se liquider d'une façon sûre, sans difficulté et sans retard. D'autre part, l'obligation, lien de droit, au sens premier, est économiquement une valeur qui doit pouvoir circuler et servir de crédit.

Pour répondre à ces exigences de la vie des affaires, on ne peut se contenter du simple mécanisme contractuel aux ressorts trop cachés, puisqu'il tire son efficacité d'une donnée psychologique (la volonté réelle des parties) qu'il est parfois délicat de déceler. La sécurité et la rapidité doivent ici l'emporter sur respect de l'intention personnelle.

La tendance du droit commercial, sous l'influence de ces nécessités, est d'« objectiver » les obligations, déterminer leur contenu et leur régime par référence à des critères objectifs, extérieurs à la volonté de celui qui s'est obligé.

§2. Les procédés techniques d'objectivation

Cette tendance se traduit par l'utilisation des procédés techniques dont l'emploi, à vrai dire, n'est limité au droit commercial, mais le rôle est prédominant dans ce droit, qui souvent leur a donné naissance :

1° Une technique de transfert des obligations : c'est la théorie des titres négociables, institution originale, née de la pratique des affaires. Les obligations constatées par ces titres sont des obligations abstraites, valables indépendamment de leur cause ; leur contenu dépasse souvent les effets qui dériveraient de la simple volonté autonome de l'obligé (principe de l'inopposabilité des exceptions). Elles prennent naissance par une simple déclaration de volonté, faite dans certaines formes déterminées. Les droits corrélatifs sont transférables par des procédés expéditifs, qui se ramènent au transfert du titre lui-même : ce sont des valeurs en circulations.

2° Une technique de simplification, qui permet de grouper et de synthétiser, dans un but donné, un nombre élevé d'opérations plus ou moins complexes et de les soumettre à un régime unique : c'est le compte, instrument technique original, qui mérite une étude particulière.

3° Une technique permettant la constitution de « patrimoines » distincts autres ceux de personnes physiques. Elle répond tantôt au besoin de sécurité dans les affaires, tantôt à nécessité d'assurer la permanence d'organismes commerciaux.

- Formation de patrimoines d'affectation : elle permet de retenir certains droits et obligations, détachés de la personne du créancier et du débiteur, pour les grouper en un ensemble distinct, soumis au régime propre : masse de liquidation, masse faillie, masse abandonnée aux créanciers par le propriétaire d'un navire. Il s'agit en général, d'ensemble des biens et de droits affectés au règlement de certains créanciers ; il faut leur donner un minimum de solidarité. Les droits qui y sont groupés sont, dans une certaine mesure, objectivés : ainsi, le patrimoine de la masse, en cas de faillite, diffère sensiblement de celui du failli, et les débiteurs peuvent devoir à la masse plus qu'ils ne l'ont voulu.

- Formation d'un patrimoine personnalisé, pour assurer la permanence d'un organisme commercial destiné à durer. Le patrimoine est constitué, à son origine, par l'ensemble d'obligations objectivées, dont la personne morale est sa créancière. La « réduction simplificatrice » que réalise l'emploi de ces procédés d'objectivation, a généralement pour contrepartie l'existence d'une forme nécessaire à l'efficacité juridique de l'acte. Le développement du formalisme dans le droit commercial moderne s'explique par la multiplication des techniques d'objectivation qui permettent de donner force obligatoire à des déclarations de volonté autres que les contrats.

§3. La notion de compte

La notion de compte est l'un des procédés techniques les plus remarquables du droit commercial. Elle n'a guère été utilisée jusqu'à présent. Le compte est cependant un acte juridique original qui, comme tel, doit faire l'objet d'une analyse attentive.

La complexité et le nombre des opérations commerciales imposent une technique spéciale permettant de dépouiller l'écheveau des obligations qui en résultent. Cette technique se traduit, en pratique, par les multiples applications de la notion de « compte ». Elle permet d'établir la situation (patrimoine) d'une personne ou d'une universalité de biens, à l'égard d'une ou de plusieurs autres personnes ou d'une plusieurs autres universalités de biens.

1° Le compte conduit à un résultat « solde » qui représente d'une façon symbolique et, en quelque sorte, « fictive », mais juridiquement efficace, les rapports de droits finaux entre les intéressés au compte : c'est un processus de liquidation, destiné soit à résoudre en un seul rapport de droit un ensemble de rapports préexistants (compte courant, par exemple), soit à concrétiser en éléments quantitatifs une situation patrimoniale complexe (bilan d'une société anonyme).

2° En vue de ce résultat, les éléments qui entrent dans le compte doivent être objectivés, pour présenter l'homogénéité nécessaire en vue de la simplification finale (compte courant), soit évalués, de manière à réduire en quelque sorte tous les éléments du compte au même dénominateur (bilan de la société). Cette évaluation, elle-même, constitue une véritable fiction juridique, car la valeur attribuée à l'élément évalué, lorsqu'elle a été estimée de bonne foi, est censée représenter cet élément, par l'effet d'une équivalence présumée, dans l'opération globale du compte.

Le compte est donc, un acte juridique, générateur d'obligations ou, tout le moins, de conséquences juridiques qui en sont le résultat recherché : soit qu'il substitue à un ensemble d'obligations une obligation unique, soit qu'il fixe l'état d'un patrimoine et fasse apparaître un solde dont tous les intéressés pourront se prévaloir.

VIème Section. Tendances du droit commercial contemporain

§1. Complexité du droit commercial moderne

Le droit commercial devient de plus en plus complexe, à mesure que son domaine s'étend et que se diversifient les activités, les combinaisons et les organismes qu'il est appelé à régir. Il est difficile de concevoir une méthode rationnelle pour exposer un droit qui s'applique à la fois à des matières aussi disparates que le commerce de détail, les entreprises industrielles, les banques, les opérations de bourse, les organismes financiers, les assurances et le commerce maritime.

La diversité des matières engendre, par ailleurs, une tendance au fractionnement, à la spécialisation des règles. Elle explique et justifie, d'autre part, l'organisation de juridictions spéciales (tribunal de commerce) et le souci de réserver, dans diverses branches d'activités économiques, le jugement des litiges à des juridictions arbitrales, supposées plus compétentes et plus compréhensives.

§2. Evolution rapide

De tout temps, le droit commercial a été moins stable que le droit civil, mais la cadence de son évolution s'est notablement accélérée : sans cesses apparaissent des opérations ou des combinaisons nouvelles, pour répondre aux besoins changeants de la vie économique. Ni le législateur, encore moins la doctrine ne peuvent la suivre ; le droit commercial demeure donc, dans une mesure appréciable, du droit non écrit, et le juriste est constamment obligé de faire porter ses recherches sur le « donné réel », sur les « sources réelles » de droit, telles qu'elles apparaissent dans le milieu social. Il doit étudier la pratique et tâcher d'en comprendre le sens. Pour reprendre la terminologie de M. BONNECASE (Introduction à l'étude du droit, n°169 &170), le rôle de l'élément expérimental « mouvant » est prédominant en droit commercial, puisque ce droit « régit » avant tout, l'activité économique des individus, considérée dans ses tendances les plus exaspérées ».

§3. Transformation d'un droit principalement contractuel et coutumier en droit institutionnel et légal

Nous avons déjà signalé ce changement d'orientation du droit commercial moderne. Elle se rattache d'ailleurs à une tendance générale du droit privé : pendant longtemps, l'acte juridique volontaire, le contrat, œuvre de la volonté autonome des parties, a été considéré comme pierre angulaire de l'organisation juridique, la fonction du droit, purement négative, étant seulement de protéger la liberté des volontés individuelles. Mais il n'en est plus ainsi aujourd'hui : l'efficacité des volontés individuelles n'est plus reconnue que sur le fondement et dans les limites institutions juridiques.

Ce changement d'orientation explique, notamment, la multiplication extraordinaire des règles impératives ou supplétives. Au XIXe siècle, au contraire, l'intervention du législateur, en matière commerciale, avait pour but principal de codifier les usages ou de formuler, à titre supplétif, les conséquences juridiques d'opérations de nature contractuelle ; l'assurance, les sociétés commerciales, étaient considérées comme telles. Les dispositions impératives, dans ces anciennes, conservaient un caractère exceptionnel. Elles sont devenues à présent très nombreuses.

L'action du législateur se poursuit dans trois directions principales :

1° Réglementation législative de certains contrats : la loi elle-même attache souvent à la conclusion d'un contrat des conséquences qu'il n'est pas loisible aux parties d'écarter ou modifier : contrat de transport par chemin, contrat de transport maritime constaté par le connaissement négociable, police d'assurance, contrat créant une société commerciale.

2° Réglementation de certaines branches de l'activité économique : la loi trace le cadre, par exemple dans lequel devraient s'exercer les activités de crédit et d'assurance ; le nombre et l'importance des secteurs réglementés, l'organisation des contrôles et leur rigueur, sont déjà fort développés.

3° Absorption par l'Etat de certaines fonctions économiques : diverses formes de crédits sont pratiquées par les pouvoirs publics, qui confient ces opérations à des organismes crées ad hoc : Office des petites et moyennes entreprises. Il est en de même pour certaines entreprises d'intérêt général, comme l'exploitation de chemin de fer, l'organisation de distribution d'eau.

Les conséquences de cette évolution sont nombreuses et importantes. Elles donnent au droit commercial actuel une physionomie bien différente de celle qu'on lui voyait il y a cent ans par exemple, les personnes morales jouent désormais, en droit commercial, un rôle essentiel, et les entreprises économiques se dissocient de plus en plus de ceux qui les dirigent ou revendiquent la propriété. Le besoin de sécurité, de plus en plus exigeant, et le déclin des contrats au profit des « mécanismes » ou des institutions, donnent désormais la prépondérance à la volonté déclarée sur la volonté réelle, d'autre part, cette renaissance du formalisme maintes fois soulignée. Les méthodes d'interprétations, en droit commercial, s'en trouvent également influencées : toutes les fois qu'il s'agit d'interpréter des règles d'un caractère institutionnel ou d'en déterminer les conséquences, il faut recourir, non point à l'intention commune des intéressés, mais à l'analyse, dans le donné social, économique ou historique, de l'origine et du but de l'institution elle-même.

§4. Tendance à l'internationalisation

Le droit commercial correspond à des besoins et à des activités qui se trouvent, sous des formes diverses, mais sans différence intrinsèque, dans la plupart des pays plus civilisés. Les opérations commerciales, d'autre part, se nouent et s'exécutent souvent dans deux ou plusieurs pays. C'est donc dans ce domaine que les avantages de l'uniformisation du droit privé sont les plus manifestes. Aussi, est-ce en droit commercial qu'ont été réalisés les efforts et les progrès les plus remarquables en vue d'atteindre ce résultant. Le droit communautaire Ohada dont notre pays fait partie, est un exemple éloquent.

L'unification compète du droit commercial est cependant impropre : l'unification s'est réalisée dans les domaines où elle présentait l'intérêt le plus évident, en raison de la fréquence et de la difficulté des conflits de lois. Mais aucun motif ne commande impérieusement, semble-t-il, que les sociétés par actions, pour ne prendre qu'un exemple, soient soumises partout à un statut identique ; il suffirait de régler, par voie de convention internationale, les questions qui pourraient donner lieu à des conflits des lois (déterminations de leur nationalité ; condition, dans chaque pays, des sociétés étrangères. Comme pour les autres branches du droit privé, l'uniformisation complète du droit commercial suppose l'unification politique préalable, ce qui demeure assurément problématique.

Ière Partie : REGIME GENERAL DES ENTREPRISES ECONOMIQUES

Titre I. LES ENTREPRISES ECONOMIQUES EN DROIT POSITIF

Chapitre I. Notions générales

L'entreprise est une notion que le droit Ohada n'ignore pas même s'il n'en fait pas grand cas. Dans le bain de modernisation du droit des affaires, le législateur communautaire a voulu moderniser le langage des termes utilisés naguère par le code de commerce. C'est ainsi que l'article 3 de l'Acte uniforme du 15 décembre 2010 portant sur le droit commercial général Ohada, a remplacé le terme précité par « les opérations de manufacture, de transport et de télécommunication ; les opérations des intermédiaires de commerce, telles que la commission, le courtage, l'agence, ainsi que les opérations intermédiaires pour achat, la souscription, la vente ou location d'immeubles, de fonds de commerce, d'actions ou de parts sociales des sociétés commerciales ou immobilières » .

L'acte uniforme du 24 mars 2000 portant organisation et harmonisation des comptabilités des entreprises, utilise et se réfère constamment à la notion d'entreprise : - ainsi, l'article 6 dudit texte dit que l'application du Système comptable Ohada implique notamment que « l'entreprise » se conforme aux règles et procédures en vigueur en les appliquant de bonne foi. L'article 13 dit que « les très petites entreprises » dont les recettes annuelles ne sont supérieures aux seuils légalement fixés, sont assujetties au système minimal de trésorerie… ». L'article 14 dit que l'organisation comptable mise en place dans « l'entreprise » doit satisfaire aux exigences de régularité et de sécurité pour assurer l'authenticité des écritures de façon que la comptabilité puisse servir à la fois d'instrument de mesure des droits et obligations des partenaires de « l'entreprise », d'instrument de preuve, d'information des tiers et de gestion.

a) Polyvalence de la notion d'entreprise

Cette notion a d'abord diverses significations au plan économique : ici, on la voit exprimer une idée, un projet, et l'exploitation de cette idée, la mise en œuvre du projet. C'est en ce sens que l'on parle de l'esprit d'entreprise, de l'entreprise comme une activité économique.

La notion traduirait « toute organisation dont l'objet est de pourvoir à la production, à l'échange ou à la circulation des biens ou des services ». C'est, en d'autres termes, l'« unité économique, dans laquelle sont groupés et coordonnés les facteurs humains et matériels de l'activité économique ».

Elle est aussi un agent économique productif, créateur de richesse et d'emplois.

En termes juridiques, l'entreprise revêt plusieurs sens parfois différents des significations économiques : elle désigne, suivant les contextes, un bien, une organisation, un ensemble des formes juridiques, voir aussi un objet.[19]

L'entreprise, a une signification patrimoniale : elle est l'objet de droits, elle peut être considérée comme un bien (une universalité), objet de conventions. Elle est aussi un acteur de la vie économique, et tend pour cela à devenir un véritable sujet de droit. Le droit Ohada ne reconnait pas à l'entreprise elle-même la personnalité juridique, mais permet de construire des personnes morales exploitant une ou plusieurs entreprises, ou une partie d'entreprise.

L'entreprise désigne aussi l'ensemble des formes juridiques d'exploitation d'une activité économique, en ce sens, c'est une notion juridique « générique », elle désigne l'ensemble d'un genre. C'est ainsi que, précise le Prof LUKOMBE, quand on parle de l'entreprise, on vise à la fois l'entreprise civile et l'entreprise commerciale, l'entreprise individuelle et l'entreprise exploitée par une personne morale.

Elle est également synonyme de liberté d'entreprendre. Elle est constituée de ce que décide de lui affecter l'entrepreneur, et elle ne coïncide pas nécessairement avec les structures juridiques qui l'exploitent : la liberté de l'entrepreneur, renforcée par le libre exercice des droits subjectifs, et notamment le droit de propriété, rend indisponible la relativité des structures juridiques et de la notion de l'entreprise.

En Rdc, une certaine doctrine a pensé que l'entreprise doit être définie comme toute unité de production.[20] Il a été objecté rapidement que la définition retenue est peu juridique et est davantage à résonnance économique.

En tous les cas, le législateur congolais nous offre une définition légale de l'entreprise. En effet, l'article 4 alinéa 4 du code du travail précise que l'entreprise est « une organisation économique de forme juridique déterminée (propriété individuelle ou collective) constituée pour une production de biens destinés à la vente ou la fourniture de services rémunérés et pouvant comprendre un ou plusieurs membres ».

b) Rôle des entreprises dans l'activité économique

L'activité économique, dans le monde moderne, se confond avec celle des entreprises. Les économistes s'accordent à trouver dans ces dernières l'élément

---

[19]LUKOMBE NGHENDA, Droit Ohada des sociétés en application en RDC, volume I : contours et sources du droit Ohada des sociétés, différentes sociétés commerciales, personnification des sociétés commerciales, PFDUC, Kinshasa, 2018, P.267-268.

[20] Nguyen Chanh Tam, Philippe Dartois et Charles Simon, Lexique de droit des affaires zaïrois, Kinshasa, Faculté de droit, 1972.

premier, la cellule fondamentale de la « vie économique », et ils se sont efforcés d'en donner une définition suffisante.

Aucun régime ne peut se passer den ces unités, car toute activité économique suppose si l'on veut éviter le gaspillage, un calcul, un programme, un budget, des prévisions. Or, tout cela ne peut se faire d'une façon globale, pour une économie nationale prise dans son ensemble : il faut tenir compte de la différenciation résultant, non seulement de la diversité des branches de l'activité économique, mais des conditions locales, et surtout de l'impossibilité d'étendre le contrôle et la direction au-delà de certaines limites.

b) Caractères essentiels de l'entreprise

M. Emile James paraît avoir exprimé judicieusement les caractères essentiels de l'entreprise ; nous nous bornerons, en les résumant, à y apporter quelques précisions et à les compléter sur un point :

1° L'entreprise est une formation d'une certaine durée ; elle a pour objet d'assurer l'accomplissement ou la répétition d'une série d'opérations tendant au même but. Elle s'oppose à l'« opération » isolée ; c'est un organisme permanent.

2° Toute entreprise économique tend essentiellement à la production d'un bien ou d'un service. Elle se différencie par là des autres organismes sociaux, dont l'objet principal est différent.

3° L'entreprise produit pour le marché, c'est-à-dire pour une clientèle qui lui est extérieure, avec tous les risques que cela comporte. Sans échange avec l'extérieur, il n'y a pas d'entreprise économique.

4° L'autonomie de direction et des comptes est aussi un caractère essentiel.

5° Enfin, et sur ce pont nous croyons devoir compléter la définition de M. James, l'entreprise économique fonctionne suivant des règles et des méthodes qui doivent lui assurer, pour autant que les circonstances le permettent, un rendement bénéficiaire, un excédent des recettes sur les dépenses. Telle est, à notre époque, la portée réelle de la règle de la règle traditionnelle suivant laquelle le « but de lucre » est un élément essentiel de toute activité commerciale.

C° Diversité des entreprises

Les entreprises différentes entre elles, tant par leurs dimensions que par l'esprit qui les anime. A ce dernier point de vue, on peut distinguer :

- Les entreprises artisanales, crées par un petit entrepreneur ou par un petit producteur autonome, vivant de son métier ;

- Les entreprises capitalistes, fondées et dirigées en vue de réaliser des bénéfices, et qui font souvent appel à des capitaux étrangers à l'entreprise elle-même ;

- Les entreprises coopératives et mutualistes, qui ne sont pas inspirées par l'appât du gain ;

- Les entreprises d'intérêt public

On peut opposer aussi aux entreprises individuelles dans lesquelles la vie et le patrimoine de l'entreprise se confondent avec l'activité et avec la fortune des entrepreneurs qui en supportent les risques, les entreprises institutionnelles, qui tendent à l'autonomie et jouissent parfois d'une personnalité distincte.

On peut dire qu'à notre époque, le régime juridique des petites entreprise (entreprises individuelles) se trouve dans les règles relatives aux commerçants, tandis que le régime juridique fragmentaire, d'ailleurs, des entreprises institutionnelles se trouve éparpillé dans les dispositions du droit des sociétés commerciales et des lois isolées qui constituent la législation sociale et la législation industrielle (régime du travail), ainsi que dans les lois spéciales organisant le statut des diverses entreprises d'intérêt public.

c) Statut juridique imparfait de la notion des entreprises

En droit positif, la notion de l'entreprise n'est pas clairement dégagée. L'institution existe dans les faits, mais la loi ne l'a pas encore reconnue. Elle vit sous un régime de fortune ; son statut, d'ailleurs fort incomplet, est fait de pièces et de morceaux, empruntés à l'armature juridique d'institutions différentes, les sociétés commerciales principalement pour reprendre l'expression imaginée employée en une autre occasion par M. le Professeur Savatier, en voie d'« éclatement ».

On a souligné à juste titre le caractère obscur, insuffisant, voir même contradictoire, de cette théorie classique.

Titre II. REGIME JURIDIQUE DU COMMERCANT ET DES ACTES DE COMMERCE

L'Acte uniforme relatif au droit commercial général prétend regrouper dans un même chapitre la définition du commerçant et celle des actes de commerce, comme pour montrer la nécessaire relation qu'il y a entre l'une et l'autre.

L'Acte uniforme commence par définir le commerçant avant les actes de commerce mais nous procéderons de façon inverse.

Par définition, l'acte de commerce est différent de l'acte civil, il importe de distinguer l'un de l'autre, pour l'intérêt de la science d'abord, ensuite et surtout, pour pouvoir appliquer à chacun le régime juridique qui est le sien (chapitre 1). Après avoir cerné la notice d'acte de commerce que nous définirons le commerçant chapitre 2).

Premier chapitre. LES ACTES DE COMMERCE

Ière section. Théorie des actes de commerce

a) Origine :

La notion d'acte de commerce par nature a été maintenue par le législateur communautaire ; et la doctrine en a construit la théorie. Or, c'est notion tout à fait artificielle. Elle résulte uniquement de la maladresse des rédacteurs du code de commerce belge de 1807 et de leur souci d'éviter le reproche d'avoir établi, en consacrant l'existence des tribunaux de commerce, une juridiction professionnelle comme il en existait sous l'ancien régime. C'est donc uniquement, comme l'écrit M. Ripert, « pour régler à nouveau une question de compétence et pour ne pas déterminer uniquement cette compétence sur les conditions de personnes que le code a présenté la notion d'un acte qui serait de commerce entre toutes personnes ».

b) Imperfection de cette théorie

Le caractère artificiel de la théorie des « actes de commerces par nature » se trahit par l'obligation où se sont trouvés immédiatement ses auteurs de la compléter par la théorie des actes de commerce « accessoires » : il a bien fallu reconnaître qu'énumération des actes de commerciaux par nature est loin d'épuiser toute l'activité que déploient les commerçants dans l'exploitation de l'entreprise. Aussi le législateur a dû admettre que la qualité de commerçant rejaillirait sur tous les actes du commerçant et leur donnerait un caractère commercial, même s'ils ne rentraient pas dans l'énumération des actes de commerce par nature, sous réserve seulement du cas où il serait prouvé qu'ils ont une cause étrangère au commerce.

On a d'ailleurs vainement tenté de dégager les caractères qui seraient communs à tous ces actes commerciaux par nature : nouveau caractère artificiel de la notion elle-même. Les critères d'ordre économique, en particulier, se sont révélés insuffisants : ni l'idée de « circulation », ni celle de « spéculation » ne suffisent à rendre compte de tous les « actes qualifiés commerciaux par la loi ».

Aux termes de l'article 3 de AUDCG, « ont le caractère d'actes de commerce, notamment :

- L'achat de biens, meubles et immeubles, en vue de leur revente :

- Les opérations de banque, de bourse, de change, de courtage, d'assurance, et de transit ;

- Les contrats entre commerçants pour les biens de leur commerce ;

- L'exploitation industrielle des mines, carrières et de tout gisement de ressources naturelles ;

- Les opérations de location de meubles ;

- Les opérations de manufacture, de transport et de télécommunication ;

- Les opérations des intermédiaires de commerce, telles que commissions, courtages, agences, ainsi que les opérations d'intermédiaire pour l'achat, la souscription, la vente ou la location d'immeubles, de fonds de commerce, d'actions ou parts de société commerciale ou immobilière.

- Les actes effectués par les sociétés commerciales.

A cette liste l'article 4 ajoute, comme étant commerciaux par la forme, la lettre de change, le billet à ordre, et le warrant. Le code de commerce et la doctrine bâtissent une théorie générale des actes de commerce partagée d'ailleurs entre deux courants opposés. Pour le premier, ce qui caractérise l'acte de commerce, c'est son objet, sa nature c'est la conception objective. Peu importe par conséquent la personne qui accomplit l'acte. Le deuxième courant se prévaut d'une tradition qui veut que le droit commercial ait été à l'origine un droit professionnel et par conséquent, considère l'acte de commerce comme celui qui est accompli par un commerçant. C'est la conception subjective.

C) Classement et détermination rationnelle des Actes de commerce

Il n'en reste pas moins que les actes de commerce, comme tels, sont soumis, dans notre droit, à des règles particulières. Il faut donc, sans adopté la théorie classique, dont le caractère artificiel arbitraire et désuet n'est plus à démontrer, admettre la notion, et en donner, si possible, une analyse plus claire et plus exacte.

En réalité, l'idée que s'en faisaient les anciens auteurs devrait reprise : les actes de commerce sont ceux qui constituent la vie de l'entreprise commerciale ou, lorsque celle-ci se confond avec la personne physique qui la dirige, l'exercice de la profession commerciale.

Logiquement, on doit étudier tout d'abord les actes faits par les commerçants dans l'exercice de leur profession : ce sont ceux-là qui sont des actes de commerce. On verra ensuite qu'en vertu de la loi un acte peut être commercial, et comme tel, être soumis au régime légal propre à ces actes, même s'il est accompli par un commerçant, lorsqu'il entre dans la catégorie de l'article 3 de l'AUDCG. Telle est la seule utilité pratique, en droit positif, de la notion d'acte de commerce par nature.

§1. Les actes entrant dans l'exercice d'un commerce

Présomption de commercialité : les entreprises commerciales sont indiquées indirectement par la loi, qui parmi les actes de commerce, énumère ceux qui caractérisent l'objet de ces entreprises. Tous les actes qui se rattachent au fonctionnement de l'entreprise (à l'exercice de la profession) sont des actes de commerce. La solution résulte du dernier alinéa de l'article 3 précité, qui range parmi les actes de commerces « Les actes effectués par les sociétés commerciales ». Delà découle, le caractère général de la présomption.

La loi s'exprime en termes généraux et sans distinguer suivant que les obligations résultent d'un contrat, d'un quasi-délit, d'un délit ou d'un quasi-contrat.

Auront ainsi un caractère commercial :

- les dettes, même hypothécaires, contractées par un commerçant, le remboursement de ces dettes, les emprunts faits par lui pour rembourser son passif, l'engagement de payer une commission à l'agent commercial qui lui a procuré cet emprunt ;

- les obligations résultant d'un payement indu ou d'une gestion d'affaires ;

- obligation de payer les dommages-intérêts causés à des voisins par le fonctionnement d'une entreprise industrielle ; - les obligations résultant de l'accomplissement d'actes de concurrence illicite ou d'accident de circulation.

Elle englobe même les obligations contractées à l'occasion d'installation ou liquidation de l'entreprise commerciale ; c'est à cette raison qu'on reconnaît un caractère commercial à l'acquisition et à la cession d'un fonds de commerce.

Le seul moyen de renverser la présomption légale est d'établir que l'acte a « une cause étrangère au commerce ». Cette preuve se fait par toutes les voies de droit, même par présomption, mais dans le doute, il faudra admettre la commercialité, la présomption demeurant la règle. Par contre, si l'acte est mixte, on admet que le caractère civil remporte.

Le mot « cause » doit être entendu dans son sens large : il s'agit des actes ou des faits juridiques qui ne concernent aucunement le commerce, qui ne peuvent être rattachés, même indirectement, à l'activité commerciale de leur auteur. On voit immédiatement que le renversement de la présomption ne pourra être envisagé, en pratique, que dans le cas de personnes physiques commerçantes. Pour les personnes morales, le principe de la spécialité exclut la possibilité de l'accomplissement d'actes étrangers à son objet. Cette position n'est plus unanimement admise aujourd'hui et l'on a maintes fois souligné que leur point de départ est à la fois arbitraire et erroné. La notion d'acte essentiellement civil ne répond à aucune réalité et échappe à toute définition. On a fait remarquer, à juste titre, que l'article 3 alinéa dernier, concerne précisément des actes civils par leur nature. Distinguer, parmi eux, ceux qui sont purement ou essentiellement civils, c'est faire œuvre vaine.[21]

Une partie notable de la doctrine, et suivi fréquemment par la jurisprudence, soutient que la présomption légale devrait été écartée lorsqu'il s'agit d'actes « essentiellement civils » ou étrangers au commerce », ainsi que le cas où l'acte, fût-il même en relation directe avec l'exercice du commerce, a été accompli sans intention de réaliser un bénéfice.

Suivant que l'on se réfère à leur forme ou à leur nature, les actes de commerce prévus par la loi peuvent être regroupés en deux catégories que sont les actes de commerce par la forme et les actes de commerce par nature.

A. Les actes de commerce par la forme

Après avoir clairement mis en évidence que seul l'accomplissement d'actes de commerce par nature à titre professionnel rend commerçant, le

---

[21] Voy. A. CLOQUET, "Les présomptions de commercialité des actes de commerçants relatifs à des immeubles », 1957, p.231 et suivent, in VAN RYN, Op.cit. 69.

législateur OHAD, auteur de l'Acte uniforme révisé sur le droit commercial général dispose à l'article 4, « ont notamment le caractère d'actes de commerce, par leur forme, la lettre de change, le billet à ordre, et le warrant ». L'article 6, alinéa 2 de l'AUDSCGIE déclare commerciales par la forme, quel que soit leur objet, les sociétés anonymes, les sociétés en nom collectif, les sociétés en commandite simple et les sociétés à responsabilité limitée. Une conclusion s'impose, d'une part, selon la doctrine abondante, que l'utilisation d'un acte de nature par la forme ne devrait pas aboutir à une présomption de commercialité de l'opération qui en est au centre ; d'autre part, que la lettre de change, le billet à ordre et les Warrant sont désormais des exemples d'actes par la forme et donc qu'il en existe d'autres.[22]

Quoi qu'il en soit des déductions lettre de change parfois appelée « traite » dans la pratique des affaires est un document un ordre donné par une personne, le tireur, à son débiteur, le tiré, de payer une somme d'argent, à une date donnée, à une troisième personne, le bénéficiaire. Venant au billet à ordre, c'est un écrit par lequel un débiteur dénommé le souscripteur s'engage à payer à son créancier une somme fixe, une créance arrêtée. Enfin, le Warrant est un titre de propriété délivré par des magasins généraux, en réalité des entrepôts privés chargés du stockage ou du gardiennage d'objets et que l'on trouve dans les ports, gares, aéroports et marchés. Encore appelé, « récépissé-warrant », le titre constate le dépôt par le bénéficiaire de ses biens qui pourraient être des marchandises. Susceptible d'être mis en gage ou cédé par le déposant, il crée une présomption de commercialité lorsque ce dernier est un commerçant et que les objets à conserver sont des marchandises. Au cas contraire, l'opération constatée par ce titre n'est à priori pas commerciale.

B. Les actes de commerce par nature ou par objet

Cette catégorie d'actes de commerce peut faire l'objet d'une sous-distinction suivant que l'acte de commerce est accompli isolément ou dans le cadre d'une entreprise.

1. Les actes de commerce isolés

Les actes accomplis par un commerçant dans l'exercice de sa profession sont présumés actes de commerce. On ne conçoit guère en effet qu'un commerçant puisse accomplir des actes de commerce isolés. Cette catégorie d'actes est donc nécessairement le fait de personnes dont la profession habituelle n'est pas de faire le commerce. Elle englobe aussi bien des actes de commerce par la forme que les actes de commerce par l'objet.

[22] Paul-Gérard POUGOUE, Encyclopédie du droit OHADA, Lamy, Cotonou, 2011, p.8.

Ainsi, constitue un acte de commerce par la forme la signature d'une LC ou la souscription d'actions ou de parts d'intérêt des sociétés commerciales par un non-commerçant ? En revanche, sont des actes de commerce par l'objet, les opérations de banque, de bourse, de change, de courtage, d'assurance et de transit.

2. Les actes de commerce accomplis dans le cadre d'une entreprise

L'entreprise est un cadre organisé disposant de moyens matériels et humains nécessaires à l'exercice d'une profession. L'article 3 de l'AUDCG ne fait pas mention du terme entreprise. La rédaction de ce texte n'en est pour autant moins heureuse, bien au contraire, car l'acte de commerce n'est pas tant l'entreprise que l'acte qui est accompli dans le cadre de cette entreprise.

Il faut souligner que l'idée d'entreprise n'est pas absente du texte de l'article 3 de l'acte uniforme. Ainsi, les opérations de manufacture, de même que l'exploitation industrielle de mines, de carrières et de tous gisements de ressources naturelles visées par le texte évoquent nécessairement l'idée d'entreprise parce qu'elles sont inconcevables en dehors de l'entreprise. En réalité, la présomption de commercialité découlant de l'existence d'une entreprise ne joue pas uniquement pour cette série d'opérations d'ailleurs dépassées, mais bien toutes les fois que les actes sont accomplis dans l'exercice d'une profession commerciale. Le transport aérien est une donnée fondamentale de l'économie contemporaine, en raison non seulement des investissements très lourds qu'il requiert et qui font un domaine pratiquement réservé aux grandes compagnies. De même les télécommunications constituent aujourd'hui une véritable industrie par le volume des investissements en même temps qu'elles révolutionnent, grâce aux nouvelles techniques de l'information, les procédés commerciaux traditionnels, notamment par l'avènement et le développement du commerce électronique.

a) Les opérations sur les immeubles

Traditionnellement, les immeubles échappent à l'empire du droit commercial, mais la jurisprudence française a assimilé l'entreprise de construction d'immeubles à une entreprise de manufacture, considéré comme courtiers commerciaux ou agents d'affaires les courtiers et les agents immobiliers, et admis le caractère commercial des baux pris ou donnés par un commerçant pour les besoins de son commerce. L'article 3 de l'Acte relatif au droit commercial général se rallie à cette solution.

b) Les industries extractives

Comme les immeubles, les industries extractives étaient également exclues du domaine du droit commercial car il n'y a ni achat pour revendre, ni manufacture. C'est le cas notamment pour les carrières, les salines, les distributions d'eaux minérales, etc. Par exception cependant, le code minier français considère que l'exploitation des mines (charbon, métaux, hydrocarbures etc.) est une activité commerciale puisque leur mise en exploitation se fait nécessairement dans le cadre d'une industrie, tant les moyens matériels mis en œuvre sont importants, les procédés commerciaux de vente sophistiqués, et la qualification du personnel poussée. C'est cette idée qui apparait dans l'article 3 d'AUDCG, lorsqu'il cite l'exploitation industrielle des mines, des carrières et de tout gisement de ressources naturelles parmi les actes de commerce.

c) Les œuvres de l'esprit

Les œuvres de l'esprit sont généralement régies par le droit civil. La vente ou la concession par son auteur d'une œuvre de l'esprit n'est donc pas un acte de commerce parce qu'il n'y a ni achat préalable, ni parfois production physique. Mais les œuvres de l'esprit peuvent faire l'objet d'opérations. Ainsi, si la vente ou la concession de l'œuvre demeure civile par son auteur, elle sera commerciale pour l'acquéreur ou le concessionnaire si celui-ci est un commerçant. Il en est ainsi généralement du contrat d'édition par lequel l'auteur d'une œuvre ou ses ayants droit cèdent à des conditions déterminées à un éditeur, le droit de fabriquer ou de faire fabriquer en nombre d'exemplaires graphiques, mécaniques ou autres de l'œuvre vue, à charge par lui d'en assurer la publication et la diffusion, moyennant une rémunération forfaitaire ou proportionnelle aux produits d'exploitation.

d) La production agricole

Il existe une similitude entre l'agriculteur moderne et le commerçant. Tout comme ce dernier, il achète des matières premières, par exemple des semences, des engrais chimiques ou du matériel aratoire, et vend des produits. Pourtant, le droit exclut traditionnellement l'agriculture de la sphère du commerce. On a expliqué cette exclusion par diverses raisons. On a indiqué en effet que, historiquement, l'exploitation agricole précède l'exploitation commerciale, et c'est celle-là que le droit civil s'est formé ; que les agriculteurs constituent une classe sociale à part avec des habitudes et des mœurs qui les séparent nettement des commerçants : qu'enfin, l'agriculteur vend les produits du sol et non ceux de son industrie. Ce dernier argument est critiquable. L'agriculteur n'est pas moins industriel que le commerçant. Le rendement et les performances d'une exploitation agricole peuvent dépendre de l'ingéniosité de l'agriculteur.

Cependant, il est logique de reconnaître la qualité de commerçant à l'éleveur qui pratique de l'embauche car il y a bien un achat d'animaux en vue de leur revente après engraissement.

§2. Les actes de commerce non prévus par la loi : critères de recherche

Cette recherche a été menée à la fois par la doctrine et par la jurisprudence et a conduit à mettre en évidence quatre critères de la commercialité.

A. La cause de l'acte

En partant de la théorie générale des obligations, la doctrine a proposé de faire une distinction des actes de commerce des actes civils sur le fondement de la cause. En s'obligeant par le contrat, chaque partie poursuit un but qui est le motif déterminant de son obligation et sans lequel elle ne donnerait pas son consentement au contrat. Le motif déterminant de chaque partie pénètre ainsi dans le cadre contractuel sous le nom de cause. La théorie semble être introduite par les termes même du Code de commerce qui répute être acte de commerce l'achat des denrées et de marchandises en vue de les revendre. La principale difficulté qu'elle présente réside dans la reconnaissance du motif déterminant lorsque celui qui passe l'acte n'est pas un commerçant.

B. L'intention de spéculer

Ce critère de commercialisation se fonde sur le but poursuivi à travers l'acte : celui-ci si se fait avec l'intention de spéculer c'est-à-dire avec l'intention de réaliser un gain pécuniaire. Ce critère semble aussi avoir la faveur de la jurisprudence.

C. L'entremise dans la circulation des richesses

Un acte est commercial s'il s'interpose dans la circulation des richesses entre ceux accomplis par le producteur et le consommateur.

D. L'existence d'une entreprise

L'entreprise est un concept plutôt économique que juridique. Il est beaucoup usité endroit économique. Selon le code de commerce, la loi répute acte de commerce « toute entreprise de manufacture, de commission, de transport par terre ou par eau, toute entreprise de fourniture, d'agence etc. ». Notons toutefois que l'entreprise peut être individuelle ou revêtir la forme sociale.

Ainsi donc une définition générale de l'acte de commerce doit être définie comme « celui qui réalise une entremise dans la circulation des richesses, effectuée avec l'intention de réaliser un profit pécuniaire ».

§3. Les actes de commerce par accessoire

Les actes de commerce par accessoire ou encore appelés par accessoire ou encore actes de commerce relatifs ou actes de commerce subjectifs, ne constituent pas une catégorie légalement définie. C'est la jurisprudence qui en a bâti la théorie en présumant que les actes accomplis par un commerçant le sont pour le besoin de son exploitation. Ce sont des actes civils par nature, mais qui ont acquis le caractère commercial du fait qu'ils ont été accomplis par un commerçant dans l'intérêt de son commerce. L'acte peut être accessoire à la profession commerciale ou à un acte de commerce à titre principal.

A. Les actes de commerce accessoires à la profession commerciale

Cette théorie se fonde sur le code de commerce qui considère comme actes de commerce les engagements, transactions obligations entre commerçants, présumés contractés pour les besoins de leur profession. On admet que cette théorie s'applique même aux engagements extracontractuels du commerçant dans certains cas.

1° Les actes juridiques

La situation des sociétés commerciales est la plus simple : elles peuvent accomplir des actes de commerce quand bien même leur objet serait civil, pourvu qu'elles soient commerciales par la forme. L'article 3 de l'AUDCG mentionne d'ailleurs expressément « les actes effectués par les sociétés commerciales » dans l'énumération qu'il donne des actes de commerce. La jurisprudence applique la théorie de l'accessoire si le fonds est vendu par le commerçant qui l'exploitait ou s'il a acheté en vue de son exploitation par l'acquéreur.

2° Les faits juridiques

La jurisprudence applique la théorie de l'accessoire aux délits et quasi délits commis par le commerçant dans l'exercice de sa profession, toujours sur le fondement des arts du code de commerce qui usent toujours des termes généraux « d'engagements et d'obligations ».

B. Les actes de commerce accessoires à un acte de commerce à titre principal

La théorie traditionnelle de la commercialité par accessoire postule qu'un acte, civil par sa nature, devienne commercial parce qu'il est accompli par un commerçant pour les besoins de son commerce. Cette théorie est un peu différente. Ici, l'acte accessoire est accompli par un non commerçant, mais il est commercial parce qu'il se rattache à un acte de commerce. C'est sur la base de cette commercialité par accessoire que l'on reconnaissait le caractère commercial à un billet à ordre souscrit par le débiteur d'une dette commerciale ou à un chèque tiré en règlement d'une dette commerciale. Mais cette reconnaissance ne vaut plus aujourd'hui que pour le chèque, l'article 4 de l'AUDCG. Ayant rendu commercial par la forme le billet à ordre au même titre que la lettre de change et le warrant.

§4. Les actes mixtes

L'acte commercial s'apprécie en fonction de la personne qui l'accompli. C'est aussi un acte bilatéral (contractuel). Si les deux parties sont commerçantes l'acte est commercial pour les deux. Mais il arrive fréquemment que l'acte soit commercial pour une partie et civil pour l'autre, on est alors en présence d'un acte mixte.

Le domaine des actes mixtes est moins vaste que celui des actes de commerce puisque tout acte peut être un acte mixte dès lors qu'il met en présence deux personnes dont l'une exerce de commerce. Il existe cependant des exceptions où l'acte ne se prête pas à être mixte : ce sont la LC, le billet à ordre et le warrant, que la loi déclare commerciaux entre toutes personnes.

IIème section. Le Régime Juridique des actes de commerce et des actes mixtes

Les différentes classifications qui viennent d'être opérées en ce qui concerne les actes de commerce n'influent pas leur régime juridique. Celui-ci sera identique tant pour l'acte de commerce prévu par la loi que pour celui qui ne l'est pas ou pour l'acte de commerce par accessoire. En revanche, le régime juridique des actes mixtes est différent et bien plus complexe.

Le principe : le caractère commercial reconnu à un acte ou à une opération entraîne l'application des règles propres au droit commercial, pour déterminer les conséquences et les effets. Nous nous bornerons à indiquer sommairement ici quelques-unes de ces règles, en renvoyant, pour le surplus, à nos développements ultérieurs.

La théorie des actes de commerce tire son importance en l'existence d'une juridiction commerciale spécifique devant laquelle s'applique des règles particulières de compétence et de preuve sans préjudice d'autres règles nécessitées par la spécificité du droit commercial.

A. compétence

Toute action judiciaire dirigée contre l'auteur d'un acte de commerce, et fondée sur cet acte, est de la compétence des tribunaux de commerce.

B. Preuve des actes de commerce

Prouver, c'est établir la vérité d'un fait contesté. C'est établir la vérité d'un fait d'où découlent des conséquences juridiques. En droit, l'on entend par preuve, les éléments que les parties sont autorisées à soumettre au juge pour entraîner la conviction de celui-ci et pour établir le fondement d'une prétention.[23]Ce qui doit être prouvé, ce sont les faits matériels ou juridiques qui servent de base à la prétention dont on veut établir le fondement.

La preuve des obligations assumées par l'auteur d'un acte de commerce, se fait par les modes admis en matières commerciales. Si l'acte est mixte, les règles applicables seront déterminées par la nature de l'obligation dans le chef de la partie contre laquelle la preuve doit être administrée.

Les obligations nées d'un acte de commerce sont régies par le droit commercial. Ainsi, par opposition aux solutions que dicterait l'application du droit civil, on présumera la solidarité entre débiteurs d'une dette conventionnelle de nature commerciale ; la mise en demeure sera sans formalité ; la résolution des contrats syntagmatiques et le calcul des dommages-intérêts se feront conformément aux usages commerciaux les dommages et intérêts moratoires, cependant, ne sont calculés au taux prescrit par la loi « en matière commerciale » que si la dette est commerciale dans le chef du créancier.

Contrairement au droit civil où la preuve est règlementée, le droit commercial préconise la liberté de la preuve des actes juridiques. Pae ex., la preuve d'un contrat commercial peut se faire par tous moyens.

Les règles de preuve sont déterminées, non pas en fonction de la nature du tribunal saisi, mais en fonction de la qualité du demandeur à la preuve. L'article 5 AUDCG consacre cette distinction en énonçant que les actes de commerce peuvent se prouver par tous moyens à l'égard du commerçant.

En effet, conformément aux dispositions de l'article 5 précité, « les actes de commerce se prouvent par tous moyens même par voie électronique à l'égard des commerçants. Tout commencement de preuve par écrit autorise le commerçant à prouver par tous moyens contre un non-commerçant. Les livres de commerce tenus en application des dispositions du présent acte uniforme sont admis par le juge pour constituer une preuve dans les conditions prévues ci-dessus. Les livres de commerce et les états financiers de synthèse constituent des moyens de preuve. Dans le cours d'une contestation, la présentation des livres de commerce et des états financiers de synthèse peut être ordonnée par le juge, même d'office, à l'effet d'en extraire ce qui concerne le litige ».

---

[23] KALONGO MBIKAYI, *Droit civil Time I: Les obligations,* CRDJ-Kinshasa, 2008, P.375.

Ce texte réaffirme le principe de la liberté de la preuve en matière commerciale. Ce principe signifie d'abord qu'entre commerçants et à l'égard des commerçants, la preuve d'un acte juridique n'est pas subordonnée à un écrit ou à un commencement de preuve par écrit ; cela signifie ensuite qu'au cas où un écrit dressé, la preuve est recevable par tous moyens contre et outre le contenu de cet écrit.

Le législateur réaménage et atténue la rigueur de la liberté de la preuve en permettant aux commerçants contre un non-commerçant, chaque fois qu'ils disposent d'un commencement de preuve par écrit. Il s'agit d'une extension du bénéfice de la liberté de preuve au commerçant qui veut prouver contre un non-commerçant.

La règle se justifie surtout par la célérité qui caractérise les opérations commerciales. Celles-ci doivent, en effet, pouvoir se former et se dénouer rapidement, suivent les conditions du marché, alors que les parties sont souvent éloignées l'une de l'autre, l'exigence d'une preuve écrite suivant les règles de droit civil serait incompatible avec les nécessités du commerce.

Il y a deux modes de production des livres de commerce en justice : la communication et la représentation.

La communication consiste dans la remise des livres de commerce à l'adversaire du commerçant, au tribunal ou à un expert afin de consultation. Elle peut être offerte volontairement par l'auteur des livres. Elle constitue une atteinte grave au secret des affaires parce qu'elle permet au bénéficiaire d'avoir connaissance complète des comptes et des courants d'affaires de l'entreprise, la loi a énuméré de façon limitative les cas où elle peut être ordonnée par le tribunal : ce sont les affaires de succession, celles de communauté d'intérêts, l'existence d'un patrimoine dont il faut déterminer le passif et l'actif. Lorsqu'elle est sollicitée par voie judiciaire, elle constitue une action autonome et peut être exercée en dehors de tout litige.

La représentation, elle consiste, à l'occasion d'un procès, dans la possibilité de prendre connaissance des extraits des livres de commerce, extraits supposés se rapporter à l'affaire litigieuse. Elle peut être offerte par le commerçant, requise par son adversaire ou ordonnée d'office par le juge. La représentation se distingue de la communication sur trois points : les matières où elle peut intervenir ne sont pas limitativement définies ; elle ne peut avoir lieu qu'en cas de procès ; elle ne porte que sur les parties des livres relatives au procès.

En cas de refus de communication ou de représentation des livres de commerce, le juge peut en déduire toutes les conséquences de droit.

C. La prescription en matière commerciale

En matière commerciale, les prescriptions sont plus courtes. Il est généralement soutenu que la brièveté est fondée sur le fait que les commerçants se montrent très diligents dans le recouvrement de leurs créances et qu'il n'est pas de bon ton de les obliger à conserver trop longtemps les moyens de preuve écrits dont ils disposent.

En faisant figurer les dispositions relatives au régime de la prescription dans le titre consacré au statut du commerçant, le législateur communautaire de 2010 opère une généralisation du régime de la prescription en matière commerciale.

Le nouveau droit de la prescription paraît beaucoup plus précis et plus cohérent. Il est marqué par un certain recul de l'ordre public, et par conséquent, la reconnaissance d'une plus grande place à la liberté des parties.

En effet, aux termes de l'article 16 de l'AUDCG, les obligations nées à l'occasion de leur commerce entre commerçants, ou entre commerçants et non-commerçants, se prouvent par cinq ans si elles ne sont pas soumises à des prescriptions plus courtes. Cette prescription extinctive est soumise à la loi régissant le droit qu'elle affecte. Outre la durée de la prescription (5 ans), ce texte contient une double précision quant à la nature extinctive ou libératoire de la prescription et quant à la possibilité de régime dérogatoire.

Conformément à l'article 17 du même texte, à la différence du délai de forclusion qui court, pour la durée fixée par la loi, à compter de l'événement que celle-ci détermine, le délai de prescription court à court à compter du jour où le titulaire du droit d'agir a connu ou aurait dû connaitre les faits lui permettant d'exercer son action. La prescription se distingue de la forclusion quant à son point de départ. Le délai de forclusion dépend d'un élément prédéterminé sans incidence du comportement du titulaire du droit d'agir. A l'inverse, le délai de prescription tient compte de la situation du titulaire du droit d'agir. Il ne commence à courir que lorsqu'il est en mesure d'exercer effectivement son droit.[24]

La prescription se compte par jours et non par heures. Elle est acquise lorsque le dernier du terme est accompli. Il ne s'agit pas d'un délai franc pour le décompte duquel le premier jour et le dernier jour ne compte pas. Ici, le 1er jour compte alors que le dernier ne compte.

Les articles 20 et suivants parlent de la suspension et interruption de la prescription. Précisons toutefois que l'interruption, tout comme la suspension, a

[24] *CA Ouagadougou, ch. Com., arrêt n°048 du 20 juin 2008: Ohada.com/Ohadata J-10-129.*

pour effet d'arrêter le cours de la prescription, mais dans l'interruption, le délai écoulé est anéanti et laisse la place à un délai identique à la durée initiale. Trois causes légales interrompent la prescription : la reconnaissance de dette, la demande en justice et l'acte d'exécution forcée. Alors que lors que le titulaire du droit d'agir se trouver privé de l'exercice de ce droit, la prescription ne saurait courir à son égard. Ainsi, la suspension peut résulter de la loi, de la force majeure et de la convention.

IIème Chapitre : REGIME JURIDIQUE APPLICABLE AUX COMMERÇANTS

Pendant longtemps, le commerçant a été une personne physique. L'avènement de la grande industrie et le développement des structures de distribution de masse ont relégué les commerçants individus au rang de petits entrepreneurs ou de petits détaillants, même si, en nombre, ils continuent d'être plus nombreux que les regroupements commerciaux, les sociétés commerciales notamment.

En plus de la capacité civile, c'est-à-dire l'âge de la majorité, il faut en plus que la personne remplisse certaines conditions particulières, sans compter que l'acquisition de la qualité de commerçant emporte des conséquences qui modifient le statut civil de la personne concernée.

Ière Section. Commerçant, personne physique

Le droit OHADA considère comme commerçant celui qui accomplit des actes de commerces et en fait sa profession habituelle. Un simple particulier peut accomplir occasionnellement des actes de commerce ; il n'en acquiert pas pour autant la qualité de commerçant, car il faut que ses actes soient accomplis à titre professionnel, de manière indépendante et personnelle, et servir à en tirer l'essentiel de ses revenus. En d'autres termes, toute personne physique ou morale dont la profession habituelle consiste à accomplir des actes de commerce est commerçante.

L'article 2 d'AUDCG dit qu'« est commerçant celui qui fait de l'accomplissement d'actes de commerce par nature sa profession ». Cette formulation de la définition montre clairement que pour être commerçant, il faut accomplir des actes de commerce par nature et ensuite, il faut que ces actes soient répétés. Conformément à l'article 3 alinéa 1er de l'AUDCG, l'acte de commerce par nature est celui par lequel une personne s'entremet dans la circulation des biens qu'elle produit ou achète ou par lequel elle fournit des prestations de service avec l'intention d'en tirer un profit pécuniaire.

Cette définition légale étant très brève, il importe par conséquent d'en élucider. On note qu'elle fait intervenir trois idées principales : l'accomplissement d'actes de commerce, et ce, pour le compte du commerçant, et la profession habituelle.

§1. L'accomplissement d'actes de commerce

L'exercice d'une profession nécessite l'accomplissement d'une diversité d'actes juridiques dont certains peuvent être des actes de commerce. L'accomplissement de ces derniers peut conférer à l'activité un caractère commercial et à leur auteur la qualité de commerçant. Le commerçant est par conséquent celui qui fait des actes de commerce tels qu'ils sont énumérés à l'article 3 de l'AUDCG ou prévu par les lois spéciales, même si cette énumération a un caractère énonciatif et non limitatif.

Ainsi donc, il faut écarter deux séries d'actes de commerce : d'une part, les actes de commerce par accessoire, qui supposent que leur auteur est commerçant et, d'autre part, la lettre de change, le billet à ordre, le warrant et certains types de contrat de société (SA et SARL) qui bien qu'étant commerciaux par la forme, ne confèrent pas la qualité de commerçant à leur signataire. Ce sont donc principalement les actes de commerce par nature ou par l'objet dont l'accomplissement à titre professionnel peut conférer à leur auteur la qualité de commerçant.

§2. Le compte personnel du commerçant

Le commerçant doit accomplir les actes de commerce de façon indépendante. Cette condition n'est pas expressément prévue par l'article 2 de l'acte uniforme qui définit le commerçant. Malgré ce silence, il n'est pas douteux que le commerçant doit exercer pour son propre compte, à ses risques et périls, de façon indépendante. Ainsi, les directeurs, les fondés de pouvoirs et les salariés d'une entreprise qui peuvent être amenés accomplir des actes de commerce ne sont pas de commerçant. C'est également le cas des gérants et des administrateurs de sociétés commerciales : ils sont mandataires de la société et ne peuvent pas être des commerçants.

Cependant, le commissionnaire est commerçant parce qu'il traite en son nom, sans révéler celui de son commettant. Il en est de même pour le prête nom, on lui reconnait la qualité de commerçant parce que c'est lui qui apparait comme étant le maître de l'affaire et parce qu'il parait traiter cette affaire pour son compte. Dans ce dernier cas, la reconnaissance de la qualité de commerçant vise plus à appliquer à l'auteur de l'acte des sanctions commerciales qu'à le faire jouir des avantages attachés au statut de commerçant.

§3. Profession habituelle

1°) Définition du commerçant

Les commerçants sont ceux qui font pression d'exploiter une entreprise. Tel est le sens, en pratique, de la formule en tête de l'acte uniforme (article 2 AUDCG) : est commerçant celui qui fait de l'accomplissement de l'acte de commerce par nature sa profession.

Il faut, en d'autres termes, que l'exploitation de l'entreprise commerciale soit l'occupation ordinaire de celui qui s'y livre, et qu'il s'y consacre en vue de « gagner sa vie », c'est-à-dire de se procurer ses moyens d'existence.

A. L'habitude

Elle suppose que les actes de commerce accomplis se répètent plus ou moins souvent. Il peut y avoir l'habitude même lorsque les actes accomplis se rapportent à un objet unique. Le mot « habituelle » évoqué par une certaine doctrine est une pure redondance, d'ailleurs fâcheuse, car elle est de nature à provoquer des erreurs. La profession ne se confond pas avec l'habitude : la répétition d'actes de commerce indépendants l'un de l'autre suffit à créer une habitude mais non une profession, celle-ci implique une activité inspirée par un mobile général identique. Ainsi, ne sont pas commerçants les particuliers qui souscrivent habituellement de valeurs de bourse. D'autre part, l'adjectif « habituel » n'ajoute rien au sens du mot profession ; ce serait, par exemple, d'en déduire qu'il faudrait, pour l'acquisition de la qualité de commerçant, une répétition d'actes commerciaux suffisamment importante et protégée (LYON-CAEN, t. 1er, n°197 ; NAMUR, t. 1er, n°27), opinion d'ailleurs inconciliable avec celle, généralement admise, d'après laquelle un commerçant acquiert cette qualité dès le moment où il exerce son exploitation (VAN RYN, op.cit. P.83).

B. La profession

Est professionnelle, l'activité à laquelle une personne consacre le plus claire de son temps, et est aussi l'occupation procurant à celui qui s'y adonne des ressources indispensables à la satisfaction de ses besoins.

a) **Mandataires et gérants**

Pour être commerçant, il faut agir pour son compte personnel et en son propre nom. Celui agit au nom et pour compte d'une autre personne, n'est que l'instrument de la volonté de celle-ci. Son activité ne peut donc lui donner à lui-même une qualification déterminée. Les mandateurs et les gérants d'affaires qui, en cette qualité, dirigent une exploitation commerciale, n'acquiert pas eux-mêmes, de ce chef, la qualité de commerçants : administrateurs ou liquidateurs de sociétés commerciales, par exemple.

La situation est différente lorsque la loi répute acte de commerce l'accomplissement même du mandat, comme le cas pour le courtier ou le commissionnaire, et l'agent commercial, ou encore lorsque le mandataire agit en son nom personnel avec les tiers, sans découvrir ses commettants : dans ce cas, il acquiert la qualité de commerçant ; la loi précise d'ailleurs elle-même que l'entreprise de commission ou de courtage est commerciale.

c) Prête-nom

La personne qui fait exercice de commerce par un prête-nom est-elle commerçante ? La question est controversée : pour l'affirmative, Voy. TIPERT, n°202 ; contra : novelles, n°498 et les références citées ; THALLER, n°74, note 1. En principe celui n'accomplit pas lui-même d'actes commerciaux, ne saurait être considéré comme tel ; la circonstance que l'exploitation du commerce se à risques n'est pas de nature à modifier cette situation. Mais s'il était établi, en fait, que le recours au prête-nom avait eu lieu dans un but frauduleux (pour tourner une interdiction ou une incompatibilité, par exemple, ou pour échapper aux poursuites de créanciers), les tiers auraient le droit d'écarter l'apparence échafaudée pour les tromper et de s'en prendre directement au commerçant qui voulait se dissimuler : cf. Cass., 6 mai 1915, Pas., 1915-1916, I, 285 ; comm. Bruxelles, 27 janvier 1940, Rév. Prat. Soc., 1940-1946, P. 346. L'exploitant (prête-nom) sera toujours responsable personnellement des engagements pris par lui ; il paraît normal, dès lors, de lui reconnaître en tout cas la qualité de commerçant.[25]

Cette règle permet de protéger le « patrimoine familial » contre les risques du commerce, telle la faillite ou les procédures collectives.

d) L'exercice par l'un des conjoints d'un commerce séparé

Le statut de commerçant n'est plus accordé automatiquement au conjoint d'un commerçant. Ce dernier n'a la qualité de commerçant que s'il accomplit des actes de commerce, à titre de profession habituelle, et séparément de ceux de son époux. Ainsi, la femme qui ne fait que détailler le commerce de son mari n'a pas la qualité de commerçant ; et le mari n'est pas réputé commerçant du simple fait que sa femme exerce une activité commerciale

En effet, aux termes de l'article 7 alinéa 2 de l'AUDCG, « le conjoint d'un commerçant n'aura la qualité de commerçant que s'il accomplit les actes visés aux

[25]En ce sens : THALLER, loc., RIPERT est plus hésitant : voy. Loc. cit. comm. Liège, 9 février 1929, Fur. Liège, 1929, p.69.

articles 3 et 4 ci-dessus, à titre de profession habituelle, et séparément de ceux de son époux ».

e) Conditions non requises

Aucune condition n'est requise
1° Il n'est pas nécessaire que l'exercice soit notaire : l'exploitation d'un commerce clandestin suffit à donner à son auteur la qualité de commerçant ;

2° Il n'est pas nécessaire non plus que la profession soit principale : un commerçant peut avoir des activités professionnelles multiples, les unes civiles, les autres commerciales. La qualité de commerçant ne disparaîtrait que si la profession commerciale devrait être considérée comme accessoire d'une profession civile ;

3° Il est indifférent que l'exercice du commerce soit prohibé par l'une ou l'autre réglementation, comme c'est le cas pour de nombreuses catégories de fonctionnaires (militaires, membres de la cour des comptes, consuls recevant un traitement de l'Etat, etc.), ainsi que pour les magistrats et les avocats. Les sanctions prévues pour assurer le respect de ces prohibitions sont exclusivement d'ordre pénal et disciplinaire.

1. Preuve de la qualité de commerçant

Preuve par présomption, elle incombe à celui qui invoque cette qualité. D'autre part, la volonté de l'intéressé ne sera jamais à elle seule déterminante, puisque la qualité de commerçante, en raison des conséquences qu'elle entraîne, l'intéresse l'ordre public.

Aux termes de l'article 59 de l'AUDCG, toute personne immatriculée au RCCM est présumée, sauf preuve contraire, avoir la qualité de commerçant au sens du présent Acte uniforme. Toutefois, cette présomption ne joue pas à l'égard des personnes physiques non-commerçantes dont l'immatriculation au RCCM résulte d'une disposition légale, et de personnes morales qui ne sont réputées commerçantes au sens du présent Acte uniforme, et de l'Acte uniforme relatif au droit des sociétés commerciales et du groupement d'intérêt économique ou d'une disposition particulière.

2. Durée de la qualité de commerçant

La qualité de commerçant est acquise dès le moment de l'organisation ou de l'installation de l'entreprise commerciale, c'est-à-dire dès que la volonté d'exploiter cette entreprise à titre de profession s'est extériorisée par des actes non équivoques. Pratiquement, c'est à partir de l'immatriculation au RCCM qu'on acquiert la qualité de commerçant.

La qualité de commerçant prend normalement fin par cessation de la profession exercée. Encore faut-il que cette cessation soit définitive consacrant la radiation au RCCM : une cessation momentanée, due par exemple au chômage, ou ralentissement des affaires, ne ferait pas perdre la qualité de commerçant. Cette qualité prend également fin par la mise en faillite du commerçant ou par la survenance de son incapacité.

En vertu du principe de la liberté d'entreprise, toute personne est libre d'entreprendre une activité commerciale. Il suffit d'être un majeur capable. Cependant, la loi a prévu des interdictions et des incompatibilités.

3. Les Incapacités et les interdictions

Leur but : l'exercice d'une profession commerciale peut être dangereux à la fois pour celui qui l'exerce et pour public, si l'exploitant ne possède pas les aptitudes requises ou n'est pas digne de confiance. Pour y parer, la loi organise un système complet d'incapacités et d'interdictions. Les incapacités sont destinées à la protection de celui qui en est frappé : elles font obstacle, dans son propre intérêt, à l'acquisition de la qualité de commerçant. Les interdictions sont établies dans l'intérêt du public : elles laissent à celui qui en est l'objet la qualité de commerçant, même s'il l'a prise indûment, mais elles entraînent l'application d'autres sanctions.

La capacité, en droit, est un terme ambivalent. Elle peut désigner l'aptitude d'une personne à être titulaire de droits et d'obligations. C'est la capacité de jouissance ; mais elle peut aussi désigner le pouvoir qu'a la personne titulaire des droits et d'obligations à les mettre en œuvre, c'est la capacité d'exercice, voir dès sa conception, alors qu'elle n'en aura l'exercice qu'à l'âge de la majorité. Avant cet âge, elle ne peut, en principe, exercer ses droits que par représentation.

Au terme de l'article 6 AUDCG « nul ne peut accomplir des actes de commerce à titre de profession s'il n'est juridiquement capable d'exercer le commerce ». Généralement, l'incapacité frappe les mineurs, certains majeurs et par le passé, la femme mariée.

A. Les mineurs

Conformément à l'article 7 alinéa 1er AUDCG « le mineur, sauf s'il est émancipé, ne peut avoir la qualité de commerçant ni effectuer des actes de commerce ». Le mineur, en droit, est une personne physique de l'un ou l'autre sexe qui n'a pas encore atteint un âge fixé par chaque droit national. Son aptitude à exercer le commerce doit être envisagée suivant qu'il est ou non émancipé.

a) Quid du mineur non émancipé ?

Le mineur non émancipé soufre de l'incapacité absolue quel que soit son âge. Il ne peut le faire ni par lui-même, ni par intermédiaire de son représentant légal, car l'exercice du commerce exige des qualités personnelles spéciales, des initiatives nombreuses, entraîne des conséquences trop graves pour qu'on puisse le permettre à un mandataire légal, dont la gestion ne pourrait être constamment surveillée et qui devrait se prêter à des formalités d'autorisations compliquées.

Il ressort de l'analyse de l'article 7, alinéa 1er d'AUDCG précité, que l'incapacité du mineur non émancipé relativement à l'exercice du commerce est double : l'incapacité d'avoir la qualité de commerçant et l'incapacité de faire le commerçant. En principe, la personne qui désire exercer le commerce est astreinte à un certain nombre d'obligations dont l'observation lui conférera régulièrement la qualité de commerçant. Il s'agit en particulier de la capacité juridique et de l'immatriculation au registre du commerce et du crédit mobilier. Par définition le mineur émancipé est un incapable de faire le commerce. Elle est absolue et ne peut être levée par aucune autorisation.

B. Les majeurs incapables : l'interdit judiciaire ou légal et l'aliéné interné

Le législateur communautaire ne traite pas expressément du cas des majeurs incapables. Mais en n'autorisant à accomplir les actes de commerce à titre de profession que les personnes juridiquement capables, l'article 7, alinéa 1er, exclut implicitement mais sans équivoque les majeurs incapables de l'exercice des professions commerciales. L'incapacité frappe non seulement les mineurs, mais aussi certains majeurs dont les facultés mentales, intellectuelles ou physiques sont altérées par une maladie, une infirmité ou un affaiblissement dû à l'âge et qui empêche la libre expression de la volonté ; elle atteint aussi les personnes majeures que leur prodigalité, leur oisiveté expose à tomber dans le besoin ou à compromettre l'exécution de leurs obligations familiales.

a) L'interdit judiciaire et légal, et l'aliéné (articles 10 & 11 de l'AUDCG)

Le droit commercial n'apporte aucune dérogation au régime de droit commun. La capacité juridique de l'interdit est nulle, il lui est évidemment impossible d » acquérir la qualité de commerçant. L'exercice du commerce pour le compte de l'interdit par l'intermédiaire n'est pas davantage possible, comme pour le mineur. L'interdiction légale enlève au condamné la capacité d'administrer ses biens et en disposer entre vifs, d'où l'impossibilité de conserver ou d'acquérir la qualité de commerçant en droit autant qu'en fait. On admet toutefois que le curateur, comme le tuteur de l'interdit judiciaire, pourra éventuellement continuer le commerce exercé par le condamné. Conformément aux dispositions de l'article 12, les actes accomplis par l'interdit sont inopposables aux tiers de bonne foi. Ces actes sont toutefois, imposables à l'interdit.

L'aliéné interné : présumé en état de démence, son incapacité le prive de la possibilité d'acquérir la qualité de commerçant ; d'autre part, son administrateur provisoire n'a que les pouvoirs limitativement.

b) Incompatibilités et interdictions

Elles sont inspirées par des considérations diverses, mais qui tiennent toutes à l'intérêt public. Celui qui exerce un commerce en dépit d'une incompatibilité ou d'une interdiction légale, n'en est pas moins commerçant, avec toutes les obligations professionnelles qui en découlent ; il pourra, notamment, être déclaré en faillite. Les sanctions qu'il court exclusivement d'ordre disciplinaire ou pénal. La profession commerciale est incompatible avec certaines activités. Ne peuvent faire le commerce : les avocats, les membres de l'ordre judiciaire, les agents de l'Etat[26]

Par ailleurs, les interdictions résultent de certaines condamnations pénales et sont limitées à des activités commerciales, notamment ne peuvent faire exercer la profession commerciale, ceux qui ont été condamnés à une peine de privative de liberté ou à crime de de droit commun, d'une interdiction prononcée par une juridiction professionnelle auquel cas, l'interdiction ne s'applique qu'à l'activité concerné.[27]

c) Effets de la qualité de commerçant sur l'état de la personne et sur le patrimoine

S'agissant du patrimoine du commerçant, dans l'état actuel du droit Ohada, le principe de l'unité du patrimoine demeure préoccupant. Le commerçant, personne physique est assimilé purement à une entreprise individuelle, laquelle apparaît comme une structure d'emprunt, presque une sorte de non-structure. Celle-ci est en effet pour l'essentiel confondue avec son chef, ou, si l'on préfère, son propriétaire ; ce sont donc certains attributs juridiques de la personne physique qui servent pour caractériser l'entreprise sans structure propre.

Tirant la conséquence, la CCJA a décidé que lorsqu'il a confusion entre l'entreprise individuelle et son fondateur, il échet de dire que l'appel interjeté par ce dernier alors que l'action mue l'aura été entre le tiers et l'entreprise individuelle, est recevable.[28]

---

[26]Voir l'article 9 de l'acte uniforme relative au droit commercial pour la liste des incompatibles (avocat, les agents publics).
[27]Article 10 AUDCG.
[28] CCJA, arrêt n°040/2016 du 3 mars 2016 – affaires Kouame Kouame et Collège Notre Dame du Bouaflé c/ Dea Tieu Apollinaire et crts

Ainsi, une personne ne peut pas affecter à titre exclusif une partie de ses biens à l'exploitation d'une entreprise commerciale. Elle peut, sans doute, consacrer certains biens à cette exploitation ; ils entreront, le cas échéant, parmi les éléments constitutifs du fonds de commerce. Mais ils ne seront d'aucune manière soustraite à l'action de l'ensemble des créanciers. Réciproquement, les créanciers commerciaux ont un recours sur tous les biens de leur débiteur commerçant ; aussi doit-il les comprendre dans son inventaire et, en cas de faillite, ils seront englobés dans la masse par l'effet du dessaisissement.

Le seul moyen offert par le droit Ohada, de ne pas engager ton son patrimoine dans une entreprise, est de constituer une société commerciale dotée de la personnalité juridique, en adoptant l'une des formes permettant aux associés ou à certains d'entre eux de ne s'engager qu'à concurrence d'un apport déterminé.

Tenant compte de la complexité et technicité du droit des sociétés comme le notent d'ailleurs si pertinemment Paul Le Cannu et Bruno Dondero que « Tout le monde connaît peu ou prou les sociétés … »,[29] il est souhaitable que le législateur communautaire envisage une reforme susceptible de protéger les entrepreneurs individuels par la consécration du patrimoine d'affectation que de se limiter à l'unique possibilité de création des sociétés unipersonnelles.

Une partie de la doctrine pense à ce sujet toutefois que la création, par les entreprises individuelles, d'un patrimoine d'affectation, pourrait être une heureuse solution.[30]

Cela permettra au législateur de donner aux entrepreneurs individuels un instrument juridique de protection de leurs biens non affectés à l'activité professionnelle.

Cette protection passe par création d'un patrimoine d'affecté, au sein duquel sont réunis l'actif et le passif professionnels, et plus largement toutes les relations juridiques liées à l'activité professionnelles. Ce patrimoine affecté est séparé du ou des autres patrimoines de l'entrepreneur individuel.

La qualité de commerçant oblige celui l'acquiert ou la possède à rendre publics certains faits relatifs à sa vie civile. Les tiers ont intérêt à être informés du régime matrimonial du commerçant, ainsi que des faits susceptibles d'influer sur sa capacité ou modifier, pendant le cours du mariage, les droits de la femme. La publication nécessaire est assurée efficacement depuis l'institution du RCCM, par l'obligation imposée au commerçant d'indiquer dans sa déclaration immatriculée son régime matrimonial et par la mention au registre, à la diligence des greffiers, des jugements d'interdiction, de mise sous conseil judiciaire, de mainlevée de ces

---

[29] Paul Le Cannu et Bruno Dondero, Droit des sociétés, 6è éd., LGDJ, Lextenso éd., p.19.

[30] Champaud C., L'entreprise personnelle à responsabilité limitée, RTD Com. 1979, 579 ; Le Gac, Protection du patrimoine et risques liés à l'entreprise : l'obligation aux dettes sociales, thèse Nantes, 1995.

mesures, de divorce et de séparation des biens. En cas du commerçant célibataire, il devra faire la déclaration complémentaire.

d) Les sanctions de la violation des incompatibilités

La violation des règles d'exercer le commerce résultant d'une incompatibilité n'entache par la validité des actes conclus à l'égard des tiers de bonne foi. Ceux-ci peuvent se prévaloir de l'acte à l'exclusion de la personne en situation d'incompatibilité.

1°) Les sanctions fermant l'accès à l'exercice du commerce : les déchéances

La déchéance est la perte d'un droit infligée soit à titre de sanction, soit en raison du non- respect des conditions d'exercice de ce droit. Il faut souligner que l'article 10 AUDCG énumère trois séries de cas dans lesquels le commerçant est déchu du droit de faire le commerce, à savoir : celle prononcée par une juridiction étatique, celle prononcée par une juridiction professionnelle et la déchéance qui frappe une personne exerçant le commerce par elle-même ou par personne interposée.

La déchéance doit être distinguée de l'interdiction judiciaire qui est une mesure de protection prise par le juge en faveur d'un majeur incapable en raison de son état mental. Elle est actuellement remplacée, dans certaines législations africaines, par la tutelle des majeurs.

Les sanctions de la violation des déchéances sont prévues par l'article 12 AUDCG et sont de deux ordres ; d'une part, l'inopposabilité aux tiers de bonne foi des actes accomplis en violation de déchéance, d'autre part, l'opposabilité de ces actes à l'interdit lui-même.

IIème section. Le statut de l'entreprenant

Le statut de l'entreprenant constitue une innovation de l'AUDCG) de 1997, tel que révisé en 2010. Visant à adapter les règles de droit aux réalités de l'économie des pays membres en vue de la promotion de l'économie, la révision a permis d'introduire une nouvelle catégorie d'opérateur économique à côté des catégories connues, tel le commerçant : l'entreprenant. Il s'agit d'encourager les personnes physiques qui débutent une activité professionnelle civile, commerciale, … en garantissant qu'elles ne seront pas étouffées par des formalités et des charges plus lourdes.

§1. Motivations de l'introduction de la notion d'entreprenant en droit commercial général

Le législateur Ohada a introduit le statut juridique de l'entreprenant, mais il n'y explicite pas les raisons ou motivations de sa décision. Cependant ces raisons ou objectifs ont été visés dans le tableau de bord des modifications du texte de l'Acte uniforme au droit commercial qui avait été rédigé par le collectif des universitaires et de praticiens associés à la préparation de ce texte, qui comprenait notamment les juristes Marie-André Ngwé, Daniel Tric et Abdaullah Cissé.

Au sujet des informations relatives à ces enjeux, voir not. TRICOT D., « Statut du commerçant et de l'entreprenant », Droit et patrimoine, n°201, mars 2011, p. 67 et s. ; YONDE BLACK L., « Les enjeux de la réforme : une volonté de favoriser la création d'entreprises, les échanges commerciaux et la confiance dans zone OHADA », Droit et Patrimoine, n°201, mars 2011, p.45 et en synthèse avec le « Doing Busines » 2010-2013 de la Banque mondiale et de la Société financière internationale ; le nouvel Acte uniforme donne un cadre juridique incitant les entrepreneurs individuels qui opéraient et opèrent dans le secteur de l'économie informelle à se déclarer officiellement en qualité d'entreprenants, ce qui réalise un passage juridique des agents économiques du secteur informel vers formel, avec cette conséquence la réduction au fur et à mesure des circuits économiques non structurés en laissant s'affirmer l'économie formelle où les commerçants personnes physiques s'adonnent depuis à leurs activités commerciales parmi d'autres économiques dits secteur informel.

Pour en arriver là, le législateur OHADA, a d'abord, selon le Professeur LUKOMBE, tiré la leçon ou la conclusion de l'observation faite dans nombre des pays membres de l'OHADA où il avait été relevé qu'à compter des années 19990, les petits métiers dans les villes, occupaient et occupent environs 75 à 90 % de la population active.[31]

En République Démocratique du Congo, le souci de lutter contre la supplantation de l'économie informelle par le secteur économique formel s'est accompagné de celui de favoriser la naissance d'une classe moyenne des commerçants congolais dont le chiffre d'affaires pour entreprendre des véritables activités commerciales est quasiment inexistant face aux investisseurs étrangers, de la sorte que l'article 1 de la loi n°73/009 du 5 janvier 1973 sur le commerce telle que modifiée a interdit l'accès des étrangers à certains types d'activités commerciales dont l'Ordonnance-loi n°79-021 du 2 août 1979 et Arrêté interdépartemental d'application n°0029/80 du 7 avril 1980 ont réservé aux seuls congolais, ce qui est communément appelé « le petit commerce ».

---

[31] LOKOMBE NGHENDA, Op.cit. p.341.

§2. Conditions à remplir pour devenir entreprenant

A. Réservé exclusivement aux personnes physiques.

Cela est vrai dans la mesure où conformément aux dispositions pertinentes de l'article 30 AUDCG, l'entreprenant est un entrepreneur individuel, personne physique qui, sur simple déclaration prévue dans le présent Acte uniforme, exerce une activité professionnelle civile, commerciale, artisanale ou agricole.

B. Avoir la capacité juridique

En RDC, pour entreprendre quelconque activité professionnelle ou quelconque acte juridique, nous l'avons déjà relevé en ce qui concerne le commerçant personne, physique, l'exigence est que toute personne physique comme l'est l'entreprenant individuel, doit avoir la capacité juridique qui s'entend comme étant l'aptitude à être sujet de droits et des obligations, et cette capacité juridique dédouble en capacité de jouissance et en celle d'exercice. En effet, le législateur communautaire exige à quiconque désirant d'avoir le statut d'entreprenant de prouver qu'il n'a fait l'objet d'aucune interdiction d'exercer en relation avec sa profession et qu'il n'a fait l'objet d'aucune condamnation pour les infractions prévues à l'article 10 de l'AUDCG.[32]

C. Activité commerciale professionnelle commerciale, civile, artisanale ou agricole.

A l'instar du commerçant personne, physique, l'entreprenant est juridiquement habilité à exploiter l'activité commerciale. L'article 30 de l'AUDCG du 15 décembre 2010 cite l'activité commerciale parmi les activités que l'entreprenant peut exercer. En cause, l'article 30 autorise à l'entreprenant individuel, l'accomplissement des actes de commerce, tels que prévus aux articles 3 et 4 que nous avons précédemment analysés. Il faille préciser, en tout cas, il doit exercer ces activités à titre de profession.

d. Obligation de déclaration d'activité

L'entreprenant, qui est dispensé d'immatriculation au RCCM, est cependant, soumis simplement à une obligation de déclaration son activité avec le formulaire prévu à l'article 39 du même Acte uniforme, sans frais, au greffe de la juridiction compétente ou à l'organe compétent dans l'Etat partie, dans le ressort duquel il exerce dès lors qu'il a opté pour ce statut.

Il ne peut, dit l'article 62, commencer son activité qu'après réception de de ce numéro de déclaration d'activité qu'il doit mentionner sur ses factures, bons

[32] Article 63-3° AUDCG.

de commande, tarifs et documents ou correspondances professionnels, suivi de l'indication du RCCM qui a reçu sa déclaration et la mention « Entreprenant dispensé d'immatriculation ».

De ce texte, il faut retenir que la déclaration d'activité se fait sur le même formulaire que la demande d'immatriculation, qu'elle est faite sans frais et qu'elle donne lieu à la délivrance d'un accusé d'enregistrement avec la mention de la date et d'un numéro. L'entreprenant peut alors démarrer son activité ; il devra porter sur ses papiers professionnels, outre le numéro de déclaration, la mention : « dispensé d'immatriculation ».

e. Effets de la déclaration d'activité

La personne physique qui a effectué une déclaration d'activité acquiert le statut juridique d'entreprenant. Aussitôt qu'un numéro de déclaration lui a été attribué, ce dernier est en droit de démarrer ses activités et de se prévaloir de sa qualité.

Aux termes de m'article 65 de l'AUDCG, la personne physique qui satisfait aux obligations déclaratives prévues aux articles 62 à 64 est présumée avoir la qualité de commerçant. Ainsi donc, elle se voit appliquer les règles relatives à la preuve et à la prescription en matière commerciale et jouit du statut bail à usage professionnel, saufs les restrictions contenues dans l'articles 134, alinéa 2 (sauf convention contraire entre le bailleur et l'entreprenant, ce preneur ne bénéficie ni d'un droit au renouvellement du bail, ni d'un droit à la fixation judiciaire du loyer du bail renouvelé) qui ne sont cependant pas d'ordre public.

Le statut d'entreprenant permet à celui qui le choisit de bénéficier des avantages liés au statut de commerçant et de l'allègement des contraintes qui y sont inhérentes. Toutefois, l'entreprenant constitue un statut précaire lié à l'importance du chiffre d'affaires.

Aux termes de l'article 1er alinéa 2 de l'AUDCG, l'entreprenant est soumis aux règles applicables aux commerçants, sauf dispositions contraires de l'Acte Uniforme. L'entreprenant est ainsi soumis aux règles de la preuve commerciale (le principe de la liberté), moyennant certains aménagements aboutissant à rapprocher en partie la preuve en matière commerciale des principes de droit commun. Il doit en conséquence se conformer à la réglementation applicable à ses activités. En l'occurrence, s'il exerçait les activités commerciales, il est dorénavant soumis à la réglementation applicable aux commerçants.

S'agissant de la prescription, les obligations nées des activités entre entreprenants, ou entre entreprenants et non entreprenants, se prescrivent par cinq ans si elles ne sont pas soumises à une prescription plus courte. Le régime de la prescription est donc celui applicable aux commerçants.

§2. Perte du statut d'entreprenant

L'entreprenante conserve son statut si le chiffre d'affaires annuel généré par son activité pendant deux exercices successifs n'excède pas les seuils fixés par la loi. Ce chiffre d'affaires annuel est, en ce qui concerne le commerçant et les artisans, celui de leurs activités de vente de marchandises, d'objets, de fournitures et denrées ou de fournitures de logement. Il est également celui de leurs activités de prestations de services. En ce qui concerne les agriculteurs, il est celui de leurs activités de production.

Lorsque durant deux années consécutives, le chiffre d'affaires de l'entreprenant excède les limites fixées pour exercer ses activités, il est tenu dès le premier jour de l'année suivante et avant le premier trimestre de cette année, de respecter toutes les charges et obligations applicables à l'entrepreneur individuel. Dès lors, il perd sa qualité d'entreprenant et ne bénéficie plus de la législation spéciale applicable à l'entreprenant.

Le législateur OHADA a voulu donner au statut de l'entreprenant, un caractère transitoire. Aussi, il a énoncé les circonstances ou causes pour lesquelles, l'entreprenant individuel devra cesser ce statut professionnel autant que les suites inévitables de son départ ou retraite.

Aux termes de l'article 30, alinéa 2 de l'AUDGC, obligation est faite à l'entreprenant individuel d'abandonner son statut dans l'éventualité où le chiffre d'affaires obtenu pendant deux exercices successifs en viendrait à excéder les seuils fixés par l'Acte uniforme portant organisation et harmonisation des comptabilités au titre du système minimal de trésorerie. Suivant l'article 13 de cet Acte uniforme, ces seuils, imaginés pour les petites entreprises sont de 30.000.000 francs CFA pour les entreprises de négoce, de 20.000.000 francs CFA pour les entreprises artisanales et assimilées, et de 10 .000.000 francs CFA pour les entreprises de services. L'article 30 alinéa 3 de l'AUDCG fait savoir que le chiffre d'affaires qui, dépassé pendant deux exercices consécutifs, conduit à quitter le statut d'entreprenant est : en ce qui les commerçants et les artisans d'une part, celui de leurs activités de vente de marchandises, d'objets, de fournitures de denrées ou fourniture de logement et, d'autre part, celui des activités de prestation de service ; en ce qui concerne les agriculteurs, celui de leurs activités de production.

La doctrine conclut qu'en principe, ne devraient durablement conserver cette qualité que les personnes dont les activités économiques n'auront pas réussi à décoller ou dont la progression se sera arrêtée à un niveau inférieur aux seuils prévu sous le système de trésorerie ; « ce qui signifie dans un contexte normal que, si on peut se féliciter d'avoir acquis le statut d'entreprenant en début de carrière, on devrait s'en mordre si, plusieurs années après, on s'y maintient parce qu'on n'aurait pas rempli le critère de performance permettant de passer au stade supérieur ».[33]

Il est à noter que chaque Etat membre de l'OHADA est invité à fixer les mesures incitatives pour l'activité de l'entreprenant notamment en matière d'imposition fiscale et d'assujettissement aux charges sociales conformément à l'article 30 alinéa 7 de l'AUDCG.

§3. Coexistence de statut d'entreprenant et petit commerçant en droit congolais

C'est ici le lieu d'indiquer que législateur congolais dans le souci de promouvoir les petites et moyennes entreprises nationales réserve l'exercice du petit commerce qu'aux congolais.

En effet, en vertu de l'article 1 de l'Ordonnance-LOI N° 90-046 du 8 aout 1990 portant règlementation du petit commerce telle que modifiée et complétée par l'ordonnance-loi n° 002/2012 du 21 septembre 2012, l'exercice du petit commerce n'est subordonné qu'à la détention d'une patente. Il faut entendre par « patente », une autorisation administrative annuelle d'exercer le Petit commerce.

Suivant l'article 4 du même texte, « ne peut obtenir la patente que celui qui remplit les conditions suivantes : 1°) être de nationalité congolaise ; 2°) n'être ni magistrat, ni agent des services publics ou paraétatiques, ni épouse ou un intermédiaire de l'une de ces personnes ; 3°) n'avoir pas été condamné depuis moins de trois ans du chef de vol, abus de confiance, tromperie, escroquerie, faux en écriture et usage de faux, vente illégale de boissons alcooliques, détention de Chanvre, hausse illicite de prix ou non affichage de prix, à une peine de servitude pénale principale de trois mois ou plus. La délivrance de la patente pourra être subordonnée à la présentation par le demandeur, de l'extrait de son casier judiciaire ».

Comme l'on peut se rendre compte, contrairement à l'entreprenant qui est soumis, en droit Ohada, à l'obligation déclarative préalable de son activité au RCCM, la règlementation congolaise du petit commerce déroge à cette de l'obligation, toutefois, impose plutôt aux petits commerçants l'obtention d'une patente.

L'objectif principal de cette réglementation du petit commerce est de promouvoir les petites et moyennes entreprises nationales face à la concurrence étrangère en rationnalisant le circuit de distribution.

[33] SOUPGUI E., Le commerçant et le nouvel entreprenant du droit OHADA : expression d'une confusion ou d'une divergence ? Journée de réflexion sur l'actualité du droit des affaires, 24 février 2012, université de Yaoundé II, inédit, cité par LUKOMBE NGHENDA, Op. Cit. p.363.

En principe, l'entrée en vigueur en RDC du droit Ohada le 12 septembre 2012 après que l'Etat congolais ait adhéré au traité Ohada du 17 octobre 1993 et déposé ses instruments de ratification au Sénégal le 13 juillet 2012, devrait abroger sans condition cette règlementation du petit commerce.

La survivance de l'Ordonnance-LOI N° 90-046 du 8 aout 1990 portant règlementation du petit commerce telle que modifiée et complétée par l'ordonnance-loi n° 002/2012 du 21 septembre 2012 se justifie certes, de ce souci protectionniste permanent de la République Démocratique du Congo envers ses petites et moyennes entreprises face à la concurrence étrangère, surtout dans le contexte de la Zone de Libre-échange Continentale Africaine, néanmoins compromet l'effectivité du droit communautaire avec toutes les conséquences nécessaires notamment la persistance de l'économie informelle dans le pays.

En République Démocratique du Congo, en effet, nonobstant le fait que la déclaration d'activité des entreprenants individuels dans le registre de commerce et du crédit mobilier est gratuite, peu pour ne pas dire aucun, sont ceux qui se rendent au guichet unique de création des entreprises pour accomplir cette exigence légale du droit Ohada.

S'agissant du vœu du législateur OHADA de voir ses Etats parties instituer le régime fiscal attractif, il y a lieu d'indiquer en droit congolais, l'ordonnance-loi n° 13/006 du 23 février 2013 portant régime fiscal applicable aux entreprises de petite taille en matière d'impôt sur les bénéfices et profit a institué, en dérogation au droit commun, un régime d'imposition attractif des Entreprises de petite taille en matière d'impôt sur les bénéfices et profits.

En effet, les Petites Entreprises sont imposées, en matière d'impôt sur les bénéfices et profits, sur le chiffre d'affaires annuel réalisé ou à raison de toute somme proportionnellement équivalente pour les périodes inférieures à un an. Il résulte de l'article 6 de ce texte que le taux de l'impôt sur les bénéfices et profits à charge des Petites Entreprises est de d'un pourcent (1%) pour les activités de vente et deux pourcents (2%) pour les activités de prestation de services. Lorsqu'un contribuable exerce à la fois les activités de vente et de service, les chiffres d'affaires respectifs sont cumulés et imposés suivant l'activité principale. En revanche, suivant l'article 11, les Micro-Entreprises acquittent un impôt forfaitaire annuel de 50.000 Francs Congolais.

Il faut entendre en droit, au plan fiscal, par Entreprise de petite taille constituée en Micro-Entreprise ou Petite Entreprise, toute entreprise, quelle que soit sa forme juridique, qui réalise un chiffre d'affaires annuel inférieur à 80.000.000,00 de Francs Congolais. La Micro-Entreprise est toute entreprise qui réalise un chiffre d'affaires annuel ne dépassant pas 10.000.000,00 de Francs Congolais. La Petite Entreprise est celle qui réalise un chiffre d'affaires annuel supérieur à 10.000.000,00 de Francs Congolais et inférieur à 80.000.000,00 de Francs Congolais.[34]

Il faut souligner que les professions libérales et les professions constituées en charges ou offices dont le chiffre d'affaires est inférieur à 80.000.000,00 de Francs Congolais sont considérées comme Micro-Entreprises et Petites Entreprises suivant les conditions définies ci-dessus.[35]

IIIème section. Etudes du commerçant, personne morale

I. Généralités

En droit, la personne morale est une entité dotée de la personnalité juridique lui permettant d'avoir des droits et obligations indépendamment des personnes physiques qui l'anime.

En droit Ohada des sociétés, à l'instar du Droit français, la personnalité des sociétés commerciales, a été calquée sur la personnalité des personnes physiques. Par exemple, la société est un organisme doté d'organes, qui naît, vit, meurt, et met en œuvre un fonctionnement interne parfois complexe, et qui échange avec l'environnement. Elle a un nom, un domicile, une nationalité, une capacité ; elle a la qualité de commerçant ; et on pousse même la comparaison jusqu'aux rapports de famille en parlant de sociétés mères et de filiales.

Il ne faut pourtant pas oublier la différence fondamentale qui sépare la personnalité de la société ce celle des individus ; la société n'a pas d'âme ; elle ne connait pas de sentiments affectifs ; elle est mue par le seul intérêt un but, la conquête des bénéfices ou la réalisation d'économies ; et elle apporte à cette conquête la supériorité que lui donne son impassibilité devants les sentiments moraux.[36] Il n'est pas sans danger de lancer dans la vie, à côté des êtres humains, des personnes d'une grande force qui sont uniquement guidées par l'esprit de lucre. La place des sociétés commerciales dans la vie économique moderne est un des traits les plus frappants du régime capitaliste.[37]

Même en droit OHADA, la personnalité juridique des sociétés se distingue en outre de celle des personnes physiques par le principe de spécialité, sous deux aspects qui comportent des conséquences très différentes : la spécialité légale et statutaire.

---

[34] Article 2 de l'ordonnance-loi n° 13/006 du 23 février 2013 portant régime fiscal applicable aux entreprises de petite taille en matière d'impôt sur les bénéfices et profits.

[35] Article 3 du même texte.

[36] Coulombel P., *Le particularisme de la condition juridique des personnes morales de droit privé*, thèse Nancy, 1946

[37] Ripert C., *Aspects juridiques du capitalisme moderne*, 1946, n°30 et s. ;

S'agissant de la spécialité légale, en Droit OHADA, l'article 98 de l'AUSCGIE souligne que toute société commerciale ne jouit de la personnalité juridique ou morale qu'à compter de son immatriculation au RCCM, à moins que l'AUSCGIE n'en est disposé autrement. Le professeur LUKOMBE NGHENDA renseigne à sujet que cette dernière précaution ne se réalise pas dans la pratique. Mais l'AUSCGIE pose le principe la règle que les associés de la société en participation ne sont pas juridiquement autorisés à faire immatriculer leur société au RCCM, et qu'ainsi cette société n'a pas la personnalité juridique. Même en droit OHADA, il reste autant concevable que certaines activités commerciales soient légalement interdites à telle ou telle autre société.[38]

A la spécialité légale, les associés ajoutent une précision en définissant dans les statuts l'objet de la société. Mais la spécialité statutaire ne concerne pas l'existence de la personne morale, ni même, soutient le Même professeur, sa capacité, puisque la volonté des associés peut modifier l'objet social sans affecter la personne morale. La spécialité statutaire délimite seulement la compétence respective des différents organes sociaux ; elle s'impose en principe aux dirigeants et ne peut être modifiée que par l'organe habilité à modifier les statuts.

Ainsi, dans le cadre de ce cours il sera question des sociétés commerciales et de groupement d'intérêt économique tels que règlementé par le droit OHADA via son L'Acte Uniforme relatif au droit des sociétés et du groupement d'intérêt économique du 30 janvier 2014. Cet Acte uniforme s'applique à toute société commerciale, y compris celle dans laquelle un Etat ou une personne morale de droit public est associé, dont le siège social est situé sur le territoire de l'un des Etats parties.

2. Différentes formes des sociétés commerciales

Certaines sociétés sont considérées comme des sociétés commerciales en raison de leur forme indépendamment de la nature de leur activité. C'est ce qui résulte de l'article 6 alinéa 2 de l'AU/DSC&GIE. Selon ce texte « Sont commerciales à raison de leur forme et quel que soit leur objet, les sociétés en nom collectif (SNC), les sociétés en commandite simple (SCS), les sociétés à responsabilité limitée (SARL) et les sociétés anonymes (SA), Société par action simplifiée (SAS) ».

Il existe cependant de société sans personnalité juridique comme la société en participation, la société crée de fait et la société de faite. A cela, il y a également lieu d'ajouter le Groupement d'Intérêt Economique (GIE).

[38]LUKOMBE NGHENDA, *Droit OHADA des sociétés en application en RDC, TM II : constitution des sociétés commerciales*, PFDUC, Kinshasa, 2018, P.61.

La combinaison des alinéas 1er et 2e de l'article 6 de l'AU/DSC&GIE permet de certifier qu'une société est dite commerciale soit par sa forme quel que soit son objet, soit par son objet qui est l'acte de commerce par nature.

3. Conditions d'existence d'une société commerciale

A. Les conditions liées à la validité du contrat de société (conditions de fond)

1. L'accord de volonté des parties ou consentement des associés

L'article 4 de l'AUSCGIE dit que « la société est instituée par deux ou plusieurs personnes qui conviennent par un contrat d'affecter à une entreprise commune des biens ou leur industrie en vue de partager le bénéfice ou de profiter de l'économie qui pourra en résulter. Les associés s'engagent à contribuer aux pertes ». Cela suppose que les associés ou actionnaires s'engagent à un projet commun et d'y participer de manière égalitaire. Cet engagement témoigne leur volonté de participer aux pertes et aux bénéfices. Cette volonté nommée affectio societatis est une condition indispensable pour la constitution d'une société.

Jugé le partage des bénéfices et des pertes est le caractère essentiel de toute société commerciale. Qu'il résulte essentiellement de l'article 4 de l'AUSCGIE que la mise en commun des associés est faite aussi bien dans le but de se partager les bénéfices que de profiter de l'économie qui pourrait résulter, sauf pour les associés à contribuer aux pertes éventuelles d'exploitation. La forme de la société commerciale ainsi que son existence juridique importent peu quant à ces objectifs. Lorsqu'il est établi, comme en l'espèce, qu'une société a existé entre les parties, chacune y ayant apporté la moitié du capital, que ladite société a réalisé des bénéfices et enregistré des pertes, avant d'être dissoute par la fin de la campagne agricole, conformément à l'article 200 de l'AUSCGIE (son activité consistant dans l'achat et la vente des insecticides), les associés ayant déjà souscrit ostensiblement à des engagements communs, les dettes résultant de celles-ci seront supportées indéfiniment et solidairement par chacun d'eux et les bénéfices réparties entre eux. L'associé-gérant doit être condamné à payer à son coassocié la part du bénéfice qui lui revient.[39]

Pour être pris en compte ce consentement doit avoir un certain nombre des caractères. Il doit être :
- sincère : ne doit pas être simulé ni du point de vue de son existence, ni du point de vue de la nature du contrat, ni du point de vue de la personne de l'associé
- exempt de tout vice : erreur sur la personne de l'associé, sur la forme de la société, sur les apports, le dol

---

[39] TGI Bobo-Dioulasso, n°015, 6-6-2008: S. M. L. c/ V. O., Ohadata J-09-103.

2. La capacité des associés

Sous peine de nullité de la société créée, les règles de capacité, d'interdiction et d'incompatibilité doivent être observées. Les associés peuvent être des personnes physiques ou morales (sociétés, associations etc.). Un associé être un mineur, il agira alors par l'intermédiaire de son représentant légal. La majorité est cependant exigée pour certaines sociétés où les associés ont la qualité de commerçant comme dans les SNC et les SCS en ce qui concerne les associés commandités.

3. Objet social

L'objet social est défini par l'AUSCGIE à son article 19 comme étant l'activité exercée par la société. L'objet social représente ainsi le programme des activités commerciales auxquelles la société se livre. Il est parfois déterminé en termes précis. De façon générale, les objets sociaux sont divers : - leur conception relève, en principe, de la liberté des associés. Cette liberté constitue l'un des aspects de la liberté du commerce en termes larges pour ne pas limiter malencontreusement le champ ouvert aux initiatives des dirigeants sociaux ; et fréquemment l'article des statuts sociaux consacré par les fondateurs de la société à l'objet social une numération assez longue des opérations que accomplir la société et se termine par une formule telle que « et généralement toutes les opérations financières, industrielles ou commerciales se rattachant directement ou indirectement à l'objet ci-dessus spécifie ». Cette activité doit être licite et décrite dans les statuts celle-ci. La licéité de l'objet est laissée à l'appréciation des pays d'implantation, car hormis les actes de commerce tels énumérés par l'Acte uniforme portant sur le droit commercial général, l'objet social ne doit être contraire aux lois des pays, aux bonnes mœurs.

La jurisprudence Française relève e que la licéité de l'objet est appréciée par rapport à l'activité réellement exercée par la société et non par l'activité statutaire. Les juges apprécient souverainement la licéité au regard des éléments fournis.[40] Ainsi, doit être annulée la société dont l'objet licite est accompagné d'un « règlement intérieur » dont les clauses révélaient une activité illicite constituant un monopole faussant la libre concurrence,[41] ainsi que la société que la société la société qui apparait, selon les statuts, comme une société de portefeuille mais qui, en réalité, recouvrait un pacte de majorité et avait « pour objet et pour effet de porter atteinte au libre exercice du droit de vote dans les assemblées générales.[42]

L'objet social peut être modifié. Pour ce faire la modification des statuts s'impose suivant la procédure dictée par l'AUSCGIE dans son chapitre 10. L'objet social inscrit dans les statuts a comme conséquence la consécration du

[40] CA Lyon 13-1960 : JCP. 1961. II. 12103, note Boitard.
[41] CA Toulouse 3-4-1941 : JCP. 1942. II. 1954.
[42] CA Paris 21-11-1951 : J. soc. 1955 p.5.

principe de la spécialité de la société. Cela veut dire que la société ne peut agir légalement que dans les limites imposées par son objet social.

4. Capital social

a) Définition du capital social

Pour mettre en place une société, il faut des moyens. Ainsi, le capital social représente, justement, dit l'article 62 de l'AUSCGIE dit que le capital social représente le montant des apports en capital faits par les associés à la société et augmenté, le cas échéant, des incorporations de réserves, de bénéfices ou de primes d'apports, d'émission ou de fusion.

LUKOMBE NGHENDA,43 définit le capital social comme étant la somme d'argent précisée en ce nom du capital social dans les statuts sociaux ou actes modificatifs des statuts, dont le minimum est parfois légalement déterminé, laquelle somme étant la résultante de la totalisation des apports en espèces et de valeur des apports en nature, celle des apports en industrie et en crédit n'entrant pas en ligne de compte ; et à cette somme, s'ajoute celle représentative des réserves ou autres éléments qui auront été capitalisés par voie d'augmentation du capital social comme le sont les bénéfices ou primes d'apports, d'émission ou de fusion.

Il sied de noter que la prime d'émission est un droit d'entrée payé par de nouveaux actionnaires et destiné à compenser la différence entre la valeur nominale et la valeur vénale des actions anciennes. C'est une mesure de sauvegarde des actionnaires anciens. La prime d'émission doit être intégralement payée dès la souscription. Juridiquement, la prime d'émission constitue un complément d'apport qui s'incorpore à l'actif social, mais l'assemblée générale extraordinaire peut en disposer librement, voir la distribuer aux actionnaires.44

Le capital social est divisé en parts sociales ou en actions d'après la forme de société optée. Les associés ou actionnaires bénéficient en contrepartie de leurs apports de parts sociales ou actions leur permettant de participer aux bénéfices ou aux pertes proportionnellement à leur mise.

Le capital social doit être mentionné dans les statuts et sa division doit y être également détaillée. Le capital social obéit au principe de la rigidité ou fixité conformément à l'article 67 de l'AUSCGIE.

---

[43] LUKOMBE NGHENDA, op.cit. p.186.

[44] ISSA SAYEGH J., POUGOURE P., et SAWADOGO F., *OHADA : Traité et actes uniformes commentés et annotés*, JURISCOPE, Paris, éd.2016, P.399

b. Intangibilité ou fixité du capital social

L'article 13 de l'AUSCGIE dit que les statuts sociaux mentionnent notamment le montant du capital social. Si en droit Ohada, le principe d'intangibilité ou fixité du capital social n'a pas été défini par le législateur, il le consacre cependant à l'article 67 qui précise verbis expressis que « le capital social est fixe », et que tel qu'il est précisé dans les statuts sociaux au départ lors de la constitution de la société, sa modification n'a lieu que si l'on respecte les conditions des modifications statutaires prévues pour chaque forme de société, et au moins qu'il ne se soit agi du capital variable règlementé aux articles 269-1 à 269-7 de l'AUSCGIE.

Le principe d'intangibilité ou de fixité du capital social entraîne, pour la société, deux obligations qui peuvent se grouper sous deux chefs, suivant que l'on examine le passif ou l'actif du bilan : l'obligation de maintenir au passif, le chiffre du capital social figurant dans les statuts ou actes modificatifs de ceux-ci, et l'obligation de maintenir dans l'actif, des valeurs qui équilibrent le chiffre du capital social

La raison d'être de la règle de l'intangibilité ou de fixité ne discute pas. En effet, la doctrine relève que ce principe de fixité, commun à tous les types de société[45], est destiné à protéger les créanciers sociaux dans la mesure où il se traduit directement par l'impossibilité pour les dirigeants sociaux, sous peine de commettre un délit pénal, de distribuer des bénéfices aux associés s'il n'y a pas, à l'actif du bilan, de valeurs suffisantes pour garantir le poste « capital social ». Le chiffre du capital social inscrit au passif du bilan a donc pour effet de bloquer à l'actif des valeurs d'un montant correspondant, étant toutefois précisé que ce blocage ne porte pas sur des biens individualisés, mais sur un montant en valeur. C'est dire que l'intangibilité ou fixité du capital social revêt autant une importance considérable parce qu'elle fait du montant constitutif du capital, l'un des gages irréductibles pour les créanciers sociaux. Enfin, comme le soutient avec raison le professeur LUKOMBE, l'intangibilité ou fixité du capital social est une des lignes importantes de défense des contractants eux-mêmes.

Cet éminent auteur dit que l'intangibilité ou fixité du capital social s'analyse en une interdiction faite aux associés de restituer les apports avant la liquidation de toute société sauf le cas du capital variable réglementé aux articles 269-1 et suivants de l'AUSCGIE. La définition avancée doit être cependant explicitée : l'intangibilité ou fixité d'un capital social ne signifie pas son invulnérabilité : le capital sert généralement à la société, à acquérir quantité d'autres biens de l'actif dont les équipements, les stocks.[46]

[45] Idem, P.401.
[46] LUKOMBE NGHENDA, op.cit. P.193-194.

Cependant ce principe de général de fixité pourrait, par sa rigidité, empêcher la réalisation d'opérations opportunes. Aussi, le législateur communautaire lui a-t-il apporté certaines dérogations. C'est ainsi que de façon générale, le capital social peut faire, dans toute société, l'objet de modifications, mais à des conditions très strictes destinées à protéger les tiers. Il peut y avoir augmentation ou réduction du capital social dans la SA ne faisant pas l'appel public à l'épargne et SAS suivant les conditions ci-après :

Lorsqu'il est mentionné dans les statuts que :

- le capital social est susceptible d'augmentation par les versements successifs des associés ou par l'admission des nouveaux associés ;

- le capital social est susceptible de diminution par la reprise totale ou partielle des apports effectués.

Les réductions du capital social ne sont pas prohibées dès lors, tout au moins, qu'elles n'aboutissent pas à baisser le capital au-dessus du minimum légal (AUSCGIE, art.366 et s. pour la SARL ; art.627 et s. pour la SA). Mais elles doivent s'accompagner des mesures de publicité destinées à avertir les créanciers sociaux qu'elles pourraient léser. Sauf si elles sont justifiées par des pertes, ces derniers se voient reconnaitre un droit d'opposition. En revanche, les augmentations de capital sont évidemment plus faciles, puisqu'elles sont avantageuses pour les créanciers. En propulsant les procès-verbaux des assemblées générales extraordinaires, les associés y explicitent presque toujours les motifs qui les ont à chaque fois incité à procéder à l'augmentation du capital social. La pratique montre ainsi que ces motifs sont nombreux. A l'absence d'une liste légale, la doctrine cite quelques motifs notamment, la nécessité de développer les affaires de la société sans endettement auprès des associés et des tiers, assainissement de la situation financière de la société par la conversion des obligations en actions, conversion des sommes représentatives des créances sociales et des associés en titre sociaux et la consolidation du crédit de la société par l'incorporation des réserves et autres éléments dans le capital social.[47]

À l'instar de sigle de la forme de la société apposé sur tout document émanant de la société à l'intention des tiers, il est également fait mention du « capital variable ». Ex : la mobilière congolaise, SA « capital variable ».

c. Définition et nature juridique de l'apport

Avant que l'OHADA ne précise sa conception notamment dans l'article 4 d'abord de l'AUSC du 17 avril 1997, et puis de l'AUSCGIE du 30 janvier 2014, aux termes de l'article 1832 du code civil Napoléon dans sa rédaction originale

[47] LUKOMBE NGHENDA, op.cit. p.208-210.

de 1804, repris en RDC par l'article 446 du code civil livre 3 titre V bis, l'apport consistait à « mettre quelque chose en commun ». La formule était imprécise, mais impliquait que l'apport réalise une transmission.[48]

En France, les textes législatifs postérieurs, c'est-à-dire la loi n°78-9 du 4 Janvier 1978, et ensuite la loi n°85-697 du 11 juillet 1985, ont entrainé une autre formulation de cet article 1382, qui précise aujourd'hui que l'apport consiste en l'affectation à « une entreprise commune des biens ou de l'industrie » ; et s'inspirant de cette nouvelle formulation française, l'article 4 de l'AUSCGIE prévoit l'affectation « à une activité des biens en numéraire ou en nature, ou en industrie… » ; et après cela, le législateur Ohada n'a pas pour autant levé l'imprécision et l'ambiguïté sur la notion de l'apport, déjà constaté dans les différents nationaux des sociétés dont celui de la République Démocratique du Congo.

La doctrine abonde que la définition légale consacrée par l'article 4 de l'AUSCGIE, est à être explicitée comme suit : - le « terme » apport est ici une ambiguë ; mais il désigne à la fois l'opération juridique consistant à mettre des biens ou de l'industrie à la disposition de la société, et le bien lui-même ou industrie qu'associé apporte.

A propos de cette double acceptions de l'apport, le Professeur LUKOMBE NGHENDA fait observer d'abord que tant dans les dispositions générales de la 1ère partie de l'AUSCGIE que celles spécifiques sur les SARL et SA, le législateur OHADA obscurcie en utilisant les mots de « réalisation des apports… » d'une part, et d'autre part, l'article 4 dit que c'est « par contrat » que cette affectation a lieu, tandis que de façon implicite, l'article 5 de l'AUSCGIE qui est consacré à la création de la société unipersonnelle, admet que l'affectation se réalise par un acte unilatéral de l'associé unique.

La nouveauté ou originalité, de cette définition légale, est le mot « affecter à une activité, un bien numéraire et en nature ou l'industrie » ; et plus concrètement, lors de la constitution de toute société, cette opération juridique d'affectation se réalise d'ores et déjà et il n'était pas nécessaire de dire qu'elle va se réaliser par « un contrat », à moins que ce pléonasme à sous-entendre par « procédé d'un contrat » se comprenne par allusion implicite au prescrit de l'article 5 qui admet qu'une seule personne devient associée unique en affectant son bien en numéraire ou en nature, ou l'industrie à l'activité. En dernier cas, il y aura recours à l'acte unilatéral et non à un contrat.

Traditionnellement, la doctrine a vu dans l'apport, outre le bien ou objet apporté, deux actes juridiques qui s'entremettent : la souscription et la libéralisation des apports. Dans le langage du droit des sociétés, la souscription

[48] Idem, p.94.

des apports (ou des parts sociales ou du capital social) est l'engagement pris par tout associé à fournir tel ou tel droit sur le bien à titre d'apport c'est-à-dire souscrire, c'est, s'engager à affecter un bien à l'activité, constitutive de l'objet social.

Ensuite, la seconde opération juridique d'affecter un bien à une activité, c'est la libération de l'apport c'est-à-dire le fait de payer la dette née de la souscription, le fait d'exécuter son engagement pris, que l'AUSCGIE désigne sous le mot de » réalisation des apports ».

Ainsi, il est permis de soutenir à la lumière des dispositions des articles 41, 42, 45, 48, 50 et 389 que la libération des apports, est l'exécution de l'engagement né de la souscription, et cette exécution ou réalisation des apports, est le transfert des droits réels (dont la propriété) et droits personnels sur les biens apportés dont les sommes d'argent, et le fait que lesdits droits subjectifs ont été intégralement et définitivement mis à la disposition de la société.

La nature juridique de l'apport s'apparente à partir de ses définitions ou acceptions, à savoir que l'apport implique deux actes juridiques, la souscription et la libération d'une part, et d'autre part, la nature variable des biens et service,[49]pouvant constituer l'objet de l'apport.

Il faut toujours distinguer entre la souscription et la libération des apports (ou des titres sociaux), c'est-à-dire actions et parts sociales. Dans arrêt CCJA n°080/2014 du 25 avril 2014 ; Pourvoi n°168/2012/PC du 29/11/2012- Aff. Madame IBIKUNLE Karamatou c/ la société CODA-BENIN et 05 autres, la CCJA a relevé et fait observer qu'en retenant que « s'agissant de la constitution d'une nouvelle société, il y a lieu de distinguer entre la souscription qui est l'engagement de prendre des actions et libération qui est le versement effectif de la somme correspondant aux actions souscrites ; qu'aux termes des articles 75 et suivant, 244 et 386 de l'AUSCGIE, le retard dans la libération de sa part ou faute de n'avoir pas libéré ladite part n'enlève pas à l'actionnaire retardataire ou défaillant sa qualité de membre de la société : qu'il s'ensuit que l'on acquiert la qualité d'associé par le seul de souscrire des actions », l'arrêt critiqué ne s'est pas fondé uniquement sur la jurisprudence à tort critiquée ; ni l'article 42 ni les articles 51, 389 alinéa 1, 604 de l'AUSCGIE n'ont dénié, de manière expresse, tout titre à quiconque n'a libéré ses parts à la date de la souscription ou de constitution de la société. En plus de la démonstration faite plus haut selon laquelle la demanderesse n'est pas associée unique, les juges d'appel ont donné une base légale à leur décision en soumettant le rachat de ses parts à la formalité prévue à l'alinéa 2 de l'article 249 de l'AUSCGIE indiqué.

---

[49] LUKOMBE NGHENDA, op.cit. p.95-96.

Il existe un débat sur la nature juridique de la souscription ; pour se faire, la doctrine a développé deux théories, à savoir la théorie du contrat et celle de l'engagement unilatéral du souscripteur. Pour les uns, la théorie du contrat trouverait appui dans le recours au principe ou règle de la représentation selon lequel le contrat de souscription serait passé entre le souscripteur et la société qui n'existe plus encore ; il faut que la société puisse en profiter sans que les droits n'aient jamais figuré dans le patrimoine des fondateurs et soient transmis par eux à la société après sa formation. D'où le recours à l'idée de gestion d'affaires : le fondateur se porterait gérant des intérêts de la société qui, plus tard, ratifierait la gestion. On arrive à peu près au même résultat par l'idée de stipulation pour autrui : le fondateur stipulerait avec le souscripteur au profit de la société bénéficiaire.

Cependant la gestion d'affaires et la stipulation pour autrui sont deux formes d'une représentation imparfaite, la représentation des intérêts d'autrui. Encore faut-il que la personne, dont le gérant ou le stipulant prétend défendre les intérêts, ait une existence juridique. Or, ici, il s'agit de créer cette personne ; on ne saurait représenter avant de l'avoir créée.

Pour les tenants de la théorie de l'engagement unilatéral du souscripteur notamment, le Professeur LUKOMBE,[50] par la souscription, l'apporteur déclare sa volonté d'entrer dans la société qui sera créée, et cette déclaration de volonté, est le consentement du souscripteur, qui prend une valeur juridique en ce qu'elle est remise aux fondateurs. La remise de celle-ci est irrévocable.

La déclaration de volonté est aujourd'hui donnée sous une forme déterminée qui la soutient. Dans les sociétés anonymes, la souscription des apports en numéraire se fait par la déclaration dument constatée dans un bulletin de souscription par la signature l'apporteur conformément à l'article 390 de l'AUSCGIE.

S'agissant du caractère commercial ou non de la souscription, nous paraphrasons le professeur LUKOMBE NGHENDA que la souscription est un acte de commerce par nature si le souscripteur qui fait apport à la société commerciale, est commerçant ; et en ce cas, en droit OHADA, il n'est pas indiqué d'ajouter la précision faite généralement dans d'autres systèmes juridiques étrangers, à savoir que tout acte d'un commerçant est présumé fait pour le besoin de son commerce s'il n'est pas établi qu'il a une cause étrangère à ce commerce,[51] ou qu'il est dépourvu d'esprit de lucre.

---

[50] Idem, p.100.

[51] Elis. 30 juin 1927 & 15 septembre 1928 in LUKOMBE NGHENDA, op.cit. p.102.

d. Sortes d'apports

Il en existe trois sortes : apport en numéraire, apport en nature et apport en industrie.

- L'apport en numéraire est un apport en argent. L'associé réalise son apport en transférant à la société la propriété de la somme d'argent qu'il s'est engagé à lui apporter. Cet engagement est pris par la souscription des titres émis par la société. C'est seulement lorsque la société a intégralement et définitivement encaissé la somme d'argent qui lui a été transférée qu'on peut considérer que l'associé a libéré son apport.

- L'apport en nature est l'apport d'un bien corporel ou incorporel, mobilier ou immobilier (brevet, fonds de commerce, terrain, véhicule, machine...). L'associé peut aussi faire à la société un apport en propriété du bien ou un apport en jouissance simplement. L'associé réalise son apport en nature lorsqu'il transfère à la société, des droits réels ou personnels correspondant aux biens apportés et met effectivement à la disposition de la société, les biens sur lesquels portent ces droits.

- L'apport en industrie est un apport un peu particulier puisqu'il consiste pour l'associé à réaliser une prestation, un service, à mettre à la disposition de la société un travail ou ses connaissances techniques ou son réseau. Cet apport est interdit dans les sociétés anonymes. Contrairement aux autres apports et parce qu'il est insaisissable, il ne concourt pas à la formation du capital social qui est le gage des créanciers sociaux. L'apporteur recevra, néanmoins, des parts sociales lui donnant droit aux bénéfices.[52]

5. Siège Social

Toute société a un siège social qui doit être mentionné dans ses statuts. Il est fixé, au choix des associés, soit au lieu du principal établissement de la société, soit à son centre de direction administrative et financière. Il ne peut pas être constitué uniquement par une domiciliation à une boite postale. Il doit être localisé par une adresse ou une indication géographique suffisamment précise.

Jugé qu'il est de principe que le siège social constitue le domicile d'une société.[53] Aussi qu'une société dont le siège se situe à l'étranger ne peut opérer dans un pays membre de l'Ohada qu'en y implantant une succursale ou par le moyen d'une filiale.[54]

---

[52] J. Issa Sayegh, *Répertoire quinquennal OHADA*, 2006-2010, T.2, 4ème partie : Jurisprudence, Unida, 2010.

[53] CCJA, n°018/2009, 16-4-2009 ; Maître A. M. et consorts c/ BENEFICIAL LIFE INSURANCE SA, Recueil de Jurisprudence n°13, janvier-juin 2009, p.63, Ohadata J-10-66.

[54] Tricom. Brazzaville, Ord. réf. n°065, 28-10-2011 : Sté générale WIETC Company Ltd c/ BRAEL-Congo SARL, Ohadata J-13-111.

6. Le nombre d'associés

Le nombre minimum d'associés varie en fonction de la structure juridique choisie. La société peut être constituée par un seul associé (SA et SARL). Un minimum de deux associés est nécessaire pour la SNC, SAS, SCS ; et enfin un minimum de sept associés pour la SA. La loi ne fixe en revanche aucun maximum, à l'exception de la SARL qui ne peut compter plus de cent associés.

B. Conditions de forme

La société en constitution doit obéir aux conditions de forme ci-après : enregistrement des statuts et avis de constitution au service des impôts dans le délai d'un mois, publication d'avis de constitution avec dénomination sociale, forme, capital et siège social dans un journal habileté à recevoir les annonces légales et immatriculation de la société au registre du commerce et du crédit mobilier.

4. Vie d'une société commerciale

A. Constitution

Elle comprend l'élaboration, la signature des statuts et la réalisation des apports.

a) Elaboration des statuts

Conformément à l'article 10 de l'AUSCGIE les statuts sont établis par acte notarié ou par tout acte offrant des garanties d'authenticité dans l'Etat du siège de la société déposée avec reconnaissance d'écritures et de signatures par toutes les parties au rang des minutes d'un notaire. Ils ne peuvent être modifiés qu'en la même forme. L'article 115 AUSCGIE précise : Si, contrairement aux dispositions du présent Acte Uniforme, le contrat de société ou, le cas échéant, l'acte unilatéral de volonté n'est pas établi par écrit et que, de ce fait, la société ne peut immatriculée, la société est dénommée « Société Créée de Fait ». Elle n'a pas la personnalité juridique.

L'article 13 énonce les 12 mentions que doivent contenir les statuts :

1. La forme de la société ;
2. Dénomination suivie, les cas échéants, de son sigle ;
3. La nature et le domaine de son activité, qui forment son objet social ;
4. Son siège ;
5. Sa durée ;
6. L'identité des apporteurs en numéraire avec, pour chacun d'eux, les montants des apports, le nombre et la valeur des titres sociaux remis en contrepartie de chaque apport ;

7. L'identité des apporteurs en nature, la nature et l'évaluation de l'apport effectué par chacun d'eux, le nombre et la valeur des titres sociaux remis en contreparties de chaque apport ;
8. L'identité des bénéficiaires d'avantages particuliers et la nature de ceux-ci ;
9. Le montant du capital social ;
10. Le nombre et la valeur des titres sociaux émis, en distinguant, le cas échéant, les différentes catégories de titres créées ;
11. Les stipulations relatives à la répartition du résultat, à la constitution des réserves et à la répartition du boni de liquidation ;
12. Les modalités de son fonctionnement.

La société dite personne morale doit également être identifiée pour rapport à une appartenance à un pays qui lui confère une nationalité permettant la détermination de la loi applicable dans les étapes de constitution, de fonctionnement et de dissolution.

La détermination de la nationalité de la société se fait suivant les critères ci-après :

- Critère du siège social : le régime juridique d'une société est celui du lieu de son siège social ;

- Critère de contrôle : il est tenu compte de la nationalité des associés ayant la majorité des parts ou actions par conséquent, exerçant une grande influence la prise de décision dans la société ;

- Critère d'incorporation : d'origine anglo-saxonne, ce critère rattache la société au pays selon la loi duquel elle s'est constituée et où elle a accompli les formalités nécessaires pour acquérir la personnalité morale même si le siège social réel est fixé dans un autre pays.

b) Réalisation des apports

L'apport souscrit par chacun des associés devrait être libéré en totalité ou en partie selon la nature de l'apport et selon le type de société (les sociétés anonymes au moins le quart de l'apport). Les apports en nature sont toujours libérés en totalité au moment de la constitution de la société. Dans tous les cas, ils ne produisent effet qu'à partir de l'immatriculation. Les fonds apportés sont alors déposés sur un compte bancaire ouvert au nom de la société en formation et demeurent indisponibles jusqu'à l'immatriculation de la société.

Toutefois, il y a un délai préfix de six mois au terme duquel les associés ne seront pas frappés de forclusion puisque l'acte à accomplir est laissé à leur propre discrétion mais ils seront présumés créer une société Créée de fait si quelque activité a été réalisée par la nouvelle société. En conséquence, ils peuvent être poursuivis solidairement et indéfiniment.

B. Fonctionnement

Pour son fonctionnement, une société commerciale comme toute institution dispose de l'organe de gestion, de l'organe délibérant et de l'organe de contrôle qui est facultatif pour certaines formes de société.

a) Organes de gestion

D'après l'article 121 qu'à l'égard des tiers, les organes de gestion, de direction et d'administration ont dans les limites fixées par l'AU pour chaque type de société, tout pouvoir pour engager la société sans avoir à justifier d'un mandat spécial.

Pour les SNC l'article 277 alinéa 2 précise que dans les rapports avec les tiers, le gérant engage la société par les actes entrant dans l'objet social. Il en est de même de SCS où l'article 298 prévoit que les gérants ont les mêmes pouvoirs que dans une SNC. Pour les SA, les articles 436 (CA), 465 (P.D.G.), 488 alinéas 1 (DG) et 498 alinéas 4 (A.G.) prévoient la possibilité pour le CA, le P.D.G., le DG et l'A.G. d'engager la société pour les actes qui ne relèvent pas de l'objet social dans les conditions et limites fixées par l'article 122. Et quant aux SARL, l'article 329 alinéa 2 prévoit que la société est engagée par les actes du gérant qui dépasse l'objet social à moins qu'il ne prouve que le tiers sût que l'acte dépassait cet objet ou qu'il ne pouvait l'ignorer compte tenu des circonstances étant entendu que la seule publication des statuts ne peut suffire à constituer cette preuve.

b) Organes délibérants

L'organe délibérant est l'assemblée générale ordinaire (AGO), car elle approuve les états financiers et constatation de l'existence de bénéfice avant de déterminer la part des bénéfices à distribuer aux actions ou parts sociales. Bref, toutes les décisions concernant la société et chaque associé a le droit de vote proportionnel à sa participation dans le capital social.

c. Organes de contrôle

Le commissariat aux comptes est l'organe de contrôle. Son rôle est de vérifier la véracité des états financiers de synthèse annuels et le rapport de gestion de la société. Cependant, d'après l'article 140 sa présence est obligatoire dans certaines formes de société telles les SA, les SAS et le cas échéant les sociétés à responsabilité limitée. Pour les autres formes, cet organe est facultatif.

D. Dissolution

a) Causes de dissolution

L'article 200 énumère les causes de dissolution communes à toutes formes de société ; il en existe des particulières par rapport aux différentes formes des sociétés. Selon l'article 200 la dissolution d'une société commerciale peut intervenir de plein droit ou de par la décision des associés ou du tribunal selon le cas.

1°) Dissolution de plein droit

La société est dissoute de plein lorsque la durée pour laquelle elle a été créée est expirée lorsqu'elle n'a pas été prorogée. Il sied de rappeler que cette durée ne peut excéder 99 ans, prorogation comprise ; lorsqu'il y a eu réalisation ou extinction de l'objet social la société n'a plus de raison de continuer à exister ; l'annulation de contrat de société met fin à la société ; les statuts peuvent également prévoir la dissolution de la société ; enfin lorsqu'il a été procédé à la liquidation des biens de la société.

2°) Décision des associés ou du tribunal

Lorsqu'il y a juste motif ou réunion de toutes les parts ou actions entre les mains d'un seul associé ou actionnaire dans certains cas, le tribunal peut prononcer la dissolution de la société ; également les associés ayant créé la société, ont le droit d'y mettre fin.

3°) Effets de dissolution

La dissolution de la société n'a d'effet à l'égard des tiers qu'à compter de sa publication au RCCM. Cela étant dit, les effets de la dissolution d'une société pluripersonnelle ne sont pas les mêmes que les effets de dissolution de la société unipersonnelle. Cependant, il y a la survivance de la personnalité juridique de la société dissoute pour poser les derniers actes de sa fin de vie tels que la liquidation des biens, le désintéressement des créanciers, etc.

II. DISPOSITIONS PARTICULIERES AUX SOCIETES COMMERCIALES

§I. Société en nom collectif (S.N.C.)

La société en nom collectif est réglementée par les articles 270 à 292 de l'AU, est une société en fort intuitu personae c'est-à-dire que la considération de la personne de l'associé est importante de sorte que cette forme de société est normalement réservée aux associés qui se connaissent bien[55]Dans cette société, tous les associés sont commerçants et répondent indéfiniment et solidairement des dettes sociales. On peut la considérer comme la plus commerciale des sociétés commerciales, sa commercialité est intégrale en raison, à la fois de sa forme, de la qualité des associés qui sont tous commerçants ou le deviennent nécessairement et de l'intuitu personae.

1. Définition et caractéristiques

En effet, aux termes de l'article 270 de l'AUSCGIE, la société en nom collectif « est celle dans laquelle tous les associés sont commerçants et répondent indéfiniment et solidairement des dettes sociales ». Cette définition légale fait étaler bien des caractéristiques de la SNC qui sont celles qui suivent.

a) La SNC est un contrat conclu entre les associés commerçants

La SNC est un contrat de société comme celui-ci est défini par l'article de l'AUSCGIE et il ne peut pas être une société unipersonnelle, cette dernière étant légalement autorisée pour seulement les SARL et les SA.

b) Tous les associés sont commerçants

Les associés ont tous la qualité de commerçants. S'ils ne l'avaient pas avant, abonde la doctrine,[56] ils acquièrent par le seul fait de la formation de la société. Ils doivent alors avoir la capacité voulue pour faire le commerce. Aussi, un majeur incapable, ou un mineur même émancipé ne peut être associé d'une SNC (art.8) ; et conformément à l'article 9 de l'AUSCGIE, deux époux ne peuvent pas être associés dans une société en nom collectif. Cette interdiction est aussi en application de l'article 7 de l'AUDCG qui confère la qualité de commerçant au conjoint d'un commerçant que s'il accomplit à titre de profession et séparément de ce dernier les actes définis comme étant des actes de commerce par les articles 3 et 4 du même acte uniforme.

---

[55] Bossa G.et al, *L'entreprise et le droit*, Ed JURISCOPE, 2008

[56] LUKOMBE NGHENDA, *Droit OHADA des sociétés commerciales en applications en RDC, volume 2 : contours et sources du droit Ohada des sociétés, différentes sociétés commerciales, personnification des sociétés commerciales*, PFDUC, Kinshasa, 2018, P.86.

c) Le principe de la responsabilité indéfinie et solidaire des associés

Conformément aux dispositions pertinentes de l'article deux cents soixante-dix de l'Acte uniforme relatif aux sociétés commerciales et du groupement d'intérêt économique, les associés répondent indéfiniment et solidairement des dettes sociales. Cette obligation est attachée de plein droit à la qualité d'associé, et elle est d'ordre public, et par conséquent elle ne peut être affectée par une clause contractuelle quelconque. Elle peut être affaiblie ou supprimée par la volonté des associés.

La séparation des patrimoines n'est pas réalisée d'une façon absolue dans la société en nom collectif. Les sont, en effet, personnellement tenus des engagements sociaux. Il est de doctrine constante que qu'il suffit que le créancier justifie de la nature de l'engagement pour avoir le droit de poursuivre, même après dissolution et liquidation de la société.[57]

Non seulement les associés sont tenus personnellement, mais encore ils sont tenus solidairement. Ils sont solidaires entre eux et aussi avec la société personne morale. Cette solidarité dérive de la communauté d'action et d'intérêts est une solidarité légale et parfaite. Les poursuites dirigées contre l'un des associés produisent effet contre tous les autres. L'associé poursuivi ne peut opposer au créancier poursuivant le bénéfice de discussion, le bénéfice de subrogation, ni se prévaloir de la cession de ses droits à un tiers.[58]

Néanmoins, l'article 271 de l'AUSCGIE subordonne la mise en œuvre de cette responsabilité indéfinie et solidaire par une mise en demeure préalable des associés. En effet, cet article exige qu'une mise en demeure préalable soit notifiée à la société par acte d'huissier ou qu'elle soit notifiée par tout moyen permettant d'établir sa réception effective et que cette mise en demeure soit restée infructueuse endéans 60 jours au moins. Ce délai peut être prorogé par décision de la juridiction compétente statuant à bref délai sans toutefois que la prorogation puisse excéder 30 jours.

d) Dénomination sociale

C'est avec justesse que la doctrine récente note que le législateur communautaire Ohada auteur de l'AUSCGIE, dans ses dispositions particulières sur la SNC, c'est-à-dire l'article 272, concrétise les dispositions générales consacrées par les articles 14, 15, 16 et 18,[59] à savoir que le nom de toute SNC, est une dénomination sociale pouvant comprendre les noms de l'un ou plusieurs associés présents ou anciens de la société. L'article 272 dit que la société en nom

---

[57] Cass. Civ., 24 octobre 1938, in LUKOMBE NGHENDA, idem, P.87.
[58] Cass. Civ., 16 mars 1942, et Bull. Joly 1998, 1183, note Delebecque.
[59] LUKOMBE NGHENDA, Op.cit., p.93.

collectif est désignée par une dénomination sociale, à laquelle peut être incorporé le nom d'un ou plusieurs associés, et qui doit être immédiatement précédée ou suivie en caractère lisible des mots « société en nom collectif » ou du sigle « SNC ».

Elle est caractérisée également par :

- le fait qu'elle jouit de la personnalité morale ;
- l'exigence d'apport (numéraire, nature, industrie) même si aucun minimum n'exigé ;
- un capital social divisé en parts sociales d'égale valeur ;
- des décisions collectives prises à l'unanimité des associés sauf décisions contraires des statuts.[60]

2. Règles spécifiques régissant la vie sociale de la SNC

a) Capital social

Le capital social de la SNC est divisé à part sociale de même valeur conformément à article 273 de l'AUSCGIE. Et l'article 274 alinéas 1 précise que ces parts ne peuvent être cédées que par écrit et avec le consentement unanime de tous les associés. Toutes clauses contraires sont réputées nulles. Le droit Ohada ne fixe aucune règle contraignante en matière de capital social : pas de montant minimum, ni l'obligation de libérer immédiatement tout ou partie des apports souscrits dans la mesure où les créanciers sociaux sont suffisamment garantis par l'obligation indéfinie et solidaire au passif qui incombe aux associés.

b) Une liberté reconnue par l'AUSCGIE aux associés quant à l'organisation de la société

1°) La gérance

L'article 276 de l'AUSCGIE dit que les statuts organisent la gérance de la société. Ils peuvent désigner un ou plusieurs gérants, associés ou non, personnes physiques ou morales, en prévoir la désignation dans un acte ultérieur. A défaut d'organisation de la gérance par le statut, tous les associés sont réputés être gérants.

S'agissant du Pouvoir du gérant, Le gérant (personne physique ou morale) a dans les rapports avec le tiers le pouvoir les plus étendus pour agir au nom de

[60]Oumar SAMBA et Mamadou Ibra DIALLO, Op.cit. p.41.

la société. Mais cette sécurité accordée aux tiers a une limite qui est l'objet social. La SNC n'est engagée que par les actes du gérant qui entrent dans l'objet social. En limitant l'engagement de la société aux seuls actes qui entrent dans l'objet social, on protège les associés qui assument une responsabilité lourde : solidaire et indéfinie.

Toutefois, les clauses statutaires limitant les pouvoirs du gérant ne sont pas opposables aux tiers

Révocation du gérant- Le gérant est soit un associé, soit une personne tierce. Il est choisi statutairement ou en dehors des statuts, la révocation n'est pas soumise aux mêmes conditions dans ces diverses situations. Il faut donc distinguer : Si le gérant est un associé désigne dans les statuts, la décision de révocation doit être prise à l'unanimité des associés ; Pour la révocation du gérant non désigné dans les statuts, qu'il soit associé ou non, il faut une décision prise à la majorité en nombre et en capital (article 280 de l'A.U). Ainsi, dans une SNC au capital social de 1.000.000F CFA comprenant 6 associés, la décision est prise par un nombre d'associés supérieur à 3 détenant plus de 500.000F.CFA.

2°) Les décisions collectives

Sous peine de nullité, les décisions ou actes sont pris en assemblée ou par consultation écrite si la réunion d'une assemblée n'est pas demandée par l'un des associés (art.284) ; et les statuts définissent les règles relatives aux modalités de consultation, aux quorums et aux majorités (art.285) ; et les délibérations prises en violations des articles 283, 285 ou le cas échéant, des clauses dérogatoires prévues dans les statuts, sont nulles.

Par ailleurs, l'article 283 précise et impose que dans une SNC, toutes les décisions qui excèdent les pouvoirs des gérants sont prises à l'unanimité des associés, mais que les statuts peuvent prévoir que certaines décisions soient prises à une majorité qu'ils fixent.

3°) Contrôle des associés

Conformément à l'article 289 de l'AUSCGIE, les associés non gérants ont le droit de consulter, au siège social, deux fois par an, tous les documents et pièces comptables ainsi que les PV des délibérations et des décisions collectives. Ils ont le droit d'en prendre copie à leurs frais. Ils doivent cependant avertir les gérants de leur intention d'exercer ce droit au moins quinze jours à l'avance, par lettre au porteur contre récépissé ou lettre recommandée avec demande d'avis de réception ou télécopie. Ils ont le droit se faire assister par un expert-comptable ou commissaire aux comptes à leurs frais.

C) Dissolution

En dehors des cas classiques de dissolution d'une société, la SNC est dissoute en cas de décès, d'interdiction ou de liquidation des biens d'un associé ainsi que par la révocation d'un gérant statutaire associé à moins que les statuts n'en disposent autrement.

§2. Société en commandite simple (S.C.S.)

La Société en commandite simple, comme le SNC est une société dont les membres sont liés par l'intuitu personae.[61] On retrouve deux formes des associés : les associés commandités qui sont assimilés aux associés en nom et les associés commanditaires, bailleurs de fonds, responsables du passif seulement à concurrence de leurs apports. Seuls les premiers gèrent la société, la considération de la personne des commanditaires est moins importante que celle de commandités : aussi constate-t-on la cessibilité plus facile de leurs parts sociales et le principe de la continuation de la société malgré leur décès.

1. Définition légale de la société en commandite simple

En droit Ohada, l'article 293 de l'AUSCGIE définit la SNC comme celle dans laquelle coexistent un ou plusieurs associés indéfiniment et solidairement responsables des dettes sociales dénommées « associés commandités », avec un ou plusieurs associés responsables dettes sociales dans la limite de leurs apports dénommés « associés commanditaires » ou associés en commandite », et dont le capital social est divisé en parts sociales.

2. Caractères principaux

a) La société en commandite simple est caractérisée premièrement par la coexistence de deux catégories distinctes d'associés : les commanditaires et les commandités (art.2093). L'article 293-1 de l'AUSCGIE précise que les règles ou dispositions qu'il a établi pour la SNC sont applicables à la SCS, sous réserve de celles qu'il prévoit expressément et uniquement pour ces dernières. C'est ainsi que dans la SCS, la répartition des associés en commandités et commanditaires que consacre l'article 293, est la 1ère caractéristique.

1° Les associés commandités

Les associés commandités sont des commerçants et sont tenus indéfiniment et solidairement des dettes sociales. En cas d'un seul commandité, il a seul la qualité de commerçant, alors qu'en de pluralité des commandités, il est dit parfois expressément dans les statuts sociaux qu'ils forment entre eux une société en nom collectif, puis la commandite est indiquée. Cela signifie tout

---

[61] Bossa G. Et al, *Op.cit.*, p.79.

simplement que les rapports entre commandités sont les mêmes que ceux qui existent entre les associés en nom collectif.

2° L'associé commanditaire

L'associé commanditaire a une responsabilité limitée à son apport. Il n'est pas commerçant de par sa qualité d'associé, c'est pour cela qu'il est parfois appelé bailleur de fonds.

L'absence d'associés de l'une et de l'autre de ces deux catégories, entraîne également l'inexistence de la société en commandite simple.

b) Dénomination sociale

Aux termes de l'article 294 de l'AUSCGIE, la SCS est désignée par une dénomination sociale qui doit être immédiatement précédée ou suivie en caractère lisible des mots « société en commandite simple » ou du sigle « SCS ». Seuls les noms des commandités peuvent être incorporés dans la dénomination sociale. Le 2ème alinéa du même article dit qu'en aucun cas, le nom d'un associé commanditaire ne peut être incorporé à la dénomination sociale, à défaut de quoi ce dernier répond indéfiniment et solidairement des dettes sociales.

c) Incidence d'un décès d'un associé

L'article 308 dit que la SCS continue malgré le décès d'un associé commanditaire ; et que s'il est stipulé que malgré le décès de l'un des commandités, la société continue avec ses héritiers, ceux-ci deviennent associés commanditaires lorsqu'ils sont mineurs non émancipés. Si l'associé décédé était le seul commandité et que ses héritiers sont alors mineurs non émancipés, il doit être procédé à son remplacement par un nouvel associé commandité ou à la transformation de la société dans un délai d'un an à compter du décès. A défaut, la société est dissoute de plein droit à l'expiration du délai prévu, c'est-à-dire d'un an à partir du décès.

d) Le capital social, librement fixé par les statuts, est divisé en parts sociales dont la cession fait l'objet de règles spécifiques, compte tenu de la double qualité des associés : associés ayant la qualité du commerçant et ceux n'ayant pas cette qualité.

3. La gérance de la SCS

La gérance d'une SCS est confiée à un ou plusieurs commandités désignés dans les statuts ou par un acte ultérieur (art.298 AUSCGIE). Et l'article 299 interdit l'immixtion des commanditaires dans la gestion sociale ; ils ne peuvent faire aucun acte de gestion même en vertu d'une procuration. En cas violation de cette interdiction d'immixtion, la sanction n'est pas la nullité de la société ou de l'acte social, mais plutôt dit précise l'article 300, la responsabilité indéfinie et solidaire du ou des associés commanditaires qui ont accompli l'acte en cause. Cet article précise que suivant le nombre et la gravité de ces actes, ils peuvent être tenus de tous engagements de la société ou de certains seulement.

En revanche, ils peuvent formuler des avis et conseils, faire des actes de contrôle et de surveillance qui ne les engagent pas. Cette interdiction d'immixtion des commanditaires permet de protéger les tiers qui peuvent légitimement croire traiter avec un associé solidairement et indéfiniment responsable.

4. Dissolution

La SCS prend fin notamment par les causes classiques de dissolution (arrivée du terme, la réalisation de l'objet social…) mais plus spécifiquement en cas de décès d'un associé commandité (sauf si les statuts prévoient la continuation de la société avec les héritiers) ou de décès de l'associé unique commandité s'il n'est pas pourvu à son remplacement par un nouvel associé commandité ou à la transformation de la société dans le délai d'un an à compter du décès (art. 308 de l'AUSCGIE).

§3. Société à responsabilité limitée (S.A.R.L.)

I. Définition

Régie par les articles 309 à 384 de l'AUSCGIE, la SARL est définie par l'article 309 comme étant une société dans laquelle les associés ne sont responsables des dettes sociales qu'à concurrence de leurs apports et dont les droits sont représentés par des parts sociales.

La société à responsabilité limité est une société de type hybride : elle ressemble pour partie aux sociétés de capitaux (séparation nette de la personnalité des associés de celle de la société) et pour partie aux sociétés de personnes (régime des parts sociales en ce concerne notamment le formalisme de la cession, contrairement aux actions qui peuvent être cédées par simple tradition).[62]

On notera cependant que la société à responsabilité ressemble beaucoup plus aux sociétés de capitaux qu'aux sociétés de personnes mais il lui est interdit d'émettre ou de garantir des titres négociables au même titre que les sociétés des personnes (art.58).

---

[62]Oumar SAMBA et Mamadou Ibra DIALLO, Guide pratique des sociétés commerciales et du groupement d'intérêt économique Ohadaj : Schémas didactiques- Modèles (statuts, procès-verbal et autres formulaires) Jurisprudence Ohada, 3ème édition, Editions Comptable et juridiques, Dakar, 2015, p.85.

La doctrine en déduit qu'elle n'est ni une société de personne, en ce sens que les associés ne sont pas indéfiniment et solidairement responsables des dettes sociales, ni une société de capitaux en ce sens que son capital social n'est pas représenté par des titres négociables, mais des parts sociales, cessibles sous certaines conditions.[63]

Comme la société anonyme, la SARL peut être constituée par une seule personne physique ou morale, ou entre deux ou plusieurs personnes physiques ou morales.

II. Caractéristiques de la SARL

1. L'élément spécifique en vue dans la définition légale Ohada retenue par l'AUSCGIE : la limitation de la responsabilité des associés aux apports est la 1ère caractéristique

Comme relevé déjà ci-dessus, l'article 309 définit la SARL comme une société dans laquelle les droits sont représentés par des parts sociales, et surtout et particulièrement « les associés ne sont responsables qu'à concurrence de leurs apports ». En d'autres termes, la SARL est une société commerciale groupant des associés qui n'ont pas la qualité de commerçant et ne sont responsables que sur leurs apports. Ainsi, il en découle que de cette définition légale de la SARL, telle qu'elle est donnée par l' article 309, la limitation de la responsabilité aux apports faits par des associés, est une des caractéristiques importantes de cette forme de société.

Professeur LUKOMBE relève la complexité de cette caractéristique du point de vue de la protection des intérêts à la fois des associés et des tiers.[64]

En effet, si la SARL est une société où l'engagement des associés est limité au montant des apports, de ce point de vue la SARL se rapproche de la SA, et diffère de la SNC où l'obligation au passif des associés, est indéfinie et solidaire. Cette limitation constitue une garantie essentielle pour les associés qui peuvent tout au plus perdre leur mise, mais qui ne sont pas tenus de régler les dettes de la société avec leurs biens propres. Elle a pour contrepartie une organisation assez rigide des SARL, car il faut protéger les créanciers sociaux. Elle a aussi pour conséquence que la SARL se procure difficilement du crédit et a une longévité en général nettement inférieure à celle des autres formes des entreprises.

La limitation de la responsabilité aux apports des associés, a un impact sur la réalisation de certaines conditions de fond pour la création des SARL pluripersonnelles. Certes, la SARL, aux termes de l'article 5 de l'AUSCGIE et

[63] LUKOMBE NGHENDA, Op.cit. p.112.
[64] idem p.114.

l'article 309, est un acte unilatéral par écrit de déclaration de volonté de l'associé unique en cas de création d'une société SARL unipersonnelle. Mais aux termes des articles 4 et 309, la SARL est un contrat en cas d'institution d'une société pluripersonnelle. Ici les associés n'ont pas la qualité d'associés, mais la constitution de la SARL est un acte de commerce. Elle n'est donc pas interdite aux incapables d'y faire partie. L'associé n'ayant jamais qu'une responsabilité limitée, le représentant légal de l'incapable fait un simple placement. Au surplus, il y a souvent intérêt à permettre cette forme de placement parce que certaines de ces sociétés ont caractère familial, il est bon que des enfants mineurs puissent y figurer à côté de leurs frères ou parents. Il est cependant permis de relever que le mineur ne peut être associé dans une SARL où les associés sont solidairement responsables des apports en nature non contrôlés par un commissaire aux apports.

2. La deuxième caractéristique est relative au nombre des associés et au montant du capital social

a) Nombre des associés

En droit Ohada, l'article 309, alinéa 2 de l'AUSCGIE dit que la SARL peut être constituée par une personne physique ou morale, entre deux ou plusieurs personnes physiques ou morales. La doctrine renseigne que ce 2ème alinéa de l'article 309 a été la solution tirée par le droit Ohada, du problème de critère de la dimension dans les sociétés commerciales qui a opposé les auteurs, les praticiens du droit et le législateur en Français.[65] L'objectif a été que la SARL, même dans l'espace Ohada, serve de cadre juridique à de petites ou moyennes entreprises.

b) Montant du capital social

Aux termes de l'article 311 de l'AUSCGIE, sauf dispositions nationales contraires, le capital social doit être d'un million de francs CFA. Il est divisé en parts sociales dont la valeur nominale ne peut être inférieure à cinq mille francs CFA. Ce texte n'édicte pas un capital maximum d'une part, et que le recours au capital qu'il impose n'est à observer que si dans le pays membre de l'Ohada, la législation nationale de celui-ci n'édicte pas, ne prévoit pas un quelconque chiffre ou montant autre.

Ainsi, les Etats peuvent opter soit pour un capital minimal différent, soit pour reconnaître aux associés la liberté de déterminer le montant du capital sans avoir à respecter un minimum, tel est le cas en République Démocratique du Congo. En effet, l'article 2 de l'arrêté interministériel n°002/Cab/MIN/JGS & DH/014 et 243/Cab/MIN/FINANCES/2014 du 30 décembre 2014

[65] LUKOMBE NGHENDA, idem, p.116.

déterminant la forme des statuts et du capital social de la société à responsabilité dispose que « le capital social de la société à responsabilité unipersonnelle ou pluripersonnelle est librement fixé par les parties en tenant compte de l'objet social de la société ».

3. La troisième caractéristique tient à la nature des parts sociales

La 3ème caractéristique découle du fait que les droits sociaux sont représentés par des parts sociales dont la valeur nominale ne peut être inférieure à cinq mille francs CFA. L'article 311 parle de « parts sociales égales et non « des parts d'une valeur nominale comme l'article L.223-2 du code de commerce Français. Ce qui est exigé en droit Ohada est que le capital social soit divisé en parts sociales qui ont toutes la même valeur nominale, qui ne peuvent, selon l'article 311, être inférieure à 5000 CFA. Le professeur LUKOMBE soutient que le législateur Ohada n'interdit pas par exemple à une SARL,66 de procéder à l'émission de « parts sociales privilégiées », car l'égalité dont il est question ici, concerne uniquement la valeur nominale des parts sociales.

S'agissant de la souscription et libération des parts sociales, désormais, la constitution définitive de la SARL ne tient plus à la libération intégrale des apports. Il faut distinguer suivant que ces apports sont en nature ou en numéraire. Dans le premier cas, les apports doivent être intégralement libérés et dans le second cas, ils doivent être libérés de la moitié au moins de la valeur nominale. Au préalable, les parts sociales doivent être souscrites en totalité par des associés.[67] La libération du surplus intervient en une ou plusieurs fois dans un délai de 2 ans à compter de l'immatriculation de la société au RCCM selon les modalités définies par les statuts. Il faut ajouter à ces types d'apports, ceux en industrie, désormais admis dans la SARL, même s'ils ne concourent pas à la formation du capital social. Les parts sociales sont en principe cessibles entre vifs, transmissibles pour cause de décès et peuvent être nanties. Les articles 317 à 322 organisent l'ensemble de ces opérations.

4. La quatrième et dernière caractéristique de la SARL tient à sa représentation

Dans une SARL, le représentant légal n'est autre que le gérant, et que c'est à tort qu'une partie défenderesse au pourvoi devant la CCJA a relevé que la partie demanderesse n'avait pas indiqué sa qualité de gérant, alors qu'il est clairement mentionné sur le pouvoir spécial qu'il a agi en qualité de représentant légal.[68] En effet, le gérant est l'organe prépondérant de la société et il y exerce le pouvoir exécutif. Les articles 323 à 332 organisent son statut : sa nomination, sa rémunération, sa démission, sa révocation, ses pouvoirs et sa responsabilité dans

[66] Idem, P. 126.
[67] Article 311-1 de l'AUSCGIE.
[68] Arrêt CCJA n°103/2016 du 2 juin 2O16, affa. Olam Togo SARL c/ société Vatel SA.

l'exercice de ses fonctions. Dans l'ensemble, le gérant de la SARL difficilement révocable a un pouvoir de représentation illimité de la société (art.328& 329).

III. Fonctionnement de la SARL

1. La gestion

La société est administrée par un ou plusieurs gérants nommés par les statuts ou dans un acte postérieur à l'adoption des statuts. Les fonctions de gérant peuvent être gratuites ou rémunérées. Dans ce dernier cas, la rémunération du gérant est fixée dans les statuts ou par une décision collective des associés.

Dans les rapports entre associés, le gérant a un pouvoir général de gestion. Dans le silence des statuts, il peut accomplir tous les actes de gestion dans l'intérêt de la société. Dans le rapport entre les tiers, le gérant a les pouvoirs les plus étendus pour agir en toute circonstance au nom de la société sous réserve des pouvoirs que l'acte uniforme réserve expressément aux associés.[69]

Les clauses statutaires limitant les pouvoirs des gérants sont inopposables aux tiers. De plus, la société est engagée même par les actes du gérant qui ne relèvent pas de l'objet social. L'engagement de la société est cependant écarté si la preuve est rapportée par le tiers savait que l'acte accompli par le dirigeant de la société dépassait son objet social ou qu'il ne pouvait l'ignorer compte tenu des circonstances. Mais la seule publication des statuts ne suffit pas à constituer cette preuve.

Conformément au droit commun, le ou les dirigeants de la SARL sont responsables individuellement ou solidairement envers la société des fautes commises dans la gestion de la société, mais aussi envers les tiers lésés par tout acte illicite.

a) Le contrôle de la gestion

Le fonctionnement de la société concerne également le contrôle de la gestion de la SARL. A ce propos l'article 376 de l'AUSCGIE prévoit que la nomination des commissaires aux comptes est obligatoire dans les SARL qui remplissent l'une de quelconque des conditions suivantes :

- Capital supérieur à 10.000.000F CFA ;
- Chiffre d'affaires annuel supérieur à 250.000.000F CFA ;
- Effectif permanent supérieur à 50 personnes.

La présence des commissaires aux comptes est une garantie pour les associés et les tiers. Ils doivent vérifier les comptes de la société et certifier que

[69]Article 329 de l'Acte Uniforme portant Droit Commercial Général.

les comptes annuels sont réguliers et sincères. Ils sont tenus de révéler ou de dénoncer des faits graves qu'ils peuvent découvrir dans l'exercice de cette mission.

b) La personnalité des associés à la vie de la société

Les associés participent de diverses manières au fonctionnement de la société. D'abord, ils ont droit à la répartition des dividendes. Ensuite et surtout pendant toute la durée de la société, ils ont un droit d'information sur les affaires de la société et disposent d'un droit de vote pour exprimer leur opinion à propos des orientations de l'activité sociale, de la désignation ou de la révocation des dirigeants etc.

IV. Dissolution de la SARL

En plus des causes communes à toutes les sociétés prévues par l'article 200 de l'AUCGIE, la SARL comporte des causes de dissolution spécifiques. Il s'agit de la réduction du capital social au-dessous du minimum légal (AUSCGIE, art. 368) et de la perte d'une fraction importante des capitaux propres (AUSCGIE, art.371). Malgré l'intuitu personae de la société, les événements qui atteignent personnellement les associés, à savoir l'interdiction, faillite ou incapacité et le décès n'entraînent pas en principe la dissolution de la société (AUSCGIE, art.384).

§4. La société anonyme (S.A)

Il est important de souligner dès l'entrée de jeux qu'en droit congolais, par dérogation au principe de la liberté reconnue aux parties de choisir l'une des formes légales de sociétés qui leur conviennent, les toutes société dont l'objet social se rapporte aux activités bancaires et d'assurances, sont obligatoirement anonymes.

I. Définition légale et caractéristique

A. Définition

L'article 385 de l'AUSCGIE définit la société anonyme comme étant une société dans laquelle les actionnaires ne sont responsables des dettes sociales qu'à concurrence de leurs apports et dont les droits sont représentés par des actions.

C'est une société commerciale par la forme, peu importe alors la nature réelle de l'activité sociale. Elle peut être pluripersonnelle ou unipersonnelle, et elle est la forme la plus importante des sociétés de capitaux. Contrairement aux sociétés de personnes, les sociétés de capitaux accordent peu d'importance à la personne des associés, le but principal de ces sociétés est de rassembler des capitaux pour le financement de l'activité sociale.

B. Caractéristiques

1) La première caractéristique de la société anonyme est la limitation de la responsabilité des actionnaires à leurs apports ;

2) Désignation de la société par la dénomination sociale

L'article 386 de l'AUSCGIE dit que la SA est désignée par une dénomination sociale qui doit être immédiatement précédée ou suivie en caractères lisibles des : « société anonyme » ou du sigle « SA » et du mode d'administration de la société tel que prévue à l'article 414. Cette dénomination est choisie librement pour compte de la société, par les fondateurs lors de l'adoption des statuts sociaux lorsque la société est en train d'être créée ; et elle peut être modifiée encours de la vie sociale.

3) La troisième caractéristique de la SA, est le fait que les actions qu'elle émet, sont négociables

Le fait que dans les SA et SAS, les actions sont négociables, confère celles-ci une mobilité plus grande que la cessibilité des parts sociales dans les autres sociétés commerciales comme le sont la SNC, SCS et la SARL. L'actionnaire n'est donc pas marié à la société. S'il trouve un acheteur, il s'en va ; et généralement, la bourse s'occupe, lorsque le titre est coté, de lui procurer, au prix du marché, ce successeur inconnu.

Il est vrai que l'article 385 de l'AUCGIE qui définit la SA, se contente de dire que « les droits des actionnaires sont représentés par des actions », et pourtant, ne dit pas que ces actions sont négociables. Mais l'article 58 du même acte dit que les sociétés par action dont les SA et SAS « émettent des titres négociables ». Et l'article 144 dit que les actions font partie des valeurs mobilières, c'est-à-dire celles-ci sont des titres négociables.

La négociabilité s'oppose à la cessibilité : celle-là n'est réalisable que pour les actes, et évoque, les modes d'acquisition dérivée de droit commercial, des actions en cours de la vie sociale des SA et SAS. Elle est régie en tout cas, en droit Ohada, par les principes découlant de la matérialisation, consacrés par l'article 744-1 de l'AUSCGIE en vertu duquel les valeurs mobilières et les autres actions non régies par les règles sur la cession, quelle que soit leur forme, doivent être inscrites en compte au nom de leur propriétaire. Elles se transmettent par virement de compte à compte, et que le transfert de propriété résulte de l'inscription de celles-ci au compte-titre de l'acquéreur.

La négociabilité s'oppose à la cessibilité qui est le procédé de transmission entre vifs des parts sociales dans les SNC, SCS, SARL et des actions non régies par la négociation.

4) La quatrième caractéristique de la SA, est le groupement par l'AUSCGIE, des règles sur la constitution autour de deux pôles avec un tronc commun.[70]

La lecture minutieuse des règles sur la constitution de SA, que l'AUSCGIE édicte, relève qu'elles sont groupées outre le tronc commun, autour de 2 pôles, à savoir : 1° la distinction entre les SA « faisant appel public à l'épargne » et les celles qui « ne font pas appel public à l'épargne » ; 2° la distinction entre les SA pour lesquelles leur constitution a lieu « sans apport en nature et sans stipulation d'avantages particuliers avec celles où leur constitution a lieu « avec apport en nature et /ou stipulation d'avantages particuliers ».

A la question de savoir si la constitution de la SA sans apport en nature ou stipulation d'avantages particuliers est-elle effective dès la signature des statuts ou faut-il, malgré le silence de la loi, envisager la tenue d'une assemblée générale constitutive, il faut rappeler l'article 101 qui dispose que toute société est constituée à compter de la signature des statuts. La tenue d'une assemblée constitutive ne semble exigée que lorsque la société fait appel public à l'épargne (art.106), ou en cas de constitution de la SA avec apport en nature et /ou stipulation d'avantages particuliers (art.339 et S.). Dans tous les cas, ce sont les statuts qui sont censés organiser la société.

5) Structure plus complexe de l'organisation de SA que dans les autres formes de société

La doctrine retient à titre de 5ème caractéristique, le fait qu'en droit Ohada, les SA ont une structure plus complexe quant à ses organes assurant leur fonctionnement, que les autres formes de sociétés commerciales.

Il se relève aussi que dans les SA, les règles sur leur fonctionnement ou organisation, d'une part sont parfois complétées ou infléchies par des conventions conclues entre actionnaires, notamment dans les filiales communes, et d'autre part, les SA sont organisées en deux groupes, celles avec conseil d'administration, et d'autres avec l'administrateur général qui assure l'administration et la direction de la société.[71]

---

70 LUKOMBE NGHENDA, Op.cit. P.176.

71 Voir à ce sujet, l'article 414 de l'AUSCGIE.

II. Constitution

La constitution d'une SA requiert l'établissement des statuts et des bulletins de souscription, le dépôt (chez un notaire ou dans une banque domiciliée dans l'Etat où se situe le siège de ka société en formation) de fonds et la déclaration notariée de souscription et versement, l'immatriculation au RCCM.

Les statuts doivent être établis par acte notarié ou par tout acte offrant les garanties d'authenticité déposé avec reconnaissance d'écritures et de signatures de toutes les parties au rang des minutes d'un notaire.

Quelle que soit la forme choisie, les statuts doivent contenir certaines mentions obligatoires : le mode d'administration et de direction retenue, selon le cas, soit les noms, prénoms, adresse, profession et nationalité des personnes physiques membres du premier conseil d'administration de la société ou représentants des personnes morales membres du conseil d'administration, soit ceux de l'administrateur général ainsi que ceux du premier commissaire aux comptes et de son suppléant, la dénomination sociale, le montant du capital et la forme sociale des personnes morales membres du conseil d'administration, la forme des actions émises, les stipulations relatives à la composition, au fonctionnement et aux pouvoirs des organes de la société, l'objet , le siège, la durée et le cas échéant, les restrictions à la liberté et à la libre cession des actions, ainsi que les modalités de l'agrément et de la préemption des actions.[72]

Le pacte social doit indiquer notamment le montant des apports en numéraire et l'identité des apporteurs, l'évaluation des apports en nature et le montant du capital social.

Le capital social est fixé au minimum à 10.000.000 F CFA et, en cas d'appel public à l'épargne à 1000.000.000 F CFA. Chaque action doit avoir un montant minimal de 10.000 F CFA.

Les actions souscrites en numéraire doivent être libérées du quart au moins de leur montant minimal lors de la souscription, le solde devant être libéré dans les trois. (03) ans qui suivent ; les apports en nature doivent être intégralement effectués à la souscription et leur valeur vérifiée par un commissaire aux apports.

II. Organisation et fonctionnement de la S.A

Trois organes interviennent dans le fonctionnement de la S.A : les organes de gestion, les organes de délibération et les organes de contrôle. Il sied de signaler cependant que, dans le système OHADA, la gestion de la S.A peut être

---

[72] Articles 13 &397 de l'AUSCGIE.

confiée soit au conseil d'administration et à son président (S.A avec conseil d'administration) soit à un administrateur général (SA avec administrateur général).

A. La SA avec conseil d'administration

1. Caractéristique

La particularité de la SA avec conseil d'administration s'explique comme suit :
- l'administration de la société est assurée par un conseil d'administration composé de personnes physiques ou morales (3 à 12 membres). Si une personne morale assure les fonctions d'administrateur, elle doit pendant la durée de son mandat désigner un représentant.
- le conseil d'administration est composé de trois membres au moins lorsque la société fait appel public à épargne et de 15 membres au plus lorsque les actions de la société sont admises à la bourse. Les administrateurs sont révocables à tout moment par l'assemblée générale ordinaire.

2. Pouvoirs du conseil d'administration

Le conseil d'administration a les pouvoirs les plus étendus pour agir en toutes circonstances au nom de la société (art 435 de l'A.U) sous réserve des pouvoirs reconnus aux autres organes de la société. Ainsi, c'est le conseil d'administration qui indique les objectifs de la société et l'orientation donnée à son administration, et exerce un contrôle permanent de la gestion assurée par la direction…

Les séances du conseil sont présidées par le président du conseil d'administration. Le Président convoque et préside les réunions du conseil d'administration et les assemblées générales des actionnaires.

3. La direction de la société

Elle peut être assurée par le président du conseil d'administration qui est alors Président Directeur Général (PDG) ou par un Directeur Général (DG) distinct du président du conseil d'administration.

PDG est nommé par le conseil d'administration au sein de ses membres ; c'est donc nécessairement un administrateur.

Le DG est également nommé par le conseil d'administration mais à la différence du PDG, il peut n'être ni administrateur ni même associé de la société.

Il convient cependant d'indiquer la particularité en cette question pour les entreprises publiques de l'Etat. En droit congolais, c'est le Président de la République qui nomme, relève de leur fonction et, le cas échéant, révoque, sur proposition du Gouvernement délibérée en Conseil des Ministres, les mandataires publics dans les entreprises du portefeuille de l'Etat dans les conditions fixées par les articles 10 et 14 de la LOI n° 08/010 du 07 juillet 2008 fixant les règles relatives à la gestion du portefeuille de l'Etat.

Tout comme le PDG, le DG assure la direction générale de la société. Sous réserve des pouvoirs reconnus aux autres organes de la société, le PDG ou le DG bénéficie des pouvoirs les plus étendus pour agir en toutes circonstances au nom.

A l'égard de tiers, la société est engagée même par les actes de la direction qui ne relèvent pas de l'objet social. Les limitations statutaires des pouvoirs ou celles résultants des résolutions du conseil d'administration ou des assemblées sont inopposables aux tiers.

B. La SA avec administrateur général

C'est une particularité du système OHADA. L'institution de la SA avec administrateur général s'explique par le désir d'attirer des investisseurs étrangers en Afrique en assouplissant les structures de gestion de SA comprenant un nombre d'actionnaires inférieur ou égal à trois s'affranchit d'un conseil d'administration et désigne plutôt comme organe d'administration et de direction de l'administrateur général.

L'administrateur général préside les assemblées générales des actionnaires. Il dispose des pouvoirs les plus étendus pour agir en toutes circonstances au nom de la société. A l'égard de tiers, la société est également engagée par les actes accomplis en dépassement. Toute limitation de ce pouvoir n'est pas opposable aux tiers de bonne foi.

Mais les organes de gestion ne sont pas les seuls qui interviennent dans le fonctionnement de la SA, il y a aussi les assemblées d'actionnaires.

C. Les assemblées générales des actionnaires

1° Présentation

Les assemblées générales d'actionnaires participent au fonctionnement de la société : elles nomment et révoquent les membres du conseil d'administration, elles déterminent la répartition des bénéfices, modifient les statuts….

Les actionnaires sont convoquées soit par le président du conseil d'administration soit par l'administrateur général, mais aussi dans certaines circonstances par le commissaire aux comptes après qu'il ait en vain requis de l'organe compétent la convocation (art 156), par le mandataire désigné par la juridiction compétente à la demande de tout intéressé…

L'acte de convocation de l'assemblée doit compter un certain nombre d'informations (art 519) : heure et lieu de l'assemblée, l'indication de l'ordre du jour…

L'Acte Uniforme admet qu'un actionnaire puisse se faire représenter à l'assemblée. Une fiche de présence est établie et les procurations y sont annexées à la fin de l'assemblée.

Par ailleurs, le procès-verbal de délibération ne doit pas seulement mentionner les résolutions adaptées, le législateur OHADA énumère un certain nombre d'éléments qu'il doit contenir (art 535) : date et lieu de la réunion, la nature de l'assemblée, la composition du bureau le texte des résolutions soumises au vote de l'assemblée et le résultat de ces votes pour chaque résolution, les documents et rapports présentés à l'assemblée… il existe trois catégories d'assemblée des actionnaires.

2°Les catégories d'assemblée

a) Assemblée générale ordinaire

L'assemblée générale ne réunit au moins une fois par an pour statuer sur les états financiers, des synthèses de l'exercice, décider de l'affectation des résultats, nommer notamment les membres du conseil d'administration, approuver ou non les conventions entre les dirigeants et la société… bref elle prend conformément à l'article 546 de l'AUSCGIE, toutes les décisions autres que celles qui sont réservées par l'article 551 aux assemblées générales extraordinaires, et par l'article 555 du présent acte uniforme pour les assemblées spéciales. L'assemblée générale ordinaire statue à la majorité simple de voix exprimées, les bulletins blancs ne sont pas pris en compte.

b) Assemblées générales extraordinaires

L'assemblée générale extraordinaire prend des décisions graves concernant la vie de la société. Elle est en effet seule compétente pour modifier les statuts, autoriser les fusions, scissions, et transformation de la société, décider le transfert du siège social dans une autre ville (si le transfert a lieu dans la même ville le conseil d'administration peut l'ordonner). Etc.

L'assemblée générale extraordinaire statue à la majorité de 2/3 des voix exprimées. L'unanimité est parfois exigée (exemple dans le cas du transfert de siège social dans un autre état).

c) Assemblées spéciales

Les assemblées spéciales réunissent les titulaires d'action d'une catégorie particulière : action de priorité, action de jouissance… ces assemblées approuvent ou désapprouvent les décisions des assemblées modifiant leurs droits (qui ne deviennent définitifs qu'après cette approbation).

D. Les organes de contrôle

Il s'agit essentiellement du commissaire aux comptes qui a pour mission notamment tout au long de l'exercice, de contrôler les valeurs et les documents comptables de la société, de vérifier la sincérité et la concordance des états financiers des synthèses.

Les S.A doivent désigner un commissaire aux comptes titulaire et un commissaire aux comptes suppléant (le double en cas d'appel public à l'épargne) dont les missions et prérogatives sont clairement définies dans l'A.U notamment en matière de fusion, scission, d'apport partiel d'actif etc.

Pour l'accomplissement de la mission, le commissaire aux comptes a le droit de se faire communiquer diverses pièces, contrat, documents comptables et registres des procès-verbaux des assemblées… Il peut également s'informer auprès des tiers qui ont accompli des opérations pour le compte de la société (huissiers, experts…). Il doit porter à la connaissance de la société et de ses dirigeants les fins de découvert lors de ses investigations (c'est le devoir d'information).

Il doit aussi déclencher une procédure d'alerte s'il a connaissance dans l'exercice de sa mission de fait de nature à compromettre la conduite de l'exploitation. Il devra alors adresser à une demande (par lettre recommandée avec demande d'avis de réception) d'explication aux dirigeants si les faits persistent, il doit, si les dirigeants ne veulent pas y procéder, provoquer la convocation des assemblées des actionnaires pour les en informer.

1) III. Modification du capital social et transformation de la SA

2) a) Modification du capital

Pour s'adapter au développement de l'activité économique de la société, le capital social peut varier au cours de la vie sociale : augmentation, réduction, amortissement du capital social sont autant d'opérations qui entrainent la variation du capital social.

3) L'augmentation du capital

Elle peut être obtenue par des apports nouveaux ou par incorporation des avoirs de la société (réserves, bénéfices...). La société peut en effet décider d'incorporer ses réserves ou bénéfices dans le capital social. Cette opération n'entraine pas l'entrée des nouveaux associés dans la SA. L'opération se matérialise par un jeu d'écriture et par un virement de compte réservé au compte capital. La société peut aussi sans entamer le capital, de décider de rembourser aux actionnaires une partie ou la totalité du montant nominal de leurs actions à titre d'avance sur le produit de la liquidation à venir de la société (art 651), c'est l'amortissement du capital social.

4) La réduction du capital social

Elle peut être motivée par des pertes importantes ou par la volonté des actionnaires si le capital parait trop important au besoin de la société. Quel que soit le motif, la réduction du capital ne peut porter atteinte à l'égalité des actionnaires. La décision de réduire le capital est de la compétence de l'assemblée générale extraordinaire.

La réduction du capital se matérialise soit par la réduction de la valeur nominale des actions soit par l'admission de nombres d'actions. L'acte uniforme prévoit un mode particulier de réduction du capital : le rachat de ses propres actions par une société. Ce rachat, en principe interdit, est autorisé dans le cadre d'une réduction de capital non motivé par des pertes à conditions que les actions soient annulées. Elle est soumise au principe de la variabilité du capital social c'est-à-dire que le capital social peut varier dans un sens d'augmentation ou de diminution.

5) Amortissement du capital

L'opération par laquelle la société rembourse aux actionnaires tout ou partie du montant nominal de leurs actions, à titre d'avance sur le produit de la liquidation future de la société. Il est décidé par l'assemblée générale ordinaire, lorsqu'il est prévu dans les statuts. Au cas contraire, il est décidé par l'assemblée générale extraordinaire.[73] C'est-à-dire qu'en cas d'amortissement du capital, le capital social reste intact ; seule l'AGO devrait être compétente pour en prendre décision. Mais s'il s'agit d'une décision grave avec plusieurs conséquences, à savoir : la diminution sensible du montant des capitaux propres et la perte par l'actionnaire du droit au premier dividende (art.656), cela justifie que, dans le

[73] Articles 651 et 652 de l'AUSCGIE.

silence des statuts, l'AGE soit compétente puisque tous les actionnaires y participent.

L'article 654 précise que, « l'amortissement est réalisé par voie de remboursement égal pour chaque action d'une même catégorie et n'entraîne pas de réduction de capital ». En effet, les actions peuvent être intégralement ou partiellement amorties selon qu'il s'agit soit, d'une action en jouissance, soit de l'action en capital.[74]

b) Transformation de la SA

La SA peut se transformer en une société d'une autre forme. L'acte uniforme (art 690 et 691) pose néanmoins quelques conditions à cette transformation :

- La société doit exister depuis au moins deux ans ;

- Elle doit avoir établi et fait approuver par les actionnaires le bilan de ses deux premiers exercices ;

- L'actif net doit être au moins égal au capital social.

La transformation de la société est de la compétence de l'assemblée générale extraordinaire. La décision de transformation est prise cette assemblée au vu du rapport du commissaire aux comptes qui atteste que l'actif net est au moins égal au capital social.

Mais lorsque la SA se transforme en une SNC, les conditions préalablement évoquées (ancienneté de 2 ans, rapport du commissaire aux comptes…) ne s'applique pas puisqu'une telle transformation alourdit l'engagement des actionnaires (les associés sont dans la SNC indéfiniment et solidairement responsables des dettes de la société), l'accord unanime de tous associés est requis.

§ 5. La Société par action simplifiée

La SAS est une société instituée par un ou plusieurs associés et dont les statuts prévoient librement l'organisation et le fonctionnement de la société. Elle est caractérisée par une forte contractualisation. Elle peut être créée par un seul associé, contrairement à la SA, elle ne peut être constituée par l'appel public à l'épargne. Le montant du capital social ainsi que celui du montant nominal des actions est fixé librement par les statuts.

---

[74] Les actions intégralement amorties sont dites actions de jouissance.

Les membres de cette société sont appelés « associés » et non « actionnaires » en raison certainement de « l'intuitu personae » qui joue un rôle important bien que non mentionné dans les dispositions spécifiques à cette société.[75]

Aucun montant minimum n'est exigé par le législateur. Il peut être institué dans ce type de société une clause de variabilité du capital, en indiquant que celui-ci est susceptible soit d'augmentation par des versements successifs des associés ou l'admission d'associés nouveaux, soit de diminution par la reprise totale ou partielle des apports effectués, dans les conditions légales prévues par les dispositions de l'article 269-1 de l'AUSCGIE. Tous les types d'apport y sont admis y compris l'apport en industrie.

Par rapport à son fonctionnement, la SAS est dirigée par un président désigné dans les conditions prévues par les statuts. Il est investi des pouvoirs les plus étendus pour agir en toute circonstance au nom de la société dans limite de l'objet social. Dans ces rapports avec les tiers, la SAS est engagée par les actes du président qui ne relèvent pas de l'objet social.

Le commissaire aux comptes n'est pas un maillon indispensable dans toutes les sociétés par actions simplifiées. Les sociétés par actions simplifiées ne sont tenues de nommer un commissaire aux comptes, que si elles remplissent, à la clôture de l'exercice social, deux des conditions suivantes :

- Total du bilan supérieur à cent vingt-cinq millions de CFA ;

- Chiffre d'affaires annuel supérieur à deux cent cinquante millions de CFA ;

- Effectif permanent supérieur à cinquante personnes.

§ 6. Les sociétés non immatriculées

Parmi les sociétés non immatriculées, on distingue la société en participation et la société de fait.

I. La société en participation

Une en participation n'est pas à proprement parler une société. C'est un concept emprunté à celui du joint-venture issu de la cammon law,[76] dans lequel les associés acceptent de ne pas enregistrer l'entité qu'ils ont créée au RCCM.

---

[75] Oumar SAMBA et Mamadou Ibra DIALLO, Op.cit. p.369.

[76] Boris MARTOR, Nanette PILKINGTON, David SELLERS & Sébastien THOUVENOT, Le Droit Uniforme Africain des affaires issu de l'OHADA, 2e Ed, Litec, Paris, 2009, p.151.

En conséquence, la société en participation ne dispose pas de personnalité morale et n'est pas soumise à publicité (art.854 AUSCGIE).

Cette définition comporte plusieurs conséquences : une société en participation ne peut en effet avoir un siège social, une dénomination sociale ou un patrimoine propre ; disposer de la capacité de contracter ; ou faire l'objet d'une procédure collective. La société en participation, par défaut de personnalité morale ne peut pas agir en justice par l'intermédiaire de son gérant, qui n'a donc pas qualité pour la représenter.[77]

Il a été jugé que lorsque des parties sont, par acte sous seing privé, convenus de réaliser en commun des travaux de construction et décidé d'exercer les activités sous le label d'une autre société responsable vis-à-vis des tiers ; que chaque partie a apporté seulement la jouissance de ses biens et que la société n'a aucun patrimoine propre et n'a pas été immatriculée, les règles à la société en participation doivent être appliquée à la société créée.[78]

La simplicité de sa constitution, l'absence de tout formalisme expliquent qu'elle soit utilisée souvent comme un instrument de coopération interentreprises.

En effet, les associés conviennent librement de l'objet, de la durée, des conditions du fonctionnement, des droits des associés, de la fin de la société en participation sous réserve de ne pas déroger aux règles impératives des dispositions communes aux sociétés, exception faite de celles qui sont relatives à la personnalité morale.

Les rapports entre associés sont régis par les dispositions applicables aux sociétés en nom collectif à moins qu'une organisation différente n'ait été prévue. C'est ainsi que la jurisprudence française a décidé que les membres de la société en participation doivent avoir vocation aux bénéfices ou aux économies et aux pertes de la société en participation.[79] La répartition des bénéfices et des pertes peut être proportionnelle aux apports ou bien faite dans une proportion différente.[80]

Les biens nécessaires à l'activité sociale sont mis à la disposition du gérant de la société. Toutefois, chaque associé reste propriétaire des biens qu'il met à la disposition de la société. C'est-à-dire chacun des associés a le droit de reprise de ses apports. La CCJA avait jugé que c'est après avoir amplement démontré que

---

[77] CA Versailles 22-9-20210 n°09-5646 : BRDA 1/1 inf. 8, rejetant l'action d'une contestation sérieuse privant le juge des référés du pouvoir d'ordonner l'exécution d'une obligation.

[78] C A Ouagadougou, Ch. Civ. & com. n°57, 20-5-2005 : Sté Togolaise de travaux publics c/ SAS SA et S. Jean de Dieu, Ohadata J-09-17.

[79] Cass.com. 22-5-1970: Bull. civ. IV n°167; CA Paris 26-11-1999: RJDA 7-8/00 n°792.

[80] Cass.1re civ. 16-10-1990 : Bull. Joly 1990 p.1029.

le les actes de cession signés par les parties sont argués de simulation, à laquelle la requérante a sciemment participé, que l'arrêt attaqué a retenu que c'est la convention de société en participation à laquelle la requérante a librement souscrit qui lui lie et qu'en application de l'article 857 de l'AUSCGIE, l'associé de la requérante doit reprendre le fonds de commerce à l'enseigne « Pharmacie Centrale » et l'immeuble servant à l'exploitation, et la requérante, son diplôme de pharmacie. Il s'ensuit que le moyen, pris en sa première branche n'est pas fondé et doit être rejeté.[81]

L'organisation et le fonctionnement sont régis par le contrat de société. Pour les relations à l'égard des tiers, chaque associé contracte en son nom personnel et se trouve, de ce fait, seul engagé pour toutes les obligations engagées. Cependant, lorsque les associés agissent expressément en leur qualité d'associés auprès des tiers, ils sont indéfiniment et solidairement responsables de leurs engagements. Il en est de même de l'associé qui, par son immixtion, a laissé croire au contractant qu'il entendait s'engager à son égard et dont il est prouvé que l'engagement a tourné à son profit (art.861 AUSCGIE).

S'agissant de fin de la société en participation, l'article 862 de l'AUSCGIE dit que la société en participation prend fin par les mêmes événements qui mettent fin à la SNC. Sauf clause contraire des statuts, si elle a été créée par une durée indéterminée, la dissolution peut intervenir à tout moment par une notification adressée par l'un des associés à tous les autres. La notification a lieu par lettre au porteur contre récépissé ou par lettre recommandée avec demande d'avis de réception (article 863 de l'AU).

II. La société de fait

Une société est dite de fait lorsque deux ou plusieurs personnes physiques ou morales se comportent comme des associés sans avoir constitué entre elles l'une des sociétés reconnues par l'acte uniforme ».[82] Il s'agit en réalité d'une société « créée de fait » au sens du droit français puisqu'elle comprend de véritables associés du fait de leur comportement ou du fait l'absence de réalisation des formalités légales nécessaires pour l'immatriculation de la société.[83]

Il est constat en doctrine comme en jurisprudence qu'il y a société de fait lorsque deux ou plusieurs personnes physiques ou morales se comportent comme des associés sans avoir constitué entre elles l'une des sociétés reconnues par la loi. Par son esprit seul, un contrat de partenariat, même intitulé « protocole d'accord » entre deux sociétés, lorsqu'il a été convenu en vue de réalisation en commun d'activités lucratives peut être assimilé à une société de fait, notamment

[81] CCJA, n°059/2008, 30-12-2008 : R. F. c/ F. J. B., Recueil de jurisprudence n°12, juillet-décembre 2008, p.82 ; Ohadata J-10-33, Ohadata J-09-268.
[82] Art 864 de l'AUSCGIE, op.cit.
[83] Boris MARTOR, Nanette PILKINGTON, David SELLERS & Sébastien THOUVENOT, Op.cit. p.152.

lorsque la juridiction saisie constate les apports, le bénéfice et l'affectio societatis. Sa dissolution peut donc être demandée dès lors qu'il y a violation de la loi. Ladite dissolution entraîne la liquidation de la société de fait, pour laquelle la juridiction peut désigner un juge-commissaire.[84]

Ce type de société peut se rencontrer dans plusieurs cas, notamment, lorsqu'une société reconnue par l'Acte uniforme a été constituée mais que les formalités légales de constitutions n'ont pas été effectuées ou lorsqu'une société reconnue par l'Acte uniforme a été constituée mais n'a pas été enregistrée auprès du RCCM, ou encore, lorsqu'une société a été constituée sans respecter l'une des formes prescrites par l'Acte uniforme.

La notion de société de faite retenue par le législateur Ohada semble ainsi chercher à élargir l'applicabilité du droit des affaires au secteur informel en vue de son officialisation.

Généralement c'est un des concubins qui allègue l'existence d'une société pour réclamer la répartition des bénéfices qu'une entreprise commune aurait générés ou autres hypothèses fréquentes, des tiers allèguent la responsabilité solidaire des plusieurs personnes qui se seraient comportées en associés dans l'accomplissement de diverses opérations.

Toute personne intéressée peut demander à la juridiction compétente la reconnaissance d'une société de fait. Lorsqu'un tribunal reconnaît son existence, qui peut être prouvée par tous les moyens, les règles applicables aux associés seront celles applicables à la société en nom collectif.[85]

III. Le Groupement d'intérêt Economique

Le groupement d'intérêt économique est celui qui a pour but exclusif de mettre en œuvre pour une durée déterminée, tous les moyens propres à faciliter ou à développer l'activité économique de ses membres, à améliorer ou à accroître les résultats de cette activité. Il ne donne pas lieu par lui-même à réalisation et à partage de bénéfices. A cette énumération, il faut ajouter la société coopérative régit par l'acte uniforme relatif à la société coopérative.

---

[84] TGI Ouagadougou, com., n°215, 21-2-2001 : STTP SARL c/ Société Africaine des services SA et SOFITEX, Ohadata J-04-01. (Pour le tribunal, lorsque la société pluripersonnelle ou unipersonnelle est dissoute, elle encourt la liquidation automatique. Dans le cas où une société de fait a existé entre la société Africaine de prestations de services SAS et la société Togolaise de travaux publics SARL étant dissoute à la demande de la SAS, il convient d'en imposer la liquidation et de désigner les organes chargés de l'opération : nomination d'un expert-comptable judiciaire à l'effet d'accomplir les opérations de liquidation et nomination d'un juge de siège en tant que le juge commissaire chargé de surveiller les opérations de liquidation).

[85] Articles 866 à 868.

IV. Société coopérative

La société coopérative est un groupement autonome de personnes volontairement réunies pour satisfaire leurs aspirations et besoins économiques, sociaux et culturels communs, au moyen d'une entreprise dont la propriété et la gestion sont collective et où le pouvoir est exercé démocratiquement et selon les principes coopératifs. La société coopérative peut, en plus de ses coopérateurs qui en sont les principaux usagers, traiter avec des usagers non coopérateurs dans les limites que fixent les statuts.

L'article 8 dispose que la société coopérative est composée de coopérateurs, qui unis par le lien commun sur base duquel la société a été créée, participent effectivement et suivent les principes coopératifs, aux activités de ladite société et reçoivent en représentation de leurs apports de parts sociales.

Au sens de l'Acte uniforme, le lien commun désigne l'élément ou le critère objectif que possèdent en commun les coopérateurs et sur la base duquel ils se regroupent. Il peut, notamment, être relatif à une profession, à une identité d'objectif, d'activité et de forme juridique.

IIIème Section : Procédure générale de création d'entreprise en République Démocratique du Congo

Il convient de préciser les éléments du dossier à fournir par le requérant avant d'étudier la procédure de création d'entreprise par le guichet unique de création d'entreprise.

§1. Documents à fournir au Guichet Unique de Création d'Entreprise

Les documents à présenter au guichet unique pour la création d'entreprise diffèrent selon qu'il s'agit de la création d'une société commerciale (personne morale) ou d'établissement par le commerçant (personne physique).

1°) Personne Morale

- Lettre de demande de création d'entreprise adressée au Directeur Général du Guichet Unique ;
- Statuts de la société en 4 exemplaires + la version électronique des statuts pour publication au Journal Officiel ;
- Spécimen de la signature du gérant (plus la photocopie de la validité du visa au cas où le gérant est étranger) ;
- Pièces d'identités des associés ;
- Déclaration de souscription au capital social et de versement de ce dernier ;

- Preuve de libération du capital social (Bordereau de versement ou Attestation délivrée par une Institution bancaire ou de microfinance dûment agrééе dans l'Etat partie du siège social).
- Preuve de paiement des frais administratifs.

Pour la Société À Responsabilité Limitée (SARL), pas d'exigence pour le montant du capital minimum quand bien même la valeur nominale des apports ne devrait pas être inférieure à l'équivalent de 5.000 FCFA chacune (10 USD).

Pour la Société Anonyme (SA), le capital social doit être l'équivalent d'au moins 10.000.000 FCFA (20.000 USD) lorsqu'elle ne fait pas appel public à l'épargne et de 100.000.000 FCFA (200.000USD) dans le cas contraire. A ce montant du capital social, s'ajoute, conformément à la législation fiscale congolaise, un droit proportionnel de 1% de la valeur du capital social (à la création, et éventuellement à l'augmentation du capital social ou à la prorogation de la durée de la société).

2°) Personne physique pour la constitution d'un établissement

Les éléments à fournir sont les suivants :

- Lettre de demande de création d'entreprise adressée au Directeur Général du Guichet Unique ;
- Titre de propriété ou contrat de bail ou du titre d'occupation ;
- Pièce d'identité reconnue ;
- Extrait du casier judiciaire ou attestation sur l'honneur valable 75 jours ;
- Titre de résident –visa (pour les étrangers) ;
- Contrat de mariage (pour les étrangers si nécessaire) ;
- Mandat ou Procuration (en cas d'absence du gérant pour entamer la procédure).

E. Eléments constitutifs du dossier pour le bureau de représentation, filiale et succursale

(articles 116-120 et 179-180 de l'Acte Uniforme relatif au droit des sociétés commerciales et du groupement d'intérêt économique) :

- Acte de décision de création du Bureau, Succursale, Société mère ou filiale, légalisé et visé par l'Ambassade de la RDC dans le pays où se trouve le requérant ;
- Adresse physique ;
- Nom du responsable ;
- Pièce d'identité ;
- Dépôt et ouverture du dossier ;
- Statuts ;

- Extrait « K bis » du Registre.

Le bureau de représentation ou de liaison peut être l'établissement d'une société étrangère mais, il est aussi soumis au droit de l'État partie dans lequel il est situé et il est immatriculé au RCCM conformément aux dispositions en vigueur.

Si l'activité du bureau de représentation justifie qu'il soit transformé en succursale, une demande de rectification au RCCM doit être formulée dans les trente (30) jours suivant un tel changement de situation. En cas de non authentification des statuts, ce coût est réduit de 80 à 70 USD.

§2. Processus de création d'entreprise

Le processus de la création d'entreprise en droit congolais se déroule en trois procédures.

1. La vérification de la dénomination sociale

Grâce au système informatique sur base duquel repose tout le fonctionnement du guichet unique de création d'entreprise, la vérification de la dénomination sociale se fait instantanément à la présentation du dossier par le requérant au service de desk office (réception).

En effet, dès que le préposé de la réception introduit dans le système la dénomination sociale proposée par le requérant, le service répond immédiatement en validant ou non ladite dénomination.

Dans la deuxième hypothèse, il lui est demandé de proposer une autre dénomination sociale étant donné que la première est déjà utilisée par une autre entreprise.

2. Le dépôt du capital social dans un compte indisponible ouvert au nom de la société en formation

Le requérant est libre quant aux choix de sa banque dépositaire. Cependant, afin de féliciter la procédure du dépôt du capital social et, par ricochet, de faire gagner du temps aux fondateurs de la société, le Guichet a négocié et obtenu l'implantation dans ses installations d'un guichet d'une banque privée. Les requérants intéressés pouvant donc ainsi faire d'une pierre deux coups et à partir du même point d'action déposer, contre une attestation de déposé ou un bordereau de versement, leur capital social et la même occasion, remplir le formulaire unique.

Il faut noter que conformément à la Loi, les fonds ainsi déposés sont indisponibles jusqu'au jours de l'immatriculation de la société au registre du commerce et du crédit mobilier. A compter ce jour, ils sont mis à la disposition du ou des gérants, régulièrement nommés par les statuts ou par acte postérieur.

3. Remplissage du formulaire unique au Guichet unique

Dans la vague des réformes effectives réalisées dans le cadre d'amélioration du ciment des affaires et d'investissements en général, et du processus de création d'entreprises en particulier, le Gouvernement de la République a, par les soins du ministre de la Justice et garde des sceaux, pris l'arrêté ministériel n°212/CAB/MIN/JGDH/2014 du 2 Décembre 2014 portant approbation du formulaire unique de demande de création d'entreprise.

Aux termes de l'article 3 dudit arrêté, « les services intervenant dans le processus de création d'entreprise se fondent sur les informations contenues dans le formulaire de création unique pour accomplir les formalités de leurs compétences respectives ».

Il sied de signaler qu'un accusé de réception (récépissé) est remis au requérant après l'enregistrement du dossier par le service du front office.

Les documents ou formalités obtenus par le requérant après remplissage en bonne et due forme du formulaire unique sont :

- Accusé de réception pour l'enregistrement de l'entreprise ;
- Note de perception de la Direction Générale des Recettes Domaniales et de Participation (DGRAD) ;
- Authentification des statuts (statuts notariés);
- Registre du commerce et du crédit mobilier ;
- Numéro d'identification nationale ;
- Publication des statuts au journal officiel de la RD Congo et dans le site web de guichet unique de création d'entreprise ;
- Numéro d'affiliation à la caisse nationale de sécurité sociale ;
- Autorisation communale d'ouverture de l'établissement ;
- Numéro impôt ;
- Certificat de l'immatriculation de l'Office National de l'Emploi (ONEM).
- Récépissé de déclaration d'établissement ou de demande de permis d'exploitation, selon le cas (ministère de l'Environnement).

Comme on le peut constater, grâce à ce formulaire unique de demande de création d'entreprise, le requérant est désormais épargné des nombreuses vacations équivalentes aux nombreuses procédures qu'ils devaient réaliser auprès de chacune des administrations impliquées dans le processus de création d'entreprise. Toutes ces administrations étant représentées soit par des agents détachés au siège du guichet unique de création d'entreprise soit par les points focaux, qui, tout en étant dans leurs services, travaillent étroitement avec le guichet unique.

Le coût de création de l'entreprise est fixé comme suit :

- Trente dollars américains de frais administratif plus 14000 Francs congolais de frais bancaire pour l'établissement (personne physique commerçante) ;
- Gratuitement pour l'entreprenant ;
- Quatre-vingt dollars américains société (si le requérant présente les statuts notariés et 70 USD en cas des statuts sous-seing privé) 14000 Francs congolais de frais bancaire.

Notice : Délai de traitement du dossier : 3 jours.

Le formulaire unique assure donc la fonction de rassembler en une seule procédure toutes celles qui étaient jadis faites séparément auprès des différentes administrations.

IVème section : Obligations comptables du commerçant et de l'entreprenant

§1. La tenue des livres de commerce et d'une comptabilité par le commerçant

Aux termes de l'article 13 de l'AUDCG, tout commerçant, personne physique ou morale, doit tenir tous les livres de commerce conformément aux dispositions de l'Acte uniforme relatif à l'organisation et à l'harmonisation des comptabilités des entreprises. Il doit en outre respecter, selon le cas, les dispositions de l'acte uniforme relatif à l'organisation et l'harmonisation des entreprises et l'AUDSCGIE.

Sont astreintes à la mise en place d'une comptabilité, dite comptabilité financière, les entités soumises aux dispositions de l' AUDCG, de l' AUDSCGI et l' AUSC, les entités publiques, parapubliques, d'économie mixte et plus généralement, les entités produisant des biens et services marchands ou non marchands dans la mesure où elles exercent dans un but lucratif ou non ; des activités économiques à titre principal ou accessoire qui se fondent sur des actes répétitifs , à l'exception de celle soumise aux règles de la comptabilité publique.[86]

[86] *Articles 2 et suivants de l'Acte uniforme relatif au droit comptable et à l'information financière du 26 janvier 2017.*

La comptabilité doit satisfaire, dans le respect de la convention de prudence, aux obligations de régularité, de sincérité et de transparence inhérentes à la tenue, au contrôle, à ma présentation et à la communication dès qu'elle a traité.

Pour garantir la fiabilité, compréhension, et la compatibilité des informations, la comptabilité de chaque entité implique :

- le respect d'une terminologie et des principes directeurs communs à l'ensemble des entités concernés des Etats parties au traité relatif à l'harmonisation du droit des affaires en Afrique ;

- la mise en œuvre des postulats, de conventions, de méthodes et de procédures normalisées éventuellement par secteur professionnel ;

- une organisation répondant à tout moment aux exigences de collecte, tenue, de contrôle, de présentation et de communication des informations comptables e rapportant aux opérations de l'entité visée à l'article précédent.

La régularité et la sincérité des informations regroupées dans les étant financier annuels de l'entité résultent d'une description adéquate, loyale, claire, précise et complète des évènements, opérations et situations se rapportant à l'exercice.

Les livres de commerce doivent mentionner le numéro d'immatriculation au RCCM.

Toute personne morale commerçante doit également établir tous les ans ses états financiers de synthèse conformément aux dispositions de l'acte uniforme portant organisation et harmonisation des comptabilités des entreprises et l'AUDSCGIE.

Avant même de devenir une obligation légale, la comptabilité a toujours été une nécessité pour le commerçant pour connaître l'état de ses finances et de ses stocks et pour conserver la mémoire des opérations effectuées. La loi l'a imposée car elle est une source irremplaçable d'informations pour reconstituer l'histoire de l'entreprise au cas où le commerçant viendrait à faire l'objet d'une procédure d'apurement du passif. Les livres de commerce présentent une grande utilité pour le fisc dans l'examen du chiffre d'affaires et des résultats de l'entreprise pour les différentes impositions.

Dans le cadre de l'harmonisation internationale du droit des affaires, l'harmonisation des normes et pratiques comptables s'avère nécessaire pour permettre de disposer de données homogènes sur les entreprises qui produisent les biens et services dans l'espace harmonisé.

La tenue de la comptabilité poursuit deux objectifs principaux : l'information des tiers et l'usage propre du commerçant.

Les obligations comptables du commerçant traités au livre I de l'Acte uniforme sont de plusieurs ordres ; il y en a qui sont communes à tous les commerçants, personnes physiques ou morales, et d'autres qui sont spécifiques à ces dernières.

L'article 13 oblige le commerçant personne ou morale, à tenir un journal dans lequel sont enregistrées au jour le jour ses opérations commerciales et un grand livre comportant une balance générale récapitulative, ainsi qu'un livre d'inventaire. Ces livres doivent être tenus conformément aux dispositions de l'Acte uniforme relatif à l'organisation et l'harmonisation des comptabilités des entreprises.

Le journal et le livre d'inventaire doivent mentionner le N° d'immatriculation du commerçant au RCCM. Ils sont côtés et paraphés par le Président de la juridiction compétente ou par le juge délégué à cet effet. Ils doivent être tenus sans blanc ni altération.

L'obligation spécifique aux commerçants personnes morales consiste en l'établissement, chaque année, d'états financiers de synthèse qui regroupent les informations comptables portant sur l'exercice écoulé. Ils comprennent le bilan, le compte de résultat, le tableau des ressources et des emplois ainsi que l'état annexe.

Les dispositions de l'Acte uniforme ne reprennent pas la classification bipartite des livres de commerce en livres obligatoires et en livres facultatifs comme le faisait le Code de commerce. Elles rendent obligatoire la tenue de tous les livres qu'elles énumèrent.

A. Les livres obligatoires

Aux termes de l'article 19, alinéa 1er de l'Acte uniforme relatif au droit comptable et à l'information financière, les livres comptables et autres supports dont la tenue est obligatoire sont le livre-journal, le grand livre, la balance générale des comptes et le livre d'inventaire. Ils correspondent aux livres comptables énumérés à l'article 13 de l'Acte uniforme.

Le premier enregistre au jour le jour, opération par opération, dans l'ordre de leur date de valeur comptable, tous les mouvements affectant le patrimoine de l'entreprise.

Le grand livre est constitué par l'ensemble des comptes de l'entreprise. On y inscrit simultanément au livre journal, compte par compte, les différents mouvements de l'exercice.

La balance générale est un état récapitulatif qui fait apparaître, à la clôture de l'exercice, pour chaque compte, le solde à l'ouverture de l'exercice, les cumuls depuis l'ouverture de celui-ci des mouvements débiteurs et créditeurs, ainsi que le solde à la date considérée. Le livre d'inventaire reprend le bilan et le compte de résultat de chaque exercice, ainsi que le résumé de l'opération d'inventaire.

Si elle est traitée de façon informatique, l'organisation comptable doit mettre en œuvre des procédures qui permettent de satisfaire aux exigences de régularité et de sécurité requises et d'éviter ainsi les manipulations des données comptables.

L'article 67 de l'Acte uniforme relatif au droit comptable et à l'information financière dispose que dans les entités qui ont recours à la technique de l' informatique pour la tenue de leur comptabilité, des documents informatiques écrits peuvent tenir lieu de journal et de livre d'inventaire, dans ce cas, ils doivent être identifiés, numérotés et datés, dès leur établissement, par des moyens légaux offrant toute garantie de respect de la chronologie des opérations, de l'irréversibilité et de l'intégrité des enregistrements comptables.

B. Les livres facultatifs

Ils varient suivant la nature et l'importance du commerce. Il y a d'une part, les journaux ou livres auxiliaires ou les supports en tenant lieu –livres brouillards, livres de caisse, livres d'échéances dont la tenue est destinée à faciliter l'établissement du livre journal et du grand livre. Les totaux des supports, lorsqu'il en est tenu, sont périodiquement et au moins une fois par mois respectivement centralisés dans le livre journal et le grand livre.

En fonction de sa taille, l'entreprise peut se trouver soumise soit au système normal, soit au système allégé lorsque son chiffre d'affaires n'atteint pas les seuils fixés par l'Acte uniforme, soit encore au système minimal de trésorerie pour les très petites entreprises, dérogatoire à la fois au système normal et au système allégé.

Aux termes de l'article 13 de l'acte uniforme relatif au droit comptable et à l'information financière, les petites entités sont assujetties, sauf option, au Système minimal de trésorerie en abrégé SMT. Sont éligibles au SMT, les entités dont les chiffres d'affaires hors taxes annuelles est inférieur aux seuils suivants :

- soixante (60) millions de FCFA ou l'équivalent dans l'unité monétaire ayant cours légal dans l'Etat partie, pour les entités de négoce ;

- quarante (40) millions de FCFA ou l'équivalent dans l'unité monétaire ayant cours légal dans l'Etat partie, pour les entités artisanales et assimilées ;

- trente (30) millions de FCFA ou l'équivalent dans l'unité monétaire ayant cours légal dans l'Etat partie, pour les entités de services.

Dans le système normal, il est établi le bilan, le compte de résultat, le tableau financier des ressources et des emplois ainsi qu'un état annexé et un état supplémentaire statistique. Dans le système allégé, les états financiers se composent du bilan du compte de résultat et de l'état annexés tenus dans des formes simplifiées définies par l'OHADA.

Le système minimal de trésorerie repose sur l'établissement d'un état des recettes et des dépenses dégageant le résultat de l'exercice dressé à partir de la comptabilité.

S'agissant de la valeur probante des documents comptables, l'article 68 de l'Acte uniforme relatif à la comptabilité et à l'information financière précise que la « comptabilité régulièrement tenue peut-être admise en justice pour servir de preuve entre les entités pour faits de commerce ou autres. Si elle a été irrégulièrement tenue, elle ne peut être invoquée par son auteur à son profit ».

§2. Obligations comptables de l'entreprenant

Aux termes de l'article 31 AUDCG, l'entreprenant est tenu d'établir, dans le cadre de son activité, au jour le jour, un livre mentionnant chronologiquement l'origine et le montant de ses ressources en distinguant les règlements en espèce des autres modes de règlement d'une part, destination et le montant de ses emplois d'autre part. Ledit livre doit être conservé pendant cinq ans au moins.

En outre, l'entreprenant qui exerce des activités de vente de marchandises, d'objets, de fournitures et denrées ou fourniture de logement doit tenir un registre, récapitulé par année, présentant le détail des achats et précisant leur mode de règlement avec les références des pièces justificatives, lesquelles doivent être conservées.

Les obligations comptables de l'entreprenant sont certes simplifiées puisque réduites à la tenue d'un livre retraçant chronologiquement les ressources et les emplois.

2ème Partie : LE REGISTRE DE COMMERCE ET DU CREDIT MOBILIER

En instaurant un Registre du commerce et du crédit mobilier (RCCM), l'OHADA poursuit un double objectif : d'une part, fournir aux entreprises une précieuse source d'information, fiable et centralisée, sur la situation juridique et financière de leurs partenaires commerciaux, actuels ou futurs, leur permettant de connaître les engagements antérieurs de ces partenaires ; d'autre part, mettre en place un système de garanties plus efficace, car désormais seulement l'inscription de certaines garanties valablement prises sur le RCCM a pour effet de les rendre opposables aux tiers. Le RCCM est facilement accessible au niveau de chacun de ses trois échelons : le registre local (tenu au greffe de chaque tribunal compétent, que ce soient des tribunaux de commerce ou d'autres tribunaux en tenant lieu) ; le registre national, qui centralise les renseignements consignés dans les registres tenus au greffe, sa localisation géographique devant être déterminée par chaque Etat partie à l'OHADA ; et le registre régional, tenu au siège de la Cour commune de justice et d'arbitrage (CCJA) à Abidjan, qui centralise les renseignements consignés dans chaque fichier national sur l'ensemble des opérateurs économiques opérant dans l'espace OHADA.

Le nouveau registre de commerce et du crédit mobilier reçoit deux types d'inscriptions : l'immatriculation et l'inscription des sûretés. Cependant, qu'il s'agisse de l'une et de l'autre, certaines règles restent communes.

Contrairement à l'ancien registre du commerce qui fût un simple répertoire de renseignements donnés sur le commerçant sans aucun rôle juridique, de sorte qu'aucun effet de droit ne pouvait en être tiré, et aucun contrôle n'était exercé sur les inscriptions y faites, l'AUDCG Ohada a ici innové en faisant du RCCM, un instrument de la sécurité du crédit et des transactions, car le RCCM reçoit l'immatriculation au registre du commerce, inscription des sûretés mobilières énumérées à l'article 34 de l'AUDCG.

Titre I. Organisation du Registre du Commerce et du Crédit Mobilier

Le Registre du commerce et du crédit mobilier (RCCM) est un ensemble de dossiers individuels assortis de fichiers récapitulatifs, qui configurent la vie des commerçants, que ce soit des personnes physiques ou morales. Le RCCM reçoit les mentions constatant les modifications survenues tout au long de la vie des entreprises depuis la date de leur immatriculation, et enregistre également leur radiation du registre.

Aux termes de l'article 34 et 35 AUDCG, le registre de commerce et du crédit mobilier est institué pour aux fins de :

- Permettre aux assujettis à la formalité au RCCM de faire leur demande d'immatriculation, d'obtenir dès le dépôt de leur demande leur numéro d'immatriculation et d'accomplir les autres formalités légales ;

- Permettre aux entreprenants de faire leur déclaration d'activité, d'obtenir dès le dépôt de celle-ci leur numéro de déclaration et d'accomplir les autres formalités légales ;

- Permettre l'accès des assujettis et des tiers aux informations conservées par le RCCM ;

- Recevoir les inscriptions relatives au contrat de crédit-bail, et aux suretés prévues par l'AUS et toute disposition légale ;

- Permettre de satisfaire aux exigences de sécurité, de célérité, de transparence et de loyauté nécessaire au développement des activités économiques ;

- Recevoir le dépôt des actes et pièces et mentionner les informations prévues d'autres actes uniformes, notamment AUDSCGIE. ;

- Mettre à la disposition du public des informations figurant dans les formulaires prévus aux articles 39 et 40 ci-dessous selon les dispositions de l'article 66 AUS ;

- Recevoir toutes les demandes d'inscriptions méditatives ou de renouvellement des sûretés ou de radiation des mentions y effectuées ;

- Délivrer, à toute époque, des documents nécessaires pour établir l'exécution par les assujettis des formalités requises.

Chapitre premier : Structure du registre du commerce et du crédit mobilier

En République Démocratique du Congo, en application des dispositions pertinentes de l'article 36 de l'AUDCG qui dispose le « Registre du Commerce et du crédit Mobilier est tenu par le greffe de la juridiction compétente ou l'organe compétent de l'Etat partie sous la surveillance du président de ladite juridiction ou du juge délégué par lui à cet effet ou de l'autorité compétente dans l'Etat partie », c'est le « Guichet Unique de Création d'Entreprise » en sigle, « GUCE», par le décret n° 21/002 du 22 janvier 2021 portant création, organisation et fonctionnement d'un Etablissement public dénommé Guichet Unique de Création d'Entreprise qui en est l'organe compétent.[87]

En effet, le Guichet Unique de Création d'Entreprise est un établissement public à caractère administratif et technique jouissant de la personnalité juridique, doté de l'autonomie administrative et financière qui a son siège à Kinshasa et exerce ses activités sur toute l'étendue du territoire national.

Aux termes de l'article 2 du décret n° 21/002 du 22 janvier 2021 portant création, organisation et fonctionnement du Guichet Unique de Création d'Entreprise, Le Guichet Unique de Création d'Entreprise a pour objet de :

- recevoir les demandes de création d'entreprise et de modification des actes y compris celles introduites par voie électronique et les procès-verbaux des entreprises pour la tenue du RCCM telles que prévues à l'article 36 de l'Acte uniforme relatif au droit commercial général ;

- procéder, dans les conditions de transparence, d'efficacité et de célérité, à l'accomplissement de toutes les formalités de création d'entreprise, de modification des actes des entreprises, d'installation de filiales, représentations ou succursales, de radiation de l'immatriculation d'entreprise ; rassembler et délivrer tous les documents relatifs aux formalités ci-dessus.

Un fichier national centralise les renseignements consignés dans chaque registre d'immatriculation et de crédit mobilier. Tandis qu'un fichier régional, tenu auprès de la Cour de justice et d'arbitrage centralise les renseignements consignés chaque fichier national.

Soulignons tout de même que les informations figurant dans des formulaires remis au greffe ou l'organe compétent dans l'Etat partie et dans les registres et répertoires du RCCM sont destinées à l'information du public.

Chapitre deuxième : Règles de tenue et de publicité

1ère.Section. Les règles de tenue

La tenue du registre est l'ensemble des actes matériels qu'effectue une personne habilitée et permettant de réalisation des inscriptions. Aux termes de l'article 36 de l'AUDCG, le RCCM est tenu par le greffier de la juridiction

---

[87] *Décret n° 21/002 du 22 janvier 2021 portant création, organisation et fonctionnement d'un Etablissement public dénommé Guichet Unique de Création d'Entreprise, « GUCE » en sigle, in Journal Officiel de la République Démocratique du Congo 15 février 2021 Première partie n° 4.*
Il sied de signaler que ce texte revu le Décret n° 14/ 014 du 08 mai 2014 portant création, organisation et fonctionnement du Guichet Unique de Création d'Entrepris considérant la nécessité de conférer la personnalité juridique ainsi que l'autonomie, administrative et financière à l'organe compétent visé par l'article 36 de l'Acte uniforme sur le droit commercial générale ;

compétente ou de l'organe compétent dans l'Etat partie sous la surveillance du président de ladite juridiction ou du juge délégué par lui à cet effet ou de l'autorité dans l'Etat partie. Il existe un fichier national centralisant les renseignements consignés dans chaque registre du commerce et du crédit mobilier d'une part, et un fichier régional, tenu à la Cour de justice et d'arbitrage, centralisant les renseignements consignés dans chaque fichier national.

En République Démocratique du Congo, c'est le guichet unique de création des entreprises, qui est l'organe compétent en la matière. Toutefois, dans les milieux où, cette structure n'est pas installée, c'est le greffier du Tribunal de commerce qui s'en charge de cette mission sur la surveillance bien entendu du président de ladite juridiction. C'est bien évidemment le greffier du TGI qui supplée là où le TRICOM n'en est opérationnel.

IIème Section. Les Règles de Publicité

Conformément à l'article 97 AUDCG, toute personne peut obtenir sous forme électronique les informations figurant sur les formulaires déposés au RCCM. Elle peut obtenir communication des extraits ou copies de tout ou partie des documents au RCCM en application de l'AUDSCGIE et acte uniforme portant organisation et harmonisation des comptabilités des entreprises (AUOHCE).

IIème Chapitre. Inscriptions classiques au registre du commerce et du crédit mobilier

Première Section. L'immatriculation

C'est la formalité par laquelle une personne physique ou morale déclare son existence et son activité commerciale par la transcription de ses renseignements au registre de commerce et de crédit mobilier (RCCM). Elle est personnelle et unique et constitue, en quelque sorte, son acte de naissance.

A l'exception de la société en participation (SEP), toute société doit être immatriculée au RCCM dans le mois de sa création.

A ce titre, le RCCM reçoit l'immatriculation :

- Des personnes physiques ayant la qualité de commerçant.
- Des sociétés commerciales (SNC, SARL, SA, SCS) ayant leur siège sur le territoire d'un Etat.
- Des sociétés commerciales dans lesquelles l'Etat ou une personne morale de droit public est associée (les sociétés nationales, les sociétés d'économie mixte).

• Sociétés civiles professionnelles (SCP)

Les SCP ont pour objet l'exercice d'une profession libérale par l'association de plusieurs personnes physiques habilitées à exercer la profession en question. Ainsi, la SCP est une réalité dans les professions d'avocat. Les associés des SCP sont des personnes physiques remplissant les conditions prévues par la loi qui réglemente l'exercice de la profession concernée. La SCP doit avoir pour objet l'exercice en commun de la profession de ses membres. Le capital social, dont le minimum n'est pas fixé, est divisé en parts sociales. La SCP peut recevoir des apports en nature, numéraire ou en industrie.

S'agissant des règles de forme, les statuts de la SCP doivent être établis par écrit, de préférence par acte notarié. La SCP acquiert la personnalité juridique dès son inscription au Registre du commerce et du crédit mobilier (RCCM).

RCCM donne lieu à l'ouverture d'un dossier où est regroupé l'essentiel des informations concernant une entreprise : la dénomination sociale, le cas échéant, le nom commercial, le sigle ou l'enseigne, la ou les activités exercées, la forme de la société, l'adresse du siège social, la durée de la société, etc. De même, l'immatriculation au RCCM regroupe l'essentiel des informations concernant une personne physique ayant la qualité de commerçant : le nom, prénoms et domicile personnel, date et lieu de naissance, nationalité, le cas échéant, le nom sur lequel il exerce le commerce, ainsi que l'enseigne utilisée, la ou les activités exercées, etc.

IIème section. Déclaration d'activité de l'entreprenariat

Aux termes de l'article 62 AUDCG, l'entreprenant déclare son activité avec le formulaire prévu à l'article 39 ci-dessus, sans frais, au greffe de la juridiction compétente ou de l'organe compétent de l'Etat partie, dans le ressort duquel il exerce. Il fournit les éléments suivants :

1) Noms & prénoms ;
2) Adresse de l'exercice de l'activité ;
3) Description de l'activité ;
4) Justificatif de l'identité ;
5) Eventuellement, justificatif du régime matrimonial.

Dès réception du formulaire de déclaration d'activité dûment rempli et les pièces prévues à cet effet, le greffier ou le responsable de l'organe compétent dans l'Etat partie délivre au déclarant un accusé d'enregistrement mentionnant la date de la formalité accomplie et le numéro de déclaration d'activité.

Il résulte des dispositions de l'article 65 AUDCG, que la personne qui satisfait aux obligations déclaratives prévues aux 62 à 64 ci-dessus est présumée avoir la qualité d'entreprenant.

En cette qualité, elle bénéficie des dispositions :

- de l'article 5 AUDCG relative à la preuve ;
- des articles 17 à 29 & 33 AUDCG relatives à la prescription ;
- des articles 101 à 134 AUDCG sur le bail commercial.

IIème section. La procédure d'immatriculation

Le principe de l'immatriculation des personnes physiques et morales commerçantes est posé par des articles 44 à 48 des AUDCG. A ce texte s'ajoutent les articles 35 § 1 :5 relatifs à l'immatriculation des succursales, et 53 sur l'inscription complémentaire y compris des établissements secondaires plus l'article 170 se rapportant à l'inscription des intermédiaires de commerce.

Toute personne physique ou morale assujettie doit, dans le mois d'ouverture de son commerce ou de sa constitution de la société ou du GIE, requérir son immatriculation au registre de commerce et du crédit mobilier. La procédure d'immatriculation diffère selon qu'il s'agit d'une personne physique, d'une personne morale, ou d'un établissement secondaire ou d'une succursale.

§1. Caractères de l'immatriculation

a) Obligatoire : conformément à l'article 44 AUDCG, toute personne physique ayant la qualité de commerçant aux termes du présent Acte Uniforme doit, dans le premier mois d'exploitation de son commerce, requérir du Greffe de la juridiction compétente dans le ressort de laquelle ce commerce est exploité, son immatriculation au Registre. Aux termes de l'article 46 d'acte uniforme précité, les personnes morales soumises par les dispositions légales d'immatriculation, doivent requérir leur immatriculation, dans le mois de leur constitution, auprès du greffier de la Juridiction ou de l'organe compétent dans l'Etat partie dans le ressort duquel est situé leur siège social ou leur principal établissement.

b) Spéciale, car l'article 2 de décret…dispose que nul ne peut exercer une autre activité commerciale que celle mentionnée au registre ;

c) Exclusive : nul peut être immatriculé à titre principal à plusieurs registres ou à un même registre sous plusieurs numéros (art. 49 alinéa 2 AUDCG).

d) Personnelle : Aux termes de l'article 49 AUDCG, l'immatriculation a un caractère personnel, que le commerçant soit une personne physique ou morale et nul ne peut être immatriculé dans plusieurs greffes ou dans un même greffe sous plusieurs numéros, néanmoins tout commerçant peut solliciter des immatriculations secondaires auprès des greffes compétents de chacun des lieux où il aura des centres ou établissements permanents de ses activités, après être immatriculé au RCCM du Tribunal de commerce dans le ressort duquel le commerçant a son domicile commercial).

§2. Rôle du Greffier

- Accomplir des tâches matérielles d'organisation et de fonctionnement du registre, et de veiller à sa conservation.

- Il a également pour fonction d'exercer le contrôle de la régularité du dossier ; à cette fin, il doit s'assurer, d'une part que les déclarations qu'il reçoit sont bien accompagnées des pièces justificatives exigées par la règlementation en vigueur et, d'autre part que les mentions qu'on lui demande d'inscrire au registre sont bien conformes aux pièces déposées.

§3. Importance du RCCM

En matière économique, il constitue alors une source nouvelle de statiques et moyen rationnel d'enquête. Sur le plan fiscal, il aide à la mise en œuvre et à l'application des impositions incombant aux commerçants. Sur le plan pratique en fin, il facilite les recherches des particuliers en quête des renseignements sur la situation d'un commerçant qui a plusieurs établissements implantés dans des ressorts différents.

§4. Effets juridiques de l'immatriculation

Conformément aux dispositions de l'article 59 de l'AUDCG, toute personne immatriculée au Registre du Commerce et du Crédit Mobilier est présumée, sauf preuve contraire, avoir la qualité de commerçant au sens du présent Acte Uniforme. Toutefois, cette présomption ne joue pas à l'égard des groupements d'intérêt économique.

1) Consécration de la présomption de la commercialité

a°) A l'égard des personnes physiques,

Les effets varient suivant que la formalité d'immatriculation au RCCM est effectuée ou non. L'immatriculation fait présumer la qualité de commerçant à l'égard de l'impétrant qui l'a obtenue. Elle crée ainsi une présomption légale de commercialité ;[88] et ce principe ne s'applique qu'aux personnes physiques malgré le fait que l'article 59 alinéa 2 de l'AUDCG s'explique en termes de « personne ».

---

[88]LUKOMBE NGEHENDA, *Droit commercial Ohada en application en RDC,*

L'effet essentiel de cette présomption est le renversement du fardeau de la preuve. Il s'agit donc, d'une présomption simple, comme la laisse entendre l'article 38 lui-même « sauf preuve contraire. De même, il est indiqué de préciser que du fait de cette immatriculation, toutes les règles découlant du statut de commerçant vont s'appliquer au commerçant immatriculé, à savoir : règles de prescription (art.18 AUDCG), preuve (art. 5 & 15 AUDCG) et les règles sur la compétence juridictionnelle. Toutefois, dans l'AUDCG, l'acquisition du droit au renouvèlement du bail n'est pas subordonnée à l'immatriculation

➢ Défaut d'immatriculation : présomption de non commercialité

Aux termes de l'article 61 de l'AUDCG, Les conséquences du défaut d'immatriculation sont de trois ordres, à voir :

- Premièrement, les personnes physiques et morales assujetties à l'immatriculation au RCCM qui n'ont pas requis celle-ci dans les délais prévus, ne peuvent se prévaloir, jusqu'à leur immatriculation, de la qualité de commerçant aussi bien à l'égard de tous qu'à l'administration ;

- Ensuite, l'impétrant ne peut invoquer son défaut d'immatriculation pour se soustraire aux responsabilités et obligations inhérentes à cette qualité (art. 61 al 2 AUDCG). Il en est ainsi au cas de cessation de paiement : il pourra être mis en redressement judiciaire & liquidation des biens puis que l'article 2 de l'AUDCG n'exige pas une inscription préalable au RCCM pour son application. Il ne pourra pas opposer la prescription quinquennale, mais il se la verra opposer ;

- Enfin, il ne peut exercer certaines professions réservées aux commerçants inscrits. Il s'ensuit que le défaut d'inscription prive l'assujetti du bénéfice des règles propres au commerçant, mais ne lui permet pas de se soustraire aux charges inhérentes à cette qualité.

Par ailleurs, lorsqu'un commerçant n'a pas procédé à l'immatriculation dans les délais requis, les tribunaux ont toujours la possibilité de rendre, soit d'office, soit à la requête du greffe ou de tout intéressé, une décision enjoignant l'intéressé de demander son immatriculation.

b°) Effets à l'égard des personnes morales

Le droit commercial général Ohada a consacré à son tour la position du droit commercial Français selon laquelle l'immatriculation est l'acte qui confère la personnalité juridique à la société.

1° Existence de la personnalité morale de la société du fait de son immatriculation jusqu'à la preuve contraire.

Selon l'article 98 de l'AUSCGIE que « toute personne morale jouit de la personnalité juridique à compter de son immatriculation au registre du commerce et du crédit mobilier ».

L'article 29 du même Acte, précise que le point de départ de la durée de la société est la date de son immatriculation au registre du commerce et du crédit mobilier, à moins qu'il en soit disposé autrement par le présent Acte uniforme. Et la jurisprudence de conclure « la personnalité morale prend naissance à la date de l'immatriculation ».[89]

Signalons toutefois que toute société est constituée à compter de la signature de ses statuts ou, le cas échéant, de leur adoption par l'assemblée générale constitutive. Avent son immatriculation, l'existence de la société n'est pas opposable aux tiers. Néanmoins, ceux-ci peuvent s'en prévaloir.[90]

C'est avec justesse que la doctrine clarifie que l'assemblée constitutive se rencontre uniquement dans le cas de la constitution d'une société anonyme avec apports en nature ou stipulation d'avantages particuliers conformément aux articles 404 et suivants.[91]

Les sociétés commercialités tenues de s'inscrire conformément aux articles 6 & 98 de l'AUDSCGIE, sont commerciales par leur forme d'une part, et d'autre part, l'immatriculation du groupement d'intérêt économique n'emporte pas la présomption de la commercialité à son égard (art. 38 alinéa 2 AUDCG). Seules les entreprises publiques à caractère commercial sont susceptibles de s'inscrire.

Une disposition comparable est contenue dans l'article 872 à propos du GIE, ici, l'inscription n'emporte pas un effet probatoire. Elle est à tenir comme étant une règle de fond qui confère d'être sujet de droit aux groupements inscrits. Certains auteurs la qualifient de condition d'existence.

Les sociétés n'acquièrent donc la personnalité juridique qu'à compter du jour de leur inscription au RCCM. Par conséquent, une société non inscrite au RCCM en est dépourvue. Comme effet pratique découlant de cette carence, une telle société ne devrait pouvoir ni ouvrir un compte bancaire, ni ester en justice ni accomplir un quelconque acte juridique.

---

[89] Tricom Brazzaville, Ord. réf. n°065, 28-10-2011 : Sté générale WIETC Company Ltd c/ BRAEL- CONGO SARL, Ohadata J-13-111.

[90] Article 101 de l'AUSCGIE.

[91] Barthélemy MERCADAL, Mahutodji Jimmy Vital KODE et Al., Code pratique Ohada : Traité, Actes uniformes et Règlements annotés, éd. Francis Lefebvre, Normandie, 2014, 958.

2° Séparation du patrimoine de l'associé de celui de la société,

C'est ainsi qu'il fut jugé que l'associé d'une SARL ne peut agir au nom et pour le compte de la société, ce pouvoir étant réservé exclusivement au gérant, car la société commerciale est dotée d'une personnalité juridique distincte de celle de ses associés. Il en est ainsi notamment de l'action en concurrence déloyale exercée pour la société, qui doit être exercée par le gérant de la SARL, seule habilité à cet effet puisque seule la société à intérêt à agir et non les associés.[92]

3° Persistance de la personnalité morale sous la transformation régulière et les changements de dénomination.

Il résulte de l'article 99 de l'AUSCGIE que « la transformation régulière d'une société en une société d'une autre forme n'entraîne pas la création d'une personne juridique nouvelle. Il en est de même de la prorogation ou de toute autre modification statutaire ».

La transformation de la société est l'opération par laquelle une société change de forme juridique par décision des associés. La transformation régulière d'une société n'entraîne pas la création d'une personne morale nouvelle.

Elle constitue qu'une modification des statuts et est soumise aux mêmes conditions de forme et délai que celle-ci. Toutefois, la transformation d'une société dans laquelle la responsabilité des associés est limitée à leurs apports en une société dans laquelle la responsabilité des associés est illimitée est décidée à l'unanimité des associés.[93]

La Cour Commune de justice et d'Arbitrage précise que « la transformation de la société, au sens de l'article 181 de l'AUSCGIE, est l'opération par laquelle les associés, ayant initialement pour une forme sociale donnée, dans les limites des prévisions légales, décident d'abandonner cette forme au profit d'une nouvelle forme mieux adaptée à leurs besoins, choisie impérativement parmi les formes sociétales autorisées dans l'espace Ohada dont la liste exhaustive est dressée à l'article 6, alinéa 2 de l'Acte uniforme précité ».[94]

Jugé que lorsqu'une société A dont la dénomination sociale est devenue B à la suite d'une transformation se trouve attraite dans une procédure, l'argumentaire selon lequel A et B seraient des entités distinctes ne saurait prospérer, dès lors que cette dernière, dans ses écritures et moyens de défense, se fonde ou se prévaut de décisions judiciaires au profit ou contre A. Dans ces

---

[92] TGI Ouagadougou, n°631, 12-06-2002 : K. J. P. c/ T. F., Ohadata J-04-18.

[93] Article 181 de l'AUSCGIE.

[94] CCJA, Ass. Plén. Avis n°002 du 23 juin 2015 ; demande d'Avis n°255/SP/DAJ/OHADA/2015 du 23 avril 2015 : République Démocratique du Congo, p.13. Ohadata J-16-2008

circonstances, le moyen de défense de A tendant à se soustraire comme partie à la procédure doit être rejeté.[95]

IIème Chapitre. Autres inscriptions

Afin que le registre de commerce et du crédit mobilier constitue une source fiable d'informations, il importe que soit assurée une mise à jour. Aussi, des inscriptions ultérieures sont requises pour compléter ou rectifier l'immatriculation compte tenu des faits ou des actes qui ont une incidence sur la situation de l'assujetti personne physique ou morale. Ces inscriptions sont de 2 ordres :

- Les inscriptions complémentaires ou modificatives

- Les radiations.

1ère Section. Les inscriptions modificatives ou complémentaires

§1 Le principe des inscriptions modificatives ou complémentaires

Lorsqu'après l'immatriculation la situation de l'assujetti subi des modifications, celles-ci doivent être inscrites au registre de commerce et du crédit mobilier dans les 30 jours de l'acte ou du fait intervenu. De façon générale, il s'agit de modifications touchant les informations requises au moment de l'immatriculation. Les règles relatives à la mise en œuvre du principe peuvent être étudiées par rapport aux personnes physiques et par rapport aux personnes morales

§2 Les effets des inscriptions modificatives ou complémentaires

Aucune disposition de la loi n'indique de façon explicite l'effet que produit une inscription modificative ou complémentaire.

Il faut noter cependant qu'aux termes de l'article 40 AUDCG, les personnes assujetties à l'immatriculation au RCCM ne peuvent, dans leurs activités commerciales, opposer aux tiers et aux Administrations publiques, qui peuvent toutefois s'en prévaloir, les faits et actes sujets à mention que si ces derniers ont été publiés au Registre. Cette disposition n'est pas applicable si les assujettis établissent qu'au moment où ils ont traité, les tiers ou administrations en cause avaient connaissance des faits et actes dont s'agit.

[95] CCJA, 2ème Ch., n°051, 26-11-2009 : SODICAM SA c/M., Le Juris-Ohada n°1/2010, p.32, Ohadata J-10-305.

En conséquence, Il découle donc que l'opposabilité est l'effet principal devant s'attacher à cette formalité. Une telle opposabilité se heurte à l'existence d'autres formalités en vue de la publication du même effet.

Ainsi, aux termes de l'article 275 AUDSCGIE, la cession des parts n'est opposable aux tiers qu'après l'accomplissement de l'une des trois formalités prescrites (signification de la cession à la société par exploit d'huissier, acceptation de la cession par la société dans l'acte authentique ou dépôt de l'acte en annexe au siège social contre remise d'une attestation) et le dépôt de l'acte en annexe au registre de commerce et du crédit mobilier.

Retenons néanmoins que l'article 40 précité, pose cependant de façon claire, le principe d'inopposabilité aux tiers et aux administrations publiques des actes et faits n'ayant pas fait l'objet d'inscription complémentaire. Il s'agit d'une sanction générale qui n'entache pas la validité de l'acte.

Trois conditions sont nécessaires à la mise en œuvre de cette sanction. D'abord, il doit s'agir d'un assujetti tel que défini par les articles 19, 25 et 27 AUDCG, que cet assujetti ait ou non accompli la formalité d'immatriculation.

IIème section. La Radiation

La radiation est l'opération consistant à rayer sur le registre de commerce l'immatriculation d'un commerçant personne physique ou morale. Elle intervient dans différents cas et produit des effets importants.

Aux termes de l'article 55 de l'AUDCG, toute personne physique immatriculée doit, dans le délai d'un mois à compter de la cessation de son activité commerciale, demander sa radiation du RCCM. En cas de décès d'une personne physique immatriculée, ses ayants-droits doivent dans le délai de trois mois à compter du décès, demander la radiation de l'inscription au Registre, ou sa modification, s'ils doivent eux-mêmes continuer l'exploitation. A défaut de demande de radiation dans le délai visé aux deux premiers alinéas du présent article, le Greffe procède à la radiation après décision de la juridiction compétente, saisie à sa requête ou à celle de tout intéressé.

Par ailleurs, l'article 58 dispose que la dissolution d'une personne morale pour quelque cause que ce soit doit être déclarée, en vue de son inscription au RCCM, dans le délai d'un mois au Greffe de la juridiction compétente auprès de laquelle elle est immatriculée. Il en va de même pour la nullité de la société à compter de la décision qui l'a prononcée. La radiation doit être demandée par le liquidateur dans le délai d'un mois à compter de la clôture des opérations de liquidation.

§1. Les différents cas de radiation

La radiation peut être faite à l'initiative de l'assujetti lui-même, d'un tiers ou encore du greffe.

§2. Effets de la radiation

Ces effets varient suivant que la formalité est effectuée ou non.

A. Les effets de la radiation en cas d'accomplissement de la formalité

Conformément à l'article 57 AUDCG, la radiation emporte la perte des droits résultant de l'immatriculation. L'immatriculation confère à un commerçant la qualité juridique du commerçant ou permet à la personne morale d'accéder à la vie juridique, la radiation devrait logiquement entraîner la perte de la qualité de commerçant ou la fin de la personnalité morale. En réalité, elle doit être nuancée. Pour les commerçants personnes physiques, la radiation peut entrainer la perte de la qualité de commerçant.

Aux termes de l'article 31 AUPC, le débiteur radié peut faire l'objet d'une procédure collective dans un délai d'un an à partir de la radiation lorsque la cessation des paiements est antérieure à la radiation.

B. Les effets en cas de défaut de radiation

Ainsi, si le commerçant non immatriculé ne peut se prévaloir de sa qualité de commerçant à l'égard des tiers, on ne voit pas comment le commerçant non radié pourrait de prévaloir de la perte de cette qualité.

IIIème Chapitre. Inscription des suretés mobilières

Le Etats parties de l'OHADA n'échappent pas au développement de la fortune mobilière qui a largement contribué à ériger des meubles en instrument important de crédit.

1ère Section. Le cadre légal de l'inscription

L'inscription des sûretés mobilières est enfermée dans un cadre que le législateur définit lui-même. Ce cadre permet de répondre à 2 questions :

Est-il opportun que l'inscription soit étendue à toutes les sûretés mobilières ? Il est clair que toutes les sûretés mobilières ne paraissent pas adaptées au système d'inscription. C'est le cas par exemple du droit de rétention de l'article 67 AUS qui n'est pas soumis à la publicité.[96] Comment organiser cette inscription nouvelle qui dans son principe est différente de ce qui a pu exister jusque-là dans la plupart des Etats parties. En réponse à ces questions, l'article 19, alinéa 2, énumère les suretés mobilières retenues et pouvant donc être inscrites au registre de commerce et du crédit et les articles 44 et suivants en fixent les modalités.

§1. L'objet de l'inscription

L'inscription porte essentiellement sur les sûretés mobilières. Ces dernières sont de nature diverse et peuvent être rangées en 3 catégories : les nantissements, les privilèges et ce que la doctrine française contemporaine appelle aujourd'hui les propriétés des sûretés. Cela permet ses lors de distinguer d'une par les nantissements et d'autre part les autres sûretés réelles mobilières.

A. Les nantissements

Aux termes de l'article 125 de l'AUS, le nantissement est l'affectation d'un bien meuble incorporel ou d'un ensemble de biens meubles incorporels, présents ou futurs, en garantie d'une ou plusieurs créances, présentes ou futures, à condition que celles-ci soient déterminées ou déterminables. Il est conventionnel ou judiciaire.

Le nantissement est un contrat par lequel un débiteur remet une chose à son créancier pour sûreté de la dette. Lorsque son objet est une chose mobilière, on parle de gage ; mais le gage suppose une mise en possession du créancier incompatible avec l'activité commerciale. La pratique a donc imposé le gage sans dépossession. Les nantissements susceptibles d'être inscrits sont ceux portant sur les actions, le fonds de commerce, le matériel professionnel, le véhicule automobile et les stocks.

Conformément à l'article 126 de l'acte précité, peuvent notamment être nantis :
- les créances ;
- le compte bancaire ;
- les droits d'associés, les valeurs mobilières et le compte de titres financiers ;
- le fonds de commerce ;
- les droits de propriété intellectuelle.

[96]*Aux termes de l'article 67 de l'AUS, le créancier qui détient légitimement un bien mobilier de son débiteur peut le retenir jusqu'au complet paiement de ce qui lui est dû, indépendamment de toute autre sûreté, sous réserve de l'application de l'article 107 alinéa 2, du présent Acte uniforme.* Et *l'article 68 précise que : le droit de rétention ne peut s'exercer que :*
- si la créance du rétenteur est certaine, liquide et exigible ;
- s'il existe un lien de connexité entre la naissance de la créance et la détention de la chose retenue ;
- et si le bien n'a pas été saisi avant d'être détenu par le rétenteur.

a) L'assiette des nantissements

Les modalités de constitution des nantissements envisagés par l'article 19 AUDCG sont contenues dans les arts 63 et suivants de l'acte uniforme portant organisation des sûretés. De façon générale, ces textes décident qu'ils doivent être constitués par écrit. Cet écrit peut revêtir la forme d'un acte authentique ou d'un acte sous seing privé dûment enregistré. L'acte uniforme portant organisation des sûretés précise les mentions obligatoires que doit contenir l'écrit à peine de nullité.

L'assiette de la sûreté varie suivant le nantissement considéré. S'agissant des droits des associés, l'article 126 AUS indique qu'il doit s'agir des droits des associés » et de la valeur mobilière des sociétés commerciales et ceux des autres personnes morales assujetties à l'immatriculation, notamment le GIE. Lorsqu'ils sont cessibles. La rédaction de l'article 34 de l'AUDCG parait limiter le nantissement aux parts sociales des sociétés commerciales.

De même l'acte uniforme relatif au droit des sociétés commerciales et au GIE ne règlemente que le nantissement des parts sociales de la SARL art 322, celui des actions art 772, 773 et des valeurs mobilières art 747 de la société anonyme.

Troisième partie : Les principaux actes de la vie courante des affaires (bail commercial, fonds de commerce et vente commerciale)

En fixant les règles applicables à l'exercice de l'activité commerciale, le droit OHADA a réglementé certains contrats commerciaux jugés importants et fréquemment rencontrés dans le monde des affaires, tels que la vente commerciale et le bail commercial ; a défini le fonds de commerce, et a clarifié le régime juridique des opérations qui peuvent être effectuées en relation avec le fonds de commerce (bail, vente, location-gérance, nantissement).

Titre I. Bail à usage professionnel

L'Acte uniforme portant sur le droit commercial général (AUDCG) a introduit, en matière de bail commercial, de nouvelles dispositions d'ordre public, c'est-à-dire des clauses qui doivent impérativement être intégrées dans tous les baux commerciaux. Les clauses de votre bail contraires à ces dispositions d'ordre public sont caduques. A titre d'exemple, une clause prévoyant la résiliation de plein droit d'un bail commercial après un préavis de huit jours est caduque.

Parmi ces dispositions relatives au contrat de bail qui s'imposent désormais à tous, citons, à titre d'exemple :

• Les dispositions de l'article 107 qui prévoient que « lorsque le bailleur refuse d'assumer les grosses réparations qui lui incombent, le preneur peut se faire autoriser par la juridiction compétente à les exécuter, conformément aux règles de l'art, pour le compte du bailleur. Dans ce cas, la juridiction compétente fixe le montant de ces réparations et les modalités de leur remboursement ».
• De l'article 110, qui prévoit que « le bail ne prend pas fin par la cessation des droits du bailleur sur les locaux donnés à bail ».
• De l'article 111 qui prévoit que « le bail ne prend pas fin par le décès de l'une ou l'autre des parties ».
• De l'article 117 qui prévoit qu'à « défaut d'accord entre les parties sur le nouveau montant du loyer, la juridiction compétente statuant à bref délai est saisie la partie la plus diligente ».
• De l'article 123 qui prévoit que « le droit au renouvellement du bail à durée déterminée ou indéterminée est acquis au preneur qui justifie avoir exploité conformément aux stipulations du bail, l'activité prévue à celui-ci pendant une durée minimale de deux ans ».
• De l'article 124 qui prévoit les délais et formes de la demande de renouvellement du bail ainsi que les formes et délais de la réponse du bailleur.

Il n'est pas possible de déroger par conventions contraires à ces dispositions impératives.

Chapitre premier. Bail à usage professionnel

La localisation géographique d'un commerce présente un grand intérêt pour l'entreprise en ce que, bien souvent, elle est déterminante pour ses performances économiques et financières. Les motivations du choix d'un site pour implanter une entreprise sont différentes suivant que l'objet de l'exploitation est une industrie, une prestation de services ou la vente au public d'un produit, d'autant plus que dans ce dernier cas, le produit peut être de grande consommation ou au contraire n'intéresser qu'un public restreint.

La nouvelle règlementation issue de l'AUDCG (articles 101 à 134) rompt avec cette complexité. Elle présente des avantages certains sur le droit antérieur dont les plus marquants sont la clarté du langage, une plus large place laissée à l'autonomie de volonté et la simplification des procédures de fixation des loyers et le renouvellement du bail en cas de désaccord entre les parties. Plus libérale que celle qui l'a précédée, elle n'en assure pas moins la protection du preneur. Cette protection est assurée par les conditions de bail et le droit de renouvellement reconnu au locataire.

1ère Section. Généralités sur les régimes juridiques des baux en droit congolais

En droit congolais, le régime juridique du bail professionnel diffère de celui des baux résidentiel et socioculturel. Ainsi, pour une meilleure étude du bail professionnel, il est indiqué au préalable de synchroniser les deux types de bail.

§1. Synchronisation du bail professionnel et bail non professionnel

Comme indiqué au liminaire, le régime juridique du bail à usage professionnel est réglementé par les articles 101 et suivants de l'Acte uniforme portant sur le droit commercial général (AUDCG) de l'Organisation pour l'harmonisation en Afrique du droit des affaires (OHADA) dont fait partie la République Démocratique du Congo. En revanche, les baux non professionnels, à savoir les baux résidentiel et socioculturel sont régis par la loi par la loi n° 15/ 025 du 31 décembre 2015 relative aux baux à loyer non-professionnels. Le bail résidentiel est un contrat qui porte sur une maison, une villa ou un appartement à usage d'habitation ainsi que ses dépendances. Cependant, le bail socioculturel est un contrat dans lequel une association sans but lucratif ou un établissement d'utilité publique est preneur.[97]

En matière de location immobilière, les baux sont nommés suivant leur destination. En effet, il est professionnel lorsque l'usage du bien est commercial, industriel, artisanal ou tout autre usage professionnel tandis qu'il est bail résidentiel ou socioculturel aussi longtemps que le contrat porte sur la location d'un immeuble à usage d'habitation ou des bureaux des associations sans but lucratif.

Le bail professionnel peut être oral ou écrit avec cette conséquence que tout bail oral est réputé à durée interminée. Aux termes de l'article 102 de l'AUDCG, est réputé bail à usage professionnel toute convention, écrite ou non, entre une personne investie par la loi ou une convention du droit de donner en location tout ou partie d'un immeuble compris dans le champ d'application du présent titre, et une autre personne physique ou morale, permettant à celle-ci, le preneur, d'exercer dans les lieux avec l'accord de celle-là, le bailleur, une activité commerciale, industrielle, artisanale ou toute autre activité professionnel. Ce texte crée une véritable présomption légale de bail à usage professionnel dès lorsqu'une activité commerciale, artisanale, industrielle ou professionnelle est exploitée dans les lieux loués avec l'accord du propriétaire. [98] Le bail professionnel n'est pas soumis contrairement au bail non professionnel, à un quelconque enregistrement.

---

[97] Article 2 de la Loi n°15/025 du 31 décembre 2015 relative aux baux à loyer non professionnels, in JO, N°12 janvier 2016, 57ème année.

[98] CA du Littoral (DOUALA), n°39 du 08 janvier 2003 : Juriscope.org ; Ohada.com/Ohadata J-06-100.

Cependant le législateur congolais impose expressément que le bail non professionnel soit écrit. En effet, l'article 3 la loi sur les baux à loyer non-professionnels su indiquée disque que « le bail est un acte écrit, librement conclu par les parties, établi soit par établi soit par acte notarié soit par acte sous seing privé. Dans les trente jours de sa conclusion ou en cas d'avenant, les parties au bail ou, le cas échéant, l'agence immobilière, présentent, en trois exemplaires, le contrat ou toute modification pour enregistrement au service compétent. Les mesures d'application de cette loi, sanctionnent le défaut établissement d'un écrit et/ou la non légalisation du contrat de bail et du livret de bail par le paiement d'une pénalité équivalant au paiement d'un loyer mensuel. [99]

La garantie locative n'est pas expressément exigée dans le bail professionnel dont pourtant le preneur a droit au renouvèlement à condition de justifier avoir, conformément aux stipulations du bail, l'activité prévue à celui-ci pendant une durée minimale de deux. Sauf pour des cas légitimes, le bailleur ne pourra pas refuser au locataire qui exerce son droit le renouvellement du bail. Au cas où il refuserait sans motifs légitimes, il devra payer au locataire une indemnité d'éviction.En revanche, elle est de mise dans le bail non professionnel. En effet, au début du bail non professionnel, le preneur verse une garantie locative qui ne peut excéder une somme équivalant à trois mois de loyer pour le bail résidentiel ou six mois de loyer pour le bail socioculturel entre les mains du bailleur ou de son mandataire. Elle est restituée, selon le cas, à la fin du bail au moment de libération des lieux loués par le preneur, déduction faite de toutes sommes dues au bailleur.[100]

Il est interdit au bailleur d'exiger le paiement anticipatif du loyer dans le bail résidentiel et socioculturel conformément à l'article 22 de la loi régissant les baux non-professionnels et socioculturel.[101] Pour ce qui est des baux à usage professionnel aucune restriction en ce sens n'est faite. Les parties peuvent librement déterminer les modalités du paiement des loyers.

S'agissant du règlement judiciaire, il est à noter que le contentieux en rapport avec le bail à usage professionnel relève de la juridiction compétente en matière commerciale et économique en l'occurrence, le tribunal du commerce. La demande en justice aux fins de résiliation du bail doit être précédée d'une mise en demeure d'avoir à respecter la ou les clauses ou conditions violées conformément à l'article 133 de l'AUDCG.

---

[99] Vor notamment, l'article 3 de l'arrêté ministériel n° 052/CAB/MIN-UH/2018 portant instauration d'un contrat de bail type en République démocratique du Congo.

[100] Articles 18 & 19 de la loi sur les baux à loyer non professionnels.

[101] Lire aussi l'13 l'arrêté ministériel n° 052/CAB/MIN-UH/2018 portant instauration d'un contrat de bail type en République démocratique du Congo aux termes duquel le législateur national va plus loin en disposant qu' afin de prévenir la dérive contractuelle, le loyer est mensuel, librement est fixé par les parties, payé en monnaie nationale et ne peut être versé à titre anticipatif.

Cependant le contentieux en matière de bail non professionnel relève du tribunal de grande instance. Il faut souligner que la Loi n°15/025 du 31 décembre 2015 relative aux baux à loyer non professionnel innove en ce qu'elle impose la procédure de conciliation comme préalable à tout règlement judiciaire. Les litiges sont portés devant le tribunal compétent dans les six mois à dater de l'établissement du procès-verbal de non conciliation par les services d'habitant de la commune territorialement compétente avec cette précision que toute décision rendue en matière de libération des lieux est exécutoire nonobstant tout recours.[102]

Comme on peut le constater, le régime juridique applicable aux baux professionnels diffère de celui des baux non professionnels. Il est important dans chaque situation, de lire minutieusement ce que la loi autorise et prévoit.

§2. Champ d'application du bail professionnel

Les dispositions relatives au bail professionnel sont applicables à tous les baux portant sur des immeubles rentrant les catégories suivantes :[103]

1°) locaux ou immeubles à usage commercial, industriel, artisanal ou tout autre usage professionnel ;

2°) locaux accessoires dépendant d'un local ou d'un immeuble à usage commercial, industriel, artisanal ou tout autre usage professionnel, à la condition si ces locaux accessoires appartiennent à des propriétaires différents, que cette location ait été faite en vue de l'utilisation conjointe que destinait le preneur, et que cette destination ait été connue par le bailleur au moment de la conclusion du bail ;

3°) Terrains nus sur lesquels ont été édifiées, avant ou après la conclusion du bail, des constructions à usage industriel, commercial, artisanal ou tout autre usage professionnel, si ces constructions ont été élevées ou exploitées avec le consentement exprès du propriétaire ou portée à sa connaissance et expressément agrées par lui.

Selon cet article 101 de l'AUDCG, c'est la destination des locaux qui détermine la nature commerciale du bail (TRHC Dakar, n°234, 31-1-2001 : Héritiers de feu A. S. c./ El Hadj N. T., Ohadata J-05-62).

102 Voir les articles 36 & 37 de Loi n°15/025 du 31 décembre 2015 relative aux baux à loyer non professionnel en RDC.
103 Voir les articles 101 de l'AUDCG.

Ces dispositions sont également applicables aux personnes morales de droit public à caractère industriel ou commercial, et aux sociétés à capitaux publics, qu'elles agissent en qualité de bailleur ou de preneur.

IIème section. Conclusion et durée du bail professionnel

Conformément aux dispositions de l'article 103 AUDCG, est réputé bail à usage professionnel toute convention, écrite ou non, entre une personne investie par la loi ou une convention du droit de donner en location tout ou une partie d'un immeuble compris dans le champs d'application de l'article 101 du même AU, et une autre personne physique ou morale, permettant à celle-ci, preneur, d'exercer dans les lieux avec l'accord de celle-là, le bailleur, une activité commerciale, industrielle, artisanale ou toute autre activité professionnelle.

La jurisprudence renchérit qu'est bail commercial, le contrat de bail, même verbal, dès lors qu'un fonds de commerce est exploité dans les locaux loués.[104] Par ailleurs, le bail n'existe que lorsque le propriétaire a donné son accord.[105] N'est pas, non plus un bail commercial, le bail souscrit par une personne morale portant sur des locaux à usage de bureaux pour les besoins de son activité, lorsqu'il s'agit d'un parti politique qui n'a vocation à exercer aucune activité lucrative à caractère commercial, industriel, artisanal ou professionnel. Par conséquent un tel bail ne peut être régi par les articles 69 et 70 devenus respectivement 101 et 103 de l'AUDCG et la CCJA n'est pas compétente pour la saisine du pourvoi relatif une telle affaire.[106]

Jugé également que la convention d'occupation conclue sur un domaine de l'Etat dont la caractéristique principale est sa précarité qui permet à la collectivité ou entité publique propriétaire d'en récupérer la jouissance pour un motif d'intérêt général, le statut des baux commerciaux ne pouvant s'appliquer aux conventions ayant pour objet des biens dépendants du domaine public, même lorsque le bail est conclu entre deux personnes privées.[107]

Les parties fixent librement la durée du bail. Le bail à usage professionnel peut être conclu pour une durée déterminée ou indéterminée. L'article 104 dit qu'à défaut d'écrit ou de terme fixé, le bail est réputé conclu pour une durée indéterminée. Il prend effet, à compter de la signature du contrat, sauf convention contraire des parties. Il est de jurisprudence constante qu'un bail

[104] TGI Bobo-Dioulasso (Burkina Faso), n°21-6-2006: AD Sanou S. S. c/ O. L., Ohadata J-09-89.
[105] CA Cotonou (Bénin), n°2006-001 /CM/CA-AB, 9-11-2006 : Mme G. A. née K. c/ Mme T. N. épse A. 2/ La mairie de Bohicon représentée par le Maire, Ohadata J-10-246.
[106] CCJA, n°056/2005 : RDR C/ F.D.P.C., Recueil de jurisprudence de la CCJA, n°6, juin-décembre 2005, p.17.
[107] CCJA, 1er Ch., n°045/2012, 7-6-2012.

verbal est réputé conclu pour une durée indéterminée et s'exécute comme tel,108 même lorsque les parties n'en ont pas précisé la durée.[109]

IIème section. Droits et obligations des parties au bail à usage professionnel

§1. Obligations & prérogatives du bailleur

Il est tenu de l'obligation de délivrance des locaux et procéder à toutes les grosses réparations à ses frais (art.105 AUDCG) Le bailleur doit assurer la jouissance paisible au preneur et ne peut de son propre gré, en restreindre l'usage (art. 108 & 109). Il y a restriction de l'usage des locaux lorsque le preneur n'a pas accès à l'eau et au parking et que deux salles des locaux loués lui sont inaccessibles par le fait de la bailleresse qui les a fermées.[110]

Il faut noter qu'en l'absence d'état des lieux, les dégradations du locaux loués sont imputables au preneur, pas au bailleur. En effet, il fut jugé que lorsque le preneur n'a pas pris le soin de faire établir un état des lieux à son entrée en jouissance des locaux, le bailleur est présumé avoir livré le local en bon état et c'est à bon droit que les frais de réfection au moment de la rupture du contrat sont imputés au preneur, qui est présumé avoir perpétré les dégradations nécessitant réparation.[111]

Conformément aux dispositions de l'article 109 du même acte uniforme, le bailleur est responsable envers le preneur du trouble de jouissance survenu de son fait, ou de ses ayants-droits ou de ses préposés. Ainsi, les travaux effectués par le bailleur sans consentement du preneur et sans autorisation judiciaire, et qui ont entraîné des trous dans le local du preneur constituent un trouble de jouissance que l'exercice du seul droit de propriété du bailleur ne peut justifier. Il y a lieu de faire cesser ce trouble en procédant aux frais du bailleur à la réparation des trous.[112]

Constitue aussi trouble de jouissance, la concession partielle de la jouissance à un concurrent du preneur et refus d'appliquer la clause de compensation des améliorations réalisées par le preneur.

---

[108] CA Abidjan, n°449, 24-4-2001 : D. C/ Ets Barnoin, Le Juris Ohada, n°449, juin-août 2004, p.65, Ohadata J-04-305.
[109] CA Bobo Dioulasso (Burkina-Faso), Ch. Com., n°13/09, 10-6-2009 : S. I. c/ C.M.M., Ohadata J-09-398.
[110] CA Centre Cameroun, n°77/CIV, 4-2-2011 : Dame E. M. V. C/ F. J. M., Ohadata J-12-02.
[111] CA de l'Ouest (Cameroun), n°44/CIV, 22-6-2011 : Sté G.D.B. c/ T.D., Ohadata J-12-66.
[112] TRHC Dakar, 12-12-2OO2 : A. N., F. S. A. W. D., S.S. c/ M. A. M. et l'Agence immobilière MAREGA, Ohadata J-03-205.

Jugé que le bailleur qui a intégré les locaux et en a concédé une partie de la jouissance à des tiers pour y exercer des activités commerciales concurrentielles avec celles du locataire cause un trouble de jouissance à ce dernier. Il en est aussi de même lorsque le preneur qui a valorisé la parcelle, n'a pas été mis en mesure d'obtenir la compensation de ses investissements par réduction du loyer alors que c'était convenu. Le bailleur doit être condamné à réparer le trouble. [113]

Constituent également trouble de jouissance, des incursions intempestives dans les locaux troublant la clientèle. Ainsi, le bailleur doit être condamné à réparer le préjudice causé au preneur par ses incursions intempestives dans le local où le preneur exploitait un cybercafé, lesquelles ont entrainé la perte de la clientèle et la fermeture subséquente du cybercafé.114

Enfin, le bailleur qui a rompu unilatéralement un bail en fermant le local a failli à son obligation et a engagé sa responsabilité, dès lors qu'il était tenu de garantir une jouissance paisible au preneur. Il doit de ce fait être condamné à réparer le préjudice causé au preneur.[115]

Précisons que la preuve du trouble de jouissance incombe au preneur.

§2. Obligations & prérogatives du preneur

En contrepartie de la jouissance des lieux, le preneur est tenu à l'obligation de payement de loyer aux termes convenus (1), d'exploiter les locaux destinés au bail en bon père de famille (2)116 de la réparation d'entretiens (3)[117] et il doit indemnité d'occupation (4).[118]

Pour l'obligation du locataire au paiement du loyer, il doit payer le loyer aux termes convenus entre les mains du bailleur ou de son représentant dûment mandaté. Ce paiement peut être fait par correspondance ou par voie électronique.[119]

Par le bail, le preneur s'oblige principalement à verser au bailleur un loyer. Il doit être condamné au paiement d'arriérés des loyers lorsqu'il ne prouve pas avoir rempli cette obligation.[120] Le preneur qui reconnait devoir neuf mois de loyer sans justifier cet état de fait doit être condamné à payer au bailleur le montant des arriérés de loyers plus les dépens.[121]

---

[113] CA Bobo-Dioulasso (Burkina Fasso), Ch. Civ., n°29/08 : S. I. c/ B. O., Ohadata J-10-113.
[114] PTI Lomé (Togo), Ch., Civ. & Com., n°1206, 21-5-2010 : SANGRONIO K. K., c/ E.K., Ohadata-J-11-92.
[115] CA Ouagadougou (Burkina Faso), Ch. Com., n°034, 19-3-2010: M.Z.A. c/ T.L.J., Ohadata J-12-185.
[116] Article 113 de l'AUDCG
[117] Article 114de l'AUDCG
[118] Article 115 de l'AUDCG.
[119] Article 112 de l'AUDCG.
[120] TRHC Kaolack, 25-7-2000: C. H. c/ F.N., Ohadata J-03-2019.
[121] TGI Bobo-Dioulasso, n°238, 7-12-2005: Ets. SANGA c/ BELEM Idrissa, Ohadata J-09-65.

Par ailleurs, le preneur est tenu d'exploiter les locaux donnés à bail, en bon père de famille, et conformément à la destination prévue au bail ou, à défaut de convention écrite, suivant celle présumée d'après les circonstances.

Toutefois, il est possible, pour le preneur, d'adjoindre à l'activité prévue au contrat de bail des activités connexes ou complémentaires relevant d'un même domaine que celui envisagé lors de la conclusion du bail. Le doit avisé de manière expresse le bailleur qui, peut s'opposer pour des motifs graves.

Il en est de même en cas de changement de l'activité prévue au contrat sanctionné par l'inopposabilité du changement de destination non acceptée par le bailleur.

Il a été jugé qu'un changement d'affection de locaux loués n'est pas opposable au bailleur lorsque la prévue de son consentement ne peut être rapportée.[122] Afin de faire résilier le bail pour changement de destination, le bailleur doit impérativement apporter la double preuve du changement et du préjudice souffert qui en est résulté. En l'espèce, même si le changement de destination est implicitement reconnu, le bailleur qui s'est contenté d'invoquer une gêne pour les voisins n'établit pas avoir subi un préjudice et la demande de résiliation doit être rejetée.[123]

Le preneur qui abandonne des locaux loués encourt condamnation au paiement des arriérés des loyers et frais d'ouverture des portes. Jugé que les preneurs qui accusent plusieurs mois d'arriérés de loyers impayés et qui ont abandonné les locaux loués en y laissant leurs marchandises sans mot dire au bailleur ont manqué à leur obligation et doivent être condamnés solidairement au paiement des arriérés de loyers et des frais d'ouverture des portes des locaux.[124]

En outre, le preneur est tenu aux réparations d'entretien. Il répond des dégradations ou des pertes dues à un défaut d'entretien au cours du bail.

En rapport avec réparation du préjudice résultat de la destruction du local, il a été tranché que le preneur, exploitant d'une usine de fabrication de matelas qui a pris feu, peut être condamné à réparer le préjudice causé au bailleur du fait de la destruction de son immeuble dès lors que sont considérés commerciaux les engagements qui naissent des risques de l'exploitation, cette règle générale de commercialité n'admettant que trois exceptions qui concernent les accidents du travail dont sont victimes les ouvriers et employés, les actions en contrefaçon et

---

[122] CA Ouagadougou, n°30/2001, 10-5-2001 : SONATUR c/ FEPACI, F. AHO et al., OHADA : jurisprudences nationales, éd. BENIN CONSULTING GROUP, Cotonou, 2004, p. 34.

[123] TRHC Dakar, 5-5-2003 : Héritiers de feu Hadji A. C. c/ S.A., Ohadata J-03-212.

[124] TGI Ouagadougou, n°179/08, 5-11-2008 : O. N. EL Hadji c/ N.L. & N.C., Ohadata J-09-383.

les actions en responsabilité civile tendant à la réparation des dommages causés par un véhicule qui relèvent de la compétence exclusive des juridictions civiles.[125]

Enfin, conformément à l'article 115 de l'AUDCG, à l'expiration du bail, le preneur qui, pour une cause autre que celle prévue à l'article 126 ci-après, se maintient dans les lieux contre la volonté du bailleur doit verser une indemnité d'occupation égale au montant du loyer fixé pendant la durée du bail, sans préjudice d'éventuels dommages et intérêts.

A cet effet, la jurisprudence décide que le preneur qui s'est maintenu dans les locaux plus de trois mois après la résiliation du bail doit être condamné à payer une indemnité d'occupation au bailleur.[126]

III. Section : Fixation du loyer, conditions et formes de renouvellement

§1. Le loyer

Les parties fixent librement le montant du loyer, sous réserve des dispositions législatives ou réglementaires applicables. Le loyer est révisable dans les conditions fixées par les parties ou à défaut lors de chaque renouvellement au titre de l'article 123 ci-après.

Il résulte de cet article 116 de l'AUDCG que le législateur Ohada entend consacrer le principe du consensualisme dans les conventions, sous réserve d'une restriction apportée à cette liberté par les lois et règlements internes. Aucune restriction légale et réglementaire n'ayant été versée par les parties au débat, en l'espèce, il convient de laisser toute liberté pour s'accorder sur le nouveau montant à chaque période triennale ou selon leur propre convenance.[127]

En cas de contestation sur le montant du loyer, le montant figurant dans l'original du contrat de bail doit être retenu. Jugeant que la photocopie produite par le preneur et qui indiquait un loyer de 100000 Francs doit être écartée au profit de l'original qui indiquait clairement un montant de 275000 francs.[128]

La demande de révision du montant du loyer est justifiée dans son principe, lorsque l'ensemble des loyers a connu une augmentation sensible en raison de la situation économique générale marquée par une élévation des coûts. Mais le montant du loyer fixé par le premier juge doit être réduit lorsqu'il apparaît excessif au regard des critères prévus par l'article 85 devenu 117 de l'AUDCG,

---

125 CA Ouagadougou, Ch. Com., n°042, 6-6-2008: LATEX FOAM RUBER PRODUCTS S.A. C/ B. J. C., Ohadata J-11-43.
126 TRHC Kaolack, 25-7-2000: C.H. C/ F.N., Ohadata J-03-219.
127 CA Ouagadougou, Ch. Civ. et com., n°84, 16-17-2004: Burkina & Shell c/ O.S. P., Ohadata J-05-228.
128 TRHC Dakar, 5-5-2003: Sté IFRATELLI ITALIA SARL c/ Y.M.K., Ohadata J-3-211.

tenant compte de la situation du local et des prix de loyers couramment pratiqués dans le voisinage.[129]

Le loyer n'étant révisable que dans les conditions fixées conventionnement par les parties, selon l'article 116 de l'AUDCG, un bailleur ne peut pas réviser le loyer avant la date convenue dans le contrat. Il est de principe que les conventions légalement formées tiennent lieu de loi à ceux qui les ont faites, et il n'appartient pas aux tribunaux de compléter ni modifier la clause de révision adoptée par les parties à un bail commercial. Dès lors, c'est à bon droit qu'en se fondant sur les stipulations des protocoles d'accord des parties, le premier juge a débouté l'appelante de son action tendant à la révision des loyers.[130]

L'article 117 dispose qu'à défaut d'accord écrit entre les parties sur le nouveau montant du loyer, la juridiction compétente, statuant à bref délai, est saisi par la partie la plus diligente. Pour fixer le nouveau montant du loyer, la juridiction compétente tient notamment compte des éléments suivants : la situation des locaux, leur superficie, l'état de vétusté et le prix des loyers commerciaux couramment pratiqués dans le voisinage pour des locaux similaires.

Il en découle les conséquences ci-dessous :

- le caractère impératif de la saisine du juge en cas de désaccord ;

- l'exclusion de la disposition nationale contraire ;[131]

- le refus de saisir le juge équivalant à une voie de fait ;[132]

- les règles de la compétence des juridictions étant d'ordre public, un tribunal à compétence exclusivement civil doit se déclarer incompétent pour un litige relatif au bail commercial ;[133]

- le pouvoir discrétionnaire du juge à défaut d'accord écrit entre les parties le nouveau montant du loyer ;[134]

---

[129] CA Abidjan, n°1009, 14-11-2000, précité Ohadata J-04-116.

[130] CCJA 2ème Ch., n°2/2006, p.16, Ohadata J-07-11.

[131] CCJA, 2ème Ch., n°36, 3-7-2008 : Société Burkina et Shell c/ O., Le Juris-Ohada, n°4/2008, p.30, Ohadata J-09-75.

[132] CA Centre (Cameroun), n°310/Civ, 14-4-2010: F.G.c/F.J., Ohadata J-12-75.

[133] TPI Cotonou, 1ère Ch. Civ. Moderne, n°61/03, 18-6-2003 : O.T.T. c/ Sté Kolawole et Fils, Ohadata J-05-306.

[134] TPI Cotonou, n°18/ 2ème Ch. Com., 10-5-2001 : A. O. c/ Héritiers A. M., Ohadata J-04-288.

- exclusion du profit escompté de la location et des améliorations réalisées par le preneur pour la fixation du nouveau loyer ;[135]

- la prise d'effet du nouveau loyer au jour du jugement qui la fixe ;[136]

- le locataire qui, tout en refusant l'augmentation du loyer, s'abstient de saisir la juridiction compétente pour fixation du nouveau loyer et se maintient dans les locaux est réputé avoir acquiescé au nouveau loyer ;[137] et

- en refusant également de payer le nouveau loyer, le locataire ne saurait se considérer comme de bonne foi et son expulsion doit être ordonnée, dès lors qu'une mise en demeure lui a été faite sans succès.

§2. Conditions et formes du renouvellement

Aux termes de l'article 123, le droit au renouvellement du bail à durée déterminée ou indéterminée est acquis au preneur justifiant avoir exploité, conformément aux stipulations du bail, l'activité prévue à celui-ci, pendant une durée minimale de deux ans. Aucune stipulation contractuelle ne peut faire échec au droit au renouvellement.

En cas de renouvellement pour une durée indéterminée les parties doivent prévoir la durée du congé qui ne peut être inférieur à six mois.

Toutefois, précise l'article 124, le preneur qui n'a formulé sa demande de renouvellement au plus tard trois mois avant la date d'expiration du bail, est déchu du droit au renouvellement au bail. Tandis que le bailleur qui n'a pas fait connaître sa réponse à la demande renouvellement au plus tard un mois avant l'expiration est réputé avoir accepté le principe du renouvellement du bail.

En application de cette disposition, la jurisprudence tire les conséquences suivantes :

1°) Pour le locataire :

- Droit du locataire au renouvellement étant d'ordre public, il s'en suit, la nullité des clauses faisant obstacle ;[138]

---

[135] CSP Côte d'Ivoire, Ch. Judiciaire de cassation, n°122, 4-3-2004 : J. E. K., K. E. K. c/ A.A.T., Actualités juridiques n°49, 2005, p.2018, Ohadata J-05-351 ; TRHC Dakar, n°153, 22-1-2002 : K. A. c/ M. F., Ohadata J-05-58.

[136] TRHC Dakar, n°153,22-1-2002 : K.A. c/ M.F., Ohadata J-05-58.

[137] CA Abidjan, 5ème Ch. civ. & com. B. n°144, 20-2-2007: Mr B. K. c/ D. Mr D. A., Ohadata J-08-43.

[138] CCJA, 2ème Ch., n°5, 30-3-2006 : Sté PONTY SARL c/ Sté PONTY IMMOBILIERE SA, Le Jurs-Ohada n°3/2006, p.16 ; Ohadata J-07-12.

- Obligation pour le locataire de formuler une demande de renouvellement même en cas de prolongation tacite du bail ;[139]

- Existence préalable d'un bail : la demande s'impose à l'occupant dès lors qu'il est titulaire d'un bail ;[140]

- Demande du locataire non avenue pour défaut de notification ;[141]

- Déchéance du droit au renouvellement sanctionne du défaut de demande émanant du locataire trois mois avant l'expiration du bail ;[142]

- Le manquement du preneur aux exigences de l'article 124 peut justifier la résiliation judiciaire du bail et son expulsion forcée ;[143]

2°) Obligation du bailleur

- Réponse à la demande du locataire un mois avant l'expiration du bail : absence d'obligation de réponse à défaut de demande ;[144]

- Absence d'obligation de préavis incombant au bailleur.

En effet, si l'article 124 impose au preneur qui veut renouveler son bail de faire connaître son intention de renouveler trois avant la fin du bail, aucune autre disposition dudit acte, encore moins l'article précité, n'exigent du bailleur d'en faire autant. Il s'ensuit que le preneur ne peut se prévaloir du défaut de préavis du bailleur pour refuser de libérer les lieux.[145]

3°) Conditions de renouvellement cumulatives

Les conditions prévues par l'article 142 précité pour le droit au renouvellement du bail (demande par le preneur trois mois avant l'expiration et réponse par le bailleur un mois avant l'expiration) sont cumulatives. C'est donc à tort qu'un juge a rejeté la demande d'expulsion du preneur formulée par le bailleur sans avoir recherché si ce dernier avait ou non manifesté sa volonté dans les conditions de l'article précité et sa décision doit être infirmée. Statuant à

---

139 CA Centre Cameroun, n°237/CIV, 17-6-2009 : Sté La Plaza SARL c/ S. de B. et son épouse, Ohadata J-10-132.

140 CA Dakar, Ch. Civ. et com., 2-1-2003: SOLOTECH c/ P.M., Ohadata J-03-145.

141 CCJA, 1ère Ch., n°14, 29-6-2006 : Sté de l'EQUI-PAGRO-CI SARL c/B.K., Le Juris Ohada, n°4/2006, p.19, Ohadata J-07-28.

142 CCJA, 2ème Ch., n°5, 30-3-2006 : Sté PONTY SARL c/ Sté PONTY IMMOBILIERE SA, Le Jurs-Ohada n°3/2006, p.16 ; Ohadata J-07-12.

143 TPI Bafoussam, n°23/civ., 27-12-2002: B. D. c/ F. B., Ohadata J-04-233.

144 CCJA, n°030/2007, 22-11-2007: S. C. I. GOLFE DE GUINEE c/ MARINA ATLANTIC SARL, Recueil de jurisprudence n°10, juillet-décembre 2007, p.44, Ohadata J-8-247.

145 CA Niamey, Ch. Civ., n°51, 3-4-2002: A. H. T. c/ M. E. H., Ohadata J-03-250.

nouveau, il convient de condamner le preneur au paiement des arriérés de loyers échus depuis l'expiration du contrat et d'ordonner son expulsion.[146]

Le bailleur peut s'opposer au droit au renouvellement du bail en réglant au locataire une indemnité d'éviction. Il peut cependant, s'opposer sans avoir à régler l'indemnité d'éviction dans les cas suivants : s'il justifie d'un motif grave et légitime à l'encontre du preneur sortant, s'il envisage de démolir l'immeuble comprenant les lieux loués et de le reconstruire, il peut refuser le renouvellement du bail portant sur les locaux d'habitation accessoire des locaux principaux afin de les habiter lui-même ou de les faire habiter par son conjoint, ou ses ascendants, ses descendants ou de ceux son conjoint.[147]

Il est de doctrine constante que la notification d'un congé à un preneur qui a droit au renouvellement du contrat équivaut à un refus au renouvellement du bail concerné de la part du bailleur, qui est tenu au paiement d'une indemnité d'éviction dont la juridiction saisie peut fixer le montant. Le bailleur qui a pris l'initiative de rompre le contrat et qui s'est opposé au paiement de l'indemnité d'éviction à laquelle ont les preneurs ne saurait souffrir d'un quelconque préjudice de sorte que sa demande incidente en paiement de dommages et intérêts n'est pas fondée.[148]

Le refus, par le bailleur, de renouvellement du bail n'est pas sanctionné par l'annulation du congé, mais par le paiement d'une indemnité d'éviction qui doit être demandée par le preneur.[149]

Il résulte des dispositions des articles 123, 126 et 127 91 de l'AUDCG que quelle que soit la nature du bail écrit ou non écrit, à durée indéterminée ou déterminée, le preneur qui a exploité les lieux loués pendant au moins deux ans, conformément aux stipulations du bail, acquiert un droit au renouvellement de son bail. Toute opposition du bailleur au renouvellement d'un tel bail, expose celui-ci au paiement d'une indemnité d'éviction, sauf à justifier d'un motif grave et légitime à l'encontre du preneur, motif consistant soit dans l'inexécution par le locataire, d'une obligation substantielle du bail, soit encore, dans la cessation de l'exploitation du fonds de commerce, ou encore, à prouver que l'immeuble comprenant les lieux loués est destiné à la démolition et à reconstruction, tout en justifiant la nature et la description des travaux projetés.[150]

---

[146] CA Abidjan, Ch. Civ. & com., n°311, 2-7-2011: SCI EVA c/ Sté PETROCI-HOLDING, Juris-Ohada, 2011, n°4, oct.-déc. P.36, Ohadata J-13-14.

[147] *Lire les articles 127 et 128 de l'AUDCG.*

[148] CA Abidjan, n°1205, 29-11-2002 : K.K. et cinq autres c/ T. Y., Ohadata J-03-307.

[149] TRHC Dakar, n°96, 9-1-2002 : S.A. c/ M.D., Ohadata J-05-101.

[150] CCJA, n°030/2007, 22-11-2007 : S.C.I. GOLFE DE GUINE c/ MARINA ATLANTIC SARL, Recueil de jurisprudence n°10, juillet-décembre 2007, p.44, Ohadata J-08-247. (Articles 91, 94, 95 de l'ancien AU).

§3. Résiliation du bail

Le preneur et le bailleur sont tenus chacun en ce qui le concerne au respect de chacune des clauses et conditions du bail sous peine de résiliation. La demande en justice aux fins de résiliation du bail doit être précédée d'une mise en demeure faite par acte d'huissier ou notifiée par tout moyen permettant d'établir sa réception effective par destinataire, d'avoir à respecter la ou les clauses violées.[151]

Ce texte de l'article 133 de l'AUDCG appelle quelques précisons suivantes :

1° Existence d'un bail commercial ou professionnel pour son application.[152]

Ainsi, décidé que l'article 101 devenu 133 n'a pas à s'appliquer tant que le caractère de bail commercial n'est pas établi. Il ne s'applique donc pas à un bail d'habitation ; partant, la mise en demeure préalable prévue par ce texte n'est requise que pour les baux commerciaux.

2°) Il faut une violation des clauses et conditions du bail.

L'article 133 de l'AUDCG ne peut s'appliquer que si l'une des parties contractantes ne respecte pas les clauses et conditions du bail. Lorsque ce n'est pas le cas, le moyen tiré de la violation de l'article précité est inopérant.[153]

3°) Caractère alternatif des causes de résiliation prévues.

Le non-paiement des loyers étant suffisant pour l'application de l'article 101 devenu 133, l'insertion d'une mention relative à la violation de toutes autres clauses et conditions du bail dans la mise en demeure est superfétatoire, la conjonction "ou" utilisée dans cette disposition étant facultative.[154]

4°) Notification de la mise en demeure régulière préalable par tout moyen suffisant, condition requise

L'exigence d'une mise en demeure préalable à l'action en résiliation du bail est strictement imposée par les juridictions, sous peine d'irrecevabilité de la demande.155 Dans le même sens, précisant que le formalisme prévu par l'article 101 devenu 133 de l'AUDCG est d'ordre public, avant de débouter le bailleur qui n'a pas fait une mise en demeure préalable.156

---

[151] *Voir à ce sujet, l'article 133 AUDCG.*

[152] CA Douala, n °39/REF, 8-1-2003 : Dame J. Née N. T. c/ E. N. R. et autres, F. AHO et al. ; Ohada, jurisprudences nationales, Ed. BENIN CONSULTING GROUP, Cotonou, 2004, p.44.

[153] CCJA, 2ème Ch., n°32, 3-7-2008: METALUX SARL c/ B., Le Juris-Ohada n°4/2008, p.15, Ohadata J-09-71.

[154] CCJA, 3ème Ch., n°60/2012, 7-6-2012.

[155] TGI Bobo Dioulasso, n°219, 21-6-2006: AD S. S. Siméon c/ O. L., Ohadata J-09-89.

[156] Tricom. Pointe-Noire, n°054, 19-7-2011 : Mme I. A. c/ Mrs S. F. & S. S., Ohadata J-13-80.

L'effet de l'absence de mise en demeure est l'irrecevabilité de la demande en résiliation. Alors que la conséquence d'une mise en demeure irrégulière ou inexistante est son assimilation à une absence de mise en demeure. Jugé que la mise en demeure qui ne respecte pas les exigences de l'article précité n'est pas valable ; dans ce cas le tribunal constate l'absence de mise en demeure et déboute le bailleur de son action en résiliation judiciaire du bail.[157]

Par ailleurs, une nouvelle mise en demeure est nécessaire :

- après réintégration du locataire, car la décision de justice prononçant la réintégration du preneur d'un bail commercial dans le local a replacé les parties dans les conditions initiales du bail, de sorte qu'une nouvelle action en expulsion ne peut être valable qu'après l'accomplissement de cette formalité conformément à l'article susmentionné ;[158]

- après taxation des frais de procédure : le paiement fait chèque couvrant le principal est parfaitement valable ; toute autre somme dont le paiement est réclamé doit faire l'objet d'un commandement préalable comme l'exige l'article ci-haut cité.[159]

5°) Motifs de résiliation sont le défaut de paiement du loyer et l'inexécution d'une clause du bail

6°) Prononcé nécessaire de la résiliation pour expulser le locataire.

Le juge qui a ordonné l'expulsion sans avoir préalable constaté la résiliation du bail n'a pas suffisamment motivé sa décision qui doit être annulée.[160] La résiliation d'un bail commercial doit être judiciaire, c'est-à-dire qu'elle doit émaner d'une décision de justice. Elle doit être précédée de la mise en demeure préalable. La juridiction compétente doit d'abord prononcer la résiliation du bail ensuite l'expulsion du locataire défaillant.[161] Il a été jugé que la résiliation d'un bail commercial pour inexécution de son obligation par l'une des parties ne se réalise pas de plein droit mais doit être prononcée par le juge saisi. C'est à tort qu'un juge qui a constaté que le preneur ne payait pas les loyers a jugé que « l'inexécution de cette obligation par le locataire a provoqué la résiliation du contrat de bail liant les parties ». Annulation de la décision entreprise et évocation, prononcé de la résiliation du bail aux torts du preneur dont l'expulsion a été ordonnée.[162]

---

[157] TPI Yaoundé, Centre Administratif, Ord. n°477/C, 1-9-2008 : Sté AGF Cameroun Assurances c/ Techni Cameroun, journal Le Jour, Faty and Sister Compagny et autres, Ohadata J-09-225.

[158] TGI du Littoral, n°263, 16-3-2000 : MAGZI c/Sté DIANA SICAC SA, Ohadata J-05-20.

[159] TRHC Dakar, 5-5-2003: SAI – LIBERATION c/ J. C. R., Ohadata J-03-210.

[160] CA Centre Cameroun, n°44/CIV, 26-1-2011: K. J. c/ F. E., Ohadata J-12-01.

[161] CA Littoral (Cameroun), n°69/REF, 9-4-200 : Sté CORELIS SARL c/ NGANNE Jacques, Ohadata J-09-132.

[162] CCJA, 2ème Ch., n°35, 3-7-2008 : Standard Chartered Bank Cameroun SA c/ SITABAC SA et AZUR FINANCES SA, Le Juris-Ohada, n°4/2008, p.24, Ohadata J-09-74.

Titre II. LE FONDS DE COMMERCE

L'adoption du fonds de commerce dans le droit de l'Ohada est justifiée par les nécessités d'obtention de crédit par les commerçants. D'abord, le souci de protéger les commerçants face aux actes des concurrents dans le but de sauvegarder les investissements consentis en créant son entreprise. Ensuite, le souci de protéger des créanciers du commerçant afin d'éviter la dissipation du fonds de commerce qui est un des éléments importants du patrimoine de tout commerçant.

Antérieurement à l'OHADA, aucun texte de loi ne définissait le fonds de commerce. L'Acte uniforme portant sur le droit commercial général (AUDCG) en donne une définition succincte ; en effet, aux termes de l'article 315, « le fonds de commerce est constitué par un ensemble de moyens qui permettent au commerçant d'attirer et de conserver une clientèle ». Il comprend obligatoirement la clientèle et l'enseigne ou nom commercial. D'autres éléments peuvent en faire partie à condition qu'ils soient nommément désignés dans les actes concernant le fonds de commerce : c'est le cas du droit au bail, des licences d'exploitation, des brevets d'invention, marques de fabrique et de commerce, dessins et modèles, ainsi que de tout droit de propriété intellectuelle nécessaires à l'exploitation ; c'est le cas aussi des installations, du matériel, mobilier et marchandises en stock.

Tous ces éléments forment un ensemble sur lequel peuvent porter diverses opérations juridiques : la vente, le bail, le nantissement, la location gérance, ou l'apport en société.

Le droit observe parfois des silences qui ne laissent pas de surprendre, sauf à recourir à l`éclairage de l'histoire pour expliquer et les comprendre.

Le mutisme presque total du code de commerce sur le fonds de commerce est de ceux-là. En effet, l'expression n'est mentionnée pour la première fois, non par disposition commerciale, mais par une disposition fiscale soumettant la mutation de la clientèle a un tarif particulier. Elle ne figure donc pas au code de commerce dans sa version originale.

Ce sont des textes postérieurs au code de commerce qui réglementent le fonds de commerce, notamment dans ses modalités de vente, d'apport en société et de nantissement, et aussi en ce qui concerne les mentions à insérer dans l'acte de vente, la location gérance du fonds, et le droit au renouvellement du bail si le preneur exploite un fonds de commerce. Aucune de ces lois n'a été rendue applicable. Désormais, ce sont les dispositions des articles 135 à 168 AUDCG qui régissent le fonds de commerce.

Le fonds de commerce doit être distingue de l'entreprise et de la société. L'entreprise se présente à la fois comme un groupement de personnes et de moyens alors que le fonds de commerce ne se présente pas sous le premier aspect. La société commerciale a la personnalité juridique et dispose normalement, comme le commerçant personne physique, d'un fonds de commerce. Celui-ci n'a pas de personnalité juridique. L'importance et la consistance du fonds varient considérément.

Le fonds de commerce doit être distingué de l'entreprise et de la société. L'entreprise se présente à la fois comme un groupement de biens et comme un groupement de personnes. Le fonds de commerce ne se présente que sous le premier aspect. La société commerciale a la personnalité juridique et dispose comme le commerçant personne physique, d'un fonds de commerce.

Le fonds de commerce présente une si grande importance pour l'entrepreneur qu'il importe d'en préciser la nature, les modalités de son exploitation, et d'examiner certaines opérations juridiques dont il est souvent l'objet. Il est possible aussi que le fonds de commerce fasse l'objet d'une saisie et d'une vente en justice. Dans la pratique des affaires cependant, ces cas sont rares, car le commerçant qui ne peut payer ses créanciers fait l'objet d'une procédure collective.

Le fonds de commerce doit être distingue de l'entreprise et de la société. L'entreprise se présente à la fois comme un groupement de personnes. Le fonds de commerce ne se présente que sous le premier aspect. La société commerciale à la personnalité juridique et dispose normalement, comme le commerçant physique, du n fonds de commerce. Celui-ci n'a pas de personnalité juridique. L'importance et la consistance du fonds varient considérablement' suivant que l'on est en présence d'une société ou d'un commerçant personne physique, d'une industrie ou d'un commerçant de détail. Mais lorsqu'il existe, le fonds de commerce présente une grande société.

Chapitre I. Nature juridique et les éléments constitutifs du fonds de commerce

La notion de fonds de commerce est une création de la pratique commerciale française au cours XIXe siècle. Le droit s'en est saisi sous l'effet de la nécessité d'une double protection : d'une part, protéger le commerçant contre les attaques de concurrents en raison des investissements intellectuels et financiers souvent importants qu'il a réalisés lors de la création de son entreprise ; d'autre part, protéger les créanciers du commerçant contre la dissipation d'un élément souvent important de son patrimoine qu'est le fonds de commerce ou son prix en cas de cession.

Ière section. La nature juridique du fonds de commerce

L'article 135 d'AUDCG indique que le fonds de commerce est constitué par un ensemble de moyens qui permettent au commerçant d'attirer et de conserver la clientèle. La nécessité de déterminer la nature juridique du fonds de commerce tient au fait que celui-ci se présente sous deux aspects apparemment contradictoires : un aspect unitaire et un aspect disparate. D'une part en, le fonds de commerce est une propriété incorporelle rassemblant différents éléments unis entre eux pour une destination commune qui est d'attirer et de conserver la clientèle et la destruction du fonds. D'autre part, le fonds de commerce ne se confond pas avec les différents éléments qui le composent.

La plupart de systèmes considèrent le fonds de commerce comme une universalité juridique, un patrimoine d'affectation doté d'un passif et d'un actif propres. A l'intérieur du patrimoine du commerçant serait isolée une masse de biens unis par une même affectation qui est l'exploitation d'une activité commerciale. Cette théorie jure avec le système juridique qui prévaut dans les Etats membres de l'OHADA, aussi bien en ce qui concerne l'idée de patrimoine d'affectation que celle de passif et d'actif propres.

Cependant, en réservant la possibilité pour un associé ou un actionnaire unique de créer une société à responsabilité limitée ou une société anonyme, AUSGIE offre désormais des cadres juridiques d'accueil pour le fonds de commerce considéré comme une universalité juridique.

En réalité, ce détour par une personne morale pour parvenir à la constitution d'un patrimoine d'affectation n'est pas nouveau, ce qui l'est, c'est l'absence de nécessité d'une mise en commun des apports, c'est-à-dire une pluralité de personnes.

D'autres auteurs préconisent de voir dans le fonds de commerce une universalité de fait, définie comme un assemblage de biens réunis par une personne pour servir une destination commune, et exclusive de toute idée de passif propre. C'est cette destination commune « l'exploitation commerciale » qui fait que le fonds de commerce n'est pas une simple juxtaposition de biens ou de valeurs, mais bien une universalité.

C'est un concept d'une propriété incorporelle de nature mobilière.[163] Il s'agit d'abord de la propriété incorporelle « propriété du fonds de commerce », c'est -à- dire le droit du commerçant sur son exploitation, par analogie avec droit du propriétaire le « fonds de terre ».

---

[163] *LUKOMBE NGEHENDA, op.cit.*

Quelle que soit la nature juridique attribuée au fonds, la doctrine s'accorde généralement pour lui reconnaître trois caractères. Elle reconnaît d'abord que le fonds de commerce est un bien unitaire distinct des éléments qui le composent. Il peut être vendu, apporté en société, donné en location, nanti.

Elle reconnaît aussi qu'il s'agit d'un bien incorporel, même quand il comprend des éléments corporels. Toutefois, « la règle en fait de meubles la possession vaut titre ne lui est pas applicable. De même, entre deux acquéreurs successifs, la préférence ne revient pas au premier, mais à celui dont le titre d'acquisition est le premier en date.

Cependant, en raison de la stabilité de l'attache géographique du fonds de commerce à l'immeuble où il est exploité, le privilège du vendeur et le nantissement du fonds ont été soumis à une publicité analogue à la publicité hypothécaire. C'est ce qui explique également que le lieu d'exploitation du fond tend à devenir le domicile commercial du commerçant distinct de son domicile civil.

IIème section. Les éléments constitutifs du fonds de commerce

Conformément à l'article 136 AUDCG, le fonds de commerce comprends nécessairement la clientèle et l'enseigne ou la clientèle et le nom commercial avec possibilité du cumul les trois. Et l'article 137 du même acte ajoute, qu'il peut regrouper différents éléments mobiliers, corporel et incorporels, notamment les éléments suivants : les installations, les aménagements et agencements, le matériel, mobilier, marchandises en stock, droit au bail, licence d'exploitation, brevets d'inventions, marques de fabrique & de commerce, dessin et modèle, et tout autre droit de propriété intellectuelle nécessaire à l'exploitation.

Signalons qu'Il est de jurisprudence constante et de la doctrine abondante, voir unanime que les immeubles et les valeurs liquides, les obligations du commerçant et les documents comptables sont exclus et donc, ne font pas partie du fonds de commerce.

§1. Les éléments incorporels du fonds de commerce

Ce sont notamment, la clientèle et l'enseigne, le nom commercial, droit au bail, licence d'exploitation, brevet d'invention, marque de fabrique, dessein et modèle.

A. **La clientèle et l'achalandage**

L'opinion générale qui prévaut est que la clientèle serait l'ensemble des personnes attirées par la personnalité propre du commerçant par exemple les qualités d'accueil et de compétence professionnelle, cependant que l'achalandage serait l'ensemble des personnes attirées par la localité géographique du fonds de commerce ou tout simplement une clientèle de passage.

Il n'y a pas de fonds de commerce sans clientèle. Certains auteurs vont jusqu' à assimiler le fonds de commerce à la clientèle.

b. **Le nom commercial et l'enseigne**

Le premier est une dénomination sous laquelle est connu et exploité un établissement commercial alors que le second, l'enseigne, destiné à attirer le regard des passants, peut consister en un emblème (objet, animal, signe ou symbole quelconque) ou en une appellation de fantaisie.

Le nom commercial du fonds ne se confond pas avec le nom du propriétaire du fonds. Le nom commercial comme l'enseigne se transmettent avec le fonds. Leur protection est assurée par l'exercice de l'action en concurrence déloyale sur le fondement des arts 258 et suivants CCLIII.

c. **Droit au bail y compris son renouvellement**

C'est la créance du locataire commerçant contre le propriétaire de l'immeuble où le fonds est exploité. Bien que le droit au renouvellement du bail ne soit ni un élément essentiel, ni un élément nécessaire du fonds de commerce, il n'en constitue pas moins un élément important lorsqu'l existe. Même si son importance est telle qu'il constitue à lui seul la presque totalité de la valeur du fonds, le bail commercial ne saurait pour autant devenir un élément essentiel du fonds. Cependant, la cession du bail peut constituer celle di fonds lorsqu'elle implique la cession de la clientèle.

Décidé qu'une station-service de produits pétroliers constitue un fonds de commerce, et répond à la définition et aux éléments constitutifs d'un fonds de commerce contenus aux articles 103 devenu 135 et suivants de l'AUDCG, conformément à l'article 137 de l'AUDCG, le fonds de commerce peut comprendre en outre, le droit au bail. En conséquence, la vente forcée aux enchères publiques pratiquées à la suite de la saisie-vente sur les matériels et outillages de ladite station constitue bien une cession de fonds de commerce, laquelle octroie un droit au bail commercial.[164]

164 TGI Banfora, n°17, 4-4-2003 : Dame K. née O. A. c/ Sté S. K. I., Ohadata J-04-60.

d. Propriétés industrielles

Elles sont des monopoles d'exploitation, regroupent les brevets d'invention, les marques de fabrique ou de commerce, les dessins et modèles industriels. On leur assimile le droit de propriété littéraire et artistiques, les secrets de fabrication, le savoir-faire (know-how) et le droit de se prévaloir des récompenses officielles et médailles obtenues dans l'exercice du commerce (confère cours de la propriété intellectuelle).

e. Licences d'exploitation

La liberté de commerce et de l'industrie n'a pas une portée absolue. En cause, depuis belle lirette, l'Etat intervient toujours en règlementant les activités commerciales. Les licences d'exploitation visées par l'article 137 AUDCG, sont des autorisations administratives accordées aux commerçants pour l'exercice d'activités commerciales dans le cadre de la règlementation de celles-ci.

§2. Les éléments corporels du fonds de commerce

Certains des éléments pouvant faire partie du fonds de commerce sont des éléments corporels cités par l'article 137 retient à savoir : les installations, les aménagements, le matériel, le mobilier et les marchandises en stock, qu'il semble avoir voulu classer dans un ordre croissant de mobilité.

a. Les installations, aménagements et agencements

Le législateur communautaire a regroupé, de façon non formelle, les éléments corporels et le Petit Robert renvoie pour la définition de chacun de ces termes aux autres ; les éléments incorporels et classé les premiers en ordre décroissant de stabilité.

Ils auraient par conséquent, à quelques nuances près et selon le contexte, le même sens. Ils évoquent tous, lorsqu'il s'agit des choses matérielles, l'idée d'une disposition en un lieu donné pour un temps plus ou moins long. Faut-il déduire de là que l'article 137 AUDCG remet en cause le principe de l'exclusion des immeubles, ou tout le moins celle des immeubles, où à tout le moins celle des immeubles par destination, du fonds de commerce ? Une réponse négative nous parait devoir s'imposer, d'abord pacque une atteinte à un principe aussi fondamental que celui de l'exclusion dans immeubles du fonds de commerce ne saurait se faire de façon anodine, déduite, de surcroît, d'une interpénétration sémantique. L'outillage dont parle l'article 9 de la loi du 17 Mars 1909 n'est plus pas mobile que les installations, aménagements et agencements de l'article 137 AUDCG. Pourtant, il n'a jamais regardé autrement que comme un objet mobilier servant à l'exploitation du fonds de commerce.

a) Le matériel et le mobilier

- La synonymie entre les termes installations, agencements, ménagements et outillage d'une part, et d'autre part entre les termes outillage et matériel, fait que l'article 137 AUDCG est redondant. La redondance devient inutile puisque l'énumération n'est même pas nécessaire pour orienter l'interprète. Elle souligne au plus la très grande diversité des éléments corporels, sont certains, en raison de leur importance économique considérable, apparaîtront au bilan de l'entreprise de manière autonome, cependant que dans certains types d'entreprises, essentiellement de services, le matériel d'exploitation est quasi inexistant (cas des intermédiaires tels que les courtiers, les commissionnaires ou les agents d'affaires.

- Les marchandises en stocks

La distinction ici existe entre les marchandises en stock et tous autres biens corporels servant à l'exploitation du fonds, excepte, les immeubles. Il faut entendre par marchandises en stock non seulement les matières premières destinées à être travaillées, mais aussi les produits destinés à la vente. Le critère de distinction entre les marchandises et le matériel ou l'outillage se fonde non sur la nature, mais sur l'affectation de chaque bien. Simple dans son énoncé, l'application du critère soulève cependant des difficultés d'application, notamment lorsqu'il s'agit de l'appliquer aux matières premières. Celles-ci sont incontestablement des marchandises lorsqu'elles sont destinées à être vendues en l'état. Cependant, elles doivent être traitées comme de l'outillage ou du matériel si elles servent à la fabrication de produits proposés à la vente mais sans entrer dans le processus de transformation de ces derniers. Ainsi es est - il des combustibles dans une usine.

IIème Chapitre. L'exploitation du fonds de commerce

Lorsque le fonds de commerce fait l'objet d'une indivision ou d'une copropriété, une autre difficulté apparait puisque la valeur du fonds ne se maintient que si celui-ci est exploité. Ainsi, si les héritiers gèrent le fonds pour leur compte ils deviennent des commerçants. Traditionnellement ce problème se résout par la licitation ou par le partage. Dans le cas du fonds de commerce, la licitation est seule possible car par nature, le fonds n'est pas partageable.

Le problème de la propriété du fonds et les autres problèmes subséquents étant résolus, il reste à voir comment le fonds est exploité. Il résulte de l'article 138 AUDCG, il peut l'être par son propriétaire ou encore par une tierce personne.

Ière section. Exploitation directe du fonds de commerce par le propriétaire

Il y a exploitation directe du fonds de commerce lorsque le propriétaire accomplit lui-même toutes les opérations matérielles et juridiques de gestion. Celui-ci a alors la qualité de commerçant, d'entreprenant ou d'une société commerciale. Dans le dernier cas, ce sont les organes sociaux qui assurent cette exploitation directe. Il s'agit des gérants dans les sociétés des personnes et les sociétés à responsabilité limitée, et du conseil d'administration, de l'administration général, du président directeur général ou du directeur général dans les SA. Cependant, dans SPRL et ça, c'est la société, personne morale propriétaire du fonds, qui a seule la qualité de commerçant, sans que l'on puisse pour autant assimiler les organes sociaux à des gérants salariés puisqu'ils sont des organes statutaires de la société. L'exploitation est encore directe dans le cas où le propriétaire la confie à un tiers lié à lui par à un contrat de travail (gérant salarié) et dans celui où elle serait confiée à un administrateur provisoire par décision de justice. La propriété étant étroitement liée à l'exploitation du fonds, elle disparait si la clientèle est complètement perçue ou si tous les éléments composant le fonds ont été détruits, ou encore si le commerçant disperse les éléments du fonds de manière à en rendre impossible l'exploitation.

IIème section. La location du fonds de commerce

La location gérance est aujourd'hui règlementée par les articles 138 à 146 AUDCG. Elle est appelée ainsi gérance libre pour la distinguée de la gérance salariée.

La location-gérance est une convention par laquelle le propriétaire du fonds de commerce, personne physique ou morale, en concède la location à un gérant, personne physique ou morale, qui l'exploite à ses risques et périls.[165]

La location-gérance d'un fonds de commerce n'est pas à confondre avec la location des locaux abritant ledit fonds de commerce et dans laquelle le propriétaire du fonds de commerce s'est engagé à l'égard de la propriétaire desdits locaux ; la décision ayant ordonné l'expulsion du locataire-gérant pour non-paiement de redevances dues doit être confirmée.[166] Il s'en suit que locataire-gérant d'un fonds de commerce ne peut pas prétendre à un bail commercial du fait du contrat de location-gérance qu'il a signé avec le propriétaire du fonds,

[165]Article 138 alinéa 3 de l'AUDCG.

[166]CA Abidjan, 3ème Ch. civ. & com., n°263, 25-2-2005 : B.K. c/ K.K. B., Le Juris-Ohada, n°4/2006, p.34, Ohadata J-07-32.

même lorsque celui-ci est aussi propriétaire du local dans lequel le fonds de commerce est exploité.[167]

En donnant en location-gérance un fonds de commerce, vous en demeurez propriétaire, mais au lieu de l'exploiter vous-même ou par l'intermédiaire d'un préposé ou d'un mandataire (gérant salarié), vous le confiez à un gérant libre ou « locataire gérant », qui l'exploite à ses risques et périls.

A l'opposé du gérant salarié qui n'est qu'un simple employé, le gérant libre est donc un locataire qui exploite le fonds de commerce en son nom et pour son propre compte moyennant paiement d'une redevance au propriétaire. La location gérance est pour lui commerciale, et constitue le premier acte qu'il accomplit pour l'exercice du commerce. Quant au propriétaire du fonds, qui n'a pas nécessairement la qualité de commerçant, il cesse de l'avoir s'il l'avait auparavant. S'il avait cette qualité au moment de la location gérance, le contrat est commercial à son égard. Si par contre il n'a jamais exercé d'activité commerciale, l'opération de location gérance présente à son égard un caractère civil.

§1. Les conditions de validité de la location gérance

L'article 138 précité dispose que le fonds de commerce peut être exploité « dans le cadre d'un contrat de location gérance ». L'importance particulière que revêt la personnalité du gérant dans un tel contrat fait que l'on doit considérer celui-ci comme conclu intuitu personae, par conséquent non susceptible de cession. En outre, la nature très particulière du fonds et les intérêts que celui-ci met en jeu font que le contrat de location- gérance est soumis à des conditions de fond et de forme très strictes.

A. Les conditions de fond de la location gérance

Les conditions de fond de la location gérance se rapportent à la fois à l'objet du contrat et aux parties et plus précisément le locataire gérant. L'objet de la location gérance doit être un fonds de commerce, disposant par conséquent d'une clientèle. Mais, on s'interroge ici sur le sens à donner à l'expression « fonds de commerce » puisque le législateur vise dans des dispositions l'Etat et les collectivités locales pour lesquels il n'y a pourtant pas de fonds de commerce susceptible de location-gérance. Quant au locataire gérant, il doit avoir la capacité de faire le commerce puisque, en louant et en exploitant le fonds de commerce, il devient commerçant.

Il y a ensuite des conditions spéciales que doit remplir le loueur du fonds de commerce.

[167] TR Thiès, civ. & com., 21-3-2002: TOTAL ELF FINA SENEGAL c/ B. S., Ohadata J-03-36.

➢ Celui-ci doit avoir été commerçant pendant 2 ans (art.141 AUDCG), ou avoir exercé pendant la même durée les fonctions de gérant ou de directeur commercial ou technique d'une société ;

➢ Il doit avoir exploité pendant une année au moins le fonds mis en gérance.

➢ Il ne doit pas tomber sous le coup d'une interdiction ou d'une déchéance d'exercer le commerce.

Les délais ainsi prévus peuvent être réduits ou supprimés par la juridiction compétente, notamment lorsque l'intéressé fait preuve qu'il était dans l'impossibilité d'exploiter son fonds personnellement ou par l'intermédiaire de ses préposés. Une simple maladie du commerçant devrait donc pouvoir constituer un cas d'impossibilité.

En outre, il résulte de l'article 143 que les conditions et délais visés à l'article 141 ci-dessus ne s'appliquent pas à l'Etat, collectivités locales, établissements publics.

La raison en est sans doute la qualité particulière de ces personnes, encore que normalement l'Etat ou les collectivités locales ne se livrent pas directement à l'exercice d'activités commerciales susceptibles de créer des fonds de commerce à leur profit. En 2ème lieu, elles ne s'appliquent pas lorsque la location gérance s'impose. Ne s'appliquent pas non plus, lors que la location gérance s'impose dans l'hypothèse où on se trouve en présence de :

- incapables, en ce qui concerne le fonds dont ils étaient propriétaires du fonds avant la survenance de leur incapacité ;

- héritiers ou légataires d'un commerçant décédé, en ce qui concerne le fonds exploité par ce dernier ;

- contrats de location-gérance passés par des mandataires de justice chargés à un titre quelconque de l'administration d'un fonds de commerce à condition qu'ils y aient été autorisés par la juridiction compétente et qu'ils aient satisfait aux mesures de publicité prévues. L'inobservation de ces conditions de fond entraîne au plan civil, la nullité du contrat, qui peut être demandée par chacun des cocontractants ou par les tiers intéressés.

B. Conditions de forme de la location gérance

Elle concerne essentiellement la publicité de la location gérance.[168] Le contrat doit être publié dans la quinzaine de sa date, sous forme d'extraits dans

[168] *Article 139 de l'AUDCG.*

un journal d'annonces légales. S'il est commerçant, le propriétaire loueur du fonds doit faire modifier son inscription au RCCM par la mention de la mise en location gérance de son fonds. La fin du contrat de location donne lieu aux mêmes mesures de publicité. L'inscription prise par le locataire au RCCM doit indiquer l'identité et le domicile du loueur, ainsi que les dates du début et de la fin de la location gérance. Enfin, le locataire-gérant doit indiquer en tête de ses bons de commande, factures et autres documents à caractère financier ou commercial, avec son numéro d'identification au RCCM, sa qualité de locataire-gérant du fonds.

Le défaut d'accomplissement des mesures de publicité prévues l'article 139 de l'AUDCG n'entraîne pas la nullité du protocole d'accord instituant la location-gérance, mais l'obligation du loueur au paiement des dettes générées par le locataire-gérant.[169] En conséquence, jugé que c'est à juste titre que le créancier d'un locataire-gérant a fait pratiquer une saisie sur les biens mobiliers constituant le fonds de commerce, dès lors que le propriétaire du fonds doit être solidairement tenu aux dettes en l'absence de preuve de la publication de la location-gérance.[170]

§2. Les effets de la location gérance

En ce qui concerne les effets entre les parties au contrat, ils sont soumis au droit commun et à la liberté contractuelle. Renaud SALOMON nous offre une bonne définition du le louage qui résume parfaitement les effets de la location gérance. Cet auteur définit le louage de chose comme « un contrat par lequel l'une des parties s'oblige à faire jouir l'autre d'une chose pendant un certain temps et moyennant un certain prix que celle-ci s'oblige de lui payer.[171]

Ainsi, le propriétaire ne doit pas troubler le locataire par son fait personnel en lui faisant par exemple concurrence. En contrepartie, le locataire gérant s'engage à bien exploiter le fonds, à ne pas en modifier la destination, et à payer le loyer. En conséquence, commet un abus de confiance, le locataire-gérant d'un fonds de commerce qui détourne les éléments corporels servant à son exploitation.[172]

Quant aux effets de la location gérance, à l'égard des tiers, seuls certains d'entre eux ont été réglementés par la loi dans la mesure où la plus importante des conséquences concerne le sort des créances. En effet, si les créanciers estiment que la location-gérance met en péril le recouvrement de leurs créances,

---

[169] CA Abidjan, 3ème Ch. civ. & com., n°263, 25-2-2005: B.K. c/ K. K. B., Le Juris-Ohada, n°4/2006, p.34, Ohadata J-07-32.

[170] CA Abijan, n°1153, 27-12-2005: K. D. c/ B.L.B., Ohadata J-09-202.

[171] *Renaud SALOMON*, Les Arrêts du droit pénal des affaires, éd CUJAS, Paris, 2018/2019, p.80.

[172] Crim., 25 nov. 1985, n°84-95.590 : Bull. Crim., n°371. In *172 Renaud SALOMON*, idem.

ils peuvent demander au tribunal compétent de déclarer immédiatement exigibles ces créances.

A peine de forclusion, l'action est introduite dans le délai de 3 mois de la date de publication du contrat de location-gérance d'une part, et d'autre part, les créanciers du locataire-gérant bénéficient de la solidarité entre le loueur et le locataire gérant pour le paiement de leurs créances. Cette solidarité dure tant que la publicité du contrat n'a pas eu lieu. Enfin, les dettes afférentes à l'exploitation du fonds contractées par le locataire gérant pendant la gérance sont immédiatement exigibles à la cessation du contrat de location-gérance.

IIème Chapitre. Les opérations juridiques portant sur le fonds de commerce

Depuis le XIXe siècle, le droit admet que le fonds de commerce est une universalité juridique susceptible, en tant que telle, de faire l'objet des contrats dont les plus usuels et les plus spécifiques sont la vente, le nantissement et la location gérance. Ce dernier contrat a déjà été étudié. On se limitera à la vente et au nantissement.

Ière section. La vente du fonds de commerce

La nouvelle règlementation constituée par les articles 141 à 168 AUDCG visent principalement trois objectifs à savoir : d'abord, protéger les créanciers du vendeur contre les ventes clandestines et ruineuses, ensuite, garantir le vendeur contre la faillite de l'acquéreur puisque la vente est souvent faite à crédit (privilège du vendeur) ; enfin protéger l'acquéreur par la mention dans l'acte de vente de renseignements destinés à l'éclairer sur la consistance et la valeur du fonds. Il en résulte que la vente du fonds de commerce obéit à des conditions en même temps qu'elle produit des effets de droit.

§1. Les conditions de la vente du fonds de commerce

L'article 141 AUDCG énonce que la cession du fonds de commerce obéit aux règles générales sur la vente sous réserve des dispositions particulières prévues par cet acte ou par des textes spécifiques à l'exercice de certaines activités commerciales. Les conditions de vente peuvent se regrouper suivant qu'elles se rapportent au fond, à la forme ou à la publicité du contrat.

Le propriétaire a cependant la faculté d'inclure dans la vente des éléments, corporels ou incorporels, du fonds, à condition de les préciser expressément dans l'acte de vente.

En outre, la vente peut porter sur des éléments séparés du fonds de commerce autres que les éléments qui forment le fonds commercial. Dans ce cas elle ne remet pas e, cause la conservation du fonds par le propriétaire.

L'article 150 AUDCG fait figurer parmi les énonciations obligatoires du contrat de vente le prix, auquel le fonds est cédé. Ce prix doit être sincère et sa dissimulation en partie est fiscalement sanctionnée. Sur le plan civil, la convention de dissimulation est sanctionnée par la nullité, mais cette nullité n'affecte pas l'acte de vente lui-même.

A. Les conditions de forme

La vente d'un fonds de commerce peut être réalisée soit par acte sous seing privé, soit par acte authentique conformément à l'article 149 de l'AUDCG.

En application de cette disposition, il fut jugé que la sommation interprétative n'étant pas une forme de cession, le créancier poursuivant ne présente aucun acte de cession conformément à l'article 149 (ancien article 117) ci-dessus. Dès lors, doit être déclarée nulle la saisie pratiquée sur les biens.[173]

Tout acte constatant la cession d'un fonds de commerce doit énoncer : pour les personnes physiques, l'état civil complet du vendeur et de l'acheteur, et, pour les personnes morales, leur nom, leur dénomination sociale, leur forme juridique, l'adresse de leur siège ; les activités des parties, leurs numéros d'immatriculation au RCCM ; s'il y a lieu, l'origine du fonds au regard du titulaire qui a précédé le vendeur ; l'état de privilèges, nantissements et inscriptions grevant le fonds ; le chiffre d'affaires réalisé au cours de chacune des trois dernières années d'exploitation, ou depuis son acquisition ; les résultats commerciaux réalisés pendant la même période ; le bail annexé à l'acte avec l'indication dans l'acte de sa durée, du nom et de l'adresse du bailleur y compris du cédant s'il y a lieu ; le prix convenu ; la situation et les éléments du fonds vendu ; le nom et l'adresse du notaire ou de l'établissement bancaire désigné en qualité de séquestre si la vente a lieu par acte sous seing privé (Art. 150)

L'article 151prescrit la nullité de la vente au profit du seul acquéreur, qui le droit de demander au juge endéans un an à compter de la date de l'acte en cas d'omission ou d'inexactitude des mentions à insérer dans l'acte de vente. La loi exige en outre que l'acquéreur demande en nullité prouve l'omission ou l'inexactitude a substantiellement affecté la consistance du fonds cédé et qu'il en est résulté un préjudicie. Il faut considérer que pour le législateur communautaire, la vente du fonds de commerce demeure en le principe, un contrat consensuel.

173CA Abidjan, n°206, 25-2-2003: M.J.Q. c/ Le Montparnasse, Ohadata J-03-296.

Jugé s'il est vrai qu'aux termes de l'article 150 (ancien 118) de l'AUDCG, la cession de fonds de commerce doit, dans l'acte la constatant, contenir certaines mentions obligatoires, il n'en demeure pas moins qu'en application des dispositions de l'article 151 (ancien 119) dudit acte, seul l'acquéreur peut invoquer la nullité de l'acte pour défaut des dites mentions.[174]

En conséquence, est nulle toute cession sans preuve de la qualité de propriétaire du fonds cédé. Jugé qu'il ne peut y avoir cession d'un fonds de commerce lorsque les conditions requises par les 150 & 152 (anciens articles 118 & 120) de l'AUDCG ne sont pas remplies et que le vendeur ne prouve pas qu'il fût le propriétaire légitime du fonds de commerce querellé.[175]

B. Les conditions de publicité

Elles ont pour but de protéger les créanciers du vendeur pour qui le fonds constitue un gage important et l'opposabilité de cession au tiers. Les cessions qui n'ont pas été inscrites au RCCM sont inopposables aux tiers.[176]

Comme mesure de publicité, il faut :
- déposer l'acte de vente en 2 copies certifiées conformes par le vendeur et l'acheteur au RCCM (art. 152 AUDCG) ;
- Procéder chacun en ce qui le concerne, à la mention modificative correspondante au RCCM,
- procéder dans les quinze jours francs de la cession à la publication à la diligence de l'acquéreur au journal officiel (art.153).

§2. Les effets de la vente du fonds de commerce

La vente du fonds de commerce produit des effets à l'égard des parties ou encore des obligations respectives des parties. Mais le fonds a ceci de particulier qu'il tient sa valeur de la clientèle. C'est-à-dire de l'ensemble des personnes qui sont en relation avec lui. Dans la mesure où la situation de ces personnes peut être modifiée par la vente du fonds, la loi leur donne des prérogatives pour la protection de cette situation.

A. Les obligations du vendeur

Le vendeur est tenu à 2 obligations principales envers l'acquéreur : une obligation de délivrance et une obligation de garantie.

174 CA Abidjan, n°820, 22-7-2005: M.W.D. R. c/ Mme S. S. A. Ohadata J-09-209.
175TIG Bobo-Dioulasso, n°153/03, 30-4-2003: ECODIS c/SANAMIKOOM INTERNATIONAL, Ohadata J-09-93.
176 CA Brazzaville, Ord. réf. n°040, 3-3-2005: O. B. M. A. c/ Sté S. A. R., Ohadata J-13-129.

1. L'obligation de délivrance

Le vendeur est tenu de mettre l'acquéreur en possession des éléments du fonds cédé à la date prévue dans l'acte de vente, ce qui ne pose généralement pas de problème. L'exécution de l'obligation consiste concrètement, pour le vendeur à permettre à l'acheteur d'entrer en jouissance du fonds ou à prendre possession du fonds. Elle est réalisée par la remise à l'acquéreur des clés des locaux où est situé le fonds. La délivrance a lieu par le seul fait de la vente du fonds et de l'obligation pour le vendeur de s'abstenir de se rétablir. Le vendeur doit faciliter l'acheteur de prendre possession de la clientèle en lui fournissant les renseignements et documents utiles sur les clients. Le transfert de propriété n'est opposable aux tiers que si les formalités requises pour chacun des éléments composant le fonds ont été observées : il s'agit de la prise de possession pour les meubles corporels, me matériel et les marchandises, la signification au bailleur ou au débiteur, ou l'acceptation de celui-ci dans un acte authentique pour le droit au bail ou les droits de créances, l'inscription à la structure nationale tenant lieu d'antenne nationale de l'Organisation africaine de la propriété intellectuelle OAPI pour les brevets d'inventions, les dessins, les modèles et les marques de fabrique ou de commerce.

La jurisprudence a décidé que la clientèle est un élément abstrait, et sa cession n'est possible lorsque le cédant s'abstient de poser des actes tendant à détourner ; en continuant de se comporter en propriétaire du fonds vendu par des actes tel que le refus de fermer le compte bancaire ouvert au nom de la société cédée, l'enregistrement d'un véhicule au poste de la police sous le nom de ladite société, l'aménagement d'un camion 4X4 équipé de citerne et d'un camion frigorifique du même modèle que celui cédé, la continuation des sorties touristiques avec des clients de ladite société, l'usurpation du titre de directeur général, l'exigence de conditions plus difficiles d'hébergement des clients de ladite société etc., le cédant ne saurait prétendre qu'il a effectivement cédé la clientèle ; l'obligation de délivrance n'a pas été donc respectée.[177]

2. Il est aussi de l'obligation de garantie et de non-concurrence conformément à l'article 155 de l'Acte uniforme relatif au droit commercial général.

A défaut de définition universelle de la concurrence déloyale, celle-ci devrait s'entendre de tout acte susceptible de semer le trouble dans la mentalité du client ; en la matière le dommage se présume à une baisse de clientèle qui est l'élément autour duquel tous les actes d'un fonds de commerce se réunissent.[178]

---

177 TGI Ouagadougou, n°984, 12-12-2001: OK-RAIDS c/ LATIL, Ohadata J-04-03.
178 TGI Ouagadougou, idem

B. Les obligations de l'acquéreur

L'acquéreur doit prendre livraison du fonds vendu. S'il refuse, on admet que le vendeur a le choix, conformément au droit commun, soit de le contraindre à une exécution forcée, soit demander la résolution de la vente.

Assez souvent, le prix de la vente du fonds ne sera pas payé comptant en raison de son montant élevé. Dans ce cas, aux termes de l'article 166 AUDCG, vendeur a un privilège sur le fonds vendu qu'il doit inscrire au RCCM. Dans le but de pouvoir se mobiliser sa créance sur l'acquéreur, le vendeur peut exiger de lui la signature de billets à ordre, appelés en l'occurrence de billets de fonds, payables à des échéances fixées pour le règlement du solde. La souscription de ces billets n'emporte pas novation. Le vendeur conserve encore par conséquent tous les droits qu'il tire du contrat de vente, et bénéficie en outre des prérogatives que le droit cambiaire confère aux créanciers. Lors de l'inscription de son privilège au RCCM, il doit préciser les conditions d'exigibilité de sa dette, dont l'émission des billets de fonds.

Le vendeur du fonds impayé dispose du privilège du vendeur et d'une action en résolution de la vente.

1. Le privilège du vendeur

Ce privilège lui permet d'être payé en priorité par rapport à tout autre créancier et n'est opposable aux tiers que s'il était inscrit au Registre du commerce et du crédit mobilier (RCCM) et éventuellement au registre spécial de l'Organisation africaine de la propriété intellectuelle (OAPI), lorsque ce privilège porte sur des éléments de propriété incorporelle (par exemple une marque ou un brevet). Les articles 166 et 168 AUDCG règlemente le privilège du vendeur qui lui permet dans le cas où le fonds serait revendu à l'amiable ou sur décision de justice, de se faire payer sur le prix de revente par préférence à toute autre personne.

De même, l'article 107 de l'Acte Uniforme révisé portant organisation des sûretés qui réglemente le désintéressement lorsqu'un bien qui fait l'objet de plusieurs gages successifs sans dépossession établit le rang est déterminé par ordre de leur inscription.

L'Acte uniforme ne précise pas sur quels éléments porte en priorité le privilège du vendeur. Le législateur communautaire d'indiquer que le vendeur peut inscrire son privilège au RCCM, avec obligation pour lui de préciser le montant des sommes dues au dernier jour précédent l'inscription. De même l'art 166 ne fait pas reconnaître au vendeur du fonds de commerce dont le prix n'a pas été payé comptant un privilège qu'il doit inscrire s'il veut en bénéficier. Le législateur prescrit que le vendeur du fonds de commerce, pour bénéficier de son privilège, doit inscrire la vente au RCCM. Il convient de ne pas distinguer où la loi ne distingue pas, et considérer que l'assiette du privilège est unique, à savoir le prix global du fonds.

Lorsque le privilège porte cependant, sur les brevets d'invention, des marques de fabrique ou de commerce, des dessins et modèles industriels, il doit être aussi inscrit à l'OAPI. Le privilège renferme 2 droits au profit du vendeur : un droit de préférence et un droit de suite.

2. L'action résolutoire du vendeur

Le vendeur impayé peut saisir le tribunal d'une action en résolution de la vente ; et pour garantir l'efficacité de cette action, il doit procéder à la pré-notation de son action résolutoire au RCCM.et obtenir des dommages et intérêts parce que la résolution est rétroactive, elle est dangereuse pour les créanciers de l'acquéreur et surtout pour ceux qui ont obtenu de lui un nantissement sur le fonds.

3. Le droit d'opposition du vendeur

Le vendeur peut s'opposer à certains actes de l'acquéreur susceptibles de faire baisser la valeur du fonds de commerce, et donc, de diminuer ses propres garantis. Ainsi, le vendeur non payé peut-il s'opposer au déplacement du fonds. De même, le vendeur non payé peut s'opposer à la résiliation du bail.

C. Effets de la vente à l'égard des créanciers du vendeur

Aux termes de l'article 157 AUDCG, l'acheteur a l'obligation de le payer entre les mains d'un notaire ou d'un établissement bancaire désigné comme séquestre d'un commun accord entre les parties à l'acte. Ce dernier devra le conserver pendant un délai de 30 jours commençant au jour de la parution de la publicité de la vente dans un journal habilité à recevoir les annonces légales.

§3. Problèmes particuliers de l'apport du fonds de commerce en société

L'apport du fonds de commerce en société obéit aux règles générales sur les apports en nature et opère transfert de propriété comme la vente. Mais à la différence de la vente, ce n'est pas un prix qui est payé en contrepartie de l'apport, ce sont des parts sociales ou des actions qui sont attribuées à l'apporteur. L'apport est soumis à la même publicité que la vente sans qu'il y ait lieu de distinguer s'il est fait à une société en constitution ou déjà existante. Les créanciers de l'apporteur peuvent soit faire opposition au paiement du prix, soit faire surenchère du sixième du prix dans les mêmes conditions qu'en cas de vente du fonds de commerce.

IIème Section. Le nantissement du fonds de commerce

Aux termes de l'article 162 de l'AUS, le nantissement du fonds de commerce est la convention par laquelle le constituant affecte en garantie d'une obligation, les éléments incorporels constitutifs du fonds de commerce à savoir la clientèle et l'enseigne ou le nom commercial.

Le nantissement du fonds de commerce est un gage sans dépossession ; c'est-à-dire que malgré la constitution d'une garantie, le débiteur reste en possession de son bien. Cela se justifie par plusieurs raisons : d'abord, par sa nature, il est un instrument de travail essentiel dont le débiteur commerçant ou l'entreprise ne se priver, il doit prouver continuer à exercer son activité malgré la constitution du nantissement ; ensuit, la valeur du fonds de commerce et donc de la garantie qu'elle donne est liée à son exploitation qui ne peut être mieux assurée que par le propriétaire du fonds lui-même ; enfin, le fonds de commerce est un bien dont la localisation dans l'espace est possible ce qui rend inutile la dépossession.[179]

Le nantissement du fonds de commerce n'est pas une sûreté spéciale qui ne bénéficie qu'à certains créanciers contrairement au privilège sur le fonds de commerce qui ne profite qu'au vendeur du fonds de commerce. C'est une sûreté conventionnelle qui peut être consentie par le propriétaire du fonds à tout créancier quel que soit la nature de sa créance. A côté du nantissement conventionnel, il y a également le nantissement judiciaire prévu par l'71 AUS dont l'inscription peut être autorisée par la juridiction compétente. Il ne présente pas de différences notables avec le nantissement conventionnel pour ce qui est des formalités et des effets sauf qu'il comporte deux phases : une phase provisoire qui après l'autorisation judiciaire d'inscription donne lieu à l'inscription définitive de la sûreté après la décision judiciaire de validité passée en force de chose jugée. Il suit quasiment le même régime que l'hypothèque judiciaire.

A) La constitution du nantissement du fonds de commerce

Pour donner un fonds de commerce en nantissement, il faut d'abord en être propriétaire. Cette condition peut paraître évidente et surabondante, mais elle a ici pour conséquence principale d'interdire au locataire-gérant d'affecter en garantie le fonds qu'il exploite. Il faut ensuite, avoir la capacité d'aliéner ce qui est interdit au mineur et au majeur sous protection de nantir un fonds de commerce.

Le nantissement porte obligatoirement sur les éléments énumérés à l'article 69 AUS, c'est-à-dire, la clientèle, l'enseigne, le nom commercial, le droit au bail-dans l'hypothèse où le débiteur n'est pas propriétaire d'immeuble dans

---

[179] *KALIEU ELONGO Y., Droit et pratique des sûretés réelles OHADA, PUA, Yaoundé, 3ème éd, 2010, P.118-122.*

lequel il exploite son fonds- et les licences d'exploitations. Il s'agit là des éléments corporels principaux du fonds de commerce, mais il faut noter que si les parties le souhaitent, le nantissement pourra porter sur les autres éléments incorporels principaux que sont notamment, le brevet d'invention, la marque de fabrique, les dessins et modèles ; c'est-à-dire , les droits de propriété intellectuelle et industrielle attachés au fonds et sur le matériel lorsque le débiteur n'est pas propriétaire de l'immeuble car autrement ce matériel constitue un immeuble par nature. Cette extension doit faire l'objet d'une clause spéciale désignant les biens mis en gage, d'une mention spéciale au RCCM et elle est soumise à des mesures de publicité spéciale comme le prévoit l'article 77 AUS. Il s'agit des formalités spéciales pour le nantissement de matériel et de la publicité spéciale prévue pour les droits de propriété intellectuelle.

Le nantissement ne peut pas porter sur les marchandises ou sur les créances qui peuvent toutefois être spécialement nanties suivant les règles prévues à cet effet. Cette limitation légale a pour but d'éviter que le commerçant n'épuise son crédit. Le nantissement ne peut pas non plus porter sur les droits réels immobiliers conférés ou constatés par les baux ou des conventions soumises à l'inscription au livre foncier. Tous les éléments grevés du nantissement garantissent de manière indivisible la totalité de la créance sans distinguer entre la part de la créance affectée aux éléments incorporels et celle affectée au matériel.

S'agissant des formalités, le nantissement est constitué soit par acte authentique, soit par acte sous seing privé enregistré. Cet acte doit obligatoirement comporter certaines mentions : noms et domicile des parties (créancier, débiteur ou tiers constituant), numéro d'immatriculation du débiteur au RCCM, désignation précise du fonds (siège et succursales), désignation des éléments nantis, montant de la créance en précisant les conditions d'exigibilité et les intérêts, l'élection de domicile du créancier. Il doit être inscrit au RCCM et la validité de l'inscription est de cinq ans. Une formalité supplémentaire est prévue : le créancier doit notifier l'inscription du nantissement au bailleur de l'immeuble dans lequel le fonds est exploité lorsque cet immeuble n'appartient d'une mesure d'information ; et de protection une fois informé, le bailleur sera tenu, le moment venu, de notifier son intention de résilier le bail aux créanciers inscrits qui peuvent alors faire une surenchère.

B) Protection du créancier

Le fonds de commerce nanti continue à être administré par le commerçant qui peut même en disposer. Ceci contribue à exposer le créancier bénéficiaire à certains risques tels que la perte de la valeur du fonds. C'est pourquoi la loi a pris des mesures pour parer à ces dangers. Ainsi, en cas de vente séparée des éléments du fonds de commerce, l'article 85 AUS prévoit que les créanciers peuvent obtenir en justice la déchéance du terme des créanciers. Si la vente porte sur le fonds lui-même, le créancier inscrit ne peut certes s'y opposer, mais il peut, conformément à l'article 88 AUS, former une surenchère au 1/10e du prix global figurant dans l'acte de vente. En outre, si le commerçant à l'endroit de déplacer le fonds, il doit en informer le créancier au moins 15 jours à l'avance en indiquant le nouvel emplacement. S'il ne respecte pas cette obligation, il y a déchéance du terme. Par ailleurs, il peut arriver que le propriétaire des locaux abritant le fonds envisage des loyers. Dans ce cas, l'article 97 lui fait obligation de notifier sa demande au créancier inscrit et résiliation mais suivant la notification pendant ce délai, les créanciers peuvent échapper aux conséquences de la résiliation en payant le propriétaire à la place du locataire. En absence de notification, la résiliation est inopposable au créancier.

C) Réalisation du nantissement

Le créancier nanti bénéficie, comme les autres, du droit de suite et du droit de préférence. A travers le droit de suite, le créancier dispose, lorsque le terme marqué de payer sa créance à l'échéance, du droit de procéder de la vente forcée des éléments du fonds de commerce et d'en recevoir le paiement pour le principal de la créance ainsi que de deux années d'intérêt.

Dans la pratique, le droit de suite est rarement mis en œuvre, car l'acquéreur du fonds peut s'affranchir des suretés inscrites, par une procédure de purge, comme en matière d'hypothèque. Il faut aussi souligner que le droit de suite ne s'exerce que sur la vente du fonds entier et non sur ses différents éléments. Dans ce cas, il peut seulement y avoir déchéance du terme.

Le créancier nanti ne peut en principe, contrairement à ce que prévient l'article 56 AUS, demander l'attribution judiciaire du fonds de commerce ; cela s'explique par la nature particulière du bien nanti. Le droit de préférence est reconnu quant à lui au créancier nanti dans les conditions prévues par l'article 149 AUS qui prévoit le classement des suretés.

IIème Titre. Vente Commerciale

La vente est un contrat par lequel une personne, le vendeur, transfère un bien à une autre personne, l'acheteur, qui a l'obligation d'en verser le prix en argent. La vente est commerciale lorsque le vendeur et l'acheteur sont tous les deux commerçants, ce qui exclut de la réglementation prévue par l'Acte uniforme portant sur le droit commercial général :

a. les ventes aux consommateurs, c'est à dire à toute personne qui agit à des fins qui n'entrent pas dans le cadre de son activité professionnelle ;
b. les ventes sur saisie, par autorité de justice, et aux ventes aux enchères ;

c. les ventes de valeurs mobilières, d'effets de commerce, de monnaies ou devises et les cessions de créances.

Elles ne s'appliquent non plus aux contrats dans lesquels la part prépondérante de l'obligation de la partie qui fournit les marchandises consiste dans une fourniture de main d'œuvre ou d'autres services.

En matière de vente commerciale, la volonté et le comportement d'une partie doivent être interprétés selon l'intention de celle-ci, lorsque l'autre partie connaissait ou ne pouvait ignorer cette intention. La volonté et le comportement d'une partie doivent être interprétés selon le sens qu'une personne raisonnable, de même qualité que l'autre partie, placée dans la même situation, leur aurait donnée.

Pour déterminer l'intention d'une partie, ou celle d'une personne raisonnable, il doit être tenu compte des circonstances de fait, et notamment des négociations qui ont pu avoir lieu entre les parties, des pratiques qui se sont établies entre elles, voire encore des usages en vigueur dans la profession concernée.

Les parties sont liées par les usages auxquels elles ont consenti et par les habitudes qui se sont établies dans leurs relations commerciales. Sauf conventions contraires des parties, celles-ci sont réputées s'être tacitement référées dans le contrat de vente commerciale, aux usages professionnels dont elles avaient connaissance, ou auraient dû avoir connaissance, et qui, dans le commerce, sont largement connus et régulièrement observés par les parties à des contrats de même nature dans la branche commerciale considérée.

Le contrat de vente commerciale peut être écrit ou verbal ; il n'est soumis à aucune condition de forme. En l'absence d'un écrit, il peut être prouvé par tous moyens, y compris par témoin.

Aux termes de l'article 237 de l'AUDCG, la vente commerciale est soumise aux règles du droit commun des contrats et de la vente qui ne sont pas contraire aux dispositions dudit Acte. Les parties sont tenues de se conformer aux exigences de la bonne foi. Elles ne peuvent exclure cette obligation, ni en limiter.

La Cour commune de justice et d'arbitrage précise à cet effet que les dispositions du livre V devenu Livre VIII de l'AUDCG relatif à la vente commerciale incluent expressément les dispositions du droit interne de tout Etat partie, en cas de silence de l'Acte uniforme sur des questions traitées, tel est le cas en ce qui concerne les preuves en matière de vente commerciale, ces sont des règles nationales qui s'appliquent.[180]

Chapitre premier. FORMATION DU CONTRAT DE LA VENTE COMMERCIALE

La formation de vente commerciale est gouvernée en droit OHADA par des principes qu'il convient d'exposer (section 1) avant de s'intéresser aux conditions de formation du contrat de la vente commerciale (section 2).

Section 1. Principes gouvernant la formation de la vente commerciale.

Trois principes gouvernent la formation de la vente commerciale : le principe du consensualisme (§1), principe de bonne foi (§2) et celui de la liberté dans la conduite et rupture des négociations (§3).

§1. Le principe du consensualisme

Le principe du consensualisme signifie que sauf exception expresse, un contrat se forme par le seul échange des consentements (solo sensu) sans qu'aucune forme particulière ne soit nécessaire181. Il en est ainsi du contrat de vente commerciale en droit OHADA. En effet, aux termes de l'article 240 de l'AUDCG, il n'est soumis à aucune condition de forme. Il peut, suivant la volonté des parties, être écrit ou verbal. Le législateur OHADA a tiré toutes les conséquences du principe du consensualisme en consacrant le principe de la liberté de preuve (art.240 in fine). Ce principe ne peut cependant jouer que lorsque le contrat a été conclu verbalement. S'il a été conclu par l'écrit, sa preuve ne peut être rapportée que par cet écrit.

§2. Principe de bonne foi

Comme le principe du consensualisme, le principe de bonne foi est expressément consacré par le législateur OHADA. L'article 237 alinéa 2 de l'AUDCG dispose en effet que « les parties sont tenues de se conformer aux exigences de la bonne foi ». Le législateur n'a pas défini ce qu'il entend de la notion de bonne foi. Elle revêt pourtant en droit des obligations une double signification. Elle renvoie d'abord à la loyauté du contractant. Celle-ci signifie l'absence de ma mauvaise foi, autrement dit, la probité, la loyauté, l'honnêteté. La bonne foi renvoie ensuite à la loyauté contractuelle, qui impose un contractant un devoir de coopération et de collaboration, une attitude prudente emprunte de

[180]CCJA, n°024/2007, 31-5-2007 : W. B. c/ SOCIMAT-CI, Recueil de Jurisprudence n°9, janvier-juin 2007, p.53, Ohadata J-08-225.

[181] Fabre-Magnan, Droit des obligations, contrat et engagement unilatéral, 2ème éd. Mis à jour, Thermis de droit, PUF, 2010, p.215.

la justice contractuelle. L'article 237 alinéa 2 ne précise pas le domaine d'application de bonne foi.

Face à ce silence, la doctrine conclue que celle-ci doit régir aussi bien la formation que l'exécution du contrat de vente commerciale. Dans la phase de formation, la bonne foi oblige à un comportement de loyal vis-à-vis du futur partenaire, à ne pas chercher à l'induire, contre son intérêt, à conclure le contrat de vente. Dans la phase de l'exécution, en revanche, la bonne foi doit inspirer tant l'exécution de ses propres obligations que l'exigence de l'exécution par l'autre de ses obligations.[182] Le législateur OHADA confère à ce principe de bonne foi un caractère d'ordre public. Aux termes de l'article 237 alinéa 2 en effet, les parties ne peuvent exclure cette obligation, ni en limiter la portée.

La vente commerciale étant un contrat, il est tout à fait normal qu'elle soit régie par le droit commun des contrats, ce qui renvoie au droit national de chaque Etat partie. On peut se demander pourquoi le législateur a ressenti le besoin de rappeler que les parties doivent se conformer aux exigences de bonne foi. Cela peut s'expliquer par le fait que la vente commerciale étant conclue entre professionnels, chacune des parties est à même de veiller à la préservation de ses intérêts. Le législateur n'a donc mis expressément à charge des parties les obligations de sécurité et d'information. Il s'en tient à la bonne foi érigée ici, en instrument de régulation du contrat que l'on ne peut évincer.[183]

§3. La liberté dans la conduite et la rupture des négociations

La liberté contractuelle, principe fondateur du droit des contrats, implique la liberté de négociation en vertu de laquelle chacun est entièrement maître de sa décision de conclure ou non le contrat. C'est cette liberté dans la conduite et rupture des négociations que l'article 249 de l'AUDCG dispose que « les parties sont libre de négocier et ne peuvent être tenues pour responsables si elles ne parviennent pas à un accord ». Cette liberté n'est pas cependant absolue. Selon l'alinéa 2 de cet article 249 en effet : « la partie qui conduit ou rompt une négociation de mauvaise foi est responsable du préjudice qu'elle cause à l'autre ». L'alinéa 3 du même nous donne un exemple de mauvaise foi. Celle-ci est avérée lorsqu'une partie entame ou poursuit des négociations sans intention de parvenir à un accord. La liberté de rupture ne saurait justifier une rupture abusive ou intempestive. La mauvaise foi exigée ne suppose pas une intention de nuire.

---

182 Paul-Gérard POUGOUE, Encyclopédie du droit OHADA, Lamy, Cotonou, 2011, p.2109.
183 ISSA SAYEGH J., POUGOUE P., et SAWADOGO F., Op.cit., 344-245.

Section II. Conditions de formation de la vente commerciale

Comme tout contrat, la vente est soumise aux conditions de formation communes à tous les contrats qui sont énumérées par l'article 8 du Code civil congolais livre III. Ainsi, pour que la vente soit valablement formée, quatre conditions sont exigées : le consentement de la partie qui s'oblige, sa capacité de contracter, un objet certain qui forme la matière de l'engagement ains qu'une cause licite dans l'obligation. La vente est aussi un contrat particulier dont la formation est régie par l'article 264 du code civil congolais, livre 3, aux termes duquel « la vente est parfaite entre les parties, et la propriété acquise de droit à l'acquéreur à l'égard du vendeur, dès qu'on est convenu de la chose et du prix, quoique la chose n'ait pas encore été livrée ni prix payé ». Il est possible de rapprocher les deux dispositions en considérant que le prix et la chose qui sont mentionnés à l'article 264 du Code civil correspondent à l'objet et à la cause des obligations respectives des parties prévus à l'article 8 du même code.

Trois conditions doivent donc être réunies afin que soit conclue une vente commerciale, à savoir : le consentement des parties (1), la chose (2) et le prix (3).

§1. Le consentement des parties

Au regard de son caractère essentiellement consensuel, la formation de la vente commerciale repose sur le mécanisme de la rencontre et de l'accord des volontés des parties.

L'article 241 de l'AUDC dispose en effet que « Le contrat se conclut soit par l'acceptation d'une offre, soit par un comportement des parties qui indique suffisamment leur accord. Elle est suffisamment précise lorsqu'elle désigne les marchandises, et, expressément ou implicitement, fixe la quantité et le prix ou donne les indications permettant de les déterminer. Une proposition de conclure un contrat, adressée à une ou plusieurs personnes déterminées constitue une offre si elle est suffisamment précise et si elle indique la volonté de son auteur d'être lié en cas d'acceptation ».

Une proposition de conclure ne devient offre que si, faite à personne déterminée, elle est suffisamment précise et indique la volonté de son auteur d'être lié en cas d'acceptation.[184] Lorsque la lettre d'appel d'offres d'une partie est suffisamment précise du fait d'avoir désigné les marchandises, fixé la quantité et donné les indications permettant de déterminer le prix, mais n'indique pas, en revanche, la volonté de son auteur d'être lié en cas d'acceptation, d'autant qu'il se « réserve le droit de ne pas donner suite ou de ne donner suite que

[184]CCJA, 2ème Ch., n°2, 2-2-2012 : Sté SSI c/ SANY, Juris-Ohada, 2012, n°4, oct.-déc., p.7. Ohadata-J-13-56.

partiellement à cet appel d'offres », c'est à juste titre qu'une Cour d'appel a estimé que les dites offres n'indiquent pas la volonté de leur auteur d'être lié en cas d'acceptation et le moyen tendant à la violation de l'article 2010 de l'AUDCG doit être rejeté.[185]

Une offre prend effet lorsqu'elle parvient à son destinataire. Une offre peut être révoquée, si la révocation parvient au destinataire avant que celui-ci n'ait expédié son acceptation. Cependant, une offre ne peut être révoquée si elle précise qu'elle est irrévocable, ou si elle fixe un délai déterminé pour son acceptation. Une offre même irrévocable prend fin lorsque son rejet parvient à l'auteur de l'offre.

Une déclaration, ou tout autre comportement du destinataire indiquant qu'il acquiesce à une offre constitue une acceptation. Le silence ou l'inaction, à eux seuls, ne peuvent valoir acceptation. L'acceptation d'une offre prend effet au moment où l'indication d'acquiescement parvient à l'auteur d'une offre, et au cas où cette indication ne parvient pas à l'auteur de l'offre dans le délai qu'il a stipulé ou, à défaut de stipulation, dans un délai raisonnable compte tenu des circonstances de la transaction et du moyen de communication utilisé par l'auteur de l'offre.

L'acceptation peut être rétractée si la rétractation parvient à l'auteur de l'offre avant le moment où l'acceptation aurait pris effet. Le contrat est conclu au moment où l'acceptation d'une offre prend effet conformément aux dispositions légales.

Par ailleurs, s'agissant de l'interprétation du contrat de vente commerciale, l'article 238 de l'AUDCG dispose que « lorsqu'une clause est ambiguë, la volonté d'une partie doit être interprétée selon le sens qu'une personne raisonnable, de même qualité que l'autre partie, placée dans la même situation, aurait déduit de son comportement. Pour déterminer la volonté d'une partie, il doit être tenu compte des circonstances de fait, et notamment des négociations qui ont pu avoir lieu entre partie, des pratiques qui se sont établies entre elles, voire des usages en vigueur dans la profession concernée ».

Ainsi, toutes les clauses d'un contrat s'interprètent les unes par les autres en donnant à chacune le sens qui résulte de l'acte entier.[186] Le juge ne peut se livrer à l'interprétation des usages et des habitudes en application de l'article 239 de l'AUDCG que si l'intention des parties n'est pas ou est mal exprimée.[187] Cependant, lorsqu'une des parties a manifesté à plusieurs reprises à l'autre partie

---

185 CCJA, n°064/2005, 22-12-2005 : SANY Quincaillerie c/ SUBSAHARA SERVICES NC, recueil de jurisprudence de la CCJA, n°6, juin-décembre 2005, p.54, Ohadata J-06-39.

186 CA Ouagadougou, n°15, 20-1-2006 : Sté TELECEL FASO c/ Sté HORTEL PROJECT, Ohadata J-09-22.

187 Cet article dispose « les parties sont liées par les usages auxquelles elles ont consenti et par les pratiques qui se sont établies dans leurs relations commerciales.

ne plus vouloir être liée par les usages, il ne peut être reproché à la cour d'en avoir tenu compte et le moyen basé sur la violation de l'article précité doit être rejeté.[188]

§2. Chose

L'exigence de la chose est la deuxième condition de la validité du contrat de vente posée par l'article 264 du CCCLIII encore applicable en droit commun des contrats y compris dans la vente commerciale.

Le principe de la libre circulation des biens laisse suggérer que toute chose est susceptible d'être vendue. Ce principe, s'il n'est pas inexact, fait toutefois l'objet d'un certain nombre de tempéraments.

En effet, la chose doit présenter quelques caractéristiques : elle doit être aliénable, déterminée ou déterminable et existante même si la vente peut parfois porter sur une chose future. La chose doit en outre appartenir au vendeur.[189]

Pour pouvoir être vendue, la chose doit présenter certain nombre de caractères, à savoir : elle doit exister, être déterminée et cessible. Aux termes de l'article 275 du CCCLIII, « tout ce qui est dans le commerce peut être vendu, lorsque des lois particulières n'en ont pas prohibé l'aliénation ». On ne peut donc vendre les biens du domaine de l'Etat, car ceux sont hors commerce. La vente de la chose d'autrui est nulle et peut donner lieu à des dommages intérêts lorsque l'acheteur a ignoré que la chose fût à autrui. Signalons qu'en droit congolais, on peut vendre la succession d'une personne vivante, même de son consentement.[190]

A la lumière des articles 250 à 260 de l'AUDCG qui imposent l'obligation de livraison, de conformité et de garantie envers l'acheteur, la chose dont il est question dans la vente commerciale en droit OHADA est exclusivement constituée des marchandises.

§3. Le prix

Le prix est la somme d'argent que l'acheteur s'engage à payer au vendeur en contrepartie de la chose qu'il reçoit. Il s'agit, comme la chose, d'un élément essentiel du contrat de vente sans lequel celui-ci ne peut se former. Le prix est un outil de qualification des contrats, permettant ainsi de distinguer la vente d'autres contrats voisins, tels que l'échange ou l'apport en société.[191]

---

188 CCJA, n°064/2005, 22-12-2005 : SANY Quincaillerie c/ SUBSAHARA SERVICES NC, recueil de jurisprudence de la CCJA, n°6, juin-décembre 2005, p.54, Ohadata J-06-39.
189Diane Boustan, L'ESSENTIEL DU DROIT DES CONTRATS SPÉCIAUX, 2ème éd. Gualino, Paris, 2020-2021, p.50.
190 Voir l'article 277 du code civil Congolais, livre 3.
191 Idem, p.56.

En conséquence, toute convention dans laquelle la contrepartie à l'aliénation de la chose serait autre chose qu'une somme d'argent ne pourrait être une vente, mais serait un autre contrat tel qu'un échange, un apport en société, un louage d'ouvrage ou un contrat innommé.[192] Plusieurs conditions sont requises : le prix doit être déterminé ou du moins déterminable, réel et sérieux tout en étant juste.

C'est ainsi que le législateur OHADA me charge de l'acheteur l'obligation de paiement du prix convenu. L'article 263 dispose en effet, que le prix exprimé dans le contrat est présumé convenu hors taxes. S'il y a lieu à détermination du prix, les parties peuvent se référer à la valeur habituellement attribuée au moment de la conclusion du contrat à des marchandises vendues dans les circonstances comparables au sein de la même brache d'activité. Et l'article 265 complète que lorsque le prix est fixé d'après le poids des marchandises, ce prix est déterminé, en cas de doute, à partir de leur poids net. Il y a lieu de conclure qu'il n'a pas de vente commerciale sans prix.

Section III. Obligations des parties contractantes

Etant un contrat synallagmatique, la vente commerciale crée des obligations réciproques et interdépendantes à la charge des deux parties. En effet, le vendeur s'oblige à livrer les marchandises et à remettre s'il y a lieu, des documents et accessoires nécessaires à leur utilisation, à la preuve de l'achat et à la prise de livraison. Il est tenu, en outre, de s'assurer de la conformité des marchandises à la commande et d'accorder sa garantie tandis que l'acheteur s'oblige à payer le prix convenu et à prendre livraison.

§1. Pour le vendeur

Il s'oblige, dispose l'article 250 AUDCG, dans les conditions prévues au contrat et présent acte à livrer les marchandises et à remettre s'il y a lieu, des documents et accessoires nécessaires à leur utilisation, à la preuve de l'achat et à la prise de livraison. Il est tenu, en outre, de s'assurer de la conformité des marchandises à la commande et d'accorder sa garantie.

a°) Obligation de livraison

Le vendeur doit livrer les marchandises : premièrement, si une date est fixée par le contrat ou est déterminable par référence au contrat, à cette date, ensuite, si une période de temps est fixée par le contrat, ou est déterminable par référence au contrat, à un moment quelconque au cours de cette période, et enfin,

---

[192] Paul-Gérard POUGOUE, *Encyclopédie du droit OHADA*, Lamy, Op.cit., p.2115.

dans tous les autres cas, dans un délai raisonnable à partir de la conclusion du contrat.

L'objet de cette obligation est d'abord constitué par les marchandises. Il s'étend ensuite aux accessoires et matériels juridiques ainsi qu'aux documents administratifs, sanitaires ou fiscaux notamment. Cela signifie que le vendeur qui livre une marchandise même conforme sans les accessoires et documents nécessaires, ne satisfait pas à l'obligation de livraison que la loi met à sa charge (art. 251-254 AUDCG).

Signalons que le domicile du vendeur est le lieu de livraison à défaut de convention des parties. En effet, lorsqu'il n'a pas été prévu par les parties dans leur contrat, le lieu de livraison dans une vente commerciale est le lieu de fabrication ou stockage des marchandises ou encore le lieu où le vendeur a son principal établissement.[193]

b°) Obligation de conformité

Le vendeur doit livrer les marchandises dans la quantité, la qualité, la spécification, le conditionnement et l'emballage correspondants à ceux prévus au contrat. A moins que les parties n'en soient convenues autrement, les marchandises ne sont conformes au contrat que s'elles sont propres aux usages auxquels servent habituellement les marchandises de même type, sont propres à tout usage spécial qui a été porté à la connaissance du vendeur au moment de la conclusion du contrat , elles possèdent les qualités d'une marchandise dont le vendeur a remis à l'acheteur l'échantillon ou le modèle soit elles sont emballées ou conditionnées selon le mode habituel pour des marchandises de même type, ou à défaut de mode habituel, de manière propre à les conserver et à les protéger.

Le vendeur est responsable conformément au contrat et aux présentes dispositions, de tout défaut de conformité qui existe au moment du transfert des risques à l'acheteur, même si ce défaut n'apparaît qu'ultérieurement (art. 255-259AUDCG). Le vendeur a l'obligation de livrer la marchandise selon les spécifications contractuelles.[194] Toutefois, l'acquéreur qui a accepté sans réserve la chose qui lui est remise est tenu pour l'avoir considérée conforme à sa demande quant aux défauts apparents.[195]

Notons cependant, en présence d'un défaut de conformité établi par l'expertise te ne souffrant d'aucune contestation, le vendeur engage sa responsabilité contractuelle de l'inexécution de son obligation.[196]

---

[193] TGI Mfoundi, n°246, 4-3-2002 : M. M. M. c/ LABOREX CAMEROUN SA, Ohadata J-04-216.
[194] CA Ouagadougou, Ch com. n°040, 16-4-2010 : S. N. M. c/ SCIM et SOBFI, Ohadata J-12-183.
[195] Cass. Com. 3-5-2006 n°535: RJDA 10/06 n°1009.
[196] CA Ouagadougou, ibidem.

Si les marchandises ne sont pas conformes, plusieurs possibilités s'offrent aux parties :

• Le vendeur peut livrer, à la place des marchandises non conformes au contrat, des marchandises de remplacement ;
• Le vendeur peut, même après la date de livraison, réparer à ses frais tout manquement à ses obligations ;
• L'acheteur peut réduire le prix, proportionnellement à la différence entre la valeur que les marchandises effectivement livrées avaient au moment de la livraison et la valeur que des marchandises conformes auraient eu à ce moment ;
• L'acheteur a le droit de refuser de prendre livraison de toute la marchandise ou seulement de la quantité excédentaire. Dans ce cas, la marchandise restera à la charge du vendeur ou du transporteur ;
• L'acheteur peut déclarer unilatéralement le contrat résolu dans sa totalité lorsque l'inexécution partielle ou le défaut de conformité constitue un manquement essentiel au contrat.
• Lorsque l'acheteur a procédé à un achat de remplacement, il peut demander des dommages intérêts pour obtenir la différence entre le prix du contrat et le prix de l'achat de remplacement, ainsi que tous autres dommages intérêts qui peuvent être dus ;
• L'acheteur peut demander au juge toutes mesures de nature à contraindre le vendeur à remplir ses obligations (par exemple, sa condamnation à livrer les marchandises sous astreinte). Cette faculté appartient à l'acheteur seul. Elle permet de rétablir l'équilibre rompu.

c°) Obligation de garantie

Le vendeur doit garantir l'acquéreur contre l'éviction et contre les vices cachés. En ce qui concerne la garantie contre l'éviction, le vendeur doit livrer la marchandise libre de tout droit ou prétention d'un tiers, sauf clause contraire.

Quant à la garantie contre les vices cachés, lorsque la chose vendue recèle un défaut qui en diminue tellement l'usage que l'acheteur ne l'aurait pas acquise ou en aurait donné un moindre prix s'il l'avait connu, il y a vice caché. Le vendeur doit garantir contre ce vice non seulement l'acheteur, mais également le sous-acquéreur. Le vendeur qui invoque une clause limitative de garantie doit apporter la preuve que l'acquéreur a connue et acceptée l'existence de cette clause lors de la conclusion de la vente. Il doit garantir l'acheteur de toute éviction par son fait personnel. Il s'agit d'une garantie d'éviction aussi bien du fait des tiers que personnel. Le terme « prétention » suppose que la garantie soit due même lorsque la vente porte sur un bien qui n'est pas libre de toute prétention d'un tiers, la nullité peut être prononcée si le vendeur a usé de dol (art. 260-2061).

Doit être annulée pour dol, la vente litigieuse, lorsque le bien vendu n'était pas libre de toute prétention d'un tiers et que le vendeur a fait croire que la vente initiale avait été annulée, usant ainsi de dol.[197]

La jurisprudence décide que le vendeur doit garantir l'acheteur contre : « - son éviction résultant d'une action en contrefaçon des marchandises vendues,[198] mais pas si l'acheteur de marchandises contrefaites est un professionnel,[199]- l'action en garantie d'éviction exercée par l'acheteur d'une automobile volée,[200] - tous agissements ayant pour effet de l'empêcher de poursuivre l'activité économique de la société et de réaliser l'objet social.[201]

Ainsi, le droit OHADA tend à favoriser aussi souvent que possible une exécution en nature, qui permettrait le maintien du contrat.

§2. Pour l'acheteur

Aux termes de l'article 262 AUDCG, l'acheteur s'oblige à payer le prix dans le respect des stipulations contractuelles, puis les dispositions légales et à prendre livraison des marchandises.

a°) Paiement du prix

L'obligation de payer le prix comprend celle de prendre toutes les mesures et d'accomplir toutes les formalités destinées à permettre le paiement du prix prévu par le contrat ou par les lois et les règlements. Le législateur communautaire souligne que la vente ne peut être valablement conclue sans que le prix des marchandises vendues ait été fixé dans le contrat de vente, à moins que les parties ne se soient référées au prix habituellement pratiqué au moment de la conclusion du contrat dans la branche commerciale considérée, pour les mêmes marchandises vendues dans des circonstances comparables. L'acheteur est tenu de payer le prix convenu hors taxes (art. 263-267). L'acheteur est fautif s'il n'accomplit pas les diligences voulues pour obtenir la réalisation de la condition à laquelle la conclusion du contrat est subordonnée, notamment pour l'obtention d'une autorisation administrative.[202]

Par ailleurs, il convient ici de distinguer selon que la vente a été assortie ou non d'une clause de réserve de propriété. En effet, dans une vente non assortie d'une clause de réserve de propriété, l'acquéreur qui ne paie pas le prix de la chose vendue ne commet pas l'abus de confiance. Il a été jugé que dans une vente non

---

[197] CA Abidjan, 2ème Ch. Civ. & com. n°497, 6-5-2005: B/ Coopérative Agricole Kavokiva, Le Juris-Ohada n°1/2007, p.33, Ohadata J-08-70, Ohadata J-09-163.

[198] Cass. Franc. Com. 13-5-1995: RJDA 11/95 n°1220.

[199] Cass. Franc. Com. 4-2-2004 n°252: D. 2005. Pan. 1717 obs. Galloux.

[200] CA Paris 16-5-1990: D. 1990. IR. 150.

[201] Cass. Franc. Com. 15-12-2009 n°08-20.522, Légifrance.

[202] Cass. Fran. Com. 7-3-1972: Bull. civ. IV. P.80.

assortie d'une clause de réserve de propriété au comptant (paiement immédiat) ou à tempérament (paiement échelonné), l'acheteur ne peut être condamné pour abus de confiance s'il dispose de l'objet acheté, alors qu'il n'en a pas payé le prix, dans la mesure où le transfert de propriété s'est réalisé immédiatement par l'effet du consensualisme.203 Cependant Le vendeur qui, dans une vente avec clause de réserve de propriété, reprend la chose vendue, ne commet pas l'abus de confiance.[204]

b°) Prise de livraison

Aux termes de l'article 269 AUDCG, l'acheteur doit prendre livraison en accomplissant les actes permettant au vendeur d'effectuer la livraison puis il doit retirer les marchandises. La prise de livraison suppose pour l'acheteur, l'accomplissement de différents actes juridiques et matériels tendant à faciliter le retirement de la marchandise, et l'acheteur doit examiner les marchandises ou les faire examiner dans un délai bref possible. Si les marchandises sont déroutées ou réexpédiées par l'acheteur sans que celui-ci ait eu raisonnablement possibilité de les examiner, et soit au moment de la conclusion du contrat le vendeur connaissait ou aurait dû connaitre la possibilité ce déroutage ou cette réexpédition, l'examen peut être différé jusqu'à l'arrivée des marchandises à leur nouvelle destination. La livraison doit donner lieu à un examen préalable de la marchandise par l'acheteur lui-même ou par la personne qu'il désigne. Le législateur n'exige pas qu'il soit réalisé sur le champ, mais dès que possible. Lorsque le paiement est prévu au jour de livraison et l'acheteur tarde à prendre livraison de la marchandise ou n'en paie pas le prix, le vendeur s'il a les marchandises en sa possession ou sous son contrôle est fondé à les retenir jusqu'à leur complet paiement (art. 271 AUDCG). Il faut noter que l'acheteur a une obligation explicite d'examiner la marchandise. Il doit s'assurer que le bien qui lui est remis correspond à celui qui est prévu au contrat.[205]

Le vendeur doit, cependant, prendre des mesures raisonnables eu égard aux circonstances pour assurer la conservation des marchandises et l'acheteur doit lui en rembourser les frais. Lorsque le paiement est lié à la livraison, le retard dans la prise de livraison ou le non-paiement du prix par l'acheteur, autorise le vendeur à exercer un droit de rétention sur les marchandises jusqu'au complet paiement. En contrepartie, il obligé de conserver les marchandises dans des conditions appropriées sous peine des dommages-intérêts. Il va de soi que les frais de conservation seront mis à la charge de l'acheteur (art.274).

---

[203] Cim., 9 nov. 1987, n°86-91.427 : Bull. crim., n°393.

[204] Crim., 9 mars 2011, n°10-81.375 : Renaud SALOMON, Les grands arrêts du droit pénal des affaires, éditions CUJAS, Paris, 2018/2019, p.101.

[205] CA Ouagadougou, Ch. Com., n°40, 16-4-2010: S. N. M. c/ SCIMI et SOBFI, Ohadata J-12-183.

IIème Chapitre. EFFETS DU CONTRAT DE LA VENTE COMMERCIALE

L'effet principal du contrat de vente commerciale est le transfert de la propriété et des risques, puis transfert solo de propriété suivi de celui des risques des Etats parties à l'Ohada.

Par principe, le transfert de propriété a lieu au jour de la formation de la vente, au moment où s'échangent les consentements. On a présenté comme une grande conquête du consensualisme et comme un grand progrès du code civil, la règle d'ailleurs résultat d'une évolution historique déjà avancée selon laquelle le transfert de la propriété résulte automatiquement du contrat, indépendamment de toute tradition ou autre formalité, et les intérêts pratiques, attachés au moment du transfert de propriété sont importants et qui sont ceux-ci en 1er lieu, on note qu'en principe, Res perit domino.[206]

Section 1. Le transfert de la propriété et des risques

Le contrat de vente produit deux effets translatifs : le transfert de propriété et le transfert des risques, le second étant la conséquence normale du premier.

§1. Le moment du transfert de propriété et de risque

Le transfert de propriété développe des effets tant entre les parties qu'à l'égard des tiers. Entre les parties, se pose la question du moment du transfert de propriété. À l'égard des tiers, se pose la question de l'opposabilité du transfert de propriété.

Aux termes de l'article 275 de l'AUDCG, la prise de livraison opère transfert à l'acheteur de la propriété des marchandises vendues. Les parties peuvent, toutefois, conformément à l'article 176 de l'AUDCG, convenir de différer le transfert de propriété en application d'une clause de réserve de propriété régie par les articles 72 à 78 de l'Acte uniforme portant organisation des sûretés.

Si dans une vente assortie d'une clause de réserve de propriété les parties fixent le moment de la formation du contrat à la date de livraison, le vendeur, qui s'est désiré des marchandises, peut en exiger le paiement en exécution de la vente au demeurant déjà parfaite, les parties peuvent toutefois, convenir de différer le transfert de propriété en application de réserve propriété. Elles conservent la possibilité de subordonner le transfert de propriété au complet paiement du prix, et la clause de réserve de propriété considérée comme sureté est règlementée par AUS.[207]

206LUKOMBE NGEHENDA, *Droit commercial Ohada en application en RDC*, …

207KALIEU ELONGO Y., *Droit et pratique des sûretés réelles OHADA*, PUA, Yaoundé, 3ème éd, 2010, P.191-196.

A son tour, l'article 277 dit que le transfert de propriété entraine le transfert des risques à l'acheteur. La perte ou détérioration des marchandises survenue après transfert des risques en libère l'acheteur de son obligation de payer le prix que si ces événements sont le fait du vendeur.

On retient ainsi et à titre de principe que le transfert de propriété s'opère à la livraison, c'est-à-dire, le transfert de propriété s'opère dès la prise de livraison par l'acheteur de la marchandise. Tel est le principe. Le législateur communautaire abandonne le principe de transfert solo consensu et érige la prise de livraison, cependant il reconnait aux la faculté de différer le transfert de propriété par le jeu de la clause de réserve de propriété ou d'autres engagements conventionnels, et quant au transfert des risques, il s'opère lors du transfert de propriété. La gestion des risques inhérents à la marchandise est entièrement liée à la possession matérielle de celle-ci. Il s'agit d'une approche pragmatique.

§2. La clause de réserve de propriété

Conformément aux dispositions de l'article 72 de l'Acte uniforme portant organisation des sûretés « la propriété d'un bien mobilier peut être retenue en garantie par l'effet d'une clause de réserve de propriété qui suspend l'effet translatif d'un contrat jusqu'au complet paiement de l'obligation qui en constitue la contrepartie ». Elle permet au propriétaire d'un bien de conserver la propriété de ce bien en garantie par l'effet d'une clause de réserve de propriété.

La clause de réserve de propriété a pour but de suspendre l'effet translatif du contre de vente jusqu'au paiement complet du prix ou de l'obligation qui est la contrepartie. Elle introduit ainsi en droit positif une troisième modalité de date de transfert de la propriété.

A travers d'autres actes uniformes, il apparaît que la clause de réserve de propriété peut être considérée comme une sûreté en droit Ohada. Il faut se référer aux dispositions suivantes :

a) Acte uniforme portant droit commercial général dans son article 35, impose la soumission de la clause à l'exigence de publicité et l'article 40) est consacrée à l'inscription de la réserve de propriété. Il faut y ajouter l'article 63 qui précise la durée de validité de l'inscription de la clause au RCCM. Celle-ci est donc considérée au regard de cette exigence d'inscription comme une sûreté et plus spécifiquement une sûreté réelle mobilière.

Par ailleurs, il y a le titre IV consacré à la vente commerciale et intitulé « des effets du contrat ». L'article 276 prévoit que les parties peuvent librement convenir de reporter le transfert de propriété au jour du paiement complet du prix. Cette disposition pose donc le principe de l'admission des clauses de réserve de propriété comme modalité de paiement du prix et pas nécessairement comme une sûreté.

Jugé que lorsqu'il résulte de la convention liant les parties, que « le contrat de vente n'est réputé formé entre les parties qu'à la livraison de la marchandise par le vendeur dans les locaux de l'acheteur », que l'acheteur ne conteste pas avoir reçu les marchandises, signé des reconnaissances de dette, et proposé un échéancier de remboursement qu'il n'a pas respecté et dont il n' a payé qu'une partie (245000 FCFA), ces éléments prouvent suffisamment que les marchandises ont été livrées, que le contrat de vente est régulièrement formé, et par conséquent, la clause de réserve de propriété ne pouvait plus empêcher que lesdites reconnaissances de dette, appuyées par un début de paiement, produisent leur plein et entier effet. En considérant « qu'il est aisé de dire, sans violer la clause de réserve de propriété, qui ne sert en réalité qu'à protéger les droits du créancier qui s'est dessaisi des marchandises, que le contrat de vente a été formé à la livraison des marchandises, conformément à la volonté des parties, et ce, en application de l'ancien article 283 devenu 275 de l'AUDCG », la cour d'appel ne viole en rien les dispositions sus-énoncées et le moyen unique de cassation qui n'est pas fondé doit être rejeté.[208]

b) Acte uniforme portant organisation des procédures collectives d'apurement du passif : l'article 103 prévoit la revendication des biens vendus avec une clause de réserve de propriété.

On peut déduire également la reconnaissance des clauses de réserve de propriété, même si, ici, il faut y voir d'avantage une modalité de la vente qu'une forme de sûreté. Son régime est organisé assez sommairement par les dispositions de l'AUDCG et celles de l'AUPCAP. Il ne s'agit pas d'un régime complet puisque la réglementation n'est que parcellaire. Elle comporte des règles relatives à la constitution et à la réalisation de la clause de réserve de propriété.

1. Constitution de la clause de réserve de propriété

La clause de réserve de propriété suppose l'existence préalable d'un contrat de vente à crédit de marchandises, c'est-à-dire de meubles corporels dont la clause permet de garantir le paiement en permettant au vendeur de conserver la propriété de la chose vendue livrée. La constitution de la clause résulte d'un ensemble de formalités que sont l'écrit, l'acceptation de la clause et l'inscription au RCCM.

[208] CCJA, 1ère Ch., n°018, 24-4-2008 : Docteur A. c/ DPCI-SA, Le Juris-Ohada n°2, avril-juin 2008, p.21, Recueil de jurisprudence de la CCJA, n°11, janvier-juin 2008, p.51. Ohadata J-09-32, Ohadata J-09-315.

a) Un écrit conventionnel

La clause de réserve de propriété est nécessairement écrite. Cette clause doit être mentionnée dans un écrit qui peut être le contrat de vent, le bon de commande ou le bon de livraison. Cette mention doit être faite de manière apparente. Ceci permet de porter l'existence de la clause à la connaissance de l'acheteur. Cette connaissance doit avoir lieu au plus tard au jour de la livraison de la marchandise.

Cela résulte expressément de l'article 73 de l'AUS qui dispose qu'à peine de nullité, la réserve de propriété est convenue par écrit au plus tard au jour de la livraison du bien. Elle peut l'être dans un écrit régissant un ensemble d'opérations présentes ou à venir entre parties.

Elle doit faire l'objet de l'acceptation, laquelle ne se fait pas séparément, elle résulte de l'acceptation de la convention, du bon de commande ou de livraison dans laquelle elle est portée.

b) La publicité de la clause.

Il résulte de l'article 74 de l'AUS que « la réserve de propriété n'est opposable aux tiers que si celle-ci a été régulièrement publiée au RCCM, conformément aux dispositions des articles 51 à 66 du présent Acte uniforme.

La publicité de la réserve de propriété est assurée par son inscription qui doit être faite au RCCM conformément l'article 35 point 8 de l'AUDCG. Cette inscription est faite, à la demande du créancier vendeur de marchandises, par le greffier sur base de la présentation des éléments suivants énumérés par l'article 45 AUDCG : la copie certifiée conforme du titre mentionnant la clause de réserve de propriété, un formulaire d'inscription en quatre exemplaires portant différentes opérations mentions (identification des parties à l'opération, description des marchandises, indication du montant des sommes dues, etc.). L'effet principal de cette inscription est de rendre la clause opposable aux tiers. Ce n'est donc pas une condition de validité. Mais elle permettra, en cas d'ouverture d'une procédure collective, que le créancier soit averti d'avoir à déclarer sa créance. Ce privilège est réservé aux créanciers dont les suretés ont été publiques. La durée de l'inscription est d'un an à compter de l'inscription. Du fait de la brièveté de cette durée, le créancier devra procéder à son renouvellement tant que le prix de la marchandise n'aura pas été intégralement payé.

2. La réalisation de la clause de réserve de propriété

En cas de paiement, lorsque le débiteur paie le prix complet de la marchandise, la propriété lui est transmise par le créancier qui prend définitivement tous les droits qu'il avait encore sur la marchandise. Mais la clause de réserve de propriété ne se réalise véritablement, n'est effectivement mise en œuvre qu'en cas de non-paiement du prix convenu. Dans ce cas, la clause sera réalisée. La marchandise devra être restituée au vendeur propriétaire qui s'était dessaisi de la possession mais pas de la propriété.

En effet, à défaut de complet paiement à l'échéance, le créancier peut demander la restitution du bien afin de recouvrer le droit d'en disposer. Le vendeur qui, dans une vente avec clause de réserve de propriété, reprend la chose vendue, ne commet pas l'abus de confiance.[209]

La valeur du bien repris est imputée, à titre de paiement, sur le solde de la créance garantie. Lorsque la valeur du bien repris excède le montant de ce solde, le créancier doit au débiteur une somme égale à la différence.[210]

Lorsque le bien est vendu ou détruit, le droit de propriété se reporte, selon le cas, sur la créance du débiteur à l'égard du sous-acquéreur ou sur l'indemnité d'assurance subrogée au bien.

Cette réalisation qui se fait par le mécanisme de la revendication diffère toutefois selon que le débiteur est en situation normale ou pas, selon qu'il fait ou non l'objet d'une procédure collective. En cas de redressement judiciaire ou liquidation des biens, le créancier revendiquant ne subira pas la loi du concours avec les autres créanciers de l'acheteur sur le bien qui est resté sa propriété. Cette revendication est soumise à des conditions préalables et porte sur un objet déterminé.

1.1.1. Les conditions préalables

La revendication n'est pas possible que si le créancier a produit sa créance, s'il exerce son action dans le délai légal et à condition de ne pas avoir reçu paiement du syndic.

a. La production de créance. Le vendeur avec clause de réserve de propriété est soumis à la production préalable de créance qui pèse sur les créanciers antérieurs dans les délais prévus par la loi (art.78 AUPCAP). Lors de la production, il doit préciser s'il conserve ou non sa sûreté. Le défaut de production est sanctionné par la forclusion (art 79 AUPCAP), mais avec possibilité de relever la forclusion. Cette production aboutit à l'admission de la créance du revendiquant. Si celle-ci est rejetée, le revendiquant, sur la base de l'avis du rejet, peut former l'opposition et l'action sera portée devant la juridiction

[209] Crim., 9 mars 2011, n°10-81.375 : Renaud SALOMON, Les grands arrêts du droit pénal des affaires, éditions CUJAS, Paris, 2018/2019, p.101.
[210] Article 77 de l'Acte uniforme portant organisation des sûretés.

compétente qui statuera. Mais en attendant, la créance est admise à titre provisoire.

b. L'exercice de la revendication dans le délai légal : la revendication doit être entreprise dans un délai précis qui est de trois mois à compter de la publicité du dépôt de l'arrêté de créances ou de la décision qui a admis la créance si cette admission a fait l'objet d'une contestation.

c. Le non-paiement de la créance par le syndic : le syndic peut s'opposer à la revendication et permettre que le bien reste dans le patrimoine du débiteur s'il en paie immédiatement et intégralement le prix. Il en sera ainsi si le syndic estime que le bien est nécessaire à la continuation de l'entreprise. Dans ce cas, la revendication n'est plus possible parce qu'elle n'a plus d'objet.

1.2. L'objet de la revendication

La revendication porte en principe sur les marchandises et les objets immobiliers qui ont fait l'objet de la vente et qui se retrouvent encore en nature dans le patrimoine de l'acheteur au moment de 'ouverture de la procédure collective. Par conséquent, si en ce moment les biens ont été transformés ou incorporés dans un autre bien, la revendication n'est plus possible. S'il s'agit des biens fongibles, interchangeables et qui perdent leur individualité tels que : riz, blé, café, sel, sucres, la revendication est impossible puisque le vendeur ne peut prouver que les biens qui sont au magasin sont ceux qu'il a effectivement livré et qu'ils leu sont identiques. Lorsque la revendication aboutit, le vendeur doit restituer les acomptes perçus.

Le problème parfois de savoir si ces acomptes peuvent être compensés avec les dommages-intérêts éventuellement réclamés par le vendeur par exemple en raison de la dévaluation des marchandises ou de désagréments subis du fait de la restitution d'un bien supposé vendu. Il faut aussi se demander si le vendeur ne peut pas retenir une partie des acomptes en contrepartie de la jouissance du bien par acquéreur. Il est possible alors que le droit de rétention puisse être mis en œuvre. Si malgré la revendication, la créance n'est pas entièrement éteinte, le créancier revendiquant devient un chirographaire et doit déclarer surplus non payer s'il est encore dans les délais. La procédure d'injonction de restituer, instituée par AUPSRVE, devrait permettre au propriétaire de rentrer en possession du bien si l'acheteur ne restitue pas spontanément.

La revendication peut porter exceptionnellement sur le prix. Dans le cas où les biens, objet de la clause ont été revendus par l'acheteur / débiteur et que cette revente a été faite à crédit, la revendication peut s'exercer contre le sous-acquéreur pour tout ou partie du prix encore dû à condition qu'il n'ait pas été déjà payé en valeur ou par compensation en compte courant entre le débiteur et le sous-acquéreur.

§3. Régime juridique du crédit-bail

Le législateur Ohada, auteur de l'AUDCG prévoit en son article 35 point 6 in fine que le registre du commerce de crédit mobilier reçoit également l'inscription des contrats de crédit-bail mais ne l'organise pas, laissant n'est-ce pas à chaque Etat partie la compétence de l'organiser souverainement. Ceci nous pousse à nous référer la réglementation nationale de la République Démocratique du Congo en la matière.

1. Base légale et notion du crédit-bail

En République Démocratique du Congo, le crédit-bail est régi par la Loi n° 15/003 du 12 février 2015. Aux termes de l'article 2 point 1 de cette loi, on entend par le crédit-bail ou leasing « opération par laquelle une personne, le crédit-bailleur, loue à une autre personne, le crédit-preneur, un bien que celui-ci aura librement choisi ainsi que son fournisseur et dont il aura librement négocié le prix pour une durée déterminée et moyennant des paiements périodiques appelés loyers convenus entre les deux parties. Cette opération est assortie d'une promesse unilatérale de vente, selon laquelle le crédit-preneur a la possibilité, au terme de la période convenue, d'acheter le bien ».[211]

C'est une opération qui permet à une personne appelée crédit-bailleur d'acquérir des biens qu'elle loue à un locataire appelé crédit-preneur avec possibilité pour ce dernier d'acquérir la propriété du bien à la fin de la période de location. Le mécanisme habituellement utilisé est le suivant : une entreprise-généralement commerciale ou industrielle, désire acquérir du matériel professionnel au fournisseur. Elle ne dispose pas de moyens financiers pour l'acheter au comptant ; de même, elle ne souhaite pas obtenir un crédit classique pour l'acquérir.[212] Elle contacte un établissement financier qui acquiert le matériel auprès du fournisseur et selon les spécialisations du futur locataire et le met à sa disposition. L'établissement financier est le crédit bailleur ou bailleur et l'entreprise qui acquiert le matériel est le locataire ou crédit preneur. Elle paiera en contrepartie de la mise en disposition du matériel un loyer et elle bénéficiera de la possibilité de devenir propriétaire à l'issue de la période de location. Le fait pour l'établissement financier de rester propriétaire de la chose louée sert de garantie pour le remboursement des sommes dues.

2. Conditions d'exercice des activités du crédit-bail et utilités

Le crédit-bail est une opération commerciale et financière réalisée par une banque et une société financière ou par une société de crédit-bail constituée en cette qualité, avec des opérateurs économiques nationaux ou étrangers,

---

[211]Article 3 de la Loi n° 15/003 du 12 février 2015 relative au crédit-bail, in Journal officiel de la RDC, N° spécial 18 février 2015, première partie, 56ème année.
[212] *KALIEU ELONGO Y; op.cit. p.1996.*

personnes physiques ou personnes morales de droit public ou de droit privé ayant pour support un contrat de crédit-bail comportant une option d'achat au profit du crédit-preneur portant exclusivement sur des biens meubles ou immeubles à usage professionnel, sur un fonds de commerce ou sur un établissement artisanal.[213]

Le crédit-bail est une forme de crédit prévue à l'article 7 de la Loi n°003/2002 du 02 février 2002 relative à l'activité et au contrôle des établissements de crédit. Il ne peut être effectué à titre d'activité habituelle en droit congolais que par une banque, une société de crédit-bail et une société financière agréée à cet effet par la Banque Centrale du Congo conformément aux dispositions des articles 11 à 16 de la Loi n°003/2002 du 02 février 2002 relative à l'activité et au contrôle des établissements de crédit. Il peut aussi être effectué à titre d'activité connexe par les autres établissements de crédit dans les conditions définies par la Banque Centrale du Congo. La société de crédit-bail est une société financière spécialisée qui ne peut être constituée que sous la forme d'une société anonyme conformément aux dispositions de l'Acte Uniforme OHADA relatif au droit des sociétés commerciales et du Groupement d'Intérêt Economique, à l'exclusion de la société anonyme unipersonnelle.[214]

Le crédit-bail est à la fois une technique de financement, un mécanisme de crédit et un mécanisme de garantie. Il est d'abord une technique de financement et un mécanisme de crédit. Il s'agit d'une opération de crédit à moyen terme. L'achat de matériels par l'établissement financier représente une forme de prêt accordée à l'entreprise. Pour le locataire, cette forme de crédit est plus avantageuse que les autres pour plusieurs raisons : absence de lourdeur des formalités, non limitation du montant du crédit, non exigence d'un apport personnel de fonds propres, jouissance immédiate de la chose, avantages sur le plan fiscal même si ces avantages sont encore en-deçà de ceux escomptés. La propriété conservée permet ensuite de garantir le bailleur contre le non remboursement éventuel du montant du prêt. En cela, il constitue une technique de garantie.

2. Le régime du crédit-bail

Le droit congolais organise trois sortes de crédit-bail à savoir : « le crédit-bail mobilier, le crédit-bail immobilier et le crédit-bail portant sur un fonds de commerce ou sur un établissement artisanal » en tel enseigne que les modalités de publicités ne sont pas les mêmes.

---

[213] Article 3 de loi, op.cit.
[214] Articles 6 et 7 de la loi, idem.

a) Nature juridique du contrat de crédit-bail

Les transactions effectuées dans le cadre de crédit-bail entre le crédit-bailleur et le crédit-preneur font l'objet d'un contrat de crédit-bail. Ce contrat doit être conclu par écrit, lequel contient, sous peine de nullité, les éléments suivants : 1. l'identité et l'adresse des parties contractantes ; 2. la nature et les caractéristiques du bien sur lequel porte la location ; 3. l'usage du bien loué et, le cas échéant, son lieu d'installation ou de livraison ; 4. la durée de la location incluant la période d'irrévocabilité ; 5. le montant total et la périodicité des loyers ainsi que la mention, le cas échéant, d'un paiement initial ; 6. la valeur résiduelle du bien sur la base de laquelle l'option d'achat pourra être exercée ; 7. les droits et obligations des parties ; 8. les conditions de résiliation du contrat ».[215]

En son article 10, cette loi précise que les loyers sont des paiements périodiques calculés en fonction du prix d'achat du bien donné en crédit-bail au moment de la signature du contrat de crédit-bail. La détermination du loyer tient compte du prix d'acquisition du bien donné en crédit-bail ainsi que les frais engagés par le crédit-bailleur pour la mise à disposition du bien au crédit-preneur, dont notamment les frais d'acquisition, de livraison et d'installation du bien aux termes du contrat de crédit-bail d'une part, et d'autre part, des intérêts relatifs au contrat de crédit-bail.

Le contrat prévoit, conformément à l'article 12, pour l'exécution des obligations des parties, une période irrévocable, qui peut être égale ou inférieure à la période de location, pendant laquelle, sous réserve de l'exécution de leurs obligations respectives, ni le crédit-bailleur ni le crédit-preneur ne peuvent résilier ou réviser les termes du contrat. Toutefois, les contractants peuvent de commun accord, soit proroger la durée de location, soit, sans pour autant remettre en cause la période irrévocable, raccourcir la durée du contrat dans le cas où le crédit-preneur souhaite exercer par anticipation son option d'achat.

Il tient de souligner que le contrat de crédit-bail ne peut être qualifié comme tel quels que soient les biens qu'il concerne et quel que soit l'intitulé du contrat, que si son objet est libellé d'une manière permettant de constater sans ambiguïté qu'il :

- garantit au crédit-preneur l'utilisation et la jouissance du bien loué, pendant un délai minimum et à un prix fixé d'avance, comme s'il en était propriétaire ;

- assure au crédit-bailleur la perception d'un certain montant de loyers pour une durée appelée période irrévocable pendant laquelle il ne peut être mis fin à la location, sauf accord contraire des parties ;

---

[215] Articles 8 & 9 de la loi, idem.

- permet au crédit-preneur, pour le cas de leasing financier uniquement et à l'expiration de la période irrévocable de location, d'acquérir le bien loué pour une valeur résiduelle tenant compte des loyers perçus, s'il décide de lever l'option d'achat, sans que cela limite le droit des parties au contrat de renouveler la location pour une durée et moyennant un loyer à convertir, ni le droit du crédit-preneur de restituer le bien loué à la fin de la période initiale de location (art.14).

Ainsi, le contrat de crédit-bail est un contrat spécifique qui ne constitue ni une location, une vente, une location-vente, une vente avec réserve de propriété ni une vente à crédit ou à tempérament qui sont des opérations exclues du champ d'application de la loi congolaise en la matière.[216]

b) La mise en œuvre du crédit-bail

Il convient surtout de déterminer les droits et obligations respectives des parties au contrat que sont le crédit bailleur et le crédit preneur. Le crédit-bailleur demeure le propriétaire du bien loué pendant toute la durée du contrat de crédit-bail, jusqu'à la réalisation de l'achat de ce bien par le crédit-preneur si ce dernier lève l'option d'achat à l'expiration de la période irrévocable de location. Il bénéficie de ce fait, de tous les droits légaux attachés au droit de propriété et supporte toutes les obligations légales mises à la charge du propriétaire, dans les conditions et limites stipulées au contrat de crédit-bail, notamment celles constitutives de clauses exonératoires de responsabilité civile du propriétaire.

En effet, le crédit-bailleur peut, pendant toute la durée du contrat de crédit-bail et après préavis et/ou mise en demeure de 15 jours francs, mettre fin au droit de jouissance du crédit-preneur sur le bien loué et le récupérer à l'amiable ou par simple ordonnance susceptible d'opposition rendue, sur requête, par le Président du Tribunal de Commerce du lieu de domicile du crédit-bailleur, en non-paiement par le crédit-preneur d'un seul terme de loyer. Dans ce cas, il peut disposer de son bien récupéré par location, vente, nantissement ou par tout autre moyen légal d'aliénation, toute clause contraire du contrat de crédit-bail étant réputée non écrite. En cas d'insolvabilité du crédit-preneur, dûment constatée par le non paiement d'un seul terme de loyer, de dissolution amiable ou judiciaire, de mise en règlement judiciaire ou la mise en faillite du crédit-preneur, le bien loué échappe à toutes poursuites des créanciers de celui-ci, chirographaires ou privilégiés, quels que soient leur statut juridique et leur rang, considérés individuellement ou constitués en masse dans le cadre d'une procédure judiciaire collective.[217]

Il est permis de noter que le droit de propriété du crédit-bailleur sur le bien loué ne souffre d'aucune restriction, ni limitation d'aucune sorte par le fait que le

---

216 Article 15 de la loi, op.cit.

217 Articles 18 et 19 de la loi ci-dessus

bien soit utilisé par le crédit-preneur ou par le fait que le contrat permette au crédit-preneur d'agir comme mandataire du propriétaire dans des opérations juridiques ou commerciales avec des tiers, connexes à l'opération du crédit-bail.

Il est cependant, conformément à l'article 24, tenu de : « 1. acheter auprès d'un fournisseur un bien choisi par le crédit-preneur et le mettre à sa disposition suivant les conditions du contrat de crédit-bail ; 2. informer par écrit le fournisseur, au moment de l'achat du bien, que celui-ci sera donné en crédit-bail à un crédit-preneur dont il doit communiquer l'identité ; 3. informer par écrit le fournisseur que la détention du bien a été transférée à un autre crédit-preneur dans le cas de crédit-bail secondaire ou de tout autre changement des obligations des parties dans le délai d'un mois de la survenance dudit changement ; 4. livrer au crédit-preneur, le cas échéant, le bien aux conditions prévues dans le contrat de crédit-bail ; 5. garantir le crédit-preneur contre les troubles de jouissance du bien donné en crédit-bail ; 6. effectuer les formalités de publicité du contrat, sauf dispositions contraires du contrat de crédit-bail ; 7. établir au profit du crédit-preneur une promesse unilatérale de vente du bien objet du crédit- bail indiquant un prix convenu prenant en compte le montant de loyers versés ».

Cependant le crédit-preneur, peut ester en justice contre le fournisseur en cas de défaillance de celui-ci dans l'exécution du contrat de fourniture conclu avec le crédit-bailleur notamment en cas d'erreur sur la qualité du bien donné en crédit-bail ou de retard dans sa livraison et demander des dédommagements pour les pertes subies en cas de défaillance du crédit-bailleur dans l'exécution de ses obligations contractuelles.

Suivant l'article 26 , le crédit-preneur est tenu de « - exercer sa détention sur le bien suivant les conditions du contrat de crédit-bail ; -effectuer le paiement des loyers dans les délais prévus ; - maintenir le bien dans l'état où il a été livré, sous réserve de l'usure consécutive à un usage normal et de toute modification du matériel convenue entre les parties ; - assurer l'entretien et la réparation du bien loué en ce compris les grosses réparations ; - consentir au crédit-bailleur un accès illimité au bien, sauf disposition contractuelle et légale contraire et d'assumer pendant toute la durée de crédit-bail l'ensemble de risques, charges et responsabilités se rapportant au bien donné en crédit-bail, sauf dispositions contraires du contrat. Il ne peut sous-louer le bien loué ni céder les droits qu'il tire du contrat de crédit-bail qu'avec l'accord écrit du crédit-bailleur. Il ne doit pas en changer l'utilisation, sauf si les deux parties en conviennent et après avoir payé le loyer dans les délais convenus.

En tant locataire, le crédit-preneur répond de toute dégradation ou de toute perte du bien loué, sauf si la dégradation ou la perte est due à un cas fortuit ou à une force majeure, auquel cas il pourra demander la résiliation du contrat faute d'objet ou de sa dégradation.

c) Inscription et publicité du crédit-bail

Comme ci-dessus indiqué le législateur Ohada prévoit l'inscription des contrats de crédit-bail dans le registre du commerce et du crédit mobilier. Elle est faite sur demande du crédit-bailleur ou du crédit-preneur dans RCCM dans le ressort duquel est immatriculé ou s'est déclaré le crédit-preneur et dans les autres cas, dans le ressort domicile du crédit-preneur.

Le législateur Congolais renchérit dans le même sens, établit toutefois, deux modalités d'inscription selon que l'opération se rapporte à un bien mobilier ou immobilier. En d'autres termes, en droit congolais, les formalités de publicité sont assurées différemment par le RCCM pour les biens mobiliers et le fonds de commerce, en revanche, elles en sont faites par le conservateur de titres immobiliers en ce qui concerne le crédit-bail immobilier.

En effet, aux termes de l'article 42 de loi sur le crédit-bail, « le crédit-bail relatif aux équipements ou au matériel portant sur les biens mobiliers est soumis à l'inscription, à la requête du crédit-bailleur ou du crédit-preneur, au Registre du Commerce et du Crédit Mobilier, en sigle RCCM, ouvert dans le ressort duquel le crédit-preneur est immatriculé. Si le crédit-preneur n'est pas immatriculé au RCCM, l'inscription est requise dans le ressort duquel se trouve l'établissement dans lequel sont exploités les équipements ou le matériel objet du contrat de crédit-bail ». En revanche, il ressort de l'article 49 de la même loi que « les opérations de crédit-bail relatives aux biens immobiliers sont soumises aux modalités d'inscription ou de radiation auprès du Conservateur des Titres Immobiliers conformément aux dispositions de la Loi n°73-021 du 20 juillet 1973 portant régime général des biens, régime immobilier et foncier et régime des sûretés telle que modifiée et complétée par la loi n°80-008 du 18 juillet 1980, pour les opérations de même nature ».

Dans tous les cas, le requérant doit pour cela, produire tous les renseignements qui permettent l'identification des parties et celle des biens objet dudit crédit-bail.[218] Le greffier du RCCM délivre, à tout requérant, copie de l'extrait de l'état des inscriptions portant éventuellement mention des transferts ou des inscriptions modificatives. S'agissant du crédit-bail immobilier, 'inscription indique que l'immeuble fait l'objet d'une opération de crédit-bail et le crédit-bailleur est tenu de produire le contrat de crédit-bail sous forme authentique. [219]

Relativement aux effets de l'inscription, en dépit de son caractère facultatif, elle aura pour effet de rendre le contrat opposable aux tiers. Elle permet donc de protéger le crédit-bailleur surtout que le locataire a l'usage matériel de la chose et peut par conséquent passer diverses conventions qui pourraient être

[218] Article 42 alinéa 2 de la Loi sur crédit-bail en RDC.
[219] Article 49 alinéa 2 de la Loi sur crédit-bail en RDC.

préjudiciables aux droits du bailleur. L'inscription permettra également qu'en cas d'ouverture d'une procédure de redressement judiciaire ou de liquidation des biens, le bailleur soit personnellement invité, en qualité de créancier inscrit et en application de l'article 79 AUPCAP à produire sa créance. La durée de la validité de l'inscription est de cinq ans à compter de la date de l'inscription au RCCM. Il ressort de l'article 22 de la loi ci-dessus que le crédit-bailleur, en sa qualité de dispensateur de ce crédit dans le cadre d'une opération de crédit-bail, a le droit de percevoir, avant tous autres créanciers du crédit-preneur, le produit de réalisation de toutes sûretés réelles constituées à son profit et les sommes payées par des cautions personnelles et solidaires du crédit-preneur, à concurrence des sommes dont ce dernier est redevable à tout moment dans le cadre du contrat de crédit-bail.

Si les formalités d'inscription n'ont pas été accomplies dans les conditions fixées aux articles 42 et 43 ci-dessus, le crédit-bailleur ne peut opposer aux créanciers ou ayants cause du crédit-preneur, ses droits sur les biens dont il a conservé la propriété, sauf s'il est établi que les intéressés avaient eu connaissance effective de l'existence de ces droits.

d) Le dénouement du crédit-bail

C'est l'arrivée du terme de location convenu ou en cas de défaillance du preneur avant l'arrivée du terme que le problème du dénouement de l'opération se pose. A l'arrivée du terme de location, le preneur peut soit restituer le matériel dont il n'a jamais acquis la propriété soit décider d'en acquérir la propriété en levant l'option d'achat dont il bénéficie depuis la conclusion du contrat. Dans ce cas, il doit payer un prix résiduel car les loyers payés sont pris en compte dans la détermination du prix de la chose.

Le bien est livré au crédit-preneur avec une documentation technique, un certificat de garantie et un manuel de montage et d'utilisation, sauf disposition contractuelle contraire. Sauf disposition contraire du contrat de crédit-bail, le crédit-bailleur n'est pas responsable vis-à-vis du crédit-preneur du manquement du fournisseur à ses obligations stipulées dans le contrat de fourniture, à l'exception du cas où le crédit-bailleur a choisi ou contribué à choisir le fournisseur ou le bien. Dans ces derniers cas, le crédit-preneur peut, s'il y a défaillance du fournisseur, soit agir directement contre celui-ci, soit agir contre le crédit-bailleur, solidairement responsable avec le fournisseur. Au cas où le crédit-bailleur manque à ses obligations d'information dues au fournisseur, il engage sa responsabilité vis-à-vis du crédit-preneur s'il y a manquement du fournisseur dans ses obligations stipulées dans le contrat de fourniture.

En cas de défaillance du preneur en cours de location, le crédit-bailleur, en application généralement d'une clause contractuelle peut résilier le contrat. Cette résiliation lui permet de revendiquer le bien surtout lorsque le preneur est soumis à une procédure collective de redressement judiciaire ou de liquidation des biens, et cela, sans avoir à justifier de sa qualité de propriétaire. C'est un mécanisme qui fait du crédit-bail une technique de sûreté.

La propriété retenue par le crédit-bailleur le protège de la défaillance éventuelle du locataire. La procédure d'injonction de restituer instituée par l'AUPSRVE est généralement utilisée par le crédit-bailleur ce qui lui permet de rentrer en possession du bien lorsque le preneur ne restitue pas spontanément. Il ne pourra revendiquer que s'il a, au préalable, produit sa créance. Cette production porte sur le montant des loyers échus et non réglés au moment de l'ouverture de la procédure.

Le crédit-bail étant mis en œuvre à travers un contrat de bail, il s'agira le plus souvent d'un contrat en cours qui ne peut être résolu de plein droit par le crédit bailleur du seul fait de la survenance de la procédure, seul le syndic décidera ou non de la continuation. Le crédit bailleur en cas de continuation sera donc à la fois créancier antérieur et créancier postérieur à l'ouverture de la procédure et bénéficiera des protections accordées aux différentes catégories des créanciers.

Aux termes de l'Article 52 de loi, en cas de cession de biens compris dans une opération de crédit-bail et pendant toute la durée de l'opération, le cessionnaire est tenu aux mêmes obligations que le cédant qui en reste garant. Le bien donné en crédit-bail peut faire l'objet de nantissement ou de gage de n'importe quelle nature ou d'hypothèque de la part du crédit-bailleur. Dans le cas où le crédit-preneur exerce l'option d'achat du bien prévue en sa faveur dans le contrat de crédit-bail, le crédit-bailleur est tenu de purger toute charge et hypothèque grevant le bien.

IIème Chapitre. EXTINCTION DU CONTRAT DE VENTE COMMERCIALE

Plusieurs conséquences découlent du caractère synallagmatique de la vente, notamment en cas d'inexécution du contrat par l'une des parties. Les règles gouvernant les contrats synallagmatiques qui ont vocation à s'appliquer ici peuvent venir au secours du cocontractant qui subit le manquement contractuel. Ainsi, la partie victime peut mettre en œuvre l'exception d'inexécution ou encore obtenir la résolution de son contrat.

Ière Section. Exception d'inexécution et responsabilité de parties

Toute partie à un contrat de vente commerciale est fondée à en demander au juge compétent la rupture pour inexécution totale ou partielle des obligations de l'autre partie. Dans la vente commerciale, le vendeur et l'acheteur ont le même droit à la résiliation judiciaire.

Toutefois, la gravité du comportement d'une partie au contrat de vente commerciale peut justifier que l'autre partie y mette fin de façon unilatérale à ses risques et périls. La gravité du motif de rupture est appréciée par le juge compétent à la demande de la partie la plus diligente.

Quelle que soit la gravité du comportement, la partie qui l'invoque peut être tenue de respecter un préavis avant de notifier à l'autre sa décision unilatérale. Faute de préavis suffisant, l'auteur de la rupture engage sa responsabilité unilatérale même si la juridiction compétente admet le bien-fondé de la rupture. La partie qui impose ou obtient la rupture du contrat peut obtenir en outre des dommages-intérêts en réparation de la perte subie et du gain manqué qui découlent immédiatement et directement de l'inexécution.

La victime d'un préjudice a l'obligation de tout mettre en œuvre pour limiter la perte que lui cause l'inexécution imputable à son cocontractant conformément à l'article 293 de l'Acte uniforme sur le droit commercial général.

§1. La responsabilité du vendeur pour inexécution de ses obligations

Le vendeur engage sa responsabilité à chaque fois qu'il n'exécute pas ces obligations contractuelles. Il se verra obliger de remplacer les marchandises non conforme ou défectueuses à ses frais nonobstant la condamnation éventuelle au paiement des dommages-intérêts.

En effet, aux termes de l'article 282 de l'AUDCG, si le vendeur ne paraît pas en mesure d'exécuter dans les délais convenus l'intégralité de son obligation de livraison des marchandises, en raison d'une insuffisance de ses capacités de fabrication ou d'une inadaptation de ses moyens de production, l'acheteur peut obtenir de la juridiction compétente, statuant à bref délai, l'autorisation de différer l'exécution de son obligation de payer. Cette autorisation peut être assortie de l'obligation de consigner tout ou partie du prix.

Si l'acteur invoque dans les délais fixés aux articles 258 et 259 de l'AUDCG un défaut de conformité des marchandises livrées, le vendeur a la faculté d'imposer, à ses frais exclusifs et sans délai, à l'acheteur le remplacement des marchandises défectueuses par les marchandises conformes.

En outre, l'acheteur peut convenir avec le vendeur d'un délai supplémentaire pour le remplacement, aux frais exclusifs du vendeur, des marchandises défectueuses par les marchandises conformes. L'acheteur ne peut, avant le terme de ce nouveau délai, invoquer l'inexécution des obligations du vendeur et si le vendeur exécute ses obligations dans ce délai, l'acheteur ne peut prétendre à des dommages-intérêts (Art. 283 de l'AUDCG).

Passé le délai prévu aux alinéas 2 et 3 de l'article 283 ci-dessus, le vendeur peut encore réparer à ses frais exclusifs tout manquement à ses obligations mais l'acheteur, qui conserve alors le droit de demander des dommages-intérêts, peut s'y opposer.

Il faut souligner que si le vendeur ne livre qu'une partie des marchandises ou si une partie seulement des marchandises livrées est conforme, l'acheteur qui accepté d'en prendre livraison ne peut invoquer la rupture du contrat et ne prétendre qu'aux dommages-intérêts se rapportant à la partie manquante ou non conforme.

En cas de défaut de conformité des marchandises, que le prix ait été ou non déjà payé, l'acheteur peut réduire le prix du montant de la différence entre la valeur que les marchandises effectivement livrées avaient à ce moment.

§2. Inexécution des obligations de l'acheteur

Si l'acheteur ne paraît pas en mesure de payer l'intégralité du prix, en raison de son insolvabilité ou de cessation de ses paiements ou encore de ses retards dans les échéances convenues, le vendeur peut obtenir de la juridiction compétente, statuant à bref délai, l'autorisation de différer l'exécution de son obligation de livraison. Cette autorisation peut être assortie de l'obligation de consigner les marchandises à ses frais avancés. Si le vendeur accorde un délai supplémentaire pour le paiement du prix, il ne peut, avant le terme de ce nouveau délai, invoquer l'inexécution des obligations de l'acheteur. Au cas où l'acheteur s'exécute dans ce délai, le vendeur ne peut prétendre à des dommages-intérêts. Passé ce délai supplémentaire lui accorder, l'acheteur peut toujours exécuter ses obligations, mais le vendeur, qui conserve alors le droit de demander les dommages-intérêts, peut s'y opposer.[220]

Tout retard dans le paiement du prix oblige au paiement des intérêts calculés au taux de l'intérêt légal et ce, sans préjudice des dommages-intérêts éventuellement dus pour autre cause. Les intérêts courent à compter de l'envoi de la mise en demeure adressée par le vendeur à l'acheteur par lettre recommandée avec accusé de réception ou tout autre moyen équivalent.

Section 2. Rupture et prescription

§1. Rupture du contrat de vente commerciale

La rupture du contrat libère les parties de leurs obligations mais ne les exonère pas des dommages-intérêts. Elle n'a pas d'effets sur les stipulations du contrat relatif au règlement des différends ou aux droits et obligations des parties. En cas de rupture (297), ce dernier article reprend le principe traditionnel selon

[220] Voir l'article 285 et suivants de l'AUDCG.

lequel l'anéantissement relatif du contrat n'affecte pas toutes les obligations. La partie qui a exécuté totalement ou partiellement ses obligations peut obtenir la restitution par l'autre de ce qu'elle a fourni ou payé à l'exécution du contrat (297 et suivants).

Lorsque le contrat est rompu et que l'acheteur a procédé à un achat de remplacement, il peut obtenir des dommages-intérêts correspondant à la différence entre le prix de l'achat de remplacement et le prix convenu au contrat, ainsi que tous autres dommages-intérêts dus pour autre cause. De même si le contrat est rompu et que le vendeur a procédé à une revente des marchandises, il peut obtenir des dommages-intérêts correspondant à la différence entre le prix convenu au contrat et le prix de la revente, ainsi que tous autres dommages-intérêts dus pour autre cause. [221]

Signalons toutefois, la nullité est une sanction juridique qui frappe normalement un acte juridique irrégulier du point de vue des éléments requis pour sa validité,[222] tels que prévus par l'article 8 du code civil congolais livre 3, à savoir : le consentement de la partie qui s'oblige, sa capacité de contracter, un objet certain qui forme la matière de l'engagement, une cause licite dans l'obligation. Une vente commerciale qui ne respecte pas cette règle de formation pourrait être sanctionnée par la nullité. Celle-ci a pour effet de priver la vente ainsi irrégulière des effets juridiques qu'elle aurait dû normalement produire s'elle était régulière. Cette sanction doit toujours être prononcée par le juge, elle n'est donc pas automatique sauf quand elle est de plein droit où le texte lui-même le dit.

La nullité se distingue de la résolution, résiliation et de la révocation.

La résolution, la révocation et la résiliation sont des faits juridiques, des événements qui mettent fin à l'efficacité d'un contrat qui, dès son origine, était valable. Elles ne doivent donc ne pas être confondues avec la nullité qui, elle, suppose que dès son origine, l'acte n'était pas valide car il lui manquait un des éléments requis pour sa validité.

La résolution est la dissolution d'un contrat par le tribunal pour inexécution par l'une des parties de ses obligations. La révocation est l'acte par lequel les deux parties mettent volontairement fin à leur contrat. La résiliation a le même sens que la révocation, avec cette différence qu'elle concerne spécialement les contrats successifs. Ici, une seule partie peut mettre fin au contrat ; elle peut résilier le contrat, dira-t-on si les clauses du contrat le lui permettent.

---

[221] Article 292 de l'AUDCG.

[222] *KALOMBO MBIKAYI, Droit civil Tome I : Les obligations, CRDJ-Kinshasa, 2008, pp.150-106.*

Soulignons aussi la nullité est différente de rescision et suspension. La rescision est le terme utilisé pour signifier la nullité relative spécialement causée par la lésion en droit belge et français alors qu'en droit congolais est plutôt la réduction. Quant à la suspension, elle n'a rien à voir avec la nullité ; elle vise plutôt le cas où le contrat est valable mais où son exécution est arrêtée, c'est-à-dire suspendue, pour un temps à la suite de tel ou tel empêchement.

L'acte inexistant est celui auquel il manque un élément essentiel de sa validité. La théorie de l'inexistence est soutenue par ceux qui refusent d'admettre l'existence d'une nullité sans texte express : « pas de nullité sans texte ». Pour franchir l'obstacle que présente cette règle, l'on a inventé la théorie de l'inexistence qui, plutôt que de parler de la nullité, parle de l'inexistence.

D'autre part, l'acte « entaché de nullité se distingue de l'acte inexistant par ce qu'il existe tant qu'il n'a pas été annulé » ([223]) : il contient en lui le vice qui permettra de le faire disparaitre mais, en attendant, il y a, extérieurement du moins, une apparence d'acte. Remarquons que la théorie de l'inexistence n'est pas admise par ceux qui soutiennent celle des « nullités virtuelles ». Selon ces derniers, en effet, la « nullité n'est pas nécessairement édictée par un texte : l'inobservation de toute condition légale a pour sanction la nullité de l'acte alors même que le texte posant cette condition n'aurait pas prévu la sanction.[224]

§2. Prescription

Aux termes de l'article 301 deuxième alinéa de l'AUDCG, le délai de prescription en matière de vente commerciale est de deux ans. Ce délai court à partir de la date à laquelle l'action peut être exercée.

Toutefois, l'action de l'acheteur, fondée sur un défaut de conformité caché le jour de la prise de livraison, est prescrite dans le délai d'un an à compter du jour où ce défaut a été constaté ou aurait dû l'être conformément à l'article 259 de l'AUDCG.

Le droit OHADA prévoit certaines exceptions à cette règle. En particulier, lorsque les marchandises ne sont pas conformes au contrat et que l'acheteur exige du vendeur qu'il répare le défaut de conformité, la réparation doit être demandée au moment de la dénonciation du défaut de conformité ou dans un délai raisonnable.

Ce délai dérogatoire s'applique à toutes les actions nées du contrat de vente compris les actions en nullité. Notons cependant aux termes de l'article 302 du même acte, si le vendeur a donné une garantie contractuelle, le délai de

[223]*La nullité n'est pas automatique, sauf de cas de la nullité de plein droit. Mais alors le texte lui-même le dit. Avant l'annulation de l'acte par le juge, l'acte n'est qu'annulable.*
[224]*Mazeaud (H., L. et J.), Leçons de droit civil, T.II, 3ème éd., Paris, 1966, n°296, p.242.*

prescription de l'article visé à l'article 301 commence à courir à partir de la date de l'expiration de la garantie contractuelle. ce dernier article codifie la jurisprudence relative à la prolongation du délai de prescription : existence d'une garantie conventionnelle prolonge le délai de prescription, voir aussi TPI Abidjan, n°246 du 13 décembre 2001 : Ohada.com/Ohadata j-02-187: doit être irrecevable, une action introduite plus de deux ans après l'expiration de la garantie annuelle conventionnelle ; la preuve de la garantie contractuelle doit être rapportée par permettre à l'acheteur de bénéficier de l'allongement du délai de prescription.

Quatrième Partie : INTERMEDIAIRES DE COMMERCE

Chapitre premier : Généralités sur les Intermédiaires de commerce

Section 1. Droit commun des intermédiaires de commerce

Il est important de cerner la notion d'intermédiaire de commerce avant d'étudier les règles communes applicables à tous les intermédiaires de commerce.

§1. Notion d'intermédiaire de commerce

Aux termes de l'article 169 de l'AUDCG, l'intermédiaire de commerce est une personne physique ou morale qui a le pouvoir d'agir, ou entend agir, habituellement et professionnellement pour le compte d'une autre personne commerçante ou non, afin de conclure avec un tiers un contrat de vente à caractère commercial. Il est, dit l'article 170, un commerçant, et en conséquence, soumis aux conditionnalités légales en la matière, notamment l'inscription au RCCM.[225]

Les règles du mandat s'appliquent aux relations entre l'intermédiaire, le représenté et le tiers, sous réserve des dispositions particulières. Le mandat de l'intermédiaire peut être écrit ou verbal, n'est soumis à aucune condition de forme et il peut être prouvé par tous moyens, y compris par témoin en l'absence d'un écrit.

L'étendue du mandat de l'intermédiaire est déterminée par la nature de l'affaire à laquelle il se rapporte, si un contrat ne l'a pas expressément fixée. En particulier, le mandat comprend le pouvoir de faire les actes juridiques nécessités

[225] *Le gérant, l'administrateur ou l'associé d'une société, d'une association ou de toute autre entité juridique, dotée ou non de la personnalité morale, n'est pas considéré comme l'intermédiaire de celle-ci, dans la mesure où, dans l'exercice de ses fonctions, il agit en vertu de pouvoirs conférés par la loi ou par les actes sociaux de cette entité.*

par son exécution. Toutefois, l'intermédiaire ne peut, sans un pouvoir spécial, engager une procédure judiciaire, transiger, compromettre, souscrire des engagements de change, aliéner ou grever des immeubles, ni faire de donation.

L'intermédiaire qui a reçu des instructions précises ne peut s'en écarter, sauf à établir que les circonstances ne lui ont pas permis de rechercher l'autorisation du représenté, lorsqu'il y a lieu d'admettre que celui-ci l'aurait autorisé s'il avait été informé de la situation.

§2. Effets juridiques des actes accomplis par l'intermédiaire

Conformément à l'article 180 de l'AUDCG, lorsque l'intermédiaire agit pour le compte du représenté dans les limites de son pouvoir, et que les tiers connaissaient ou devaient connaître sa qualité d'intermédiaire, ses actes lient directement le représenté au tiers, à moins qu'il ne résulte des circonstances de l'espèce, notamment par la référence à un contrat de commission ou de courtage, que l'intermédiaire n'a entendu engager que lui-même.

Lorsqu'il agit cependant sans pouvoir, ou au-delà de son pouvoir, ses actes ne lient ni le représenté ni le tiers. Toutefois, lorsque le comportement du représenté conduit le tiers à croire raisonnablement et de bonne foi, que l'intermédiaire a le pouvoir d'agir pour le compte du représenté, ce dernier ne peut se prévaloir à l'égard du tiers du défaut de pouvoir de l'intermédiaire.

Notons néanmoins qu'aux termes de l'article 183, un intermédiaire qui agit sans pouvoir ou au-delà de son pouvoir est tenu, en l'absence de ratification, d'indemniser le tiers afin de rétablir celui-ci dans la situation qui aurait été la sienne si l'intermédiaire avait agi en vertu d'un pouvoir et dans les limites de ce pouvoir. L'intermédiaire n'encourt cependant pas de responsabilité si le tiers savait ou devait savoir que l'intermédiaire n'avait pas de pouvoir ou agissait au-delà de son pouvoir.

§3. Cessation du mandat de l'intermédiaire

Aux termes de l'article 188 & 189 de l'AUDCG, le mandat de l'intermédiaire cesse par l'accord entre le représenté et l'intermédiaire, par l'exécution complète de l'opération ou des opérations pour lesquelles le pouvoir a été conféré, par la révocation à l'initiative du représenté, ou par la renonciation de l'intermédiaire, en cas de décès, d'incapacité, ou d'ouverture d'une procédure collective, que ces événements concernent le représenté ou l'intermédiaire. Toutefois, le représenté qui révoque de manière abusive le mandat confié à l'intermédiaire doit l'indemniser des dommages causés et l'intermédiaire qui renonce de manière abusive à l'exécution de son mandat doit indemniser le représenté des dommages causés.

Section 2. Régime juridique propre à chacun intermédiaire commercial

Outre les règles communes supra, chacun d'intermédiaire commercial obéit à certaines règles particulières le différenciant aux autres qu'il faille préciser.

§1. Le commissionnaire

Aux termes de l'article 192 AUDCG, le commissionnaire, est un professionnel qui, moyennant versement d'une commission, se charge de conclure tout acte juridique en son propre nom mais pour le compte du commettant qui en donne mandat.

Le commissionnaire est tenu d'exécuter conformément aux directives du commettant les opérations faisant l'objet du contrat de commission. Si le contrat de commission contient des instructions précises, le commissionnaire doit s'y conformer strictement, sauf le cas échéant, à prendre l'initiative de la résiliation si la nature du mandat ou les usages s'opposent à ces instructions. En cas d'instructions indicatives, le commissionnaire doit agir comme si ses propres intérêts étaient en jeu, et en se rapprochant le plus possible des instructions reçues. Tandis que les instructions sont facultatives, ou s'il n'y a pas d'instructions particulières, le commissionnaire doit agir de la façon qui sert le mieux les intérêts du commettant, et le respect des usages.

Le commissionnaire est tenu aux obligations suivantes :

a) La loyauté au commettant ;
b) Rendre compte loyalement au commettant de tout renseignement utile relatif à l'opération, objet de la commission, et
c) Le tenir informé de ses actes une fois l'opération effectuée.

Alors que le commettant est tenu de verser au commissionnaire une rémunération ou Commission, qui est due dès lors que le mandat est exécuté, et ce, que l'opération soit bénéficiaire ou non, de rembourser au commissionnaire les frais et débours normaux exposés par ce dernier, à condition qu'ils aient été nécessaires, ou simplement utiles à l'opération, et qu'ils soient accompagnés de pièces justificatives.

Il résulte de l'article 203 de l'AUDCG, le commissionnaire perd tout droit à la commission s'il s'est rendu coupable d'actes de mauvaise foi envers le commettant, notamment s'il a indiqué au commettant un prix supérieur à celui de l'achat ou inférieur à celui de la vente. En outre, dans ces deux derniers cas, le commettant a le droit de tenir le commissionnaire lui-même pour acheteur ou vendeur.

Par ailleurs, afin de garantir le recouvrement de sa commission, il bénéficie d'un privilège. Selon l'article 188 de l'Acte uniforme portant organisation des suretés, le commissionnaire a sur les marchandises qu'il détient pour le compte du commettant un privilège pour garantir ses créances nées du contrat de commission. Ce privilège complète utilement le droit de rétention du commissionnaire consacré par le droit commercial général.[226]

L'article soixante-douze de l'Acte uniforme portant organisation des suretés permet au créancier qui détient légitimement un bien du débiteur de le retenir jusqu'au complet paiement de ce qui lui est dû, indépendamment de toute sureté. La rétention constitue ainsi une véritable mesure de garantie. Cela permet au créancier de bénéficier du droit de suite[227] et de préférence,[228] tant qu'il demeure en possession de l'objet retenu à condition que cette rétention ne souffre d'aucune illégitime.

§2. Le courtier

Aux termes de l'article 208, le courtier est un professionnel qui met de mettre en rapport des personnes en vue de faciliter ou de faire aboutir la conclusion de conventions entre ces personnes.

Il est tenu de demeurer indépendant des parties, et doit limiter ses activités à mettre en rapport les personnes qui désirent contracter, et entreprendre toutes démarches pour faciliter l'accord entre elles. Il ne peut donc intervenir personnellement dans une transaction, sauf accord des parties.

Le courtier est tenu de faire tout ce qui est utile pour permettre la conclusion du contrat, de donner aux parties tout renseignement utile leur permettant de traiter en toute connaissance de cause. Si en vue d'amener une partie à contracter, le courtier présente sciemment l'autre partie comme ayant des capacités et des qualités qu'elle n'a pas en réalité, il sera responsable des préjudices résultant de ses fausses déclarations.

Le courtier ne peut réaliser des opérations de commerce pour son propre compte, soit directement, soit indirectement, soit encore sous le nom d'autrui ou par personne interposée.

Aux termes de l'article 214 de l'AUDCG, la rémunération du courtier est contrairement à celle du commissionnaire, constituée par un pourcentage du montant de l'opération. Si le vendeur seul est donneur d'ordre, la commission ne peut être supportée, même partiellement, par l'acheteur ; elle vient donc en diminution du prix normal encaissé par le vendeur. Si l'acheteur est seul donneur

---

[226] Selon l'article 198 de l'AUDCG, tout commissionnaire a, pour toutes ses créances contre le commettant, un droit de rétention sur les marchandises qu'il détient.

[227] Le droit de suite est donc le droit pour le créancier bénéficiant d'une sûreté de saisir le bien grevé alors même qu'il a été vendu et appartient à une autre personne que le débiteur.

[228] Le droit de préférence désigne l'avantage que détiennent certains créanciers limitativement désignés par la loi d'être payés avant d'autres créanciers. Il constitue donc une exception au principe de l'égalité des créanciers.

d'ordre, la commission sera supportée par lui, en sus du prix qui est payé au vendeur.

Il a droit à sa rémunération dès que l'indication qu'il a donnée, ou la négociation qu'il a conduite, aboutit à la conclusion du contrat. Lorsque le contrat a été conclu sous condition suspensive, la rémunération du courtier n'est due qu'après l'accomplissement de la condition. S'il a été convenu que les dépenses du courtier lui seraient remboursées, elles lui sont dues lors même que le contrat n'a pas été conclu.

En vertu de l'article 215 du texte précité, souligne cependant que le courtier perd son droit à rémunération et à remboursement de ses dépenses s'il a agi dans l'intérêt du tiers contractant au mépris de ses obligations à l'égard de son donneur d'ordre, ou s'il s'est fait remettre à l'insu de ce dernier, une rémunération par le tiers contractant.

§3. Agent commercial

Aux termes de l'article 216 de l'AUDCG, l'agent commercial est un mandataire, qui à titre de profession indépendante, est chargé de façon permanente de négocier, et éventuellement, de conclure, des contrats de vente, d'achat, de location ou de prestation de services, au nom et pour le compte de producteurs, d'industriels, de commerçants, ou d'autres agents commerciaux, sans être lié envers eux par un contrat de travail.

Les contrats intervenus entre les agents commerciaux et leurs mandants sont conclus dans l'intérêt commun des parties. Les rapports entre l'agent commercial et le mandant sont régis par une obligation de loyauté et un devoir réciproque d'informations. L'agent commercial doit exécuter son mandat en bon professionnel ; le mandant doit mettre l'agent commercial en mesure d'exécuter son mandat.

Il sied de noter qu'il est permis à un agent commercial de représenter cumulativement sans autorisation quelconque d'autres mandants sous-réserve de convention expresse le contraire. Il ne peut néanmoins, accepter la représentation d'une entreprise concurrente de celle de l'un de ses mandants sans l'accord de ce dernier.

L'agent commercial ne peut, même après la fin du contrat, utiliser ou révéler les informations qui lui ont été communiquées par le mandant à titre confidentiel, ou dont il a eu connaissance à ce titre en raison du contrat. Lorsqu'une interdiction de concurrence a été convenue entre l'agent commercial et son mandant, l'agent a droit à l'expiration du contrat à une indemnité spéciale.

Contrairement aux autres intermédiaires commerciaux, sauf convention ou usage contraire, l'agent commercial n'a pas droit au remboursement des frais et débours résultant de l'exercice normal de son activité, mais seulement de ceux qu'il a assumés en vertu d'instructions spéciales du mandant indépendamment du résultat.[229]

Le contrat d'agence conclu pour une durée déterminée prend fin à l'expiration du terme prévu, sans qu'il soit nécessaire d'y mettre un terme par une quelconque formalité. Le contrat à durée déterminée qui continue à être exécuté par les deux parties après son terme est réputé transformé en contrat à durée indéterminée. Dans cas, la durée du préavis se calcule à compter du début des relations contractuelles entre les parties.

Lorsque le contrat est à durée indéterminée, chacune des parties peut y mettre fin moyennant un préavis. La durée du préavis est d'un mois pour la première année du contrat, de deux mois pour la deuxième année commencée, de trois mois pour la troisième année commencée et les années suivantes.

Les parties sont formellement interdites d'abréger ces délais de préavis, elles peuvent cependant les la prolonger à condition qu'ils soient identiques entre mandant et l'agent. Ces dispositions ne s'appliquent pas lorsque le contrat prend fin en raison d'une faute grave de l'une des parties, ou de la survenance d'un cas de force majeure. En l'absence de convention contraire, la fin du délai de préavis coïncide avec la fin d'un mois civil.

Cinquième Partie : LES EFFETS DE COMMERCE

Chapitre Ier. Notions d'effets de commerce

L'approche économique de la notion d'effets de commerce (Section 1) nous permettra de mieux appréhender son approche juridique (Section 2).

1ère Section - Approche économique

§1. Origine des effets de commerce

A l'origine, les effets de commerce remplissent un double rôle économique d'instrument de paiement et d'instrument de crédit. Plus particulièrement, la lettre de change, effet de commerce par excellence, a été successivement utilisée comme instrument de paiement puis comme instrument de crédit230. Ce déclin ayant été précipité par le commerce du chèque dont l'emploi est plus pratique et

[229] *Voir l'article 194 de l'article uniforme relatif au droit commercial général.*
[230]JEANTIN et Le CANNU n°224 p 144 ; JCL Commercial, fasc 405 n°3.

plus économique que la lettre de change.[231] Il semble que la lettre de change soit apparue au Moyen Âge notamment dans la pratique des foires sur la base d'un contrat spécial appelé contrat de change. Un auteur la définit comme la "convention" par laquelle le "donneur" fournissait une somme d'argent au "preneur" et recevait en échange un engagement payable à terme mais en un autre lieu et une autre monnaie.[232] Ce contrat se réalisait de la manière suivante : la remise des fonds était effectuée sur la base d'un contrat conclu entre le bailleur des fonds et le preneur. Celui-ci rédigeait une lettre remise au donneur par laquelle il demandait à un correspondant - tiré sur une autre place de remettre une somme d'argent en monnaie locale au porteur de la lettre – bénéficiaire. Ce faisant, cette opération évitait le transfert de fonds et opérait une conversion de monnaie.

§2. Essor des effets de commerce

Le glissement de la lettre de change vers le mécanisme de crédit a été favorisé par l'apparition des techniques de l'endossement (XVIe s.) et la clause à ordre (XVIIe s.). Il est parvenu à son apogée grâce à la technique de l'escompte (XVIIIe s.) permettant la mobilisation de toute créance constatée par une lettre de change, ce qui assure l'essor de ce titre conçu désormais comme un instrument de crédit. Néanmoins, l'essor de ce titre a été accompagné par l'augmentation des risques d'incidents de paiement. Aussi la lutte contre ces risques s'est manifestée par l'admission de trois règles favorables à leur expansion : le caractère abstrait du titre, l'inopposabilité des exceptions et le transfert de la propriété de la provision.[233] Mais cela n'a pas empêché le développement de la pratique du chèque, développement qui s'est opéré au détriment de la lettre de change comme technique de paiement. Aujourd'hui, elle tient le rôle exclusif d'instrument de crédit.

§3. Déclin des effets de commerce

Les inconvénients du recours à la lettre de change et à la technique de l'escompte ayant été mis en exergue (complexité, non susceptibles de traitement informatisé), des procédés plus modernes de transfert de fond ont aujourd'hui pris le relais de la lettre de change qui n'est pratiquement plus utilisée à cette fin (chèques de voyage, virement, swift, etc.). Certains procédés tendent à adopter les effets de commerce à l'informatique, ce qui a entraîné la création de titres

---

[231] De JUGLART et IPPOLITO, par DUPICHOT et GUEVEL, n°258 p 585.

[232] HILAIRE, Introduction historique au droit commercial PUF 1986. V. aussi : de ROOVER, L'évolution de la lettre de change, XIVe – XVIIIe siècles, Paris 1953 ; LEVY-BRUHL, Histoire de la lettre de change en France aux XVIIe – XVIIIe siècles, Paris 1933 ; L'endossement des lettres de change en France aux XVIIe – XVIIIe siècles, Ann. Dr. Com., 1930, p. 253 ; LE GOFF, Marchands et banquiers du Moyen Âge, PUF, Coll "Que sais-je", 1972. –BART, La lex mercatoria au Moyen Âge, Mythe ou réalité ? Mélanges Philippe KAHN, 2000, Litec, p. 17.

[233] VEGELI, La provision de la lettre de change et son attribution au porteur, Etude d'histoire et de droit comparé, Paris-Lausanne 1947 n°97 p 172.

informatisés (lettre de change relevé, billet à ordre relevé). D'autres sont des procédés nouveaux qui viennent se substituer aux effets de commerce tel le bordereau.

Ce procédé substitue les techniques de transfert de masse à des techniques de transfert unitaire. Il consiste à céder des créances aux fonds de cession ou de nantissements par un seul et même titre : le bordereau. Le procédé présente plusieurs avantages : il permet la transmission d'un groupe de créances par un même titre, ce qui réduit le mouvement de papier et donc abaisse le coût notamment pour la banque. Il permet de réaliser la cession ou le nantissement de manière simplifiée : la cession est opposable aux tiers sans qu'il soit nécessaire de la signifier au débiteur dans les termes et conditions de la cession ou du nantissement de créance. Pour ces raisons, la place des effets de commerce dans la réalisation des opérations commerciales subit et subira encore un déclin inévitable. Néanmoins, l'avènement de ce déclin semble lent en raison des garanties attachées à ce type d'effets de commerce.

IIème section. Approche juridique

Nous proposons de dégager les caractéristiques des effets de commerce (a), ce qui nous permettra de les distinguer de certaines notions voisines (b) avant d'évoquer les règles communes qui les régissent (c).

§1. Caractéristiques des effets de commerce

L'effet de commerce présente selon une doctrine autorisée quatre caractéristiques essentielles :[234]

1- L'effet de commerce, parce qu'il est un instrument de crédit, est un titre négociable ; ainsi sa transmission est simple, elle n'est pas soumise aux formalités de droit commun de la cession de créance. Elle se produit par tradition s'il est au porteur, par endossement s'il est à ordre. En outre, son paiement est plus sûr en raison de la garantie due par le cédant au cessionnaire mais également doublée par certaines dispositions particulières : solidarité cambiaire et inopposabilité des exceptions.

2- L'effet de commerce doit comporter l'indication de sa valeur. Cette condition est inhérente à la fonction de paiement du titre : il ne peut équivaloir à la monnaie que s'il a un objet monétaire.[235]Il en résulte que l'effet de commerce vaut par sa forme ; c'est un titre littéral. Il informe les tiers par sa seule apparence.

---

[234]ROBLOT, Effets de commerce, Sirey 1975 n°4 p 2.

[235]Fady NAMMOUR, *Instruments de paiement et de crédit : Chèque, Virement, Carte de crédit et de paiement, Lettre de change, Billet à ordre*, Librairie Générale de Droit et de Jurisprudence, E.J.E, Paris, 2008, P.183.

3- L'effet de commerce représente une créance de somme d'argent. En ce sens que l'instrumentum n'a pas pour rôle de prouver la créance, il est la créance. L'incorporation du droit au titre justifie différentes règles du droit cambiaire : indépendance des signatures[236] et surtout inopposabilité des exceptions.

4- L'effet de commerce doit constater une créance à court terme. En effet, ce n'est que si l'échéance de la créance est suffisamment proche que le titre sera reçu en paiement ou aisément mobilisable. Par conséquent, l'effet de commerce se distingue des titres négociables constatant des créances à long terme, telles les actions et les obligations.

Au vu de ce qui précède, l'effet de commerce peut être défini comme un titre négociable et littéral constatant au profit de son porteur une créance de somme d'argent stipulée à court terme et qui sert à son paiement.

§2. Notions voisines

1. Distinction avec la monnaie

Les effets de commerce se rapprochent de la monnaie : ils font diminuer le volume de la monnaie en circulation ; la monnaie scripturale est en développement continu. Le législateur lui-même assimile le paiement par effet de commerce à un paiement en espèces. Néanmoins, l'effet de commerce se distingue nettement de la monnaie. D'abord, quant à la nature : le billet de banque est un "signe monétaire dont la valeur est organisée par l'Etat". Sa remise libère le débiteur alors que la remise de l'effet n'est pas libératoire en elle-même mais son encaissement effectif. Ensuite, quant à son régime juridique : - la monnaie est émise par coupures d'un montant égal alors que le montant d'un effet de commerce est variable et dépend du montant de la créance constatée par le titre. - l'émission de la monnaie est indépendante de toute opération économique de quelque nature soit-elle alors que l'effet de commerce trouve sa cause dans une telle opération. - la monnaie est exclusivement émise par l'Etat (art.) alors que l'effet de commerce peut être émis par toute personne de droit privé, physique ou morale. - le paiement en monnaie bénéficie d'une grande sécurité dans la mesure où la monnaie émane de l'Etat alors que la sécurité de l'effet de commerce dépendra de la solvabilité de ses signataires.

2. Distinction avec les autres titres négociables

Dans la mesure où l'effet de commerce représente une somme d'argent, il se sépare d'autres titres négociables. Par exemple, la police d'assurance qui, bien que renfermant une somme d'argent - créance d'indemnité - voit son paiement subordonné à la réalisation incertaine d'un sinistre, ce qui n'est pas le cas

[236]Voir à ce sujet, les articles 7,8, & 17 du décret 28 juillet 1934 relatif à la lettre de change, du billet à ordre et des protêts.

s'agissant l'effet de commerce. Il en est de même de tous les titres n'ayant pas pour objet une somme d'argent (titres de transport, récépissés de marchandises) et ceux qui n'indiquent pas leur valeur : connaissements, récépissés de chemin de fer.[237]

3. **Distinction avec les titres à long terme**

Les titres à long terme sont des titres qui représentent exclusivement (obligation) ou partiellement (action) une créance de somme d'argent mais dont l'échéance est éloignée. Ils relèvent de la catégorie des valeurs mobilières. Les valeurs mobilières se rapprochent des effets de commerce : il s'agit de titres négociables qui indiquent leur valeur et représentent soit une créance de somme d'argent soit un droit sur le capital de la société émettrice. Néanmoins, elles s'en séparent à plus d'un titre : elles sont à échéance éloignée ; elles sont émises en bloc.

De plus, elles représentent un apport ou un prêt à long terme. La durée de l'opération explique que les droits des porteurs de valeurs mobilières soient plus étendus que ceux des porteurs d'effets de commerce. La détention de valeurs mobilières procure, outre des droits pécuniaires, des droits qui permettent surtout aux actionnaires d'intervenir dans la vie sociale. Au-delà, les valeurs mobilières ne sont pas comme des titres abstraits, détachés de leur cause : l'actionnaire ne peut ignorer les dispositions des statuts, ni l'obligataire les conditions de l'emprunt obligataire auquel il a souscrit.[238]

§2. Règles communes aux effets de commerce

1°) Formalisme cambiaire

Tous les effets de commerce sont soumis à un formalisme rigoureux. Nous l'avons déjà relevé : le caractère littéral du titre permet à son porteur de se retrancher derrière la seule apparence du titre conférant ainsi au débiteur cambiaire une protection fondamentale. Le formalisme se manifeste de différentes manières : d'abord, le titre doit contenir des mentions obligatoires (art 1er commun du décret du 28 juillet 1934 (lettre de change) & du décret du 10 décembre 1951(chèque)). Le billet à ordre, la lettre de change, le chèque sont des actes solennels. Le titre n'est pas un instrument de preuve. L'accomplissement de forme est nécessaire à la naissance du droit du bénéficiaire.

Ensuite, la signature permet de préciser la nature de l'engagement du signataire : si elle est portée au recto de la lettre de change, elle vaut aval ou acceptation ; si elle figure au verso de la lettre de change, elle vaut endossement. Enfin, la légitimité du porteur du titre est appréciée à partir d'une vérification

---

[237] ROBLOT, n°4 p 3. V. art 451 C. com. lib.
[238] JEANTIN et Le CANNU, n°238 p 152

formelle : " Le détenteur d'une lettre de change est considéré comme porteur légitime, s'il justifie de son droit par une suite ininterrompue d'endossement …". Les règles du formalisme cambiaire sont d'ordre public. En principe, leur défaut entraîne la déqualification du titre cambiaire (art 2 commun de tous les deux décrets précités. La créance ne pourra plus être réclamée que dans les conditions de droit commun.

Le formalisme cambiaire protège ceux qui s'obligent cambiairement. Pour se libérer valablement, il suffit au porteur "de vérifier la régularité de la suite des endossements mais non la signature des endosseurs". Cette solution résulte de cette constatation que le formalisme est lié au rôle de l'apparence dans la circulation du titre cambiaire. La validité de l'engagement est subordonnée à l'emploi de certaines formes substantielles. Ces formes ont évidemment pour but de protéger non seulement les parties à la formation du titre mais aussi les tiers

2°) Caractère abstrait du titre cambiaire

A l'instar du droit français, le droit congolais n'admet pas la validité des engagements abstraits. La cause est énoncée par l'article 8 du code civil des obligations comme la quatrième et dernière condition essentielle d'un contrat. Ainsi, précisément, l'article 8 parle de la « cause licite » caractérisant ainsi la cause d'un engagement. Les articles 30, 31 et 32 du code civil, livre 3 complètent encore davantage cet article huit. Le droit des effets de commerce fait exception à l'interdiction des engagements abstraits.[239] L'obligation assumée par le signataire d'un effet de commerce est plus au moins entièrement détachée de sa cause. Cela ne veut pas dire que l'obligation n'a pas de cause, il faut comprendre tout simplement que la cause ne sera pas prise en compte pour déterminer les droits du porteur du titre. La validité ou l'efficacité de la créance du porteur contre le signataire s'apprécie sans qu'on puisse se référer à la cause. L'engagement cambiaire (en rapport avec les effets de commerce) ou l'obligation issue directement du titre est donc autonome à l'égard des opérations juridiques qui sont à l'origine de l'émission du titre mais aussi des opérations qu'ils peuvent être noués entre les porteurs successifs du titre

Le fondement de cette solution dérogatoire est généralement trouvé dans la théorie de l'apparence.[240]L'engagement abstrait existe indépendamment de sa cause, il existe même s'il n'est pas causé ; il suffit qu'une apparence se soit créée, apparence dont la création est facilitée par les exigences du formalisme. Ainsi conçu, l'engagement abstrait résultant de la signature d'un effet de commerce est valable quels que soient les vices qui peuvent affecter le rapport fondamental,[241]

---

[239]RIVES-LANGE, Les engagements abstraits pris par le banquier, travaux de l'Association CAPITANT T XXXV 1984, p 304.
[240]VIVANT, Le fondement juridique des obligations abstraites D 1978 chron 39 ; v. travaux de l'Association CAPITANT préc. N°217 s.
[241]JEANTIN et Le CANNU, n°238 p 152

qui en constitue généralement la cause.[242]Ce caractère abstrait est consacré dans le droit commercial congolais par différents textes. Il s'agit tout d'abord des articles 17 du décret relatif à l'endossement translatif de la lettre de change, 18 &19 relatifs à son endossement à titre de procuration lorsqu'ils posent la règle de l'inopposabilité des exceptions.

Selon ce principe, le nouveau titulaire du titre acquiert la créance qui est incorporée au titre débarrassé des vices qui l'affectent, "purgée" des moyens de défense qui auraient pu être opposés au cédant par le débiteur. L'article 17 énonce : "Les personnes actionnées en vertu de la lettre de change ne peuvent pas opposer au porteur les exceptions fondées sur leurs rapports personnels avec le tireur ou avec les porteurs antérieurs ...". Les obligés ne peuvent invoquer contre le porteur les exceptions fondées sur leurs rapports personnels avec l'endosseur...". Ainsi le tiré ne peut pas, pour refuser de payer, se prévaloir des moyens résultant de son rapport fondamental avec le tireur ; l'engagement cambiaire est abstrait parce qu'il reste à l'abri des autres relations juridiques.

Egalement, l'article 32, 2ème alinéa du décret royal sur lettre de change consacre le caractère abstrait de l'engagement du donneur d'aval : " Son engagement est valable, alors même que l'obligation qu'il a garantie serait nulle pour toute autre cause qu'un vice de forme". Néanmoins, le caractère abstrait du donneur d'aval, présente un moindre caractère d'abstraction que celui du tiré accepteur.[243] Le donneur d'aval est, en effet, aux termes de l'article 32 alinéa 1er du même, "tenu de la même manière que celui dont il s'est porté garant". L'autonomie et l'abstraction de son engagement ne sont donc pas complètes.

Les effets de commerce engendrent donc pour ceux qui les ont signés un engagement abstrait, la contrepartie nécessaire de l'abstraction est le formalisme.

3°) Tempéraments

Le caractère abstrait de l'effet de commerce affirmé, il convient de souligner qu'il connaît des tempéraments. Ainsi lorsque le porteur en acquérant ou en recevant le titre "a agi au détriment du débiteur" (art 17 in fine), il perd le droit d'invoquer la règle de l'inopposabilité des exceptions. Par conséquent, le porteur de mauvaise foi se voit appliquer la théorie de la cause. A ce propos, il convient de souligner que la mauvaise foi est exigée au moment où le porteur a « acquis » le titre. Si la mauvaise foi apparaît après "ce moment" le caractère abstrait survit. De même, le caractère abstrait du titre est lié à sa circulation parce qu'il passe d'un tiers à un autre.

---

[242]LESCOT et ROBLOT, Les effets de commerce 1953 n°77 p 96.
[243]Fady NAMMOUR, op.cit. p. 189.

Par conséquent, lorsque celui qui réclame paiement du titre est celui qui l'a tiré, le principe de l'inopposabilité des exceptions n'a pas lieu de jouer. Le tiré peut valablement opposer au tireur tous les moyens de défense tirés du rapport fondamental notamment, l'absence de provision. Egalement, le rapport cambiaire n'exclut pas le rapport fondamental, "il s'y superpose" : loin de détruire la créance antérieure, la créance nouvelle, de nature cambiaire, vient s'y adjoindre pour la renforcer".[244]Ainsi l'émission d'un effet de commerce n'emporte pas novation de l'obligation fondamentale : la créance originaire n'est pas éteinte, elle continue d'exister et le porteur du titre pourra s'en prévaloir en cas de dysfonctionnement du rapport cambiaire. Par conséquent, le titre atteint d'un vice de forme prouvera néanmoins l'existence de la créance et même vaudra reconnaissance de dette. Si les actions en recours du titre cambiaire sont prescrites, le créancier se rabattra sur les délais de prescription de droit commun.

4°) Indépendance des signatures

Le principe de l'indépendance des signatures est posé pour la lettre de change en vertu de l'article 7 de décret cambiaire. Ce principe vaut pour le billet à ordre et le chèque (art.10 du décret sur le chèque). Aux termes de ce texte : "Si la lettre de change porte des signatures de personnes incapables de s'obliger par lettre de change, des signatures fausses ou des signatures de personnes imaginaires, ou des signatures qui, pour toute autre raison, ne sauraient obliger les personnes qui ont signé la lettre de change, ou du nom desquelles elle a été signée, les obligations des autres signataires n'en sont pas moins valables". Ce faisant, cette solution assure la circulation des effets de commerce. Il convient de formuler les observations suivantes : le texte évoque en termes généraux les "personnes incapables" sans autres précisions, par conséquent, il peut s'agir du tireur, tiré, endosseur, à l'avaliste.

En outre, le texte, après avoir énuméré quelques causes de nullité tirées de la signature, retient dans des termes généraux "les signatures qui pour toute autre raison ne sauraient obliger les personnes qui ont signé la lettre de change ou du nom desquelles elle a été signée". C'est dire que les causes de nullité ne sont pas limitatives ; ce texte évoque tous les cas où l'engagement d'un signataire est nul. Enfin, il convient d'estimer que l'article 51 relatif aux effets des altérations de la lettre de change, seuls les signataires du titre ayant donné leur consentement postérieurement à la date de l'altération sont tenus dans les termes de la lettre altérée. Les signataires antérieurs à l'altération sont tenus dans les termes initiaux de l'effet. Cette distinction entre deux catégories de signataires est la traduction du principe d'indépendance des signatures.[245]

---

[244]Idem.

[245]Fady NAMMOUR, op.cit. p. 191.

5°) Solidarité des signataires

Le principe de la solidarité cambiaire est affirmé par l'article 40 et 44 du décret du 28 juillet 1934. Il en résulte que "tous ceux qui ont tiré, accepté, endossé à l'avalisé une lettre de change sont tenus solidairement envers le porteur". Néanmoins, cette solidarité ne peut être mise en œuvre qu'entre signataires valablement engagés cambiairement. Cette solidarité n'est pas d'ordre public à condition que la clause de non responsabilité figure sur le titre lui-même en raison du principe du formalisme cambiaire. Toutefois, seul le porteur de la lettre de change peut échapper à la solidarité cambiaire notamment à la garantie de paiement. Au contraire, le tireur ne peut s'exonérer de l'acceptation et du paiement (art 9 du texte susmentionné.). Toute clause l'exonérant de la garantie du paiement est réputée non écrite. Egalement, le tiré accepteur et le donneur d'aval ne peuvent se libérer de leur obligation de paiement solidaire. A ce propos, l'article 32, alinéa 1er du même texte dispose : " Le donneur d'aval est tenu de la même manière que celui dont il s'est porté garant". S'agissant le billet à ordre, aucune de ses dispositions ne renvoient à celles de l'article 32 en raison de la confusion entre la qualité de tireur et de souscripteur. Par conséquent, il faut considérer que seul le porteur pourra, par une stipulation expresse figurant sur le titre, s'exonérer de la solidarité cambiaire.

6°) Effet de la solidarité

Dans ses effets, la solidarité cambiaire est en principe la même que celle du droit commun. Ainsi le porteur a le droit d'agir contre tous les signataires du titre, individuellement ou collectivement, sans être astreint à observer l'ordre dans lequel ils se sont obligés (art 44 al 2 décret du 28/08/1934). Le même droit appartient à tout signataire qui a remboursé l'effet de commerce (art 44 al 2). De plus, l'alinéa 4 du même article dispose que l'action intentée contre un des obligés n'empêche pas d'agir contre les autres, même postérieurs à celui qui a été d'abord poursuivi. S'agissant les effets secondaires de la solidarité, l'article 53 prévoit que l'interruption de la prescription n'a d'effet que contre celui à l'égard duquel l'acte interruptif a été fait. On considère que ce texte s'explique par le fait qu'il est peu vraisemblable que les différents signataires du titre se soient donné un mandat réciproque de représentation. Par ailleurs, cette exclusion expresse d'un des effets secondaires de la solidarité a pour conséquence, d'après une doctrine unanime, d'exclure tous les autres effets secondaires de la solidarité, ce qui marque nettement l'originalité de la solidarité cambiaire par rapport à la solidarité commerciale de droit commun.[246]

Le but essentiel des effets de commerce est de faciliter le crédit et le payement. La lettre de change, le billet à ordre et le chèque sont les principaux

---

[246]LESCOT et ROBLOT, n°478 ; HAMEL, LAGARDE et JAUFFRET, Traité de droit commercial t 2, 1966 n°1459 et 1489.

effets de commerce. Ils sont réglementés par la loi et présentent des caractéristiques communes :

1. le porteur légitime possède contre le signataire de l'effet une créance inconditionnelle de somme d'argent ;
2. ces effets ont pour objectifs de servir soit au payement d'une dette, soit à la réalisation d'une créance ;
3. ces sont des actes de commerce par la forme conformément à l'article 4 de l'AUDCG du 10 décembre 2010.

IIème Chapitre. LA LETTRE DE CHANGE

La lettre de change est régie par le décret du 28 juillet 1934 relatif à la lettre de change, billet à ordre et des protêts.

Ière Section. Notions générales

§1. Origine et fonction actuelle

1. Origine

La lettre de change est née au moyen âge dans les villes de foire, les transactions qui s'effectueraient sur ses places donnaient lieu à des véritables opérations de change c'est-à-dire opération sur la monnaie.

Le contrat de change est une convention par laquelle une personne s'engage moyennant une valeur donnée ou promise en échange pour l'autre contractant à prouver à ce dernier une somme d'argent dans un lieu autre que celui de la promesse.

Ex : l'ex d'un marchand milanais se rendant à la foire de Bruges. Il pouvait emporter avec lui ses sacs d'écus mais les routes étant peu sures, il avait intérêt de demander à son banquier brugeois de remettre au porteur de la lettre une certaine somme en monnaie locale. Le milanais se présentait alors au banquier de Bruges et se faisait remettre la somme convenue en monnaie locale.

Cette origine explique à la fois le nom que le titre a conservé, lettre de change et en partie sa forme actuelle, celle d'une lettre : « veuillez payer ».

2. Fonction actuelle

a. Instrument des règlements internationaux : historiquement, la lettre de change est un instrument destiné à effectuer un paiement sur une autre place. Elle remplit encore parfois cette fonction dans le commerce international.

b. instrument de crédit : l'usage de la lettre de change dans les paiements internationaux n'est qu'exceptionnel. Elle sert le plus souvent d'instrument de crédit par le billet de contrat d'escompte. Le bénéficiaire d'une lettre d change peut avoir immédiatement de fonds comme il ne peut obtenir le paiement du titre avec l'échéance. Il va le faire escompter, payer la lettre de change par un banquier ; ce dernier en quelque sorte la lui achète. Pratiquement le bénéficiaire endosse la lettre au profit du banquier qui en verse immédiatement le montant sous déduction d'un escompte c'est-à-dire des intérêts à courir jusqu'à l'échéance et sa commission.

§2. Définition de la lettre de change

La lettre de change est un titre par lequel le tireur (émetteur) garantie inconditionnellement au porteur légitime qu'une personne désigne dans le titre (tiré) lui payera une somme d'argent dont le montant est indiqué sur le titre. Si le tiré accepte la traite en y apposant sa signature, il devient le débiteur principal.

La traite ou lettre de change est payable à l'échéance suivant un délai, quant au chèque est payable à vue c'est-à-dire où vous donnez le chèque où vous devez recevoir l'argent, dans le cas contraire, le donneur du chèque sera poursuivi pour chèque sans provision ; le chèque concerne deux personnes mais le traite est un instrument de commerce par excellence c'est-à-dire trois personnes (tireur, tiré et bénéficiaire). Comme tous les effets de commerce, la lettre de change est soumise à des conditions de forme très strictes à peine de nullité. Elle est normalement transmissible par endossement.

L'endossement est le mode de transmission de la lettre de change par la remise du titre avec une mention normalement inscrite au dos du titre d'où vient son nom. Pour la lettre de change nous avons trois personnes : le tireur, le tiré et le bénéficiaire. Quand le bénéficiaire reçoit la traite il retourne chez le tiré qui appose sa signature, s'il ne signe pas le bénéficiaire rentre encore chez le tireur qui doit terminer avec le bénéficiaire. C'est-à-dire le tireur signe la traite tout en sachant que le tiré doit payer à telle date au bénéficiaire et il faut que le tiré accepte en y apposant sa signature. L'endosseur est celui qui remet le titre, l'endossataire ou nouveau porteur du titre, par le mécanisme de l'endossement. Tous les endosseurs successifs garantissent avec le tireur le payement par le tiré de la somme indiquée sur l'effet

Ainsi crée l'obligation cambiaire, l'obligation issue directement du titre. Cette obligation est un engagement abstrait détaché de sa cause mais cela ne veut pas dire que l'obligation est sans cause. On veut simplement signifier qu'à la base de l'obligation cambiaire se trouve une cause, un rapport fondamental distinct de la convention établie par la lettre de change. Ex : le contrat de vente.

IIème Section. Emission de la lettre de change

§1. Condition de fond

1. obligation de somme : l'obligation cambiaire ne peut avoir pour objet qu'une somme d'argent. Ceci différencie la traite d'un titre comme le connaissement qui représente des marchandises. (Connaissement : est un document constatant le contrat de vente, marchandises et acheteur que quelqu'un par exemple qui a acheté des marchandises à Mombasa et que le vendeur lui donne le titre qu'il pourra récupérer ses biens à Dar-es-Salam après deux semaines).

2. obligation inconditionnelle : l'obligation cambiaire est toujours inconditionnelle. Une clause faisant étant d'une réserve ou d'une condition, la rentrée (lettre de change) nulle.

Veuillez payer au porteur de la présente lettre de change la somme d'un million des francs à condition que les marchandises livrées soient conformes.

3. La capacité : pour signer une lettre de change, il faut être capable d'accomplir des actes de commerce. On comprend dès lors que le mineur et la femme mariée ne peuvent assumer un engagement cambiaire que dans les conditions indiquées sous le point relatif.

§2. Condition de forme

La lettre de change est un écrit sous seing privé à titre littéral en ce sens qu'elle peut valoir comme telle qu'à condition de contenir toutes les mentions exigées par la loi. Au seul examen du titre, le porteur doit pouvoir assumer de sa régularité et des droits qu'il confère. Le formalisme présent pour les titres cambiaires une importance d'autant plus grande que celui-ci doit circuler avec un maximum de sécurité.

1. les mentions obligatoires de la lettre de change

Conformément aux dispositions des articles 1er et 2ème du décret du 28 juillet 1934, la lettre de change contient un certain nombre des mentions que l'on peut grouper en deux catégories :

A. Les mentions requises en peine de nullité : six mentions sont exigées à peine de nullité absolue opposable même aux tiers de bonne foi : il s'agit de :

1) La dénomination « lettre de change » : la dénomination lettre de change insérée dans le texte même du titre est exprimée dans la langue employée pour la rédaction du titre et la première mention énumérée par l'art 1 du décret de 1934.

On ne pourrait donc pas par exemple avoir une traite intitulée « lettre de change » avec toutes les autres mentions en anglais ou en chinois ou inversement.

2) Mandat pure et simple de payement, la traite doit contenir l'ordre inconditionné de payer une somme déterminée au tiré, ordre donner par le tireur. Il ne s'agit pas d'un mandat pur et simple de payer (tiré reçoit l'ordre) car il n'est pas question de représentation ici. Le mandat doit être pris dans le sens de l'invitation à payer. En outre, l'ordre de payer est inconditionnel parce que l'existence des réserves ou des conditions ne se concilie pas avec la nature d'un titre appelé à circuler. Enfin, la somme visée est une somme d'argent. Elle est généralement mentionnée deux fois en toutes lettres dans le corps du titre en chiffre dans l'angle supérieur droit.

Aux termes de l'article 6, la lettre de change dont le montant est écrit à la fois en toutes lettres et en chiffres vaut, en cas de différence, pour la somme écrite en toutes lettres. La lettre de dont le montant est écrit plusieurs fois, soit en toutes lettres, soit en chiffre, ne vaut, en cas de différence, que pour la moindre somme.

3) Le nom du tiré : La traite doit indiquer le nom de celui qui doit payer. L'effet peut être tiré sur le tireur lui-même par exemple : si une société tire la lettre sur une de ses succursales ; dans ce cas, le tireur et le tiré seront la même personne.

4) Le nom du bénéficiaire : La traite doit porter le nom de celui auquel ou à l'ordre duquel le paiement doit être fait.

5) La date : L'indication de la date à laquelle la lettre est créée par la spécification du jour, mois et année est importante à plusieurs égards. Elle détermine le jour de l'échéance si l'effet est payable à un certain délai de date.

Elle permet de vérifier si le tireur avait la capacité requise d'établir l'écrit. Elle indique aussi en cas de faillite si la traite a été ou non émise avant l'époque de la cessation de paiement du tireur.

6) La signature du tireur : La signature de celui qui émet la traite atteste son engagement comme premier débiteur et permet aussi de l'identifier. Un écrit sana signature ne constitue pas un acte valable. Suivant les usages, une signature non manuscrite est nulle. Cependant, dans plusieurs pays, on a admis des procédés mécanographiques : exemple la griffe du tireur.

2. Les autres mentions obligatoires

D'autres mentions sont obligatoires mais ne sont pas exigées à peine de nullité parce qu'il s'agit de :

a. L'échéance de la lettre de change : La lettre de change dont l'échéance n'est pas indiquée est considérée comme payable à vue, précise l'alinéa 2 de l'article 2 du décret précité. On ne peut donc pas dire que cette mention est prescrite à peine de nullité puisque la date de présentation supplée entièrement à son omission.

b. Le lieu du paiement : Le lieu où le paiement doit s'effectuer est généralement le domicile du tiré, mais il peut être celui d'une tierce domiciliation, exemple : le banquier du tiré. Très souvent, les commerçants rendent les effets payables chez leurs banquiers.

A défaut d'indication spéciale, le lieu désigné à côté du nom du tiré est réputé être le lieu du paiement et en même temps celui du tiré.

c. Le lieu de création, en cas d'absence du lieu de création, elle est considérée, précise l'alinéa 3 de l'article 2, comme souscrite dans le lieu désigné à côté du nom du tireur. Toutefois, si aucun lieu n'était mentionné, la traite ne serait nulle pour vice de forme.

Il convient de souligner que la traite est nulle pour omission ou irrégularité d'une indication essentielle. Il ne vaut pas comme lettre de change bien qu'il puisse valoir à un autre titre en vertu du droit commun par exemple : constituer une promesse de paiement.

3. Les mentions facultaires

Dans la pratique, d'autres indications peuvent figurer sur la lettre de change. On peut ajouter notamment la mention de la provision, une clause de domiciliation, une clause sans projet la clause non à ordre (rare), …

Quand le tiré refuse de payer, le bénéficiaire va intenter une action contre le tireur en une procédure en protêt.

La clause non à ordre est une clause sur laquelle la bénéficiaire ne peut pas endosser, c'est-à-dire donner à une autre personne conférée la propriété.

4. Les traites en blanc

La traite en blanc est celle dans laquelle manque certaines mentions considérées comme essentielles. La traite peut ne pas mentionner le montant à payer ou le nom du tireur, selon la jurisprudence dominante, il importe peu qu'une lettre de change circule incomplète mais il faut que toutes les mentions soient indiquées lorsque le porteur de l'effet le présente au tiré. Après la présentation, il n'est plus possible de le compléter. Si le tireur indiquait n'existe pas, il y a tirage en l'air, la lettre de change n'existe pas et le tireur peut être pour infraction d'escroquerie.

IIème Section. Transmission de la lettre de change

§1. Mode de transmission

Aux termes de l'article 11, toute lettre de change, même non expressément tirée à ordre, est transmissible par la voie de l'endossement.

On entend par endossement, le mode normal de transmission des effets de commerce au moyen d'une signature apposée au dos du titre (ou sur une feuille qui lui est attachée, appelée « l'allonge », par laquelle le cédant (endosseur) donne l'ordre au débiteur de payer cessionnaire (l'endossataire) le montant de l'effet.

L'endossement constitue le seul mode de transmission de la lettre de change sauf les exceptions suivantes :

1. La lettre contenant la clause non à ordre : une clause rare mais qu'une fois utilisée rend le titre transférable dans la forme et les effets d'une cession de créance ordinaire. Selon le 2ème alinéa de l'article précité en effet, lorsque le tireur a inséré dans la lettre de change les mots « non à ordre » ou une expression équivalente, le titre n'est transmissible que dans la forme et avec les effets d'une cession ordinaire. La clause sans protêt est celle qui permet au bénéficiaire de prendre les dispositions utiles en cas de on payement par le tiré.

2. La lettre endossée en blanc : la transmission se fait par simple tradition manuelle (de la lettre non complétée pour que cette autre la complète).

3. La transmission par voie de succession : à ce niveau les héritiers prennent la traite du de cujus qu'ils vont récupère.

§2. Conditions et variétés de l'endossement

1. Conditions de validité de l'endossement

L'endossement doit être inscrit sur la lettre de change ou sur une feuille qui y est attachée (allonge). Il doit être signé par l'endosseur.

L'endossement peut ne pas désigner le bénéficiaire ou consister simplement dans la signature de l'endosseur (endossement en blanc). Dans ce dernier cas, l'endossement, pour être valable, doit être inscrit au dos de la lettre de change ou sur l'allonge

Notons que l'endossement est pur et simple. C'est dire que toute condition à laquelle il est subordonné est réputé non écrite. L'endossement partiel est nul (il laisse les autres signataires incertains). L'endossement au porteur vaut comme endossement en blanc.

Ex : Si Mr BEKA endosse une lettre sous la condition de remettre les marchandises, la lettre sera valable sans cette condition.

2. Variétés d'endossement :

a. Catégories d'endossements selon la forme :

- L'endossement nominatif : l'endossement est nominatif lorsqu'il mentionne le nom du bénéficiaire. Ex : payer à l'ordre de Lelo signé Bosakelia.
- L'adossement en blanc : il ne désigne pas le nom du bénéficiaire. Ex : payer à l'ordre de … de Bosakelia.

Il peut aussi consister dans la simple signature de l'endosseur. En ce cas, il sera pour être valable inscrit au dos de la lettre ou de l'allonge (annexe) pour éviter des confusions avec le tiré ou le donneur d'aval.

Pour le cas de l'endossement en blanc, le porteur possède tous les droits résultant de la lettre de change. Le porteur n'est pas tenu d'inscrire son nom au-dessus de la signature d l'endosseur, il peut seulement le faire pour diminuer les risques en cas de perte du titre. La traite endossée n blanc peut être transmise par un nouvel endosse soit nominatif soit en blanc. Le porteur peut également transmettre l'effet sans le signer en remplissant le blanc du nom d'une autre personne ou par une simple tradition nouvelle.

En n'endossant pas la traite, le bénéficiaire de l'endossement en blanc échappe à la garantie cambiaire puisqu'il n'appose pas sa signature sur le titre. C'est le principal avantage de l'endossement en blanc.

- L'endossement au porteur : il produit les mêmes effets qu'un endossement en blanc. Ex : payez à celui qui présente la lettre. Payez au porteur

Comme le porteur d'une lettre en blanc peut la remettre à un tiers sans remplir le blanc et sans l'endosser, la transmission se fait alors par tradition manuelle et la lettre circule comme une espèce de papier monnaie aussi longtemps que le porteur ne place pas son nom avant la dernière signature.

La différence entre l'endossement en blanc et au porteur se trouve au niveau de la précision pour l'endossement au porteur c'est-à-dire payer au porteur, mais pour celui en blanc rien n'est marquée.

b. Catégorie d'endossement selon le fond

• L'endossement translatif :

Aux termes de l'article 14 du décret du 28 juillet 1934 instituant la lettre de change, le billet à ordre et les protêts, « l'endossement transmet tous les droits attachés à la lettre de change ». Par l'endossement, l'endossataire n'est pas investi de la créance qu'avait l'endosseur mais d'une créance propre. Ce ne sont que quelques des droits de l'endosseur personnellement qui sont transmis mais ceux qui résultent de la lettre de change de sorte que l'endossataire acquiert une créance propre, un droit direct. La preuve à cela et que le garent ne peut opposer au porteur les dépenses personnelles qu'il était fondé à invoquer contre le propriétaire précèdent.

L'endossement apporte une garantie nouvelle puisque tout endosseur est garant de l'acceptation et du paiement. Le porteur d'une traite dont l'acceptation ou le paiement a été refusé peut exercer un recours contre le tireur ou contre tous les endosseurs ou contre un ou plusieurs d'entre eux. Les endosseurs sont solidairement tenus à l'égard du porteur ; entre eux ils sont garants l'un vis-à-vis de l'autre dans l'ordre de leur signature.

Chaque endosseur est tenu pour les tous vis-à-vis des endosseurs subséquents, suivant et inversement chaque endosseur possède un secours solidaire qui le précèdent.

L'endossement rend l'endossataire possesseur légitime : le détenteur d'une lettre de change est considéré comme porteur légitime s'il justifie de son droit par une suite interrompue d'endossement et il importe peu qu'en l'endossement en blanc figure dans cette suite.

En effet la loi considère que le premier endossement dont la signature suit cet endossement en blanc est l'endossataire. D'autres part, les endossements biffés, railler ne font pas partie de la chaîne « le principe de la régularité » dans la forme est d'autant plus important que le détenteur actuel est, à l'égard d'un porteur dépossédé réputé de bonne foi. Il ne devra se dessaisir de la traite que si sa mauvaise foi est prouvée.

L'endossement entraîne l'inopposabilité des exceptions : cela signifie que celui qui a contracté une obligation de payer une traite ne peut opposer à celui qui présente l'effet au payement l'exception qu'elle aurait pu faire valoir contre le tireur ou si la lettre a circulé contre les porteurs antérieurs. Et le terme

« exception » vise ici tous les moyens de défense pour faire repousser la prétention émise.

- L'endossement à titre de procuration : c'est celui par lequel le porteur d'une lettre de change remet son titre à un tiers avec le mandat d'en recevoir pour son compte le paiement. La formule employée peut être « valeur en recouvrement » ou « pour encaissement » ou bien encore « endossement par procuration » ou encore des expressions équivalentes indiquant un mandat.

Fréquemment le porteur de la lettre de change charge sa banque de l'encaisser pour son compte. Le banquier endossataire devient porteur par procuration et ne peut endosser qu'à titre de mandat. Il ne peut que demander le paiement de la lettre de change tout en exerçant les doits cambiaires au nom et pour le compte du mandat (client de l'endosseur).

- L'endossement pignoratif ou de garantie : cet endossement rare dans la pratique a pour objet de donner l'effet en gage. Le débiteur qui reste propriétaire de la lettre l'endosse à son créancier en faisant précéder sa signature de la clause « valeur en garantie » ou « valeur en gage » ou toute autre expression équivalente. L'endossement pignoratif permet au porteur d'exercer tous les droits dérivant de la lettre de change, mais n'étant pas propriétaire de la traite, ce porteur ne pourrait faire un endossement qu'à titre de procuration (article 19).

IVème Section. Moyens garantissant le payement de la lettre de change

Ce sont des procédés prévus par la loi et destinées à assurer le recouvrement ou le payement de la lettre de change.

§1. L'acceptation

Aux termes de l'article 21 du texte précité, la lettre de change peut-être, jusque 'à l'échéance, présentée à l'acceptation du tiré, au lieu de son domicile, par le porteur ou même par simple détenteur.

On entend par l''acceptation, l'engagement pris par le tiré de payer la lettre de change en y apposant sa signature. Il devient alors débiteur principal. Lorsqu'à la création de l'effet, le tireur donne au tiré mission d'acquitter la traite, le tiré est encore étranger à la lettre de change. Il ne devient partie dans l'opération cambiaire qu'à s'obligeant de payer.

Pour ce faire, la signature pure et simple suffit pour autant qu'elle figure au recto sinon elle doit être précédée de la mention « acceptée » afin de ne pas confondre la mention acceptation avec l'endossement. L'acceptation peut être limitée à une partie du montant de la lettre de change et l'accepteur est tenu dans les termes de son acceptation.

Comme l'acceptation confère une action cambiaire, le porteur a intérêt à faire accepter la traite si le tireur ne lui inspire pas toute confiance. Il obtient ainsi un nouveau débiteur en l'occurrence le tiré. Le porteur d'une lettre de change non encore acceptée à la possibilité d'inviter le tiré à accepter. En cas de refus partiel ou total, le porteur le fera constater par un « protêt faute d'acceptation », acte authentique dressé par l'huissier, le porteur pourra exercer son recours en garantie contre le tireur et les différents endosseurs successifs.

§2. L'aval

L'aval est une garantie donnée sur un effet de commerce par une personne appelée « donneur d'aval » ou « avaliste » ou « avaliseur », qui s'engage à payer tout ou partie de son montant à l'échéance, si le ou les signataires pour lesquels l'aval a été donné, appelés « les avalisés », ne le font pas. Il s'apparente donc à un cautionnement cambiaire. Comme l'aval ajoute une signature à la traite, la valeur de cette dernière augmente et sans négociation s'en trouve facilité : tout comme l'acceptation, l'aval peut être restreint à une partie du montant de la lettre de change. En réalité, il désigne un engagement personnel donné par un tiers au profit d'un des signataires d'un effet de commerce à concurrence d'un montant qui est habituellement de la totalité de la somme due.

1. **Condition de validité de l'aval**

a. Condition de fond :

Conformément aux dispositions de l'article 30, alinéa deuxième, l'aval peut est fournie par un tiers ou même par un signataire de la traite enfin de garantir l'engagement d'un débiteur cambiaire. La garantie porte sur l'acceptation et le paiement mais le donneur d'aval peut la réduire à l'un ou l'autre et même à une partie du montant de la traite.

b. Condition de forme : l'aval doit faire l'objet d'un écrit et il est donné de deux manières possibles :

• Aval sur la traite ou une allonge : il s'exprime par le mot « bon pour aval » ou « à titre de garantie » ou pour toute autre formule équivalente comme « à titre de garantie » précédant la signature du donneur d'aval. Placée au recto, une signature vaut aval sauf quand il s'agit de celle du tiré ou de celle du tireur puisque le tiré signe (le recto) pour accepter la traite et le tireur pour la créer. L'aval doit indiquer pour le compte de qui il est donné faute de quoi il est réputé donné pour le tireur, cette présomption est irréfragable.

• Aval par acte séparé : l'aval peut également être donné par acte séparé pourvu que la localité où il est intervenu y soit indiqué (art 31 al 2). Cette modalité de nature à aménager le crédit du débiteur constitue une dérogation au principe en vertu duquel, « la lettre de change forme un titre complet dont les obligations cambiaires résultent de ses propres énonciations ».

2. Les effets de l'aval : aux termes de l'article 32, le donneur d'aval est tenu de la manière que celui dont il n'est porté garant.

En voici les conséquences :

• L'aval qu'il soit donné sur la traite ou par acte séparé oblige le donneur d'aval en vertu du droit de change (cambiaire).

• Le donneur d'aval est un débiteur tenu solidairement avec les autres obligés.

• Le donneur d'aval est tenu d'une obligation accessoire pour autant que les prescriptions du droit cambiaire n'y dérogent pas.

§3. La solidarité cambiaire

Conformément à l'article 47, tout obligé contre lequel un recours exercé ou qui est exposé à un recours peut exiger, contre remboursement, la remise du chèque avec protêt ou la constatation équivalente et un compte acquitté. Tout endosseur qui a remboursé le chèque peut biffer son endossement et ceux des endosseurs subséquents. Le législateur institue donc, une solidarité au profit du porteur contre « tous ceux qui ont tiré » endossé ou avalisé une lettre de change. Cette solidarité diffère cependant de celle instaurée par le code civil.

1. A la différence du droit commun, le porteur de la lettre de change doit commencer à demander payement au tiré (et pourtant en matière civile on doit demander à n'importe qui parmi les endosseurs, tireurs) ce n'est en cas de refus du tiré constaté par protêt que le porteur pourra se retourner contre les autres signataires.

2. en droit cambiaire, seul le payement effectué par le tiré au tireur (un cas d'effet non accepté) libère les autres codébiteurs. On sait qu'en droit civil, le payement de la dette par l'un des codébiteurs solidaires libère tous les autres.

3. le codébiteur qu'en droit cambiaire a acquitté la dette n'a de recours pour la totalité de la dette que contre les signataires qui sont ses garants. En droit civil en revanche, le débiteur qui a payé à un recours contre tous ses codébiteurs mais seulement en concurrence de leurs parts.

4. En droit civil l'interruption de la prescription à l'égard de l'un des codébiteurs solidaires produit ses effets à l'égard de tous, il n'en est pas de même en droit cambiaire c'est-à-dire prescription à l'égard de chacun non pas à l'égard de tous.

5. les autres effets secondaires de la solidarité connue en droit civil ne se produisent point en droit cambiaire en raison d'absence de communauté d'intérêt entre les signataires de la traite. (Les effets secondaires : mis en demeure), c'est-à-dire en matière commerciale, la mise en demeure est personnelle et non collective à tous les codébiteurs.

§4. La provision

Aux termes de l'article 54, le porteur d'un chèque a, vis-à-vis des créanciers du tireur, une créance privilégie sur les fonds dont le tiré était débiteur lors de la présentation du chèque dans le délai légal, sauf en cas de saisie des fonds susmentionnés au moment de la présentation, si la saisie est antérieure à l'émission, ou, en cas de faillite du tireur, si le chèque a été tiré ou la provision constituée après la cessation de paiement. Au cas où les fonds auraient été remboursés au curateur de la faillite du curateur, avant l'expiration du délai de présentation, le privilège du porteur subsiste, à concurrence de la somme remboursée. Toutefois, le porteur ne peut faire valoir sa créance dans la faillite que s'il déclare au greffe du tribunal compétent, conformément au décret du 27 juillet 1934, sur les faillites ; le privilège prend immédiatement avant les privilèges sur la généralité des meubles.

Elle est une créance extra cambiaire que possède le tireur sur le tiré, créance sur base de laquelle, la traite a été créée par le tireur et éventuellement acceptée par le tiré. La provision n'est pas un élément essentiel de la traite ou lettre de change car elle peut exister sans provision, aussi le tiré peut accepter de payer au moment où le tireur n'a pas de provision et soit le tiré était lui-même débiteur du tireur

Néanmoins, bien que la traite soit une entité abstraite existant dès que les conditions de forme sont remplies, la provision joue un rôle important dans le mécanisme cambiaire.

D'une part, le tireur qui prouve avoir fait provision est moins sévèrement tenu vis-à-vis du porteur non payé qui n'a pas respecté le délai de recours ; d'autres parts, le porteur de l'effet possède un privilège sur la provision (art74 du même décret).

Enfin, le porteur ou le tireur d'une traite a contre le tiré non accepteur mais provisionné une action directe en payement de l'effet dans la mesure de la provision (art 76 et 77).

Le porteur qui a une pareille action directe quant à la provision peut faire défense au tiré de s'en dessaisir et ce, par une simple lettre. Comme la provision n'est pas indispensable à la validité de la traite, on comprend que toutes les traites ne sont pas provisionnées.

Cependant, l'émission s'une traite sans provision est susceptible de constituer une opération illicite dans certaines circonstances. Deux situations sont à distinguer :

- La lettre de change émise sans provision est le fait du tireur seul sans entente frauduleuse avec le tiré qui reste étranger à cette émission. Il s'agit d'une traite fictive et les sanctions seront orientées vers le tireur seul responsable de l'émission illicite.

- La lettre de change est émise sans provision par le tireur mais en accord avec le tiré ; il y a entente frauduleuse entre les deux, c'est le problème de la traite de complaisance qui donnera lieu aux sanctions.

Dans les deux situations, les personnes capables d'émission frauduleuse sont passibles des sanctions pénales (escroquerie, banqueroute, ...).

En cas d'acceptation de la traite par le tiré, il ne peut plus opposer les exceptions au porteur qu'il pourrait opposer au tireur de la traite lorsque ce dernier demandait paiement.

Vème Section. L'inopposabilité des Exceptions

Les personnes concernées par une traite ne peuvent pas opposer au porteur, les exceptions fondées sur leur rapport personnel avec le tireur ou avec les porteurs antérieurs à moins que le porteur, en acquérant la traite ait agit sciemment au détriment du débiteur.[247]

Si une lettre de change, incomplète à l'émission, a été complétée contrairement aux accords intervenus, l'inobservation de ces accords ne peut pas être opposée au porteur, à moins qu'il n'ait acquis la lettre de change de mauvaise foi ou que, en l'acquérant, il n'ait commis une faute lourde.[248]

La règle de l'inopposabilité des exceptions est essentielle et nécessaire au crédit et à la circulation de la traite puisque le tiré ne peut opposer au porteur les exceptions qu'il aurait pu opposer au tireur et aux endosseurs successifs (défaut de provision, exception de compensation...).

En sommes, le porteur qui demande le paiement de la lettre bien que tirant ses droits du précédent porteur qui la lui a transmise, les trouve purger des traites exceptions parce qu'il y tient de la lettre, elle-même, titre littéral et abstrait dégagés de créances contractuelles qui lui ont donné naissance.

---

[247] Article 17 du Décret du 28 juillet 1934 régissant la lettre de change, le billet à ordre et des protêts.
[248] Article 10, du même texte.

Toutefois, les exceptions sont opposables au porteur qui en acquérant la traite a agi sciemment au détriment du débiteur.

Ce porteur est considéré comme étant de mauvaise foi. Par ailleurs, la règle ne s'applique pas à toutes les exceptions ; les exceptions qui sont inopposables sont celles qui ont leur source en dehors de la lettre et qui tiennent aux rapports personnels du débiteur poursuivi

En revanche, sont opposables au porteur, les exceptions qui se rapportent à la traite elle-même telle que le vice apparent du titre (absence de l'une ou de plusieurs mentions prescrites à peine de nullité). L'incapacité du débiteur poursuivi, les moyens résultant des relations personnelles entre le débiteur poursuivi et le porteur.

VIème Section. Exécution des engagements cambiaires

§1. Paiement

Le porteur d'une traite a l'obligation au moment de l'échéance de présenter sa traite au payement a effectué par le tiré sous peine de devenir un porteur négligent et de ses recours contre la plupart des signataires de la traite. (Art 38 al1). Le dernier porteur devient par la possession du titre créancier du tiré.

En cas de perte ou de vol, la traite, le porteur dépossédé peut interdire au tiré de payer à la personne qui lui présentera la lettre de change. Par ailleurs et contrairement aux dispositions du code civil, le porteur d'une lettre de change ne peut refuser un payement partiel (art 39 al2). Tout en profitant au créancier, ce payement présente un allégement de la responsabilité du garant.

Ayant payé partiellement, le tiré ne peut requérir, exiger la remise de la traite. Il exigera que mention du payement soit faite sur celle-ci et que quittance lui soit donné (art 39 al3).

§2. Le recours cambiaire

Aux termes de l'article 40, le porteur peut exercer ses recours contre les endosseurs, le tireur et les autres obligés, s'il le chèque, présenté en temps utile, n'est pas payé et si le refus de paiement est constaté soit par un acte authentique (protêt), soit par une déclaration du tiré, datée et écrite sur le chèque avec l'indication du jour de la présentation, soit par une déclaration datée d'une chambre de compensation constatant que le chèque a été remis en temps utile et qu'il n'a pas été payé.

Le protêt ou la constatation équivalente doit être fait avant l'expiration du délai de présentation. Si la présentation a lieu le dernier jour du délai, le protêt ou la constatation équivalente peut être établi le premier jour ouvrable.

Il sied de préciser que le protêt est un acte authentique dressé par un huissier de justice à la demande du porteur d'effet de commerce afin de constater officiellement, soit son non-paiement à l'échéance (protêt faute de paiement), soit le refus de paiement d'une traite par le tiré (protêt faute d'acceptation) ; cela en établissement d'un certificat de non-paiement. Il s'agit donc, d'un acte extrajudiciaire dressé par un officier ministériel, dans la pratique un huissier de justice, en vue de constater officiellement la présentation régulière d'un effet de commerce au paiement et le refus de paiement.[249]

Il doit être fait, dit l'article dit 68, au siège de la banque où le chèque est payable. En cas d'indication fausse du siège, l'acte constate, le cas échéant, que le tiré n'a pas été trouvé. Et l'article 69 précise que l'acte de protêt est dressé sur le chèque ou y est attaché sous forme d'allonge. Il contient les énonciations prévues par l'article 70 (nom du requérant, montant du chèque, date d'émission, présentation ou l'absence du tiré, paiements partiels faits, motifs du refus de payer, noms et prénoms de la personne à qui le bulletin est remis, droits et émoluments dus).

Lorsque la lettre de change n'est pas acceptée, le porteur peut dresser protêt faute d'acceptation pour attaquer directement le tireur et le signataire. Le signataire qui paye possède naturellement un recours contre les autres garants. Si le tiré se trouve en état de cessation de paiement (faillite ou déconfiture), il est inutile d'attendre l'échéance et il importe peu que le tiré ait accepté ou pas la traite. Le porteur aura recours contre ses garants.

§3. Le délai de prescription

La prescription est un mode d'extinction d'une action, mode de libération du débiteur résultant de l'inaction du créancier pendant un certain laps de temps.

La lettre de change est un tiré dont la vie est courte, le législateur n'a pas voulu la soumettre à la prescription trentenaire de droit commun. La loi fixe le bref délai diversifie d'après la nature de l'action.

- Prescription de 3 ans ; pour toutes les actions résultant de la traite contre l'accepteur, le tireur et sans distinction d'après la qualité du créancier poursuivant (porteur à l'échéance ou garant ayant payé). Le point de départ et la dette de

---

[249]MILINGO ELLONG J., *Le protêt et la protection du porteur d'un effet de commerce dans la zone CEMAC*, *Revue de l'ERSUMA : Droit des affaires - Pratique Professionnelle*, N° 3 - Septembre 2013, *Etudes* ; sur URL: https://revue.ersuma.org/no-3-septembre-2013/etudes-27/article/le-protet-et-la-protection-du, visité le 8. 09.2021 à 9heures 20'.

l'échéance (en réalité c'est le lendemain du jour de l'échéance car en ce jour on sera chez le débiteur puis le lendemain on se rendra chez le juge (tribunal)).

- Prescription d'un an ; pour les actions du porteur contre les endosseurs successifs. Le point de départ est la date du protêt dressé en temps utile ou celle de l'échéance en cas de clause de « retour sans protêt » au retour sans frais. Prescription de 6 mois ; qui concerne les actions des endosseurs les uns contre les autres et contre le tireur. Le point de départ est le jour où l'endosseur a remboursé la lettre. Tous ces délais peuvent être interrompus mais l'interruption de la prescription à l'effet que contre celui à l'égard duquel l'acte interruptif a été fait.

IIème Chapitre. LE BILLET A ORDRE

1ère Section. Notions Générale

Le billet à ordre est un titre rédigé dans la forme légale transmissible par endossement, par lequel l'émetteur ou souscripteur s'engage à payer à l'échéance la somme déterminée sur le titre au bénéficiaire ou à l'ordre de celui-ci. Tout comme la lettre de change, le billet à ordre est toujours transmissible par endossement. Il constitue un acte de commerce par la forme et l'obligation qui en résulte présente un caractère formel et abstrait.

De même sont applicables au billet à ordre les règles de la lettre de change relatives à l'endossement, à la garantie solidaire des endosseurs, à l'inopposabilité des exceptions, à l'aval, au payement (notamment l'obligation du porteur de faire dresser protêt en cas de non payement, aux déchéances et au recours ainsi qu'à la prescription. Cependant, à côté de ses ressemblances, existe beaucoup des différences entre le billet à ordre et la traite.

- La première et grande différence est que l'émetteur ou souscripteur du billet est le débiteur principal alors que c'est l'accepteur qui remplit ce rôle dans la traite. Cette différence explique notamment l'avantage des traites acceptées. (Billet à ordre deux personnes : l'émetteur et porteur). Le porteur d'une lettre de change accepté à deux débiteurs solidaires, l'accepteur et le tireur en dehors des endosseurs tandis que le porteur du billet à ordre n'en a qu'un seul, le souscripteur ou émetteur.

- Alors que la traite acceptée née généralement d'une opération commerciale (par ex : un vendeur des marchandises tire une traite sur son acheteur qui la signe pour acceptation. Le billet à ordre est souvent utilisé en matière financière .il sert à mobiliser les crédits bancaires, il naît d'un prêt.

- La lettre de change exige généralement qu'il y ait provision sur laquelle le porteur a un privilège, le billet à ordre quant à lui ne fait pas pareille garantie et il n'en serait être question puisque la provision met en cause la créance du tireur sur le tiré. Or ses deux qualités se trouvent confondues sur la tête du souscripteur.

IIème Section. Les mentions du billet à ordre

Au terme de l'art 94, les mentions essentielles du billet à ordre sont :

- La dénomination « billet à ordre » insérée dans le texte même et exprimée dans la langue employée pour la rédaction du titre,
- La promesse pure et simple de payer une somme déterminée,
- L'indication de l'échéance,
- L'indication du lieu où le payement doit s'effectuer,
- Le nom de celui auquel ou à l'ordre duquel le payement doit être fait,
- La date et le lieu où le billet est souscrit,
- La signature de celui qui émet le titre « souscripteur ».

Sans l'une de ces mentions, le billet ne relèvera pas du droit de change mais il voudra comme simplement promesse de payement.

Comme pour la traite, la loi supplée 3 mentions :

- Si l'échéance n'est pas indiquée, le billet est payable à vue,
- Si le lieu de payement n'est pas précisé, il sera celui de la création du titre,
- Si le lieu de la création manque, le billet est considéré comme souscrit dans le lieu désigné à côté du nom du souscripteur (art.95 du décret du 28 juillet 1934).

La plupart des mentions facultatives de la lettre de change compatible avec la nature du billet à ordre peuvent figurer sur ce dernier.

IIIème Section. Payement & Régime Juridique du Billet à Ordre

Le payement du billet à ordre est demandé à l'échéance au souscripteur. En cas d'inexécution, le porteur fera dresser un protêt dans les mêmes conditions que celles prévues pour le protêt de la traite. Pour le reste le régime du billet à ordre est sensiblement identique à celui de la lettre de change et les dispositions légales relatives à cette dernière sont généralement applicables.

IVème Chapitre. LE CHEQUE

1èreSection. Notions générales

De même que les dispositions sur la lettre de change, la législation sur le chèque (décret du 10/12/1951) est détaillée et forme un tout se suffisant à lui-même. Les deux réglementations présentent d'ailleurs un parallélisme systématique pour autant que la créature des titres ne s'y oppose pas.

§1. L'origine du chèque

Le chèque est une création des banques anglaises du 13è siècle. Il a été créé pour faire échec aux privilèges d'émission conféré à la banque d'Angleterre et le seul pouvait émettre les billets convertibles en or.

Au lieu de remettre à leurs clients des billets de banque payable sur leurs caisses, lesdites banques inscrivaient aux crédits de leurs clients ce qui leur était dû et leur remettait des carnets contenant un certain nombre des formules en blanc qu'ils pouvaient remplir en faveur de quiconque le titre était ainsi établi, ils étaient payables à vue, le chèque était né.

§2. Définition du chèque

Le décret du 10/12/1951 évoque le chèque mais n'en donne aucune définition générale. Du droit comparé, il résulte que le chèque est un titre, écrit, par lequel une personne, appelée tireur, disposant de fonds, donne mandat pur et simple à une banque, appelée tiré de payer à vue une somme déterminée. Ce paiement pouvant intervenir au profit d'une tierce personne appelée bénéficiaire ou au profit du tireur lui-même. Le chèque est donc un instrument qui permet à toute personne de transférer des fonds. C'est un écrit ou effet de commerce par lequel l'émetteur (le tireur) garantie inconditionnellement au porteur légitime qu'une somme d'argent déterminée sur le titre lui sera payé à vue par le banquier (le tiré) qui ne peut s'engager lui-même envers le porteur.

§3. Convergences et divergences avec la lettre de change

Le chèque ressemble à la lettre de change quant à sa forme dans la mesure où comme elle, il repose sur trois personnes. Egalement, comme la lettre de change (et le billet à ordre), le chèque n'est pas en soi constitutif d'un acte commercial en droit Congolais. Néanmoins, il diffère au moins sur deux points : d'abord, le chèque est un titre obligatoirement payable à vue (article 28 décret royal), c'est-à-dire, « payable le jour de sa présentation ». Il en résulte que la créance de provision doit exister," au moment de la création du titre ". Ainsi, à la différence de la lettre de change, le chèque n'est pas, en principe, un instrument immédiat de crédit, mais un instrument de paiement s'il est fait à l'ordre d'un tiers

[250] (Il en résulte que le chèque n'est pas un simple titre de créance qui permettrait au tireur de se retourner contre le porteur quand bon lui semble dans la mesure où il est prédestiné à être payé et, que la remise du chèque n'emporte pas novation de la créance principale; celle-ci conserve son individualité jusqu'à son extinction provoquée par l'encaissement du chèque) ou, de retrait de fonds, s'il est à l'ordre du tireur lui-même. Ensuite, le chèque est un titre qui « ne peut être tiré que sur un banquier » (article 3) ; il fait l'objet d'un monopole, alors que la lettre de change peut être tirée sur tout créancier, personne morale ou personne physique.

§4. Nature juridique du chèque

Si le chèque contient un mandat pur et simple de payer une somme d'argent déterminée (2ème alinéa de l'article 1er du décret royal du 10 décembre 1951), il n'est pas pour autant constitutif d'un simple mandat de paiement. Le législateur l'élève expressément au rang de titre bancaire, s'alignant par-là sur la convention de Genève de 1931.

Son caractère civil ou commercial du chèque dépend de la nature de la créance principale c'est-à-dire de la cause du chèque. S'il est créé par un consommateur profane pour ses besoins personnels ou par un professionnel civil dans le cadre de son activité, il sera considéré comme acte civil. Au contraire, s'il est tiré par un commerçant pour les besoins de son commerce, il sera commercial à titre accessoire. Il en résulte que si la commercialité de l'acte n'est pas démontrée, le chèque reste soumis aux règles de droit commun. Au contraire, le paiement du chèque par le banquier tiré est toujours un acte de commerce, dans la mesure où un tel paiement est constitutif d'une opération de banque laquelle est commerciale par la forme.

Le chèque n'est pas un billet de banque spécialement parce que sa simple remise n'est pas libératoire. Jugé que le chèque ne vaut pas paiement en lui-même mais un instrument pour payer une somme d'argent ; encore faut-il qu'il soit effectivement encaissé. Pour cela, la formule "payer par chèque" est incorrecte.

Par contre, le chèque n'est pas constitutif d'une valeur mobilière. En effet, le chèque émis individuellement constate une créance de somme d'argent et sert à son paiement alors que les valeurs mobilières émises en bloc représentent des droits à des sommes d'argent identiques dont la vocation est d'avoir un cours sur un marché de valeurs. Le chèque est juste un instrument de paiement.

Un chèque peut-il valablement servir d'offre réelle et de dépôt ? Dans la mesure où le chèque ne vaut pas paiement en lui-même, la réponse doit être négative peu importe si le chèque a été accepté ou visé dans les Qu'en est-il si le

[250] ; Cf. art 444 C. com. lib. En ce sens, CA Beyrouth 2e ch., arrêt n°46, 20 mars 1950, Rec. Hatem fasc 6 p 49 n°5.

chèque est spécialement bloqué par le tiré au profit de l'affaire concernée ? La jurisprudence n'est pas fixée. Parfois, elle admet sa validité, d'autres fois, elle la refuse au motif que le chèque ne vaut pas paiement en soi.

§3. La fonction économique du chèque

Le chèque est un instrument de payement qui remplace la monnaie. Il présente beaucoup d'avantages :

a. Pour le tiré :
- Le chèque évite un service de caisse,
- Il peut être envoyé au créancier par le poste,
- Il prouve le payement et dispense d'un reçu.

b. Pour le Bénéficiaire :
- Il diminue le danger de perte ou de vol,
- Il permet l'encaissement par le banquier du bénéficiaire et l'inscription du montant au compte de celui-ci,
- Il peut être transmis par le bénéficiaire à un de ces créanciers en payement.

c. Pour le banquier ou tiré : le chèque favorise le développement de dépôt des fonds grâce auquel le banquier peut travailler.

IIème Section. L'émission du Cheque

§1. Les conditions de fond : L'existence d'une provision

La provision en matière de cheque constitue un élément primordial, c'est l'existence d'une provision préalable et disponible qui justifie l'émission du chèque. La provision doit consister à une créance d'argent du tireur sur le tiré. Elle peut donc avoir pour objet des marchandises ou des titres. La provision doit être préalable, c'est-à-dire exister à l'émission du chèque. Elle doit également être disponible c'est-à-dire que la créance d'argent du tireur doit être certaine, liquide et exigible.

La provision ne peut donc être frappée de saisie-arrêt avant l'émission ni être sérieusement contestable. Même si le chèque est postdaté, la provision doit exister dès le moment où le chèque est remis au bénéficiaire.

§2. Condition de forme

La condition de l'écrit résulte des mentions que doit contenir le chèque conformément à l'article 1er et suivent du décret…ce texte ne réglemente pas la forme que doit revêtir l'écrit. On a pu alors dire qu'en théorie, un chèque établi sur papier libre, sur une feuille de papier quelconque, voire sur un autre support, est parfaitement valable dès lors que les mentions obligatoires sont présentes.[251]Toutefois, en pratique, cette théorie est mise à mal : d'une part, les chèques sont fortement réglementés et contrôlés par la Banque Centrale. Par exemple, les chèques standardisés sont désormais dotés d'une bande magnétique destinée à les lire et à les traiter. D'autre part, parce que les banques disposent d'un monopole de délivrance des chèques se présentant sous l'aspect d'une formule imprimée détachée d'un carnet de souches.

Le chèque doit contenir un certain nombre d'énonciations sans lesquelles il « ne vaut pas comme chèque » (article 2 alinéa 1er). Aux termes de l'article premier du décret du 10 décembre 1951, six (6) mentions doivent figurer sur le chèque sous peine de nullité de l'écrit entant que cheque, à savoir :

1) La dénomination de « cheque ». Celle-ci doit être insérée dans le corps du titre selon la formule usuelle : « Payez contre ce chèque ». En outre, la dénomination doit être exprimée « dans la langue employée pour la rédaction de ce titre ».

2) Le mandat (ou ordre) pure et simple de payer une somme déterminée. A ce propos, il convient d'apporter les observations suivantes :

- La détermination de la somme implique qu'elle soit fixe, ce qui interdit la stipulation d'intérêts réputée non écrite ;

- Le chèque étant un instrument de paiement, la somme qu'il constate doit être liquide. Satisfait à cette condition le chèque servant à l'ouverture d'un compte dans la mesure où son montant ainsi déposé se détache du chèque support et devient une créance liquide. A noter que la loi ne prévoit pas de montant minimum quant à la somme payée par chèque.

- Le montant peut être manuscrit ou imprimé.

- La somme est exprimée selon l'usage en lettres et en chiffres. S'il y a disparité entre eux le montant écrit en lettres sera retenu sauf preuve contraire.

- La somme peut être libellée en devises étrangères. Si elle est portée en compte, elle doit être déterminée d'après le cours du change au jour de l'encaissement du chèque. A cet effet, le banquier peut, soit, attendre l'encaissement effectif du titre soit, créditer immédiatement le compte de son client. Néanmoins, dans ce dernier cas, la banque doit informer son client du risque de change qu'elle serait appelée

[251] JUGLART et IPPOLITO, *Les effets de commerce par DUPICHOT et GUEVEL*, 3e éd. Montchrestien ,1996 n°475 p 276.

à subir si son compte était immédiatement crédité, à défaut, elle manquerait à son devoir d'information.

- La somme peut être en blanc. Cela permettant au banquier ayant provision de « délivrer à son créancier des formules de chèque en blanc, payables à sa caisse ». Dans ce cas, le banquier doit mentionner sur chaque formule le nom de la personne à laquelle cette formule est délivrée à peine d'amendes. Il y a alors blanc-seing, mais le chèque reste valable ; le bénéficiaire remplira alors les blancs avant la remise au banquier.
- L'ordre de payer ne doit être affecté d'aucune modalité d'exécution. A la différence de la lettre de change, le chèque n'étant pas un instrument de crédit est nécessairement payable à vue. Toute mention contraire subordonnant son paiement à une condition ou à un terme est réputée non écrite.

Ainsi jugé que le chèque est payable à vue et toute mention contraire est réputée non écrite. En conséquence, la convention conclue entre le maître de l'ouvrage tireur du chèque et l'entreprise de construction porteur du chèque, selon laquelle le chèque remis n'en serait encaissé qu'à la levée des réserves, viole les dispositions d'ordre public établies par le Code monétaire et financier en établissant une convention retardant la date de présentation du chèque. Cette convention est donc sans effet et réputée non écrite, et le porteur pouvait présenter le chèque à l'encaissement à tout moment.

3) Le nom de celui qui doit payer le titre (le tiré) sera un banquier à peine de non validité du titre comme cheque. Il convient d'observer que le chèque ne peut être tiré sur le tireur lui-même excepté le cas où il s'agit d'un chèque tiré entre différents établissements d'un même tireur et à condition que ce chèque ne soit pas au porteur (art.

4) Le lieu où le payement doit s'effectuer.

Ce lieu correspond à l'adresse du siège social de la banque ou à celle de son agence dépositaire des fonds du tireur. A défaut d'indication spéciale, le lieu désigné à côté du nom du tiré est réputé être le lieu de paiement. Si plusieurs lieux sont indiqués à côté du nom du tiré, le chèque est payable au premier lieu indiqué. A défaut de toute indication, le chèque est payable au lieu où le tiré a son établissement principal.

5) L'indication de la date de création du chèque et le lieu où le chèque est créé.

La détermination de la date revêt une grande importance. C'est elle qui fait partir les délais de présentation et de prescription. En outre, elle permet de vérifier la capacité de tireur et surtout l'existence ou non de la provision au moment de l'émission du chèque. Elle peut être indiquée en chiffres, dans la mesure où la loi ne l'interdit pas. Si la date est absente, le titre en tant que chèque est nul, mais cela n'interdit pas aux juridictions pénales de sanctionner l'absence de provision. S'agissant de l'indication du lieu de la création, il faut noter qu'à défaut de cette indication, le lieu de la création est considéré comme souscrit dans le lieu désigné à côté du nom du tireur.

6) La signature de celui qui émet le chèque (tireur).

Cette condition est exigée afin de vérifier la réelle identité du tireur et donc du débiteur. Conformément à l'article 10 du décret du 10 décembre 1951 sur le chèque, si le chèque porte des signatures des personnes incapables de s'obliger par chèque, des signatures fausses ou des signatures des personnes imaginaires, ou des signatures qui, pour toute autre raison, ne sauraient obliger les personnes qui ont signé le chèque, ou au nom desquelles il a été signé, les obligations des autres signataires n'en sont pas moins valables. La signature doit être manuscrite et devra être conforme au spécimen déposé à la banque. Le défaut de comparaison de la signature avec le spécimen est une source de responsabilité. A ce propos, la banque est tenue d'une obligation de vigilance. La jurisprudence met à la charge de la banque l'obligation de vérifier la « régularité formelle du titre ».

Par conséquent, sa responsabilité sera retenue en cas de paiement d'un chèque dont le faux de signature pouvait être constaté « à vue d'œil » ou par un « simple coup d'œil ».

Par ailleurs l'échéance n'est pas indiquée puisque le chèque est nécessairement payable à vue. Pour cette même raison, l'acceptation n'est pas prévue. Une mention d'acceptation portée sur le chèque est d'ailleurs réputée non écrite.

D'autres mentions sont facultatives. Il en est ainsi notamment de la domiciliation du chèque, de l'aval, de la clause sans protêt « non à ordre », …

Les chèques sont généralement réguliers dans la forme parce que les banques délivrent à leurs clients les carnets (chéquier) contenant un certain nombre de formule qu'ils doivent obligatoirement remplir. Ces formules correspondent évidemment aux exigences légales.

§3. Sanction du défaut des mentions

En principe, le défaut des mentions obligatoires entraîne la nullité du titre en tant que chèque sous réserve des cas de suppléance légale. Le titre n'a donc plus de valeur cambiaire mais il peut éventuellement constituer un élément probatoire du rapport contractuel sous-jacent. Néanmoins, si le titre ne vaut plus comme chèque à l'égard du droit cambiaire, il conserve cette nature en droit pénal et constituera valablement, le cas échéant, le corpus du délit de chèque sans provision.

Qu'en est-il si le texte du chèque est altéré entre le moment de son émission et celui de son paiement ?

Aux termes de l'article 51 du décret royal précité, en cas d'altération du texte d'un chèque, les signataires postérieurs à cette altération sont tenus dans les termes du texte altéré ; les signataires antérieurs le sont dans les termes du texte originaire.

§ 4. Mentions facultatives

Le chèque peut délibérément contenir certaines mentions sans obligation légale et/ou sanctions. Il s'agit des mentions suivantes :

a. Indication du bénéficiaire

L'insertion du nom de la tierce personne à l'ordre de laquelle le paiement doit être opéré n'est pas obligatoire. En effet, contrairement à la lettre de change, le chèque peut être émis en blanc, il sera alors au porteur : stipulé à une personne dénommée avec ou sans clause expresse « à ordre », ou avec la clause « non à ordre » ou une clause équivalente, ou au porteur. Le défaut d'indication du bénéficiaire n'altère pas la validité du chèque néanmoins, celui-ci vaudra comme chèque au porteur. Par ailleurs, le chèque peut être à l'ordre du tireur lui-même.

b. Aval

Aux termes de l'article 25 du décret loyal de 151 en la matière, le paiement d'un chèque peut être garanti pour tout ou partie de son montant par un aval. Cette garantie est fournie par un tiers, sauf le tiré, ou même par signataire du chèque. Et l'article 26 précise que l'aval donné sur le chèque ou sur une allonge. Il peut également être donné par acte séparé pourvu que la localité où il est intervenu soit située au Congo et qu'elle y soit indiquée.

C'est un engagement cambiaire donné par une personne pour garantir le paiement de l'effet du tireur. Il est rare en matière de chèque. L'aval doit être signé par le donneur d'aval. Il est considéré comme résultant de la seule signature apposée au recto du chèque. Il ne peut émaner du tiré, car son engagement serait assimilé à une acceptation qui est interdite et L peut être donné par le tireur, dans ce cas, l'engagement doit être exprimé par les mots « bon pour aval » ou par toute autre formule équivalente. L'aval doit indiquer pour le compte de qui il est donné, à défaut de cette indication, il est réputé donné pour le tireur.

c. Visa

Par le visa, le tiré a pour seul objectif de constater l'existence de la provision à la date à laquelle il est donné. Le tiré a la faculté de viser le chèque. Dans ce cas, la provision n'est pas bloquée au profit du bénéficiaire du chèque. Le visa est indépendant de l'obligation de paiement du tiré en cas de provision. Ainsi un chèque qui n'est pas visé ne libère nullement la banque de son obligation de le payer une fois la provision constatée

d) Certification

Par la certification, le tiré certifie par une mention portée sur le chèque, que le tireur dispose auprès de lui une provision suffisante et disponible. Ce procédé n'est pas expressément retenu par le législateur, mais doit être admis à titre d'usage dans la mesure où le juge doit suppléer les clauses d'usage. Le tribunal commercial de Paris considère que le chèque de banque comprend implicitement en lui-même une certification qu'importe obligation de paiement dès lors que la provision reste, sous la responsabilité du tiré, bloquée au profit du porteur.[252]Au cas de certification, le tiré devra bloquer la provision du chèque au profit du bénéficiaire mais seulement pendant le délai de présentation du chèque, c'est-à-dire, en principe, soixante jours à compter de sa création.

e) Clause de retour sans frais ou sans protêt

Le protêt est un acte extrajudiciaire dressé par un notaire destiné à constater formellement la présentation régulière d'un effet au paiement et le refus de paiement avant d'exercer les recours. La clause " retour sans frais " ou "sans protêt" ... dispense le porteur de faire dresser protêt avant d'enclencher ses recours. Il convient de signaler que si cette " clause est inscrite par le tireur, elle produit ses effets à l'égard de tous les signataires ; si elle est inscrite par un endosseur ou un avaliseur, elle produit ses effets seulement à l'égard de celui-ci ".

f) Clause « non à ordre »

Il sied de relever ici que le chèque peut être stipulé payable à une personne dénommée, avec la clause « non à ordre » ou une clause équivalente. Cette stipulation vaut en réalité une clause d'interdiction de l'endossement. Dans ce cas, la circulation du chèque ne pourra avoir lieu que dans les termes du droit civil : signification du transport faite au débiteur cédé ou tradition si le chèque est au porteur.

---

[252] Trib. Com. Paris, ord. Réf., 31 janv. 2003, Gaz. Pal., Rec. 2004, somm. p 2635, J. n°188, 6 juill. 2004 2004 p 12.

g) Clause de domiciliation

La domiciliation consiste à rendre l'effet payable non au domicile du tiré mais auprès d'une tierce personne appelée domiciliataire. Cette clause est parfaitement admise à condition que le domiciliataire soit une banque.

h) Cause du paiement

La loi n'exige pas la mention de la cause du paiement. Le caractère abstrait du chèque n'y étant pas favorable, de surcroît, parce que la cause peut être des plus variées. Par conséquent, le chèque ne peut à lui seul révéler la cause de la créance dont il constate le montant. Mais rien n'interdit au tireur de mentionner la cause d'un tel paiement auquel cas, le chèque constituera une preuve d'une créance déterminée. La preuve de la nullité ou au contraire de l'existence de la cause du chèque se fera selon les règles de droit commun notamment, par tous moyens si les parties en conflit sont des commerçants.

i) Clauses interdites

Certaines clauses sont interdites : ainsi, le tiré ne peut s'obliger cambiairement à payer le chèque. En effet, le chèque ne peut être accepté. Toute mention en ce sens portée sur le chèque est, réputée non écrit. Egalement, le tireur ne peut s'exonérer de la garantie du paiement du chèque. En effet, celui-ci est garant du paiement et toute clause qui le libérerait d'une telle garantie est réputée non écrite. Par ailleurs, l'acceptation du créancier n'entraîne pas novation. En conséquence, la créance originaire subsiste avec toutes les garanties y attachées, jusqu'à ce que ledit chèque soit payé. Elle ne peut d'aucune manière emporter pour la banque l'obligation de bloquer le montant du chèque.

§3. Emission du cheque

Il faille d'apporter de clarification terminologie. L'émission du chèque doit être distinguée de sa création. Celle-ci consiste en la rédaction du chèque à partir des formules remises par le banquier. En revanche, l'émission est constitutive d'un paiement, elle implique la remise du chèque créé au bénéficiaire. L'émission du chèque repose sur une relation tripartite et suppose l'existence d'une provision. Une fois émis, le chèque peut circuler par endossement.

A. Les parties

Il s'agit du tireur (1), du tiré (2) et du bénéficiaire (3).

1. Tireur

Le tireur donne l'ordre à la banque de payer à un bénéficiaire une somme déterminée en exécution d'une obligation de somme d'argent. Le tireur peut aussi tirer le chèque à « l'ordre de lui-même, dans un but de retrait. Egalement, le tireur peut tirer le chèque « pour le compte d'un tiers » ; il est alors tiré par un mandataire dûment habilité à cet effet. Par exemple, la personne morale tire le chèque par l'intermédiaire des organes, personnes physiques, qui la représentent.

Le décret en la matière pas plus qu'aucun autre texte n'évoque la capacité dont doit jouir le tireur d'un chèque. Les réponses passent par le droit commun. Mais d'abord signalons que le chèque n'étant pas un acte commercial par la forme, la capacité commerciale ne doit pas être exigée. La seule capacité requise est celle de disposer des sommes se trouvant auprès du tiré. Notre code de la famille fixe la capacité de s'obliger à dix-huit ans révolus.

2. Tiré

Le chèque ne peut être tiré que sur un banquier ». Le tiré est donc limitativement une banque (1), c'est-à-dire, un établissement juridiquement qualifié de banque suivant les textes et lois en vigueur. A défaut, le chèque sera frappé de nullité pour absence de l'indication dans le chèque de « celui qui doit payer ». Le chèque ne peut être tiré sur le tireur lui-même et ce, afin d'éviter toute confusion de qualités tireur - tiré. Par dérogation, le chèque pourra être tiré sur le tireur lui-même s'il s'agit d'un chèque tiré entre différents établissements d'un même tireur, c'est-à-dire, d'une même banque - chèque de banque - Le chèque de banque présente une meilleure sécurité dans la mesure où il porte la signature de la banque. Toutefois, dans ce cas, le chèque ne doit pas être au porteur. Le cas contraire permettrait aux banquiers de battre monnaie fiduciaire.

En outre, rappelons que la simple remise du chèque au tiré ne vaut pas paiement. Par la remise, le bénéficiaire mandate sa banque d'encaisser le montant du chèque. Le tireur ne sera définitivement libéré qu'une fois le chèque effectivement encaissé.

3. Bénéficiaire

Le bénéficiaire doit avoir la capacité de recevoir un paiement. Il en résulte que le chèque ne peut être émis aux personnes incapables. Mais si tel est le cas, le chèque n'est pas nul pour autant, il devra être payé au représentant légal. Le cas échéant, le paiement d'un chèque à un incapable est annulable sauf s'il en a tiré profit.

B. Effets de la remise et de l'émission du chèque

a°) Effets de la remise

La question se pose de savoir si la remise d'un chèque libère le débiteur ? La réponse est évidemment négative. Une telle remise ne vaut pas payement parce qu'elle n'emporte pas encaissement effectif du chèque. A fortiori, la remise n'emporte pas à elle seule transfert de la propriété de la provision. La remise vaut elle renonciation ? « La remise du chèque en paiement accepté par un créancier n'entraîne pas novation » et " la créance originaire subsiste avec toutes les garanties y attachées jusqu'à ce que ledit chèque soit paré ". En effet, la novation implique la substitution d'une obligation nouvelle à l'obligation primitive. Or, il est de principe que la "novation ne se présume point, mais elle doit résulter clairement de l'acte". Il en résulte que la remise du chèque ne libère pas en elle-même le débiteur de sa dette initiale. Par conséquent, et dans la mesure où le créancier a droit à la remise de la chose même qui est due, il peut refuser le paiement par chèque. Exceptionnellement, le droit libanais permet aux contribuables de payer leurs impôts par chèque.

Malgré le caractère abstrait du chèque, la jurisprudence française décide qu'un don manuel peut être effectué par la remise d'un chèque payable valablement après le décès du donateur.[253]

b°) Effets de l'émission du chèque

1. Le tireur d'un chèque en garantie le paiement au porteur. La clause par laquelle il s'exonérait de cette garantie serait réputée non écrite ;
2. Le créancier n'est pas tenu de recevoir un chèque en payement, seule la monnaie a court légale ;

3. La remise du chèque n'éteint pas la créance (n'a pas d'effet novatoire). La créance ne s'éteint que par l'encaissement du chèque. Le bénéficiaire conserve donc son ancienne créance avec les garanties y relatives tant que l'encaissement n'a pas lieu ;

4. la remise du chèque au bénéficiaire transfère à celui-ci, la propriété de la provision dans la mesure où elle existe avec les garanties y attachées. Cette transmission se produit dès la remise du chèque et le bénéficiaire devient immédiatement créancier du banquier pour le montant du chèque.

---

[253] Cass. Civ. 4 Nov. 1981 RTD civ 1982, 781 obs. PATARIN; Cass. civ. 10 fév. 1993, D 1994, som 182obs. CABRILLAC.

Il en découle notamment :

- En cas de faillite du tireur, après la remise mais avant l'encaissement (ou payement) du chèque, le curateur de la faillite n'a plus de droits sur la provision, le montant doit être versé au porteur qui échappe ainsi au concours avec les autres créanciers du tireur,

- Un créancier du tireur ne peut plus procéder à la saisie –arrêt du montant du chèque entre les mains du banquier,

- Le tireur ne peut plus disposer de la provision, la retire à son profit ou émettre un nouveau cheque sur cette provision.

§ 3. La provision

L'étude de la notion de provision (1) précédera les questions relatives à son support (2) et à sa propriété (3).

a) Notion de provision

Le législateur met l'accent sur la nécessité de la provision : « le chèque doit être tiré sur un banquier ayant au moment de la création du titre des fonds à la disposition du tireur et conformément à une convention expresse ou tacite, d'après laquelle le tireur a le droit de disposer de ses fonds par chèque » (art 3 al. 1er).

Néanmoins, il ne définit pas la notion de provision. Le chèque contenant un mandat au tiré de payer une somme déterminée, la provision apparaît comme une créance de somme d'argent du tireur sur le tiré. Dans la mesure où le tiré est une banque, le tireur est le client. La provision est donc l'ensemble des fonds dont ce dernier dispose à partir de son compte en banque, en général compte de dépôt ou compte de chèque dit aussi compte ordinaire de dépôt.[254]

En dépit de son importance en matière de chèque, la provision n'est pas une condition de validité du titre. 255 La question se pose du moment de l'existence de la provision.

Notons tout de même qu'aux termes de l'article 3 du décret royal du 10 décembre 1951, « le chèque ne peut être tiré que sur un banquier ayant, au moment de la création du titre, des fonds à la disposition du tireur ...". La lecture littérale du texte montre que la provision doit exister au moment de la rédaction du chèque c'est-à-dire, avant son émission.

---

[254] Fady NAMMOUR, Op.cit. P.27.

[255] D'ailleurs, la jurisprudence libère le porteur du souci de l'existence ou non d'une telle provision : CA Beyrouth, arrêt n°1191, 18 nov. 1955, Rec. Hatem, fasc 26 p 37.

En réalité, l'article 3 mélange la date de la création du chèque avec celle de son tirage, pour dire que la provision doit exister au moment où il est tiré. En effet, d'une part, le tireur ne peut rédiger de chèque sans provision suffisante préalable et d'autre part, le chèque étant payable à vue, le bénéficiaire peut le présenter dès sa réception matérielle. Par ce trait essentiel, le chèque se distingue de la lettre de change. Le client devra prouver, en cas de litige avec la banque que son compte était provisionné au moment de la création du titre. En outre, cette provision doit être maintenue sur le compte tant que le chèque n'a pas été effectivement encaissé et le cas échéant jusqu' à l'expiration du délai de prescription qui est de trois ans à partir de l'expiration du délai de présentation qui est lui-même de huit jours à partir de l'émission.

A la différence du droit français qui met expressément la preuve de la provision à la charge du tireur.[256] Le droit congolais est muet sur cette question. Il y a lieu d'appliquer la règle de droit commun mettant la charge de la preuve sur celui qui allègue le fait ou le droit. Par conséquent, c'est au demandeur de prouver l'existence de la provision alléguée. Ainsi si le demandeur est le tireur, il devra prouver l'existence de la provision, notamment parce qu'il est le débiteur. Si le porteur réclame et qu'il est dépourvu des moyens de preuve, il mettra en cause le tireur pour les produire. Enfin, si le tiré a payé le chèque sans encaisser son montant, il devra prouver l'absence ou l'insuffisance de provision afin de détruire la présomption d'existence de la provision résultant du paiement qu'il a effectué. La certification du chèque dispense le tireur de prouver l'existence de la provision à l'égard du tiré. Il en est de même en cas de visa sauf le droit de ce dernier de prouver le retrait par le tireur de la provision existante au moment du visa.

b) Caractéristiques de la provision

La provision assure l'exécution de l'ordre de paiement donné par le tireur au tiré. Par conséquent, elle ne pourra assurer son rôle que si elle présente certaines caractéristiques : - elle doit être préalable à l'émission, suffisante et disponible ; c'est-à-dire, qu'elle doit être certaine, liquide et exigible. Cette disponibilité implique son irrévocabilité. Une fois le chèque émis, il devient irrévocable. Le tireur ne peut plus retirer ou bloquer la provision sous peine de sanction pénale.

Il faut souligner que la provision peut provenir de la remise d'espèces auprès du banquier peu importe son support : monnaie métallique, papier, fiduciaire ou scripturale (virement). La question se pose s'agissant les effets de commerce : si la remise a été effectuée en pleine propriété par endossement translatif (escompte), elle vaut propriété. En revanche, la remise avec simple

---

[256] Art L 131-4 al 3 C. monét. et fin. : " Le tireur seul est tenu de prouver en cas de dénégation, que ceux sur qui le chèque était tiré avaient provision au moment de la création du titre...". En ce sens : Cass. Com. 4 déc. 1979, JCP E 1980, II-8456.

mandat d'encaissement ne doit pas, en principe, valoir provision sauf si la banque accorde au client une avance sur leur paiement. Egalement, le solde provisoire d'un compte courant peut constituer la provision d'un chèque malgré le principe d'indivisibilité qui régit cette variété de compte.

La provision peut résulter d'une ouverture de crédit par laquelle la banque s'engage à tenir à la disposition du crédité certaines sommes que celui-ci pourra utiliser en tout ou par fractions successives, suivant ses besoins, pendant un délai déterminé. Ordinairement, l'ouverture de crédit est convenue en compte courant : le banquier s'oblige à laisser son client disposer de son compte courant dans les limites d'une position débitrice définie dans la convention. La jurisprudence considère que ce crédit constitue une provision.[257]Par conséquent, en cas de rejet de chèques, la responsabilité de la banque sera engagée. Jugé que si la banque, sur laquelle un chèque a été émis, n'est pas tenue d'en payer le montant, lorsque le solde du compte tiré, supérieur à la provision du chèque lors de son émission, est devenu ensuite insuffisant à la suite de retraits ordonnés par le client titulaire du compte, il en est autrement lorsque la provision était constituée lors de l'émission grâce à une autorisation de découvert alors consentie au tireur, la révocation ultérieure de ce découvert ne pouvant préjudicier au bénéficiaire du chèque. [258]

c) Propriété de la provision

Aux termes de l'article 54 alinéa 1er du décret du 10 décembre 1951, le porteur d'un chèque a, vis-à-vis des créanciers du tireur, une créance privilégiée sur les fonds dont le tiré était débiteur lors de la présentation du chèque dans le délai légal, sauf en cas de saisie des fonds susmentionnés au moment de la présentation, si la saisie est antérieure à l'émission, ou en cas de faillite du tireur, si le chèque a été tiré ou la provision constituée après la cessation du paiement.

Si plusieurs chèques ont été émis par le même titreur sur le même banquier et que la provision faite chez celui-ci est insuffisante pour les acquitter tous, ils sont payés au marc le franc.

L'"endossement transmet du chèque tous les droits résultant du chèque et notamment la propriété de la provision " et la jurisprudence applique cette règle : l'endossement du chèque transfert la propriété de la provision au bénéficiaire)[259]. Ainsi le porteur du chèque (premier ou final) devient titulaire non pas des fonds déposés auprès de la banque mais de la créance dont dispose le

---

[257] Par ex : Cass. com. 12 nov. 1974, RTD com 1975, p 334 obs. CABRILLAC et RIVES-LANGE ; 15 juillet 1992, RJDA 1992, p 854.

[258] Cass. Com. 30 mai 2000, Gaz. Pal., Rec. 2000 somm. p 2030; J. n°263, 19 sept. 2000 p 14; D 2000, act. jur. p 358, Trib banc. spéc. lib. 6 avril 1993, Grands arrêts ABOU EID, vol 16, p 145.

[259]Cass. civ., 4 janv. 1967 RTDcom 1967, p 831 obs CABRILLAC et RIVES-LANGE ; Com 11 juill. 1988, 1988, Gaz. Pal 1989, 1, somm. p 161 obs. PIEDELIEVRE.

tireur sur le tiré.[260] Par conséquent, le tireur perd la disponibilité de la provision dès l'émission du chèque « consistant à la fois en sa création et en sa mise en circulation ».

Aussi, la doctrine a considéré que faute d'un texte spécial, la transmission de la provision ne peut avoir lieu dans la mesure notamment, où elle n'est pas inhérente à la condition du chèque ; l'interdiction faite au tireur de disposer de la provision n'implique pas nécessairement sortie de la provision du patrimoine du tireur mais peut être envisagée comme un moyen d'assurer au chèque son paiement.[261]

§4. Les différentes sortes de chèques

1. le chèque au porteur : le nom du bénéficiaire ne figure pas sur le chèque.

2. le chèque à ordre d'une personne déterminée : le nom du bénéficiaire figure sur le titre avec ou sans la clause « à ordre ».

3. le chèque nominatif « non à ordre » : ce chèque n'est pas transmissible par endossement, il se transmet dans la forme et avec les effets d'une cession de créance ordinaire.

4. Le chèque barré : qui est celui au recto duquel, le tireur ou bénéficiaire a apposé deux barres parallèles et obliques. Le chèque barré ne peut être payé qu'à un banquier. Il a pour but de diminuer considérablement le risque de vol.

En effet un banquier ne peut acquérir un chèque barré que d'un de ses clients ou d'un autre banquier. Il ne peut l'encaisser pour le compte d'autres personnes que celles-là.

Donc le voleur d'un chèque barré ne peut pas le présenter directement en payement au banquier tiré. Il ne pourra l'endosser qu'au profit d'un banquier dot il est client de telle sorte pourra parfaitement être identifié et appréhendé.

5. Le chèque visé et chèque certifié : la possibilité est donnée au tireur de faire viser ou certifier le chèque par le tiré afin de donner au bénéficiaire plus de garanti de payement.

Le visa a pour effet de constater auprès du banquier l'existence de la provision au moment où le chèque est donné. La certification quant à elle a pour effet de bloquer la provision au profit du porteur sous la responsabilité du tiré jusqu'au terme de la présentation.

---

[260] Mais encore faut-il que le porteur du chèque en soit le bénéficiaire à défaut, la provision n'est pas transférée : Cass. civ. lib. 4e ch., arrêt n°123, 26 oct. 2005, Al Adl 2006/1 p 216.

[261] Fady NAMMOUR, Op.cit, P.30.

6. le chèque à porter en compte : ce chèque ne peut être présenté que par une personne ayant un compte chez le tiré, il a pour but d'interdire un payement en espèce, pareil résultat est obtenu en insérant au texte (au recto) la mention « à porter en compte » ou une expression équivalente.

7. Le chèque postal : le décret du 10/12/1951 ne régit pas les chèques postaux. (Art 66). Ces derniers sont organisés par l'ordonnance du 17/2/1951, le chèque postal est un titre par lequel le titulaire d'un compte, des chèques postaux donne ordre à l'office des chèques postaux qui dépend de l'administration des postes d'effectuer un payement au comptant et à vue sur fond disponible. Le chèque postal peut être nominatif ou au porteur.

8. Le chèque de voyage ou cheque touristique ou traveller's cheque : ce genre de cheque vient des USA et il est organisé dans beaucoup des pays. Le banquier émetteur prend l'engagement de le payer ou de le faire payer par ses agences, ses filiales ou ses correspondances à l'étranger.

Les traveller ' s cheque émis par les grandes banques sont acceptés comme moyen de payement par certains hôtels, restaurants, grands magasins.

IIème Section. La Transmission du Cheque

Nous évoquerons, tour à tour, les modes (§1) et les effets (§ 2) de la transmission.

§1. Modes de transmission

La transmission du chèque dépend de sa forme. S'il est au porteur, la transmission aura lieu par tradition c'est-à-dire par le simple acte matériel de remise.[262]S'il s'agit d'un chèque « non à ordre », il se transmettra uniquement dans la forme et avec les effets d'une cession ordinaire, c'est-à-dire, la cession de créance de droit commun (articles 252 et suivants du CCCL III). Mais le chèque étant, en principe, par sa forme, un titre « à ordre », il circule le plus souvent par endossement. Ce dernier peut s'effectuer soit par endossement de procuration[263] ou endossement pignoratif[264] et endossement translatif (voire art14 du décret de 1951).[265]

---

[262] Cass. civ. lib. 3e ch., arrêt n°65, 20 déc. 1965, Rec. Hatem fasc 70 p 34.

[263] Il confère alors à l'endossataire banquier du bénéficiaire, un *« simple mandat »* de recouvrement du chèque pour le compte de l'endosseur ; il ne transmet donc pas la propriété de la provision à l'endossataire : c'est un simple acte d'administration.

[264] Il consiste en une mise en gage du titre bancaire. Cet endossement très rare en France et en tout cas inutile parce le chèque est payable à vue.

[265] Il a alors pour finalité de transmettre la propriété du titre à l'endossataire. C'est le cas le plus répandu : le chèque est réputé endossé comme tel sauf mention contraire. Dans ce cas, la banque peut escompter le chèque.

§ 2. Effets de la transmission

La transmission par endossement du chèque a les mêmes effets que pour la lettre de change. Nous distinguerons selon qu'il s'agit d'un endossement translatif (1) ou d'un endossement de procuration (2).

1. Endossement translatif

- L'endossement translatif transfert tous les droits résultant du chèque. Plus particulièrement, ni le décès du tireur, ni son incapacité survenant après l'émission ne touchent aux effets du chèque ;

- L'endosseur est garant du paiement, c'est la règle de la solidarité cambiaire qui rend l'endosseur avec tous les signataires du titre garants solidaires de son paiement sauf clause contraire ». [266] Il en résulte que l'endosseur peut par une clause de non garantie se libérer de la garantie qui lui incomberait en cas d'éventuels endossements irréguliers.

- Le porteur bénéficie en principe de la règle de l'inopposabilité des exceptions. Les personnes actionnées en vertu de la lettre de change [chèque] ne peuvent pas opposer au porteur les exceptions fondées sur leurs rapports personnels avec le tireur ou avec les porteurs antérieurs » … La mise en œuvre de cette règle nécessite la réunion de certaines conditions : d'abord, l'endossement doit avoir eu lieu avant protêt ou avant l'expiration du délai de présentation ; au cas contraire, il ne produirait que les effets d'une cession ordinaire et les règles cambiaires ne s'appliqueront plus.[267] Ensuite, le porteur doit être de bonne foi, c'est-à-dire qu'il ne doit pas, en acquérant le chèque, avoir agi sciemment au détriment du débiteur. Enfin, les exceptions dont il s'agit doivent être des moyens de défense tirés des rapports personnels avec le tireur ou avec les porteurs antérieurs.

2. Endossement de procuration

L'endossement de procuration est un simple mandat comportant normalement la mention " valeur en recouvrement", "pour encaissement", "par procuration" qui est donné à la banque afin de recouvrement ou d'encaissement. Il ne transfère pas la propriété du chèque. Donc, la banque ne peut l'endosser à effet translatif mais uniquement à titre de procuration ; la banque se substituant dans le mandat.

En cas de non-paiement, elle pourra le contre-passer. Tout chèque, même barré, peut faire l'objet d'un endossement translatif pourvu qu'il ne comporte pas l'indication " *non à ordre* ".

[266] Cass. crim. 7° ch., arrêt n°364, 30 nov. 2006, Cassandre 2006/11 p 2103.

[267] CA Liban-Nord, 4e ch., arrêt n°10, 11 janv. 2001, Al Adl 2001 p 167.

1°) Les obligations du banquier

Le banquier doit présenter le chèque à l'encaissement. Il y procède en tant que mandataire[268] salarié.[269]Le chèque n'étant encaissé par la banque qu'en vue de la remise de son montant au bénéficiaire du chèque.[270] Il en résulte que la remise matérielle du chèque au tiré pour encaissement ne peut être qualifiée de cession de créance sauf le cas où la banque l'a reçu en paiement d'une somme due à elle-même.[271] La remise ne transmet nullement la propriété du chèque au tiré ; celui-ci n'en est que le simple gardien. Par conséquent, si le chèque présenté est impayé pour faux, la banque doit remettre l'original du chèque au bénéficiaire afin de permettre à celui-ci d'exercer les différents recours sous peine de porter atteinte manifeste à ses droits justifiant l'intervention du juge des référés.[272]

Le banquier accomplit son mandat avec la diligence d'un bon père de famille. Par conséquent, s'il est prouvé qu'il y a procédé avec diligence nécessaire sans réussir à encaisser le chèque, sa responsabilité ne saurait être retenue. Il en sera autrement et sa responsabilité sera engagée s'il paie un chèque sans avoir au préalable vérifié la signature du tireur, dont le faux se révèle par simple comparaison avec le spécimen déposé auprès de la banque. Egalement, le banquier a l'obligation de rendre compte et, le cas échéant, d'aviser le bénéficiaire du défaut de provision sous peine de dommages-intérêts.

Par dérogation aux règles de droit commun du mandat, « Le mandat renfermé dans un endossement de procuration ne prend pas fin par le décès du mandant ou la survenance de son incapacité ». En outre, évoquant l'endossement de procuration, Les obligés ne peuvent, dans ce cas, invoquer contre le porteur que les exceptions qui seraient opposables à l'endosseur ». Il en résulte que le tiré ne peut pas opposer au porteur les exceptions résultant de ses rapports personnels avec le tireur. Ainsi le tiré ne pourra se prévaloir du litige qui l'oppose au tireur relatif à l'absence ou à l'insuffisance de provision pour refuser de payer le porteur tireur.

Par ailleurs, la jurisprudence française met à la charge du banquier une obligation contractuelle de préserver les recours cambiaires de son client si le chèque revient impayé notamment pour absence ou insuffisance de provision.[273]Concrètement, cela consistera pour la banque de dresser protêt et informer son client.

---

[268] C CA Beyrouth, 1re ch., arrêt n°92, 14 févr. 1983, Al Adl 1983 p 404ass. civ. lib. 1re ch., arrêt n°48, 7 avril 1964, Baz 1963/1967 p 167 ; CA Beyrouth 1re ch., arrêtn°475, 21 avril 1970, Rec. Hatem fasc 106 p 60.

[269] CA Beyrouth, 1re ch., arrêt n°92, 14 févr. 1983, Al Adl 1983 p 404

[270] Cass. Civ. 18 sept. 2002, D 2002, act. jur. p 3011 note X; RTD com 2003 p 141 note CABRILLAC.

[271] Cass. Civ. lib. ch., n°75, 9 sept 1952, Baz 1950/1956 p 104.

[272] Cass. civ. lib. 4e ch., arrêt n°123, 26 oct. 2005, Al Adl 2006 p 216 ; en l'espèce le chèque était libellé au nom du tireur même. Adde Cass. civ. lib. 5e ch., arrêt n°100, 24 juin 2004, Al Adl 2005 p 754.

[273] Cass. com. 30 janv 1996 D 1996, 320 notes RIVES-LANGE.

La banque répond en sa qualité de commettant du fait de ses préposés. Par conséquent, si l'un de ses salariés paie le chèque à une personne autre que le véritable propriétaire, la responsabilité de la banque sera engagée solidairement avec le préposé concerné.

La doctrine et jurisprudence s'accordent à faire supporter le banquier qui reçoit le chèque pour encaissement une obligation générale de vigilance. Cette obligation l'oblige à détecter les " anomalies apparentes" et "irrégularités manifestes" qui doivent attirer l'attention d'un professionnel " normalement vigilant"[274] sous peine de responsabilité.[275]
Le domaine de prédilection de l'obligation de vigilance concerne surtout la falsification des chèques ou des signatures qui y sont portées.

Mais dès à présent, il convient de signaler qu'en matière de faux, il n'y a, de jurisprudence constante, aucune présomption de responsabilité. [276] Un comptable ayant, avec des complices, détourné au préjudice de son employeur une centaine de chèques émis sous la signature contrefaite du gérant, viole la loi. pour écarter la responsabilité de la banque, la cour d'appel de Paris retient qu'il ne saurait être reproché à cette banque de ne pas avoir été alertée par les mouvements effectués par le salarié sur le compte ouvert dans ses livres, par des dépôts de chèques répétés, certes, mais dont les montants, qui n'étaient pas anormalement élevés, n'étaient pas de ceux qu'auraient dû attirer son attention ou par des retraits d'espèces dont le montant n'était pas précisé, alors que la Cour d'appel avait constaté que, pour l'ouverture du compte litigieux, l'intéressé avait présenté une carte d'identité périmée portant une adresse différente de celle qu'il déclarait être la sienne et que la banque ne justifiait pas avoir vérifié l'exactitude de cette indication, ce dont il résultait qu'il lui incombait de faire preuve d'une vigilance particulière relativement au fonctionnement du compte litigieux.[277]

L'obligation mise à la charge de la banque sous-entend sa limite : il n'est pas demandé à la banque ni de procéder à un examen au même titre qu'un expert ni d'être du niveau scientifique ou technique de l'expert ou utiliser les moyens de ce dernier.278 Il en résulte que la banque ne saurait être responsable lorsque le faux de signature qui a été fait avec une technicité telle que l'employé n'aurait pu le découvrir suite à l'examen normalement requis.[279] La succession de fautes commises par le titulaire du chéquier, en relation directe de causalité avec le préjudice, décharge en totalité de sa responsabilité la banque, dès lors que la falsification n'était pas décelable par un préposé normalement diligent.[280]

---

[274] Cass. com. 11 janv. 1985 RTD com 1985 p 192 obs. CABRILLAC et TEYSSIE.
[275] Cass. com. 9 juillet 2002 RD bancaire et bourse, sept /oct 2002, 250 n°169.
[276] Trib. com. Paris 2e ch., 21 janv. 2003, Gaz. Pal., Rec 2004, somm. p 2636, J. n°188, 6 juill. 2004 p14.
[277] Cass. civ. 20 nov. 2005, Bull. civ. I n°400 ; Gaz. Pal., Rec 2006, somm. p 516, J n°28, 28 janv. 2006p 20.
[278] CA Beyrouth, 4e ch., arrêt n°956, 20 juin 2007, Al Adl 2007/4 p 1744.
[279] CA Beyrouth, 4 janv. 1968, Al Adl 1968 p 286 n°193.
[280] CA Paris 15e ch. B, 8 fév. 2002, D 2002, act. jur. p 1201 note X.

Egalement, la vigilance du banquier ne doit pas occulter son devoir de non-ingérence. Jugé que "ni l'ancienneté des relations entretenues par la banque avec sa cliente ni la modicité des opérations antérieurement inscrites au compte ne devaient la conduire à s'interroger sur la cause ou l'opportunité des chèques tirés, dont la provision pouvait être constituée à partir du compte de titres dont elle assurait aussi la gestion et à s'immiscer dans les affaires de sa cliente.281

Ayant constaté que le paiement des chèques litigieux avait été effectué conformément aux mentions qui y étaient portées par le tireur ou son mandataire, la Cour d'appel a pu admettre que la banque n'avait pas à interroger le tireur ou sa banque sur les droits du bénéficiaire à encaisser les chèques en l'absence d'éléments visibles de falsification.[282]

Par ailleurs, si la banque assume le risque du chèque faux, le titulaire est assurément fautif en ne contrôlant pas ses relevés de compte ou en ne s'inquiétant pas de ne plus en recevoir, en permettant ainsi les détournements, alors qu'il aurait pu y mettre fin et limiter d'autant le risque encouru par la banque dépositaire. Ainsi, a commis une faute, le titulaire du compte qui a négligé de s'inquiéter pendant plusieurs mois du fonctionnement de son compte, dont les relevés qui lui étaient subtilisés ne lui parvenaient plus.[283]

En matière de la lutte contre le blanchiment des capitaux et financement du terrorisme, le législateur met sur la tête des banques et des sociétés financières une obligation spéciale de vigilance conformément à la Loi n°04/016 du 19 juillet 2004 portant lutte contre le blanchiment des capitaux et le blanchiment du terrorisme.

Le blanchiment des capitaux et le terrorisme sont considérés, à l'échelle planétaire, comme les pires fléaux hérités du vingtième siècle, le premier mettant en péril les systèmes économiques et financiers des Etats, le second menaçant la paix et la sécurité internationales par la multiplication, dans diverses régions du monde, des actes terroristes motivés notamment l'intolérance et l'extrémisme.[284]

Ces fléaux qui faisaient déjà l'objet de préoccupations de l'ensemble des Etats, sont devenus les points de mire de plusieurs organisations internationales dont l' Organisations des Nations Unies, le programme des nations unies pour le contrôle de la drogue et la prévention des crimes, le groupe d'action financière

[281] Cass. com. 14 juin 2000, RD bancaire et fin. Juillet - août 2000 p 222 n°141 obs. CREDOT et GERARD.
[282] Cass. com. 5 nov. 2002, D 2003, act. jur. p 2003 note X; JCP E 2003 p 36 note BONNEAU; JCP E 2003 p 468 chron STOUFFLET; P. aff. 2003 p 10 note E. C.; RTD com 2003 p 136 chron. CABRILLAC. RD bancaire et fin. janv. – fév. 2003, act. 1 p 11 obs. CREDOT et GERARD ; Gaz. Pal., Rec. 2003, somm. p 2474, J n°221, 9 août 2003, p 7 note PIEDELIEVRE. D 2002 n°43 p 3268 obs. AVENA-ROBARDET ; Adde CA Beyrouth 4e ch., arrêt 956, 20 juin 2007, préc.
[283] Cass. com. 14 juin 2000, RD bancaire et fin., juillet - août 2000 p 222 n°141 obs. CREDOT et GERARD.
[284] Exposé des motifs de la Loi n°04/016 du 19 juillet 2004 portant lutte contre le blanchiment des capitaux et le blanchiment du terrorisme in Journal officiel-Numéro Spécial 20 janvier 2013, 54ème année p.105.

sur le blanchiment des capitaux, lesquelles ont ellébore des instruments juridiques et formulé des recommandations pour impulser une lutte commune et impérativement coordonnée face à cette criminalité sans frontière. Dans ce contexte, l'Etat congolais ne pouvait demeurer en reste. Son étendue géographique avec neuf pays frontaliers, le caractère informel dominant de son économie, la prédominance de la monnaie fiduciaire dans les transactions, la sous-administration du territoire, aggravée par les conséquences de la guerre à peine achevée, sont un potentiel indubitable pouvant constituer un terrain de prédilection notamment pour le blanchiment.

Cette loi définit le cadre juridique permettant la prévention, la détection et, le cas échéant, la répression des actes constitutifs de blanchiment des capitaux et de financement de terrorisme. En vertu de son article 4, cette loi s'applique à toute personne physique ou morale qui, dans le cadre de sa profession, réalise, contrôle ou conseille des opérations entrainant des dépôts, des échanges, des placements, des conversions ou tous autres mouvements de capitaux, en particulier à la Banque Centrale du Congo, aux établissements de crédit, messageries financières, compagnies financières, bureaux de change et autres intermédiaires financiers notamment.

C'est dans ce cadre de la prévention et de la détection du blanchiment de capitaux, le législateur congolais non seulement exige que tout paiement d'une somme en francs congolais égale ou supérieure à 10.000 dollars américains ne peut être acquitté en espèces ou par titres au porteur, mais aussi réserve tout transfert vers l'étranger ou en prévenance de l'étranger, de fonds, titres ou valeurs pour une somme égale ou supérieure à 10.000 dollars américains doit être effectué par un établissement de crédit ou par son intermédiaire.

Cette loi institue à l'égard de toute personne physique ou morale visée par l'article 4, une obligation prudentielle ou de vigilance et de soupçon.

En effet, lorsqu'une opération porte sur une somme en francs congolais égale ou supérieure à 10.000 dollars américains et est effectuée dans des conditions de complexité inhabituelles ou injustifiées, ou paraît ne pas avoir de justification économique ou l'objet licite, l'établissement de crédit est tenu de se renseigner sur l'origine et la destination des fonds ainsi que sur l'objet de l'opération l'identité des acteurs économiques de l'opération.[285]

Après vérification, si le doute persiste sur l'identité du véritable ayant droit, il doit être mis fin à la relation, sans préjudice, le cas échéant, e l'obligation de déclarer les soupçons à la cellule des renseignements financiers prévue aux articles 17 et suivants. Aux termes de l'article 20, toute personne physique ou

[285] Articles 5,11& 20 de la Loi n°04/016 du 19 juillet 2004 portant lutte contre le blanchiment des capitaux et le blanchiment du terrorisme, op.cit.

morale visée par l'article 4 est tenue de déclarer à la cellule de renseignements financiers avant leurs réalisations, les opérations prévues à l'article 4, lorsqu'elles portent sur des fonds suspectés de provenir de l'accomplissement d'une ou de plusieurs infractions, ou d'être liées au financement du terrorisme.

La question se pose de savoir si l'inobservation de cette obligation permet au tiers bénéficiaire d'un chèque détourné par le client de la banque concernée de demander à cette dernière réparation du préjudice qu'il a subi ?

Dans un arrêt du 28 avril 2004, la Cour de cassation française invoque d'office le moyen au terme duquel l'article L 563-3 du Code monétaire et financier est spécifique à la lutte contre le blanchiment de capitaux et ne peut être invoqué par la victime d'une manœuvre frauduleuse de la part d'un titulaire du compte pour obtenir des dommages et intérêts du banquier. [286]

Ainsi, elle confère à l'obligation de vigilance le caractère de loi de police bancaire spéciale dont la finalité est le protéger le système financier d'une utilisation à des fins de blanchiment au nom de l'intérêt supérieur du public. Pour autant, cet arrêt ne remet pas en question la possibilité de mettre en œuvre la responsabilité civile de la banque sur le fondement de l'article 258 du CCCL3 en cas de manquement fautif à son obligation générale de vigilance sur le fondement de l'"anomalie intellectuelle" c'est-à-dire du fonctionnement anormal du compte qui doit être prouvé.

La sécurité de paiement attachée au chèque de banque et le risque de falsification d'un chèque en général, fait supporter à la banque émettrice l'obligation de rendre aussi inopérante que possible la falsification du chèque de banque et de prendre les mesures nécessaires à cet effet. Aussi la jurisprudence met à la charge de la banque une obligation générale de prudence et de sécurité en cas de falsification. Décidé, qu'une banque peut voir sa responsabilité recherchée dans le cadre de son obligation générale de prudence et de sécurité, soit pour n'avoir pas libellé le montant du chèque (de banque) en lettres, soit pour n'avoir pas utilisé un procédé de marquage ou d'impression indélébile offrant toute garantie de sécurité.[287]Cette obligation n'est pas exigible des simples dépôts de chèque, de tels dépôts constituant des "opérations simples et banales de la pratique bancaire" et ne "présentant pas un caractère de complexité inhabituel" ni de la simple ouverture d'un compte dans la mesure où "il n'existe aucune raison particulière de soupçonner que le compte d'un déposant soit utilisé comme vecteur d'activité frauduleuse".[288]

---

[286] Ch. com., D 2004, act. jur. p 1380, obs. AVENA-ROBARDET; JCP E 2004 p 913 note STOUFFLET; JCP G 2004, II-10105 note CUTAJAR; Pet. Aff. 20 juill. 2004 p 19 note TCHOTOURIAN; Pet. Aff. 28 mai 2004 p 5 rap. COHEN-BRANCHE ; Pet. -aff. 4 avril 2005 p 7 chron FRISON-ROCHE.

[287] Cass. com. 11 fév. 2003, RD bancaire et fin., mai-juin 2003, act. 101 p 159.

[288] CA Versailles 3 avr. 2003, RD bancaire et fin., janv. Fév. 2004 act 2 p 13.

2°) Délai pour l'encaissement

Le droit Congolais n'impose pas de délai légal durant lequel la présentation à l'encaissement doit avoir lieu. Donc, en principe, un tel délai n'existe pas. Mais cela ne veut pas dire que la présentation est soumise au bon vouloir de la banque. En effet, la jurisprudence exige que le banquier procède à l'encaissement du chèque dans les meilleurs délais. Au-delà, arguant du fait que le chèque est payable à vue, la jurisprudence met une obligation de « célérité » à la charge de la banque dans l'exécution de son obligation d'encaissement à peine de responsabilité.[289] La présentation tardive, appréciée au cas par cas, entame la responsabilité du banquier.

3°) Contre-passation

Le banquier doit, encore, après avoir encaissé le chèque, le porter au crédit du compte de son client. Parfois, la banque inscrit en compte le chèque avant l'encaissement effectif ; si le chèque revient impayé, la banque procédera à une contre-passation.[290]Lorsqu'une remise est constituée par un effet de commerce, elle est présumée, sauf disposition contraire, n'être faite que sous réserve de l'encaissement. Si l'effet n'est pas payé à son échéance, le récepteur a la faculté, d'en contre-passer le montant au débit du remettant". Il en résulte que la remise n'est faite que sous réserve de l'encaissement.[291]

Décidé, qu'en l'absence de faute de sa part, la banque a toujours, et quelle que soit la nature de l'endossement lui ayant bénéficié, le droit de se faire rembourser par le bénéficiaire de chèques qui se sont révélés ensuite sans provision le montant des avances qu'elle lui avait accordés lors de leur remise dans l'attente de leur encaissement.[292] Décidé, que la banque présentatrice qui justifie d'un motif légitime, tel que le rejet pour falsification du titre, eût-il un chèque de banque, est fondée à se rembourser de l'avance qu'elle a consentie à son client.[293]Aussi que le banquier demeurait en droit de contre-passer si, ayant reçu un chèque, dont il avait crédité le remettant, ce chèque lui était revenu impayé parce que sans provision, même après une présentation et une demande plutôt tardives : cette négligence du banquier, même si elle eût été susceptible d'engager sa responsabilité à l'égard du remettant, était sans conséquence pour la régularité de la contre-passation, l'endosseur conservant son recours contre le tireur.[294] Décidé que la Cour d'appel, qui n'a pas constaté que la banque avait

[289] TPI, Beyrouth, 1re ch., 1re, 3 mars 1997, Al Adl 1997 p 82.
[290] *Cass. civ. lib. 1e ch., arrêt n°48, 7 avril 1964, Baz 1963/1967 p 167.*
[291] Cass. civ. lib. 21 avril 1988, Al Adl 1989 p 252 ; Rev. jud. lib. 1988 p 397 ; 28 mars 1988, Ibid 1988 p 397 ; 14 nov. 1968, Baz 1968 p 252.
[292] Cass. Com. 23 janv. 2007 Soc., Gaz. Pal., Rec. Tables 1980/2007, V 2007.1, jurispr. N°071263 ; JCP JCP E et A 2007 panor. 1311.
[293] Cass. com. 14 fév. 2006 D 2006, act. jur. p 856 note AVENA-ROBARDET ; RD bancaire et fin., Juillet-août 2006, act. 125 p 9 obs. CREDOT et SAMIN.
[294] Cass. civ. 11 mars 1970, JCP G 1970, II-16490, RIVES-LANGE ; RTDcom 1970, 569, obs. CABRILLAC ; Beyrouth 21 avril 1969, Al Adl p 69 1993.

encaissé les chèques, mais a relevé que celle-ci, en les portant au crédit du compte de son client, n'en avait fait que l'avance sous réserve de leur encaissement, et a retenu que leur bénéficiaire, faute de preuve de l'émission des titres antérieurement à la procédure collective, n'avait acquis droit sur leur provision a, à bon droit, jugé que la mise en œuvre de la contre-passation des chèques litigieux n'était pas subordonnée à l'autorisation du juge-commissaire.[295]

4°) Recto-verso du chèque

La question se pose de savoir si le client peut demander une photocopie du recto-verso d'un chèque déposé pour encaissement auprès de sa banque ? Une certaine jurisprudence distingue entre le recto et le verso du chèque pour autoriser la levée du secret s'agissant la première et la refuser pour la seconde. Jugé, que la remise à un client d'une photocopie du recto du chèque qu'il a lui-même signé n'est pas constitutive de violation d'un secret qu'il ignorait dans la mesure où c'est lui-même qui l'a rédigé et remis au bénéficiaire de sorte qu'il pouvait avant cette remise en faire une photocopie. La falsification de la signature du client ne change rien dans la mesure où le client est le tireur apparent protégé par le secret vis-à-vis des autres et qu'il est en droit d'exonérer la banque de ce secret et de le communiquer au tiers et, a fortiori, d'y accéder personnellement et d'en prendre une photocopie. Ainsi, la banque ne saurait refuser de lever le secret au motif que le fossoyeur est un client qui bénéficie à ce titre du secret sous prétexte de le protéger de son propre délit. Il en serait autrement si la banque remettait photocopie du verso du chèque révélant ainsi l'identité des endosseurs c'est-à-dire d'autres clients de la banque.[296]

Mais décidé « qu'en présentant sa demande de copie des chèques qu'elle avait elle-même émis, la cliente avait renoncé au secret bancaire censé la protéger et délié sa banque du secret à son égard ; qu'il n'y avait pas lieu à opérer la distinction entre le recto et le verso des chèques puisque la cliente de la banque a droit à la copie de la totalité de l'effet qu'elle a émis et non pas à une partie ; que les mentions apposées au verso d'un chèque et concernant des tiers ne présentaient aucun caractère confidentiel et étaient exclus du secret bancaire ».[297]

En effet, ces informations volontairement portées sur le chèque par le bénéficiaire, ou en ce qui concerne l'endos, par la banque, sont intrinsèques au mécanisme du paiement ; le secret bancaire destiné à protéger prioritairement le tireur ne peut lui être opposé à l'appui d'un refus de communication d'un titre dont il est l'émetteur voire le propriétaire. Et il n'y a pas violation de secret bancaire à l'égard du bénéficiaire, dès lors que l'émission du chèque postule son encaissement et son retour à la banque tiré prise en qualité de mandataire du

295Cass. Com. 31 janv. 2006, Gaz. Pal., Rec. 2006, doct. p 1486, J n°124, 4 mai 2006 p 47, note BONHOMME ; D 2006, act. jur. p 573 obs. AVENA-ROBARDET.

296Référé Beyrouth 26 juin 1972, Rec Hatem fasc 135 p 45 ; Ibid, fasc 159 p 108.

297Nîmes 9 déc. 1999, RD bancaire et fin. n°9 mai-juin 2001 p 151 n°99 obs. CREDOT et GERARD

tireur, auquel aucune confidentialité, à raison de l'exécution du mandat, ne peut être opposée.[298]

IVème Section. Le Payement du Chèque, recours & prescription

Nous évoquerons les modalités du paiement (1), les recours en cas de défaut de paiement (2) et prescription (3).

§1. Le payement du chèque

A. Obligation de présentation

Le chèque doit être présenté au payement par le porteur légitime au tiré, ou le banquier qu'il a chargé de l'encaissement au domicile du tiré mentionné. Faute de l'avoir présenté, son bénéficiaire à qui incombe la charge de la preuve, ne peut pas établir que les titres litigieux n'auraient pas été payés. La présentation doit être faite dans les conditions de délai prévu par la loi.

Ainsi, conformément à l'article 29 du décret royal, le chèque émis et payable en République Démocratique du Congo doit être présenté au payement dans le délai de soixante jours. Le chèque émis à l'étranger et au Congo doit être présenté dans le délai de cent vingt jours.

Le point de départ des délais ci-indiqués, précise l'alinéa trois, est le jour porté sur le chèque comme date d'émission. Par ailleurs, lorsqu'un chèque est tiré entre deux places ayant des calendriers différents, le jour de l'émission sera ramené au jour correspondant du calendrier du lieu de paiement, nous l'article 30 du même texte.

a. Présentation tardive

Qu'en est-il si le porteur présente l'effet après l'expiration du délai ? Le législateur congolais répond de manière ferme et précise au 2ème alinéa d'article 32 : « s'il n'a pas révocation, le tiré doit payer même après l'expiration du délai de présentation ». La présentation tardive est-elle constitutive d'une faute ? La cour de cassation française répond par la négative "dès lors qu'aucune circonstance particulière n'alertait le porteur du chèque sur l'urgence de la remise à l'encaissement".[299] Quel est alors l'effet du défaut de présentation dans les délais sus-indiqués ? En réalité, il en existe deux qui ne concernent pas le tiré : - le porteur ne peut plus exercer de recours contre les autres coobligés faute d'être

---

[298] CREDOT et GERARD obs sous Nîmes 9 déc. 1999 préc.

[299] Cass. com 19 juin 2001, Gaz. Pal., Rec. 2001, somm. p 1623, J n°275, 2 oct. 2001, p 12; D 2001, act. jur. p 2297 obs. AVENA-ROBERDET; Pet. Aff. 31 juill. 2001 p 5 note E. C.; RTD com 2001, p 958.

présenté en temps utile (art 40). Plus particulièrement, il ne pourra plus se retourner contre le tireur ;[300] - le chèque ne peut plus être bloqué dans la mesure où le blocage ne joue que durant le délai légal de présentation.

b) Obligation du banquier tiré de payer

Le banquier n'est obligé de payer que s'il y a provision. Mais il est alors tenu sinon il engagerait sa responsabilité à la fois à l'égard du tireur pour éteindre son crédit et à l'égard du porteur pour retard et autres dommages. Aux termes de l'article 35 du décret royal ci-dessus, le tiré qui paie un chèque endossable est obligé de vérifier la régularité de la suite des endossements mais non la signature des endosseurs. Le banquier doit aussi vérifier la régularité de la signature du tireur en la comparant au model des signatures que le tireur a remises. Le préjudice qui résulte du paiement d'un chèque faux ou altéré, perdu ou volé, extrait d'un carnet de chèques fourni par le tiré, est à la charge du propriétaire du carnet à moins que ce dernier n'établisse qu'en payant, le tiré a commis une fraude ou une faute lourde ou que le chèque n'a été perdu, volé ou altéré qu'après sa réception par le premier bénéficiaire.

Celui qui paie un chèque sans opposition est présumé valablement libéré. Cette présomption de la bonne exécution de l'obligation du banquier de payer le chèque sous réserve qu'il ait effectué au préalable les différentes obligations qui lui incombent et relevées précédemment : vérification de la qualité de porteur légitime,[301]contrôle de la régularité formelle du titre,[302] vérification de l'existence de la provision.[303]

Toutefois, cette présomption est une présomption simple et peut être combattue par la preuve de la défaillance de la banque à ces obligations susmentionnées. Ainsi la Haute Cour approuve l'arrêt d'appel obligeant une banque à restituer à une société le montant d'un chèque contrefait au motif qu'en sa qualité de dépositaire, la banque ne pouvait être libérée de son obligation de restituer les fonds du déposant qu'en vertu d'un ordre de paiement revêtu de la signature authentique de celui-ci, le chèque litigieux étant faux, dès l'origine, son paiement n'était pas libératoire pour le tiré même en l'absence de faute de ce dernier.[304]La banque ne pouvant s'exonérer que si elle démontre l'existence d'une faute de la part du tireur de nature à l'exonérer de son obligation de restitution.

---

[300]Cass. civ. lib. 4e ch., arrêt n°50, 22 mai 1972, Rev. jud. lib. 1973 p 81 ; Baz 1972/1975 p 345.

[301]Le tiré doit vérifier l'identité du porteur du chèque et la comparer avec le nom figurant sur le chèque à peine de responsabilité. Mais encore faut-il prouver la réalisation d'un préjudice ainsi que le lien causal : Cass. civ. lib. arrêt n°6, 17 mars 1970, Rec. Hatem fasc 101 p 43.

[302]Cass. civ. lib. 1re ch., arrêt n°77, 14 juin 1960, Baz 1960/1962 p 85. En l'espèce, la Cour a retenu la responsabilité de la banque et lui a fait supporter le poids du chèque parce que le chèque payé comportait *"des différences en la forme de nature à susciter le doute"*.

[303]Si le banquier indique sciemment une provision inférieure à la provision existante, il est passible d'une amende.

[304] Bull. civ. 1993, IV n°52 ; Cass. com. 9 fév. 1993 D somm. p316 note CABRILLAC.

Le paiement peut être effectué en espèce ou par écriture. Lorsqu'un chèque est stipulé payable en une monnaie n'ayant pas cours au lieu de paiement, le montant peut en être payé, dans le délai de présentation du chèque, en la monnaie du pays d'après sa valeur au jour du paiement. Si le paiement n'a pas été effectué à la présentation, le porteur peut, à son choix, demander que le montant du chèque soit payé dans la monnaie du pays d'après le cours, soit du jour de la présentation, soit du jour du paiement. Les usages du lieu du paiement servent à déterminer la valeur de la monnaie étrangère. Toutefois, le tireur peut stipuler que la somme à payer sera calculée d'après un cours déterminé dans le chèque. Les règles ci-dessus ne s'appliquent pas au cas où le tireur a stipulé que le paiement devra être fait dans une certaine monnaie identique (clause de paiement effectif en une monnaie étrangère.[305]

Quand la provision est inférieure au montant du chèque, le porteur peut exiger le payement jusqu'à concurrence de la provision existante. Il ne peut non plus refuser le payement partiel si le tiré le lui propose. Quant au tiré il peut exiger que mention de ce payement soit faite sur le chèque et qu'une quittance lui en soit donnée (art 34).

c) La question de l'opposition au payement

Conformément aux dispositions de l'art 56, il n'est permis d'opposition au paiement qu'en cas de perte ou de soustraction du titre, de faillite du porteur ou de son incapacité de recevoir. L'opposition est notifiée par lettre recommandée. En cas de perte d'un chèque, celui auquel il appartient peut poursuivre sur un autre exemplaire.

Par ailleurs, si celui qui a perdu le chèque ne peut représenter un autre exemplaire, il peut demander le paiement du chèque perdu et obtenir en vertu de l'ordonnance du juge de grande instance/tribunal de commerce, en justifiant de sa propriété et en donnant caution conformément à l'article 58 du même texte.

Le propriétaire du chèque perdu conserve tous ses droits par un acte de protestation. Cet acte doit être fait le surlendemain de l'expiration du délai de présentation. [306] Il doit être notifié aux tireurs et endosseurs par lettre recommandée et dans les quatre jours ouvrables de sa date. Pour être valable, il ne doit pas nécessairement être précédé d'une décision judiciaire ou d'une dation de caution.

[305] Article 36 du décret du 10 décembre 1951 relatif au chèque.
[306] Article 59 du décret royal du 10 décembre 1951 relatif au chèque.

§2. Les recours

Nous évoquerons l'exercice des recours (a) et la question de leur prescription (b)

A. Exercice des recours

1°) Conditions

Aux termes de l'article 40, Le porteur peut exercer ses recours contre les endosseurs et les autres obligés, si le chèque, présenté en temps utile, n'est pas payé et si le refus de paiement est constaté :

- par un acte authentique (protêt).
- soit par une déclaration du tiré, datée et écrite sur le chèque avec l'indication du jour de la présentation ;
- soit par une déclaration datée d'une chambre de compensation constatant que le chèque a été remis en temps utile et qu'il n'a pas été payé.

Il en résulte que l'exercice des recours est subordonné à deux conditions : la présentation du chèque en temps utile et la constatation du refus de paiement, laquelle, peut être effectuée de deux manières : soit comme la lettre de change par protêt soit en vertu d'une déclaration du tiré ou d'une chambre de compensation.[307]

a°) Protêt

Le protêt est nécessaire uniquement pour enclencher les recours cambiaires. Il doit être fait avant l'expiration du délai de présentation. Si la présentation a lieu le dernier jour du délai, le protêt ou la constatation équivalente peut être établi le premier jour ouvrable suivant (art 42 al.2). Il est dressé par un notaire dans les mêmes conditions qu'une lettre de change.

b°) Déclaration du tiré

La déclaration du tiré manifeste la volonté de ce dernier de ne pas payer. Elle doit être datée et écrite sur le chèque avec l'indication du jour de la présentation (art 40 al 2). Ainsi la déclaration ne peut être valablement effectuée par acte séparé.

c°) Déclaration d'une chambre de compensation : une déclaration datée d'une chambre de compensation constatant que le chèque a été remis en temps utile et qu'il n'a pas été payé.

[307] Dans soixante jours ou cent vingt jours selon le cas conformément aux dispositions de l'article 29.

2°) Contenu du recours

Le porteur que le tiré ne paie pas peut agir et sauf clause contraire contre le tireur. En effet, le porteur a un recours fondé sur le droit du chèque, lequel subsiste même en cas de déchéance ou de prescription, contre le tireur qui n'a pas fait provision. Aux termes de l'article 44, toutes les personnes obligées en vertu d'un chèque sont tenues solidairement envers le porteur. Le porteur du chèque a le droit d'agir contre toutes ces personnes, individuellement ou collectivement, sans être astreint à observer l'ordre dans lequel elles se sont obligées. L'action intentée contre un des obligés n'empêche pas d'agir contre les autres, même postérieurs à celui qui a été d'abord poursuivi

3°) Action récursoire

Le même droit appartient à tout signataire d'un chèque qui a remboursé celui-ci. En effet, celui qui a payé peut agir en remboursement contre ses garants collectivement ou individuellement. Les règles sont les mêmes que pour la lettre de change.[308]Tout porteur négligent qui n'a pas présenté le chèque dans les délais légaux ou qui sans en être dispensé n'a pas fait dresser un protêt dans ses délais ou qui n'a pas fait une déclaration équivalente encoure les mêmes déchéances qu'en matière de la traite.

4°) Défaut des conditions du recours

La question est de savoir si le porteur négligent qui n'a pas accompli les démarches nécessaires au paiement du chèque (présentation dans le délai, protêt), peut réclamer au tireur ou endosseur, suivant le cas, le paiement de la dette originaire ? La doctrine et jurisprudence française n'acceptent un tel recours que si le défaut de paiement résulte d'une faute du tireur ou de l'endossement.[309]

§3. Prescription des recours (prescription cambiaire)

Conformément aux dispositions de l'article 52 du décret royal susmentionné, les actions en recours du porteur contre les endosseurs, le tireur et les autres obligés se prescrivent par six mois à partir de l'expiration du délai de présentation. Les actions en recours des divers obligés au paiement d'un chèque les uns contre les autres se prescrivent par six mois à partir du jour où l'obligé a remboursé le chèque ou du jour où il a été lui-même actionné. Notons par ailleurs que, l'interruption de la prescription n'a d'effet que contre celui à l'égard duquel l'acte interruptif a été fait.

308 Article 44 et suivants du décret du 10 décembre 1951.
309 Cass. civ. 19 déc. 1987 D 1987, I, p 257.

VIème partie. L'ENTREPRISE EN DIFFICULTE

Il apparaît, au mois au premier abord, que la mise en œuvre de l'alerte implique connaissance des causes et des manifestations des difficultés des entreprises.

Les difficultés de l'entreprise procèdent de signaux dont l'examen et le traitement permettent de prévenir les pathologies plus graves. C'est la comptabilité qui n'est peut-être pas tenue ou qui l'est insuffisamment. Les échéances méconnues pourront ne pas être alors ponctuellement honorées. Le personnel est pléthorique et inadapté, parce que recruté avec complaisance. Les rémunérations et les avantages salariaux sont excessifs. Le patrimoine de la société est confondu avec ceux des dirigeants sociaux ; l'incapacité ou l'incompétence des dirigeants sociaux ; l'insuffisance de fonds propres ; le mauvais fonctionnement des organes sociaux voire leur inexistence de fait etc.

Il n'est pas réjouissant ni aisé de traiter de manière exhaustive et approfondie des procédures collectives : d'abord, sur le plan sentimental, il s'agit en quelque sorte du droit de la maladie et de la mort des entreprises ; le vocabulaire utilisé par la doctrine pour parler de la prévention et traitement des difficultés des entreprises a, selon le professeur Yves Guyon, une connotation plus médicale et militaire que juridique car prévenir c'est à la fois soigner et défendre ;[310] ensuite, la matière est complexe en raison du nombre élevé de questions et des conflits d'intérêts qu'elle traite ; enfin, elle fait appel à d'autres matière notamment, le droit commercial, droit civil, droit bancaire, saisies et voies d'exécution, procédure civil. Tout cela joue dans le sens de la complexité et de l'accroissement du volume de la matière.

Pour cerner l'essentiel du droit Ohada en la matière, il est indiqué de rappeler les traits caractéristiques et les objectifs des procédures collectives.

Les traits caractéristiques des procédures collectives sont principalement au nombre de quatre. Le premier est l'aspect collectif en ce sens que les créanciers sont groupés et soumis à un ensemble des règles destinées à les discipliner afin que le paiement se fasse dans l'égalité et justice ; il faut éviter que, comme cela se passe en droit civil, le paiement soit le prix de la course, dans les deux dernières procédures ; -redressement judiciaire et liquidation des biens, les créanciers sont réunis en une masse, jouissant de la personnalité morale, dont les membres sont soumis à une discipline collective.

[310] Yves Guyon, Droit des affaires, Tome 2 : Entreprises en difficultés, redressement judiciaire, faillite, Economica, 9ème éd. 2000, n°1031.

Le deuxième est l'aspect conflictuel : un conflit d'intérêts existe, d'une part entre les créanciers et le débiteur ou l'entreprise, d'autre part à l'intérieur du groupe entre des créanciers, les créanciers chirographaires, les créanciers munis des sûretés et des créanciers pouvant se prévaloir d'un droit préférentiel, en l'occurrence le droit de propriété.

Le troisième réside de l'intervention judiciaire. A l'examen du contenu du droit positif sur les procédures collectives d'apurement du passif, il se dégage que le juge est le principal acteur des soins à apporter à une entreprise en difficulté. Il capte dans son office les intérêts en jeu qu'il manage et dispense au profit des parties en conflit ou en attente de l'être. Afin de mieux encadrer les intérêts en présence, il reçoit du législateur de larges pouvoirs dont la puissance se mesure à la nature juridique des voies de recours prévues ainsi qu'à leur délai d'exercice.

En effet, suivant la force que le législateur entend accorder aux pouvoirs du juge, la censure de l'acte fait l'objet de disposition souple ou rigoureuse. Si la disposition est souple, la décision judiciaire pourra faire l'objet de tous les recours ordinaires dans les formes légales et délais de droit commun. Si la disposition est rigoureuse, la décision judiciaire a plus de puissance, puisque le législateur aura fermé certaines voies de recours ou restreint les délais. En matière de procédures collectives, les décisions judiciaires sont à ranger dans la seconde branche de l'option.

Aussi, en matière de règlement préventif, la décision qui ordonne la suspension des poursuites est-elle insusceptible de recours (art. 22).20 En matière de redressement judiciaire ou de liquidation des biens, les décisions du juge-commissaires ne sont susceptibles que de l'opposition, par voie de déclaration au greffe, dans un délai de huit jours à partir de leur notification (art. 40) ; la décision de licenciement est susceptible d'opposition dans le délai de quinze jours de leur notification devant la juridiction qui a ouvert la procédure. La décision sur opposition est par ailleurs insusceptible d'appel (art. 111 AUPC) ; la décision d'ouverture peut être cependant frappée d'appel.

Mais le juge devra savoir, au regard de chaque espèce, puiser les ressources juridiques nécessaires pour sauvegarder l'intérêt des parties voire de la société. L'octroi complaisant de délai de grâce peut générer, à la chaîne, la cessation des paiements des créanciers du bénéficiaire, eux-mêmes tenus par des échéances. La multiplication exagérée du nombre des syndics, des experts peut compromettre les chances de survie de la société et mettre en péril celles de recouvrement des créanciers. En droit judiciaire congolais, c'est le tribunal du commerce, à défaut le tribunal de grande instance qui a reçu compétence sans distinction de la qualité du justiciable.

Il convient de souligner que l'étendue des pouvoirs judiciaires permet à la juridiction compétente de prescrire des sanctions à l'encontre des dirigeants sociaux.

La quatrième caractéristique enfin, tient dans l'exigence la qualité de commerçant en la personne du débiteur. Cette exigence est classique et explique pourquoi le droit de procédures collectives est une branche caractéristique du droit commercial.

Concernant les objectifs, les procédures collectives en poursuivent classiquement trois.

D'abord elles visent à protéger les créanciers impayés assurer leur désintéressement dans les meilleures conditions possibles, d'où le rôle relativement important des créanciers dans le dénouement de la procédure et l'instauration d'une discipline collective ainsi que d'une certaine égalité et solidarité dans le malheur. En effet, les créanciers munis des sûretés sont en quelque sorte « plus égaux » que les autres : ils ont de meilleures chances de désintéressement ou de paiement. Un professeur avisé a, d'ailleurs, souligné la précarité de la situation des créanciers chirographaires qu'il compare à de « misérables fantassins par rapport aux blindés représentés par les créanciers munis de sûreté dans le combat des dividendes ».[311]

Il s'agit ensuite de punir et éliminer le commerçant qui n'honore pas ses engagements.

Enfin, les procédures collectives doivent permettre le sauvetage des entreprises redressables ou viables, même au prix d'une certaine entorse au droit des créanciers, dans le but de sauver les emplois et de conserver les effets bénéfiques qu'exerce l'entreprise sur l'économie (balance des paiements, balance commerciale, recettes fiscales, autres induits de son activité etc.).

Mais, le professeur Michel Jeantin considère que les procédures collectives ont une quatrième fonction ou finalité qui est la restructuration de l'économique dans le contexte concurrentiel. [312]

Titre I. Le règlement des difficultés de l'entreprise

Le droit OHADA met en place des mécanismes d'alerte lorsque l'entreprise est en difficulté. Ces mécanismes, réglés par l'Acte uniforme portant organisation des procédures collectives d'apurement du passif (AUPC), sont des

---

[311] *Filiga Michel SAWADOGO,* Procédures collectives d'apurement du passif, Formation des magistrats des cours d'Appel en droit Ohada, ERSUMA, 26 mars-26 avril 2007, p.4.

[312] *Professeur Michel Jeantin,* Droit commercial, Instrument de paiement et de crédit, Entreprise en difficulté, Précis Dalloz 2ème éd., n°351.

procédures faisant intervenir la justice lorsque le commerçant, personne physique ou morale, n'est plus en mesure de payer ses dettes (on dit dans ce cas qu'il est en état de cessation des paiements). L'objet de ce mécanisme est d'assurer le paiement des créanciers et le sauvetage de l'entreprise.

Le législateur OHADA a prévu trois procédures pour le règlement des difficultés de l'entreprise. Il s'agit du règlement préventif, avant la cessation de paiements, du redressement judiciaire et de la liquidation des biens, après la cessation de paiements. La procédure de règlement préventif, si elle est correctement appliquée, pourrait contribuer à renflouer ou assainir beaucoup d'entreprises et à leur éviter la cessation des paiements, qui conduit inéluctablement au redressement judiciaire ou à la liquidation des biens. La liquidation des biens vise le paiement des créanciers qui passe par la liquidation de l'entreprise avant la disparition de celle-ci

Chapitre 2. PROCEDURES PREVENTIVES

L'on a comme à dire à juste dire que « mieux vaut prévenir que guérir ». Cette vieillesse sagesse populaire est particulièrement vraie pour les entreprises en difficulté où l'intervention tardive risque d'être totalement inefficace comme le médecin après la mort pour les personnes physiques. Prévenir, selon le professeur Yves Chaput, « est avant tout amener les dirigeants à prendre conscience de la situation actuelle et de l'évolution de l'entreprise. C'est ensuite mettre en place des mécanismes d'alerte, voire de règlement amiable des difficultés naissantes lorsque l'évolution défavorable se confirme.[313]

Malgré son importance avérée, la prévention, qui se situe avant la cessation des paiements, n'appelle pas les mêmes développements que le traitement parce qu'elle est placée sous le signe de la liberté de gestion reconnue aux chefs d'entreprises.[314]

Nous analyserons tour à tour la règlementation de procédures préventives qui sont l'alerte, conciliation et le règlement préventif, destinées à sauvegarder les entreprises en difficultés et à apurer leurs passifs avant la cessation des paiements.

Section 1. La procédure d'alerte

La procédure d'alerte n'est pas prévue par l'Acte uniforme relatif aux procédures collectives d'apurement de passif, plutôt par celui relatif au droit des sociétés commerciales et du groupement économique dans ses articles 150 à 158.

---

[313]Yves Chaput, Droit de la prévention et du règlement amiable des difficultés des entreprises, PUF, 1986, n°2
[314]*Filiga Michel SAWADOGO*, Procédures collectives d'apurement du passif, Communication au séminaire de formation des magistrats des cours d'Appel en droit Ohada, ERSUMA, 26 mars-26 avril 2007, p.7.

L'alerte a pour objectif de mettre les dirigeants sociaux face à leur responsabilité. Elle intervient ou doit intervenir dès lors que se produisent un ou plusieurs faits de nature à compromettre la continuité de l'exploitation. Le législateur OHADA distingue selon qu'elle est donnée par le commissaire aux comptes ou par les associés et selon qu'il s'agit de sociétes anonymes ou de sociétés revêtant d'autres formes juridiques.

L'alerte par le commissaire aux comptes dans les sociétés autres que les sociétés anonymes se fait par lettre au porteur contre récépisé ou par lettre recommandée avec demande d'avis de réception adréssée au gérant, lettre par laquelle il lui demande des explications sur tout fait de nature à compromettre la continuité de l'exploitation, qu'il a relevé lors de l'examen des documents qui lui sont communiqués ou dont il a connaissance à l'occasion de l'execirce de sa mission. Le gérant est tenu d'y répondre, dans les mêmes formes, dans le mois de la réception en donnant une analyse de la situation et en précisant, le cas échéant, les mesures envisagées. En cas d'inobservation des dispositions ci-dessus ou si, malgré les décisons prises, le commisssaire aux comptes constate que la continuité de l'exploitation demeure compromise, il établit un rapport spécial, lequel est, à sa demande, soit adressé aux associés, soit présenté à la prochaine assemblée qui doit être convoquée par le gérant dans les huit jours de la réception de la demande.

S'agissant des sociétés anonymes, il faut noter les particularités suivantes : la demande d'explication est adressée au président du conseil d'administration, au président directeur général ou à l'administrateur général. A défaut de réponse ou si celle-ci n'est pas satisfaisante, le commissaire aux comptes invite, selon le cas, le président du conseil d'administration ou PDG à faire délibérer le conseil d'administration ou l'administrateur général à se prononcer sur les faits relevés. Dans les 15 jours qui suivent la réception de la lettre du commissaire aux comptes doit être convoqué le conseil d'administration en vue de délibérer sur les faits relevés ou doit être tenue la séance au cours de laquelle l'administrateur général se prononce sur les faits relevés. En cas d'inobservation des dispositions légales ou si la continuité d'exploitation demeure compromise, le commissaire aux comptes établit un rapport spécial qui est présenté à la prochaine assemblée générale ou, en cas d'urgence, à une assemblée générale qu'il convoque lui-même.

Sur un plan d'ensemble, à la question de savoir si le commissaire aux comptes a l'obligation de rechercher systématiquement l'existence de faits devant donner lieu à l'alerte ou s'il suffit de porter à la connaissance des dirigeants les seuls faits relevés à l'occasion de ses diligences normatives, le professeur Filiga Michel SAWADOGO pense que la conception large semble préférable.[315]

[315] Filiga Michel SAWADOGO, op.cit. p.11.

S'agissant de l'alerte par les associés dans les SA ou et dans les autres sociétés, tout associé ou tout actionnaire peut, deux fois par exercice adresser par écrit des questions au gérant ou au principal dirigeant sur tout fait de nature à compromettre la continuité de l'exploitation. La réponse, qui doit être faite dans le délai d'un mois, est adressée avec copie de la question à l'associé ou à l'actionnaire ainsi qu'au commissaire aux comptes s'il en existe un. On aura remarqué que l'alerte par les associés ou actionnaires ne fait pas intervenir l'assemblée des associés ou des actionnaires ni le conseil d'administration dans le cas d'une SA qui en serait dotée. Il apparaît ainsi d'une portée moindre, sauf que, peut-être, le commissaire aux comptes va se charger de lui donner une plus grande portée en le portant à la connaissance des organes suis-visés.

La différence fondamentale entre les SA et les autres sociétés est que dans ces dernières, l'institution du commissaire aux comptes est facultative, sauf dans les grandes SARL et dans les groupements d'intérêt économique. De plus, l'administration des SA offre des possibilités d'option. Enfin, l'alerte implique trois niveaux dans les SA avec CA contre seulement dans les autres sociétés.

La doctrine relève que contrairement au droit français dont il s'inspire, le droit Ohada n'a pas retenu l'alerte par les représentants du personnel ou par le président du tribunal compétent. D'où, le doute persistant sur l'efficacité de l'alerte, surtout si les dirigeants sociaux font preuve d'insouciance ou de mauvaise volonté.[316]

L'on peut rapprocher de l'alerte l'expertise de gestion qui permet à un plusieurs associés représentant au moins le cinquième du capital social de demander au président de la juridiction compétente du siège social la désignation d'un ou de plusieurs experts chargés de présenter un rapport sur une ou plusieurs des opérations de gestion. Le juge détermine, s'il fait droit à la demande, de l'étendue et les pouvoirs des experts dont les honoraires sont supportés par la société. Le rapport est adressé au demandeur et aux organes de gestion, la direction ou l'administration. [317] L'alerte doit, le cas échéant, permettre au débiteur de recourir à la procédure de règlement préventif.

Section 2. LA CONCILIATION

La conciliation est une procédure préventive, consensuelle et confidentielle, destinée à éviter la cessation des paiements de l'entreprise en difficulté afin d'effectuer en tout ou en partie, sa restructuration financière ou opérationnelle pour la sauvegarde. Cette Restructuration s'effectue par le biais des négociations privées et de la conclusion d'un accord de conciliation négocié

---

[316] Idem
[317] Voir à ce sujet, les articles 159 &160 de l'AUSCGIE.

entre le débiteur et ses créanciers, ou au moins ses principaux créanciers, grâce à l'appui d'un tiers neutre, impartial et indépendant, appelé conciliateur.

§1. Ouverture de la procédure de conciliation

La conciliation est ouverte par la décision du président de la juridiction compétente sur une demande motivée du débiteur.

A. Requête du débiteur

Elle commence par la requête du débiteur ou par requête conjointe de ce dernier avec un ou plusieurs créanciers destinés au président de la juridiction compétente.

La conciliation est ouverte à toute personne physique exerçant une activité professionnelle, civile, commerciale, artisanale ou agricole, à toute personne morale de droit privé ainsi qu'à toute entreprise publique ayant la forme d'une personne morale de droit privé qui connaissent des difficultés avérées ou prévisibles mais qui ne sont pas en état de cessation des paiements.[318]

Cette demande expose ses difficultés ainsi les moyens d'y faire face. Elle est accompagnée des éléments suivants, datant au moins de 30 jours :

- une attestation d'immatriculation, d'inscription ou de déclaration d'activité à un registre ou à un ordre professionnel, à défaut tout document permettant de prouver la réalité de l'activité exercée par le débiteur ;

- le cas échéant, les états financiers de synthèse comprenant le bilan, le compte résultat, un tableau financier des ressources et des emplois, l'état annexé, en tout état de cause le montant du chiffre d'affaires, des bénéfices et des pertes réalisés dans les 3 derniers exercices ;

- un état de trésorerie et un chiffre de créances et des dettes avec indication des dates des échéances ;

- un document indiquant le nombre des travailleurs déclarés à la date de la demande ;

- une attestation émanant du débiteur par laquelle il déclare sur l'honneur ne pas être en état de cessation des paiements et précise qu'il n'est pas soumis à une procédure préventive, de redressement judiciaire ou de liquidation des biens qui ne serait pas clôturée ;

---

[318] Articles 1-1 & 5-1 de l'AUPCP-REVISE.

- si le débiteur propose un conciliateur, un document indiquant l'identité complète de ce dernier et une attestation de ses qualités professionnelles ;

- le cas échant, un document indiquant les identités des créanciers qui se joignent à la demande du débiteur et le montant de leurs créances, éventuellement des sûretés dont elles sont assorties.

- Ces documents sont signés, datés et certifiés conformes et sincères par le débiteur.[319]

B. Décision du président de la juridiction compétente

La procédure de conciliation est ouverte par le président de la juridiction compétente, statuant à huis clos, pour une durée n'excédant trois mois mais qu'il peut proroger à un mois au plus à la demande du débiteur, après avis écrit au conciliateur. A l'expiration de ces délais, elle prend fin de plein droit et il ne peut être ouvert une nouvelle conciliation avant le délai de 3 mois.

Dans la décision d'ouverture, le président de la juridiction compétente désigne un conciliateur qui doit avoir le plein exercice de ses droits civils, justifier de compétence professionnelle et demeurer indépendant et impartial vis-à-vis des partenaires concernés.

La décision ouvrant la conciliation ou rejetant la demande d'ouverture ne fait l'objet d'aucune publicité.[320]

C. Déroulement et issue de la conciliation

Dès qu'il est informé de sa désignation, le conciliateur atteste qu'il remplit, à sa connaissance les conditions prévues à l'article 5-4. A tout moment, durant la procédure, il lui paraît ne plus remplir les conditions, il en informe le président de la juridiction sans délai, s'il y a lieu afin de mettre fin à sa mission et nommer un remplaçant.

Le conciliateur a pour mission de favoriser la conclusion, entre le débiteur et ses principaux créanciers ainsi que, le cas échéant, ses cocontractants habituels, d'un accord à l'amiable destiné à mettre fin aux difficultés de l'entreprise. Il peut à cet effet, obtenir du débiteur tous les renseignements utiles. Il rend compte régulièrement, au président de la juridiction compétente, de l'état d'avancement de sa mission et formule toutes observations utiles. S'il a connaissance de la survenance de la cessation des paiements, il en informe sans délai le président de la juridiction compétente.

---

[319] Article 5-2 de l'AUPCAP-REVISE.
[320]Article 5-3 AUPCAP-REVISE.

A tout moment, s'il est informé de la survenance de l'état de cessation des paiements, le président de la juridiction compétente met fin sans délai à la conciliation et à la mission du conciliateur, après avoir entendu le débiteur et le conciliateur (art.5-6 AUPCAP).

Si le débiteur est mis en demeure ou poursuivi par un créancier appelé à la conciliation pendant la période de recherche de l'accord, le président du tribunal peut, à la demande du débiteur, et après avis du conciliateur, reporter le paiement des sommes dues et ordonner la suspension des poursuites engagées par un créancier. Toutefois, ces mesures prennent fin de plein droit avec la fin de la conciliation, et en tout état de cause, à l'expiration du délai de 3 mois prévu à l'article 5-3. L'ordonnance du président du tribunal prononçant ces mesures est déposée au greffe et ne fait l'objet d'aucune publicité au regard du caractère confidentiel de la conciliation. Elle est communiquée au créancier concerné sans délai, et elle rappelle l'obligation de confidentialité à laquelle celui-ci est tenu.

En cas d'impossibilité de parvenir à un accord, le conciliateur présente sans délai un rapport écrit au président. Celui-ci met fin à sa mission et à la conciliation après avoir entendu le débiteur. Le débiteur peut aussi à tout moment de demander au président de la juridiction compétente de mettre fin à la mission du conciliateur et de la conciliation au même à l'absence de cessation des paiements, auquel cas, le président de la juridiction compétente met fin sans délai.

La décision mettant fin à la conciliation et à la mission du conciliateur en l'absence d'un accord est notifiée au débiteur, au conciliateur ainsi qu'aux créanciers et cocontractants appelés sans délai. Elle ne fait l'objet d'aucune publicité.

A la requête de la partie la plus diligente, l'accord signé peut être déposé au rang de minutes d'un notaire, ou homologué ou exequaturé par la juridiction ou autorité compétente statuant à huis clos. L'homologation ou l'exéquatur est de droit, et ne peut être refusé si l'accord est contraire à l'ordre public. Le greffier appose la formule exécutoire ; des copies valant titre exécutoire peuvent être délivrées aux parties à l'accord. La décision d'homologation ou d'exéquatur ne fait l'objet d'aucune publicité, ni susceptible de recours et ne reprend pas le contenu de l'accord qui reste confidentiel. Elle met fin à la conciliation.

En cas d'ouverture d'une procédure de redressement judiciaire ou de liquidation des biens postérieurement à la conclusion d'un accord de conciliation homologué ou exequaturé, les personnes qui avaient consenti dans l'accord d'un nouvel apport en trésorerie au débiteur en vue d'assurer la poursuite de l'activité de l'entreprise débitrice et sa pérennité sont payées au titre du privilège (art. 5-11).

Pendant la durée de son exécution, l'accord interrompt ou interdit toute action en justice et arrête ou interdit toute poursuite individuelle, tant sur les meubles que les immeubles du débiteur dans le but d'obtenir le paiement des créances qui en font l'objet. L'accord interrompt, pour la même durée, les délais impartis aux créanciers parties à l'accord à peine de déchéance ou de résolution des droits afférents aux créanciers mentionnées par l'accord. La juridiction ayant connu la conciliation est seule compétente pour connaitre inexécution de l'accord et en prononcer la résolution sur saisine de l'une des parties à l'accord. Si la résolution est prononcée, les créanciers recouvrent l'intégralité de leurs créances déduction faite des sommes perçues.

L'ouverture d'une procédure de règlement préventif, de redressement judiciaire et de liquidation des biens met fin de plein droit à la conciliation, et le cas échéant, à l'accord. Dans ce cas, les créanciers recouvrent l'intégralité de leurs créances déduction faite des sommes perçues.[321]

Section 3. LE REGLEMENT PREVENTIF

Le règlement préventif est une procédure qui intervient lorsque l'entreprise connaît de sérieuses difficultés financières et qui vise à éviter que celles-ci ne conduisent à la cessation de de ses paiements, et de permettre ainsi son redressement grâce à suspension des poursuites des créanciers moyennant l'offre d'un concordant préventif sérieux. Réglementé par les articles 6 à 24 de l'AUPCAP.

Les justiciables du règlement préventif sont les mêmes que ceux du redressement judiciaire et de la liquidation des biens. 322 La condition fondamentale de cette procédure est que l'entreprise ne doit pas être en état de cessation des paiements. Cette procédure peut être appréhendée autour de deux grandes phases qui sont la phase préparatoire, puis la phase de la formation et des effets du règlement préventif, qui est celle de son aboutissement.

§1. Phase préparatoire du règlement préventif

Il s'agit ici principalement de l'introduction de la requête, dépôt du concordat et de la décision de la juridiction compétente.

[321] Article 5-14 AUPCAP-REVISE.

[322] Le règlement préventif est applicable à toute personne physique ou morale commerçante et à toute personne morale de droit privé non commerçante, à toute entreprise publique ayant la forme d'une personne morale de droit privé qui, quelle que soit la nature de ses dettes, connaît une situation économique et financière difficile mais non irrémédiablement compromise.

A. Requête et l'offre de règlement préventif

La requête de règlement préventif est introduite par le débiteur qui y expose sa situation économique et financière et présente les perspectives de redressement de l'entreprise et l'apurement du passif. Elle indique les créances pour lesquels le débiteur demande la suspension des poursuites individuelles.

Elle est accompagnée d'un dépôt de pièces : extraits d'immatriculation au RCCM, états financiers de synthèse, état de trésorerie, état des créances et des dettes, liste des biens soumis à revendication ou affectés d'une clause de réserve de propriété, état détaillé des sûretés personnelles et réelles données ou reçues, nombre de travailleurs et montant des salaires et charges, le projet de concordant préventif etc.[323]

A défaut d'une des pièces, la requête doit contenir le motif de son absence. Faut-il souligner que l'article six impose que les documents accompagnant la requête soient datés de moins de trente jours.

Puis intervint le dépôt de l'offre de concordat préventif. L'offre de concordat préventif précise les mesures et conditions envisagées pour le redressement de l'entreprise. Son dépôt doit se faire en même temps que celui de la requête. L'article 7 traite du contenu de l'offre et cite de façon non exhaustive les mesures d'assainissement ou de renflement de l'entreprise et de règlement de son passif susceptible d'être proposées.

B. La décision de suspension des poursuites et désignation d'un expert

Dès le dépôt de la proposition de concordat préventif, celle-ci transmise sans au président de la juridiction compétente qui, si le projet de concordat préventif lui paraît sérieux, rend une décision de suspension des poursuites individuelles et désigne un expert pour lui faire rapport sur la situation économique et financière de l'entreprise, les perspectives de son redressement compte tenu des délais et remises consentis ou susceptibles de l'être par les créanciers et toutes autres mesures dans les propositions (Art.8 AUPCAP).

La suspension des poursuites individuelles a un vaste champ d'application : concerne les actions engagées avant la décision et non encore définitivement tranchée et les actions qui seraient introduites depuis lors ainsi que les demandes en paiement comme les voies d'exécution. En sont exclues les actions tendant à la reconnaissance de créances ou de droits contestés ou les actions cambiaires dirigées contre les signataires de l'effet de commerce autres que le bénéficiaire de la suspension des poursuites.

---

[323] Voir pour des plus amples détails, l'article 6 de l'AUPCAP

De plus, les intérêts légaux ou conventionnels, les intérêts moratoires et les majorations continuent de courir mais ne sont exigibles. Jugé que des telles actions ne rompent pas l'égalité entre les créanciers dans la mesure où ceux-ci cherchent à obtenir un titre afin d'être sur pied d'égalité avec les autres.[324]

En contrepartie de la suspension des poursuites individuelles, il est interdit au débiteur :

- de payer les créances antérieures aux décisions et visées par celle-ci u de désintéresser les cautions qui payent de telles créances ;

- de faire un acte de disposition étranger à l'exploitation normale de l'entreprise ou de consentir une sûreté (article 11).

Quant à l'expert désigné, il est informé sans délai de la mission par lettre au porteur contre récépissé ou par lettre recommandée avec demande d'avis de réception ou tout moyen laissant trace écrite du président de la juridiction compétente.

Disposant des moyens d'information importants notamment, auprès des administrations publiques et des banques, l'expert est chargé de signaler les manquements du débiteur vis-à-vis des interdictions qui lui sont faites et surtout faciliter la conclusion d'un accord entre le débiteur et ses créanciers.

Il doit déposer son rapport dans les trois mois de la décision d'ouverture du règlement préventif sauf autorisation motivée du président de la juridiction de proroger ce délai d'un mois. Ce délai peut sembler trop bref pour faire un travail de qualité ; toutefois, l'expert effectue son travail sur base de l'offre de concordant déposée avant sa nomination : il n'a donc pas à élaborer son rapport ex nihilo.

Son rapport contient le concordant préventif proposé par le débiteur ou celui conclu entre lui et ses créanciers. Il est permis de considérer que le concordant entre dans la phase d'aboutissement ou de finalisation avec le dépôt du rapport de l'expert.

§2. Phase de l'aboutissement : la formation et les effets du grèglement préventif

Le concordant préventif, s'il est homollgué, produit les effets sur les créanciers et sur le débiteur, ce qui nous invite à examiner d'une parte, la décision

[324] CA Dakar, chambre civile et commerciale, arrêt n°397 du 8 septembre 2001, les nouvelles brasseries africaines contre la Compagnie Sucrière du Sénégal.

d'homologation du concordant, et d'autre part, les effets du concordant préventif.

A. La décision d'homologation du concordat préventif

Dès dépôt du rapport de l'expert, le président de la juridiction compétente saisi, convoque sans délai le débiteur à comparaitre à une audience non publique pour y être entendu. Il convoque également à cette audience l'expert ainsi que tout créancier qu'il juge utile d'entendre.[325] Le débiteur peut aussi lui-même saisir le tribunal compétent. La juridiction saisie est tenue de se prononcer immédiatement ou endéans 30 jours à compter de sa saisine.

Il a été jugé que compte tenu du caractère conventionnel du concordat, les créanciers dans leur ensemble, peuvent proroger le délai de saine de la juridiction au-delà du délai légal, les délais prévus par l'article 15 de l'AUPCAP devant être considérés comme des délais indicatifs, non sanctionnés de nullité, auxquels les parties peuvent déroger expressément ou implicitement.[326]

Entretemps le règlement préventif continue de produire ses effets notamment, la suspension des poursuites individuelles des créanciers, jusqu'à ce que la juridiction statue. Si celle-ci n'est pas saisie dans les conditions de l'alinéa 1er de l'article 14 de l'AUPCAP, ou si elle ne se prononce pas dans les 30 jours de sa saisine, le règlement préventif prend fin de plein droit, les créanciers recouvrant l'exercice de tous leurs droits et le débiteur recouvrant l'administration de ses biens.

Le concordat ne peut être homologué que si les conditions de validité du concordant sont réunies (un renvoi est opéré aux règles applicables au concordant de redressement judiciaire), s'il est sérieux et si les délais consentis n'excèdent pas trois ans pour l'ensemble des créanciers et un an pour les créanciers de salaires. Si le concordant ne comporte pas de demande de remise mais seulement une demande de délai n'excédant pas deux ans, la juridiction peut rendre ce délai opposable aux créanciers.

Le caractère sérieux du concordat peut résulter de la restructuration envisagée des activés de la société et d'un plan de remboursement des créanciers n'excédant pas trois ans, lorsqu'une analyse des restructurations envisagées permet de déceler des chances réelles et sérieuses de sauvetage de l'entreprise par le décollage de ses activités et que cette restructuration est de nature à engendrer

---

325 Conformément à l'article 14, alinéa 3, le débiteur et les créanciers sont convoqués par lettre au porteur contre récépissé ou par lettre recommandée avec accusé de réception ou tout autre moyen laissant trace écrite dans les 3 jours au moins avant la tenue de l'audience.

326 TRHC Dakar, 27-3-2005 : Prenant n°870, p.113, note Diallo, Ohadata J-10-106.

des résultats satisfaisants permettant l'apurement du passif de l'entreprise dans un délai raisonnable.[327]

Il convient de signaler que si le rapport d'expert fourni n'a pas conclu à la liquidation des biens de la société, mais alors qu'il est apparu au cours de la procédure des éléments négatifs mettant en cause le règlement préventif précédemment accordé, notamment : -que les principaux créanciers qui n'avaient pas approuvé la proposition de concordant ont engagé des procédures de recouvrement de créance par le biais de la mise en œuvre des cautions personnelles dont les dirigeants s'étaient portés garants ; - que la reprise totale par le groupe X de la société requérante a été abandonnée alors que cette solution envisagée constituait le pilier du concordant proposé (le retrait de ce groupe ayant contribué à rendre irréalisable le concordant proposé ainsi que le plan d'action et les modalités de continuation de l'entreprise établis par l'expert) ; - qu'entendu en chambre du conseil, le débiteur a affirmé ne plus être en mesure de faire de nouvelles propositions pour sauver son entreprise ; - et qu'il fait le constant de la cessation de paiements, la société débitrice n'est en mesure de faire face à son passif, doit faire une déclaration de cessation des paiements pour bénéficier de la procédure de liquidation des biens.[328]

La décision de règlement préventif ou d'homologation du concordat et celle y mettant conformément à l'article 9.1 de l'AUPCAP doivent être publiées que celle de redressement ou de liquidation de biens,[329] c'est-à-dire au RCCM, dans un journal d'annonce local et ou au journal officiel. Le souci de protéger les créanciers et les tiers a prévalu sur la protection du crédit de l'entreprise que la publicité peut sérieusement détériorer. La même décision met fin à la mission de l'expert rapport qui doit faire compte rendu et restituer les pièces, et pour surveiller l'exécution du concordat préventif, désigne un juge-commissaire et peut désigner un syndic et les contrôleurs.

B. Les effets du concordat préventif homologué

Une fois homologué, le concordat préventif devient obligatoire pour tous les créanciers antérieurs à la décision d'ouverture du règlement préventif sans distinction selon qu'ils sont chirographaires ou munis des sûretés (article 18), dans les conditions de délais et de remises qu'ils ont consenties au débiteur, sauf

---

327 TGI Bobo-Dioulasso, n°244, 9-8-2006 : Requêtes aux fins de règlement préventif c/ Entreprise SOFACI, Ohadata J-09-92.

328 TGI Ouagadougou, 25-5-2004, Revue burkinabé de droit, n°45, note Michel SAWADOGO, Ohadata J-05-249.

329 Aux termes de l'article 9.1, l'expert au règlement préventif rend compte régulièrement, au président de la juridiction compétente, de l'état d'avancement de sa mission et formule toutes observations utiles. L'expert ou le débiteur ou tout intéressé qui a connaissance de survivance de l'état de cessation des paiements, en informe sans délai au président de la juridiction compétente, qui met fine affaire cessante au règlement préventif et la mission de l'expert, après avoir entendu ou dûment appelé ce dernier ainsi que le débiteur et toute personne qui juge utile d'entendre.

si, le délai sollicité n'excédant pas deux ans, l'homologation est opposable même à ceux qui ont refusé tout délai et toute remise. Le concordat homologué s'impose également envers les cautions qui ont acquitté des dettes du débiteur nées antérieurement à cette décision.

L'homologation du concordat préventif ne rend celui-ci obligatoire pour tous les créanciers antérieurs à la décision de règlement préventif, qu'en cas de délais ou de remises qu'ils ont consentis au débiteur. Les dispositions du concordat n'ont aucune force obligatoire pour le créancier antérieur à la décision et qui n'a consenti aucun délai ou remise ; ce dernier est libre de procéder comme il avisera, dans l'exécution de son titre.[330]

L'ordonnance de règlement préventif n'entraîne pas systématiquement la suspension de l'exécution de toutes les créances ; seules celles qui sont antérieures à la décision de suspension des poursuites sont concernées, à condition d'avoir été visées dans la requête du débiteur.[331]

Les créanciers munis de sûretés réelles ne perdent pas leurs garanties mais ils ne peuvent les réaliser qu'en cas d'annulation ou de résolution du concordant auquel ils ont consenti ou qui leur a été imposé. Or une sûreté n'a d'intérêt que si elle garantit le paiement dans le délai convenu. Toutefois, l'exercice prématuré des sûretés aurait continué un frein ou un obstacle au redressement de l'entreprise. De toute façon, la situation des créanciers munis de sûretés ne se confond pas avec celle des créanciers chirographaires.

Décidé que le règlement préventif est une procédure judiciaire constatant la défaillance du débiteur principal, rendant immédiatement exigible la créance vis-à-vis des cautions. Si la suspension des poursuites résultant d'un règlement préventif s'applique à une personne en sa qualité de gérant ou d'associé d'une société, elle ne peut lui profiter en sa qualité de caution, dès lors que le fait pour elle de s'être personnellement porté caution de ladite société ne constitue pas un simple acte de gestion de celle-ci.[332]

Le syndic reçoit une mission de surveillance et de contrôle dont le but est de favoriser le respect des engagements pris en ce qui concerne le paiement des créanciers et les mesures d'assainissement de l'entreprise. Il signale sans délai tout manquement au juge-commissaire.

---

330 CA Abidjan, n°1054, 1-12-2000 : M. c/ GOMPCI, Le Juris-Ohada, n°1/2003, juin-mars 2003, p.36, Ohadata J-03-76.

331 CA Abidjan, n°1030, 22-7-2003 : K. B c/ Sté EQUIP-AGRO CI, Le Juris-Ohada, n°1/2005, janvier-mars 2005, p.35, Ohadata J-05-193.

332 TPI Douala-Bononjo, Ord. n°251, 29-6-2006 : O.K. c/ S.D.V. Cameroun SA, note Jean Gatsi et Willy James NGOUE, Ohadata J-07-81.

Quant aux contrôleurs, représentant les créanciers et choisis parmi eux, sont chargés de surveiller l'exécution du concordant préventif dans les mêmes conditions que celles prévues pour le concordant de redressement judiciaire. La désignation du syndic et de contrôleurs est facultative. A défaut de désignation du syndic ni de contrôleurs, en raison évidemment de limitation des frais de procédure si les dirigeants sociaux sont de bonne moralité, il revient au juge-commissaire seul de surveiller l'exécution du concordant et de faire rapport à la juridiction compétente des éventuelles violations constatées.

Le débiteur recouvre la libre administration et dispose de ses biens sur base de la décision de règlement préventif qui est exécutoire par provision.

S'agissant des voies de recours, elles sont réglementées de façon stricte afin de favoriser la célérité et l'efficacité du règlement préventif. Globalement, les délais sont brefs et la juridiction saisie doit se prononcer promptement.

La décision rejetant la demande d'ouverture du règlement préventif ou celle y mettant fin, la décision d'ouverture du règlement préventif, celle homologuant le concordat préventif ainsi celle du rejet d'homologation sont susceptibles d'appel dans 15 jours à compter du prononcé pour les 3 premières, et dès l'accomplissement la 1ère publicité prévue par l'article 37 de l'AUPCAP pour les restes devant la cour d'appel qui doit rendre son arrêt dans les 30 jours de sa saisine.[333] L'ordonnance prononçant la suspension des poursuites individuelles n'est susceptible d'aucun recours et c'est à tort qu'un créancier sollicite l'annulation de l'ensemble de la procédure de règlement préventif pour des vices qui entacheraient l'ordonnance rendue.[334]

Par ailleurs, le jugement qui s'est contenté d'homologuer le concordat alors que les conditions n'étaient pas remplies doit être infirmé en toutes ses dispositions. En statuant en nouveau, la Cour d'appel prononça dans l'espèce le redressement judiciaire de la société débitrice.[335]

En définitive, la procédure de règlement préventif devrait, si elle est correctement appliquée, contribuer à renflouer ou assainir beaucoup d'entreprises et à faire éviter la cessation des paiements, qui conduit inéluctablement au redressement judiciaire ou à la liquidation des biens. Cependant, comme l'a écrit le professeur Didier Martin, de manière magistrale et imaginée, « quels que soient les soins mis à prévenir, contenir et résoudre amiablement les difficultés, il faudrait encore souvent résoudre à organiser plus brutalement le destin de l'entreprise, quand imperméable aux thérapeutiques

[333] Article 23 AUPCAP (Notons toutefois que, le délai de 15 jours d'appel pour le ministère public concernant la décision d'homologation du concordant préventif court à dater du prononcé).
[334] CA Lomé, n°176/08, 2-9-2008: BIA-TOGO c/ UDECTO SA Ohadata-J04-339.
[335] CA Lomé, n°066/09, 20-4-2009: BIA-TOGO, Sté SICOMIE SARL, SAS-TOGO, Sté MIDNIGHT SUN SA, Sté BATIMEX-TOGO c/UDECTO, Ohadata J-10-156.

douces et malgré elles, elle aura franchi le seuil clinique de cessation des paiements. Alors s'imposera le choix entre la médecine (continuation de son activité sous contrôle), la chirurgie (par empâtions partielle ou cession globale) et l'euthanasie (par liquidation judiciaire de son activité).[336]

Chapitre 2. TRAITEMENT DES DIFFICULTES DE L'ENTREPRISE

Il y a lieu d'appliquer un traitement de choc lorsque le mal est profond ou que la prévention a écoué ; en d'autres termes lorsque l'entreprise en état de cessation des paiements. A ce moment s'appliquent les procédures collectives stricto sensu que sont le redressement judiciaire et la liquidation des biens.

Section 1. Règles communes aux procédures de redressement judiciaire et liquidation des biens

Il a lieu de noter que pour de nombreuses causes, le redressement judiciaire peut convertit à la liquidation des biens. Nonobstant leurs finalités différentes à savoir d'un côté le redressement, de l'autre la disparition de l'entreprise, les deux procédures comportent de multiples similitudes, expliquant ainsi que des nombreuses dispositions de l'AUPCAP leur sont communes, lesquelles se manifestent principalement dans les conditions d'ouverture et des organes ainsi que relativement aux effets sur le débiteur et sur les créanciers et beaucoup moins pour ce qui est des solutions qui y mettent fin.

§1. Les conditions d'ouvertures et les organes des procédures redressement et liquidations

Il est indiqué d'étudier les conditions d'ouvertures de ces deux procédures avant de circonscrire ses organes.

1. **Les conditions d'ouverture de redressement judiciaire et liquidation de biens**

La procédure de redressement judiciaire ou de liquidation est ouverte à tout débiteur en état de cessation des paiements. La cessation des paiements est une notion importante pour l'ouverture des procédures collectives. C'est une notion de droit contrôlée par la juridiction de cassation qui vérifie que les faits souverainement constatés par la juridiction du fonds sont constitutifs de la cessation des paiements. Elle est définie par l'AUPCAP comme où le débiteur est dans l'impossibilité de faire face à son passif exigible avec son actif disponible (article 25) et nécessite, pour son appréciation, l'examen des documents

[336] Didier Martin, Le droit des entreprises en difficultés, Les lois des 1er mars 1984 et 25 janvier 1985, Revue Banque Editeur, 1985, n°29 ; cité par Filiga Michel SAWADOGO, op.cit. p.15.

comptables du débiteur.337 Le passif exigible est celui devant donner lieu à un paiement immédiat (salaire, charges, factures à échéances, etc.) et l'actif disponible est tout ce qui est susceptible d'être immédiatement transformé en liquidités (créances clients, traites, valeurs mobilières, etc.).

Cette situation se traduit matériellement par l'installation d'une situation financière désespérée de l'entreprise, caractérisée par l'impossibilité de payer une ou plusieurs créances certaines, liquides et exigibles.[338]

L'état de cessation des paiements, qui est distinct de l'insolvabilité, est établi lorsque le débiteur est hors d'état de faire face au passif exigible avec l'actif disponible, sans qu'il y ait lieu de prendre en considération les éléments de l'actif constitués d'immobilisations.[339]

La cessation des paiements doit être distinguée des difficultés passagères de l'entreprise et de l'insolvabilité ; cette dernière est caractérisée par le fait que l'actif total est inférieur au passif total. Dans bien des cas il est vrai que les entreprises sont en état de cessation des paiements parce qu'elles sont insolvables.

S'agissant de la qualité du débiteur, l'AUPCAP révisé a évolué en soumettant en son emprise toute personne physique exerçant une activité professionnelle indépendante, civile, commerciale, artisanale ou agricole, toute personne morale de droit privée ainsi que toute entreprise publique ayant la forme d'une personne morale de droit privé. En d'autres termes, la qualité de commerçant ou non importe peu pour se voir appliquer les procédures collectives tant pour les personnes physiques que morale de droit privé.[340]

Le débiteur qui est en état de cessation de paiement doit faire une déclaration aux fins d'obtenir l'ouverture d'une procédure de redressement judiciaire ou de liquidation des biens peu importe la nature de ses dettes.

Lorsque le débiteur est décédé en état de cessation de cessation des paiements, la juridiction compétente est saisie aux fins d'ouverture d'une de ces deux procédures, dans le délai d'un an à compter de la date du décès, soit sur déclaration d'un héritier, soit sur l'assignation d'un créancier, soit à la requête du ministère public.

---

[337] TRHC Dakar, 27-8-2001 : Ministère public et Sté TOUTELECTRIC c/ P. A. G., Ohadata J-03-101.

[338] TGI Bobo-Dioulasso, n°308, 22-11-2006: BOA & FIB c/ SOPROFA & SODEGRAIN, Ohadata J-09-85.

[339] TGI Ouagadougou, n°45, 18-2-2004: K. H., BATEC-SARL & Entreprise DAR-ES-Salam c/ SOSACO, Ohadata J-04-374.

[340] Voir à ce sujet l'article 1.1 qui dispose que « le présent acte uniforme s'applique à toute personne physique exerçant une activité professionnelle, indépendante civile, commerciale, artisanale ou agricole, toute personne morale de droit privé ainsi que toute entreprise publique ayant la forme de personne morale de droit privé ».

L'ouverture d'une procédure de redressement judiciaire ou de liquidation des biens peut être demandée dans le même délai ci-dessus à dater de la radiation du débiteur au registre du commerce et de crédit mobilier, ou de sa cessation d'activité. La cessation des paiements doit, soit être antérieure à cette radiation ou cette cessation d'activité, soit résulter en tout ou partie de l'activité antérieurement exercée.

L'ouverture de la procédure peut également être demandée contre un associé d'une personne morale de droit privé indéfiniment et solidairement du passif de celle-ci dans le délai d'un an à compter de la mention de son retrait au RCCM lorsque la cessation des paiements de la personne morale est antérieure à cette mention ou lorsqu'elle résulte en tout ou partie de l'activité antérieurement exercée avec précision que dans les 2 cas, la saisine de la juridiction compétente est faite par l'assignation du créancier ou de la requête du ministère ou encore par saisine d'office.

En même temps que la déclaration prévue à l'article 25 de l'AUPCAP (renvoi fait aux pièces accompagnatrices requises pour la requête d'ouverture de règlement préventif supra), au plus tard, dans les soixante jours qui suivent la décision d'ouverture du redressement judiciaire, le débiteur est tenu de déposer un projet de concordant, lequel doit démontrer les perspectives de redressement de l'entreprise en fonction des possibilités et des modalités d'activités, de l'état du marché et des moyens de financement disponibles en précisant également clairement les mesures et les conditions envisagées pour son redressement.

2. Exigence d'une décision judiciaire constatant la cessation de paiement

La juridiction compétente statue à la première audience utile sur l'ouverture de la procédure de redressement judiciaire ou de liquidation des biens, après avoir entendu ou dûment appelé le débiteur, les délégués ou représentants du personnel au sens de la loi de l'Etat concerné, le ministère public et le cas échéant, le créancier demandeur. Peut être entendue toute autre personne dont l'audition paraît utile.

L'exigence d'un jugement pour qu'existe une procédure collective valide semble découler de bon sens. C'est d'ailleurs ce qu'exige expressément l'article 33 de l'AUPCAP selon quel « la juridiction compétente qui constate la cessation des paiements prononce soit l'ouverture de la procédure de redressement judiciaire, soit la liquidation des biens ». En d'autres termes, il n'y a pas de faillite de fait ou de faillite virtuelle.

Avant de prononcer sa décision, la juridiction compétente peut désigner un juge de siège ou toute autre personne qu'elle estime qualifiée afin de lui remettre un rapport sur la situation économique et sociale du débiteur suivant le délai qu'elle fixe sans toutefois être supérieur à un mois. Signalons tout de même que si le débiteur exerce une profession libérale soumise à un statut règlementé, la juridiction compétente statue, après avoir entendu ou dûment appelé le représentant de l'ordre professionnel ou de l'autorité compétente dont relève ce débiteur.

Bref, comme modes de saisine, que le législateur Ohada prescrit que la juridiction compétente peut être saisie sur déclaration du débiteur par voie de requête dans les 30 jours de la cessation des paiements ou sur l'assignation d'un créancier possédant une créance certaine, liquide et exigible. L'assignation doit préciser la nature et le montant de la créance et viser le titre sur lequel elle se fonde. Ajoutons aussi la saisine d'office et la requête du ministère public. Si le débiteur n'a pas déposé une offre de concordant en même temps que la déclaration de cessation des paiements au greffe de la juridiction compétente, et que la juridiction compétente se saisit d'office de la procédure, le président accorde un délai de 30 jours au débiteur pour faire la déclaration et la proposition de concordant de redressement au risque de voir sa décision infirmée par la juridiction d'appel.[341]

En tout état de cause, la juridiction compétente peut diligenter une enquête préliminaire afin de se prononcer en connaissance de cause, interdiction faite du renvoi de l'affaire au rôle général (article 32, in fine) au risque de retarder son examen. Elle doit en outre fixer provisoirement la date de la cessation des paiements, faute de quoi, celle-ci est rupée avoir lieu à la date de la décision qui la constate.

3. Détermination et conséquences de la date de cessation des paiements

Le jugement d'ouverture doit permettre de fixer la date effective de cessation des paiements et emporte des conséquences sur les actes accomplis avant cette date pendant une période déterminée, dite « période suspecte ».

a) Définition de la période dite « suspente »

C'est une période comprise entre la date de cessation des paiements et la date du jugement d'ouverture. Selon la nature, les actes affutés par débiteur durant cette période pourront être déclarés inopposables aux créanciers.

[341]CA Bobo-Dioulasso, Ch. Com., n°014/08, 12-11-2008 : K. J. B., S. F., et K. A. c / H. D. et Sté Belcot, Sté Généralité Burkina, J-10-120.

b) Inopposabilité de certains actes

Afin d'éviter tout traitement de faveur d'un ou de plusieurs créanciers et toute cession des actifs du débiteur, seront déclarés inopposables à la masse des créanciers les actes suivants :

- les actes à titre gratuit translatifs de propriété mobilière ou immobilière ;
- tout contrat commutatif dans lequel les obligations du débiteur excèdent notablement celles de l'autre ;
- tout paiement de dettes non échues, sauf s'il s'agit d'un effet de commerce ;
- tout paiement de dettes échues, effectuées autrement qu'en ayant recours aux moyens de paiement traditionnel ;
- toute sûreté accordée sur des actifs du débiteur pour des dettes contractées antérieurement à la période suspente ;
- enfin, toute inscription provisoire d'hypothèque judiciaire conservatoire ou de nantissement judiciaire conservatoire (art. 68).

De plus, les actes suivants peuvent être déclarés inopposables aux créanciers, s'ils leur causé un préjudice :

- les actes à titre gratuit translatifs de propriété mobilière ou immobilière faits dans les six mois précédents la période de suspecte ;

- les actes à titre onéreux si ceux qui ont traité avec le débiteur ont connaissance de la cessation des paiements au moment de leur conclusion ;

- les paiements volontaires des dettes échues si ceux qui les ont reçus ont eu connaissance de la cessation des paiements au moment des paiements.

Par dérogation au 3ème tiret, le paiement fait au porteur diligent d'une lettre de change, d'un billet à ordre ou du chèque est opposable à la masse, sauf dans les cas où une action en rapport est possible.

S'agissant des règles de compétence, il est permis de rappeler qu'elle est confiée à la juridiction compétente en matière commerciale. De ce fait, à l'exception de quelques Etats parties ayant des tribunaux de commerce, tel est le cas de la République Démocratique du Congo, dans la plupart des Etats parties de l'Ohada, ce sont des tribunaux de première instance ou tribunal de grande instance ou des tribunaux régionaux qui connaissent des affaires civiles et commerciales. Pour la juridiction territorialement compétente, c'est celle dans le ressort de laquelle le débiteur personne physique a son principal établissement (domicile ou résidence) ou la personne morale a son siège social, à défaut, son principal établissement ou, é défaut, son principal centre d'exploitation.

Concernant enfin, les règles relatives au jugement d'ouverture, la juridiction choisit la procédure idoine : elle prononce le redressement judiciaire s'il paraît que le débiteur a présenté un concordant sérieux. A défaut, elle prononce la liquidation des biens. Le choix du critère entre les deux procédures est donc le fait de proposer ou non dans délai, un concordant sérieux.[342] Celui-ci est probablement celui qui, selon la jurisprudence, [343] tout en préservant l'entreprise et en permettant son assainissement, assure le paiement des créanciers dans des conditions acceptables.

La proposition de concordant doit être sérieuse pour permettre l'ouverture d'une procédure de redressement ; à défaut, il y a lieu de prononcer la liquidation des biens au lieu de redressement judiciaire demandé par le débiteur. Et pour être sérieuse et gagner la conviction du tribunal, la proposition de concordant ne doit pas consister en des perspectives bien évaluées mais plutôt en des mesures concrètes et des propositions réelles tout aussi bien quant au personnel qu'aux ressources et à des remises des créanciers et délais obtenus en vue de redémarrer l'activité et apurer collectivement le passif. Tel n'est pas le cas d'un projet de concordant consistant en des propositions théoriques.[344]

Il faut souligner que si le débiteur n'exécute pas ses engagements dans les délais fixés par le plan, le tribunal peut, d'office ou à la demande d'un créancier, du commissaire à l'exécution du plan du ministère public prononcer la résolution du plan et l'ouverture d'une procédure de liquidation des biens, sans avoir à constater la cessation des paiements, pour peu que le débiteur ne soit pas ou ne soit plus dans la possibilité de proposer un concordat sérieux.[345]

Doit être déclaré (e) en liquidation des biens :

-le débiteur qui, en présence d'un arrêt définitif de la cour d'appel le condamnant à payer à ses créanciers des sommes importantes, ne réagit pas à des commandements de payer qui lui sont adressés, ne serait-ce que par des paiements partiels, car il est en état de cessation des paiements ;[346]

-la société qui éprouve d'énormes difficultés financières et est en cessation des paiements ;[347]

---

[342] TGI Bobo-Dioulasso, n°308, 22-11-2006: BOA & FIB c/ SOPROFA SODEGRAIN, Ohadata J-09-85.

[343] Arrêt n°32 du 4 mai 2001 de la Cour d'appel d'Ouagadougou qui infirme un jugement du TGI de la même ville n°100 bis du 24 janvier 2001 ayant refusé de prononcer le redressement judiciaire d'une entreprise au motif que sa proposition de concordant n'était pas viable.

[344] TGI Ouagadougou, n°100 bis, 24-1-2001 : Requête des établissements KORGO et Frères aux fins de redressement judiciaire, Ohadata J-04-128.

[345] TGI Ouagadougou, n°90 bis, 24-1-2001 : Conversion du redressement judiciaire de FLEX-FASO en liquidation des biens, Ohadata J-04-181.

[346] TRHC Dakar, (date et n° non indiqués) : EGECOM, ECOPRES, Ets. CATIM c/ Sté SOGERES, Ohadata j-05-53.

[347] TGI Ouagadougou, n°432, 2-6-1999 : Requête de la SOFIVAR aux fins de liquidation des biens, Ohadata J-04-197.

-la société qui, à la suite d'une ordonnance de suspension des poursuites individuelles, se trouve en état de cessation des paiements et ne présente pas de propositions concordataires ;[348]

-l'entreprise publique constituée sous forme de société commerciale dont l'actif disponible est inférieur à son passif exigible et qui ne peut, de ce fait, apurer son passif ;[349]

-la société dont aucune solution de redressement n'est possible ;[350]

-la société dont le passif circulant est supérieur à son actif, s'il n'y a pas possibilité de redressement judiciaire ;[351]

-la société débitrice qui, après avoir reconnu sa dette et pris l'engagement de payer suivant le PV homologué par le tribunal, n'a ni respecté ses engagements, ni fait de propositions concordataires dans le délai légal, et dont la situation est irrémédiablement compromise ;[352]

-la société dont de nombreux créanciers refusent d'accepter le plan de concordant proposé, en l'absence de l'engagement des partenaires importants ; [353]

-la société qui a constamment des bilans déficitaires et pour laquelle aucun concordant n'a été proposé ;[354]

-la société réunissant les conditions d'une cessation des paiements, des scellés devant être apposés sur ses biens ;[355]

-la société qui a cessé toute activité depuis plus d'une dizaine d'années sans payer ses dettes et sans avoir été dissoute ;[356]

---

[348]TRHC Dakar, n°1538, 8-8-2000 : Liquidation des biens des Nouvelles Brasseries Africaines, Ohadata J-04-342.
[349]TGI Ouagadougou, n°423, 25-4-2001, Ohadata J-03-94.
[350]TGI Ouagadougou, n°583, 13-6-2001 : Requête de la SOFIVAR aux fins de liquidation des biens de la Sté INTELCOM-Burkina SARL, Ohadata J-04-184.
[351]TGI Ouagadougou, n°790, 26-9-2001 : Requête de la SOFIVAR aux fins de liquidation des biens de la SOTRAO, Ohadata J-04-187.
[352]TRHC Dakar com., n°422 SDV, 6-3-2002 : SENEGAL c/ Sté SOSETRA, Ohadata J-05-47.
[353] TGI Ouagadougou, n°224, 20-3-2002 : Requête de la SOFIVAR aux fins de liquidation des biens, Ohadata J-04-197.
[354]TGI Bobo-Lasso n°245, 24-4-2002 : Liquidation des biens de la société Briqueteries de Faso, Ohadata J-04-16.
[355]TGI Ouagadougou, n°248, 9-4-1999 : Requête de la SOFIVAR aux fins de liquidation des biens, Ohadata J-04-197.
[356]TRHC, n°124, 14-1-2005 : Sté nationale de recouvrement dite S. N. R. c/ Enterprise Sénégalaise de Rotin dite E. S. R. et autres, Ohadata J-09-331.

-la société qui est dans l'impossibilité de présenter un concordant sérieux et pour laquelle aucune possibilité n'est envisagée pour un redressement éventuel ;[357]

-la société dont les chiffres relevés au titre de la situation de l'endettement restent très élevés et constants (en raison d'états financiers de synthèse déficitaires pour les 3 dernières années) tandis que les perspectives envisagées sont quasi inexistantes ;[358]

-la société qui, en cessation de paiement, ne peut faire face à son fonctionnement propre sans appuis extérieur et dont le fonctionnement est bloqué, notamment par le gel des activités et la suspension du contrat des travailleurs.[359]

Encourt annulation le jugement qui qui a ordonné la liquidation des biens d'un débiteur en méconnaissance des prescriptions des articles 25, 26 et 32 de l'AUPCAP en violant gravement.

Le redressement judiciaire est la solution par excellence de sauvetage de l'entreprise en état de cessation des paiements, en tant que procédure destinée à la sauvegarde de l'entreprise et à l'apurement de son passif au moyen d'un concordat dit de redressement. Cette procédure permet à l'entreprise qui a cessé ses paiements d'obtenir un accord avec ses créanciers (concordat de redressement) dont l'objet est d'obtenir de ses créanciers des délais et des remises de paiement de ses dettes.[360]

Le jugement d'ouverture et l'AUPCAP mettent en place des organes chargés de conduire la procédure à bonne fin.

4. Les organes de la procédure

Les procédures collectives ne peuvent réaliser les finalités poursuivies qu'avec le concours des organes mis en place par le jugement d'ouverture ou à côté de celui-ci. Ainsi, on distingue à cet égard les organes judiciaires, les organes ambivalents et les organes des créanciers.

---

[357]TGI Ouagadougou, n°20, 29-1-2003 : Requête de I. F. E. X. Aux fins d'être admise au bénéfice du règlement préventif, Ohadata J-04-188.

[358]TGI Ouagadougou, n°341, 16-7-2003 : Requête aux fins de liquidation des biens de la CNEA, Ohadata J-04-255.

[359] TGI Ouagadougou, n°389, 17-9-2003 : Requête de la Sahel compagnie aux fins de liquidation des biens, Ohadata J-05-218.

[360]CA Ouagadougou, Civ. & com. n°84, 21-11-2003 : SOSACO c/ Syndics liquidateurs de la SOSACO, Ohadata J-04-369.

A. Les organes judiciaires

Ils sont en nombre deux : un organe lourd, qui est la juridiction compétente et un organe léger, qui est le juge-commissaire ; auxquels tend à s'ajouter le ministère public.

La juridiction compétente a reçu deux missions essentielles par l'AUPCPA dont la première consiste en une fonction de haute administration de la procédure qui l'amène à nommer et révoquer les autres organes, à autoriser les opérations les plus importantes ou les plus dangereuses comme l'apposition des scellés, la continuation d'activité en de liquidation des biens, homologation du concordant, la conversion d'un redressement judiciaire en liquidation des biens, prononcer la clôture des opérations quelle que soit la procédure ; la seconde est la fonction de centralisation des contestations dont l'objectif est d'assurer une bonne administration de la procédure.

S'agissant du juge-commissaire, nommé par le jugement d'ouverture en principe parmi des juges de la juridiction autre que le président. Placé devant l'autorité de la juridiction compétente, il veille au déroulement rapide de la procédure et à la préservation des intérêts en présence.

Quant à au ministère public, il a une importance croissante dans les procédures collectives du fait qu'elles revêtent un caractère d'ordre public et concernant l'intérêt général c'est ainsi que la juridiction compétente peut être saisie par sa requête par exemple.

B. L'organe ambivalent : Syndic

Le syndic joue un rôle de premier plan dans déroulement et dénouement des procédures collectives, surtout avec la réduction du rôle des créanciers et de peu d'intérêt qu'y attachent les organes judiciaires une fois la procédure ouverte. Son statut, sa fonction et responsabilité appellent quelques précisions.

Pour son statut, le syndic est mandataire de justice rémunéré pour son travail, désigné par le jugement d'ouverture de la juridiction compétente dont la mission consiste à assister le débiteur dans le redressement judiciaire et à le représenter dans la liquidation des biens. Le syndic représente également la masse des créanciers et agit en tant que mandataire de justice, si bien qu'il peut y avoir un conflit de fonctions. Sa responsabilité est civile ou pénale selon le cas. Il engage sa responsabilité civile vis-à-vis du débiteur, de la masse des créanciers, d'un créancier pris individuellement pour un préjudice qui lui est propre ou d'un tiers. Il est tenu de si les mentions et publicités ont été accomplies et d'inscrire la décision d'ouverture conformément aux dispositions organisant la publicité foncière.

Placé sous l'autorité du juge-commissaire, à qui doit rendre compte de sa gestion, il doit vendre les biens du débiteur sujets à dépérissement ou dépréciation rapide, recouvrer les créances du débiteur en versant les sommes recueillies sur le compte bancaire ; il répond de l'accomplissement régulier des ensembles des opérations lui confiées par la loi.

C. Les organes des créanciers : contrôleurs

Classiquement, la première finalité des procédures collectives, était le paiement des créanciers. La procédure était organisée pour y donner satisfaction. En conséquence, les créanciers jouaient un rôle important dans ces procédures.[361] L'évolution a conduit à faire une place de premier plan au redressement de l'entreprise et aux auxiliaires de justices qui sont les syndics ainsi qu'au juge-commissaire.

A l'heure actuelle le rôle direct des créanciers se manifeste à travers l'assemblée générale des créanciers et l'institution facultative des contrôleurs. A toute époque de la procédure de redressement judiciaire ou liquidation des biens, un à cinq contrôleurs peuvent être désignés par le juge-commissaire parmi les créanciers non-salariés. Endéans un mois à compter de la décision d'ouverture et à la demande des créanciers représentants au moins un tiers du total des créances mêmes non vérifiées, la nomination de créanciers contrôleurs est obligatoire. Dépasser ce délai, tout créancier peut demander d'être désigné contrôleur sans que le nombre total des contrôleurs ne puisse dépasser cinq.[362]

Les contrôleurs assistent le syndic dans ses fonctions et le juge-commissaire dans sa mission de surveillance du déroulement de la procédure de redressement judiciaire et de liquidation des biens et veillent aux intérêts des créanciers.[363]

Précisons, néanmoins que les fonctions des contrôleurs sont gratuites et doivent être exercées personnellement.

§2. Les effets de la procédure de redressement et de liquidation des biens

L'ouverture des procédures collectives au sens strict produit des effets aussi bien sur le débiteur que sur les créanciers.

---

361 Ripert et Roblot, Traité élémentaire du droit commercial, L.G.D.J. 1976, p.652 cité par Michel SAWADOGO, op.cit. p.27.

362 Article 48 de l'AUPCAP.

363 Article 49 de l'AUPCAP.

1. Effets sur le débiteur

L'effet le plus important des procédures collectives sur le débiteur est le dessaisissement de ses biens. Il est vrai, d'une part, qu'après le jugement d'ouverture, des mesures conservatoires sont ordonnées par le tribunal, à l'image des scellés que celui-ci fait apposer sur les biens du débiteur auxquelles succède l'inventaire des biens, en vue de leur liquidation éventuelle ou de leur gestion dans la procédure de redressement. Il est aussi vrai, d'autre part, que le législateur communautaire a proscrit la mesure d'incarcération provisoire et préventive à laquelle était soumis le commerçant en état de cessation de paiement. Le dessaisissement reste donc la mesure essentielle. Il frappe le débiteur dans ces biens. Mais la portée de la mesure varie suivant que l'on est en présence de la liquidation des biens ou du redressement.

Dans le premier cas, le syndic est substitué au débiteur et le remplace dans la gestion du patrimoine commercial. Le dessaisissement a alors un effet puissant. En ce qui concerne le redressement judiciaire, le dessaisissement a plutôt un effet relatif. Le syndic assiste le débiteur dans la gestion de ses biens. Malgré ces effets, il convient de souligner que le dessaisissement ne frappe pas les biens insaisissables ou alimentaires.

Sur proposition du syndic, le juge-commissaire pourra autoriser le débiteur à extraire les objets mobiliers nécessaires à l'entretien de sa personne et de sa famille, ainsi que les objets mobiliers nécessaires à l'activité professionnelle du débiteur ou à son entreprise lorsque la continuation de l'activité est autorisée. De même, le juge-commissaire peut ordonner qu'un prélèvement soit effectué sur l'actif en guise de secours alimentaires au profit du débiteur. Cela dit, les actes accomplis par le débiteur alors qu'il était dessaisi sont inopposables à la masse des créanciers. Le dessaisissement ayant lieu au profit des créanciers constitués dans une masse, ceux-ci, à travers le syndic, se substituent alors au débiteur en ce qui concerne la liquidation des biens et l'assistent en ce qui concerne le redressement judiciaire.

2. Effets sur les créanciers

La décision d'ouverture du redressement judiciaire ou de liquidation des biens emporte plusieurs conséquences pour les créanciers dont les plus importantes sont la constitution de la masse, suspension des droits et actions production et vérification des créances.

A l'égard des créances, le jugement d'ouverture a pour effet de constituer une masse permettant de les représenter. Ce jugement constitue aussi un point de départ des mesures des garantissant la protection de leurs droits et organisant les modalités des contrats en cours.

a) Constitution de la masse et effets suspensif

En premier lieu, l'article 72 de l'AUPC décide bien que : « la décision d'ouverture de la procédure de redressement ou de liquidation des biens constitue les créanciers en une masse représentée par le syndic qui, seul, agit en son nom et dans l'intérêt collectif et peut l'engager. Toutefois, en cas de carence du syndic, tout créancier contrôleur peut agir dans l'intérêt collectif, après une mise en demeure du syndic restée infructueuse pendant une période de 21 jours ».

Les créanciers sont donc, par l'effet du jugement d'ouverture, constitués en masse, c'est-à-dire en un groupement de personnes, physiques ou morales. Cette masse est constituée par tous les créanciers dont la créance est antérieure à la décision d'ouverture, même si l'exigibilité de cette créance est fixée à une date postérieure à cette décision. Pour les intérêts de la procédure, c'est-à-dire la défense de ceux des créanciers, la masse constitue une personne morale qui agit par l'organe du syndic.

L'admission au sein de la masse est effectuée à l'issue de la procédure de vérification des créances

b. Production, vérification et état des créances

Chaque créancier est appelé à produire sa créance à partir du jugement d'ouverture, notamment à partir de sa publication.

Tous les créanciers composant la masse doivent produire leurs créances dans un délai soixante jours suivant la deuxième insertion dans un journal d'annonces légales de l'Etat partie, ce délai étant étendu à quatre-vingt-dix jours lorsque les créanciers sont domiciliés hors du territoire national où la procédure collective a été ouverte. Le défaut de production dans endéans ce délai entraîne forclusion du créancier concerné à moins que ce dernier soit à mesure de démontrer que cette défaillance ne lui est pas imputable. En cas de forclusion, la dette est présumée éteinte, sauf en présence d'une clause de retour à meilleure fortune ou éventuellement sur base décision de relevé de forclusion du juge-commissaire rendue suite une requête de la demande en relevé de forclusion formulée par le créancier défaillant (art 83).

Les créances sont ensuite vérifiées par le syndic en présence du débiteur et des contrôleurs. La vérification des créances est obligatoire peu importe l'importance de l'actif ou du passif de débiteur. Elle a lieu dans les quatre mois suivant la deuxième insertion de la décision de l'ouverture dans un journal d'annonces légales de l'Etat partie et faite par le syndic au fur et à mesure des productions, bien attendu en présence du débiteur et des contrôleurs, s'il en a été nommé ou en leur absence, s'ils ont été dûment appelés par lettre au porteur contre accusé de réception ou tout autre moyen laissant trace.

Le syndic notifie au juge-commissaire et au créancier concerné toutes les contestations reçues relativement aux créances et sûretés produites. Le créancier dispose alors de 30 ou 60 jours selon qu'il est ou non sur le territoire national de l'Etat où la procédure a été ouverte pour présenter ses explications au juge-commissaire, à défaut de quoi il ne pourra plus contester la proposition du syndic de refuser la créance ou diminuer le montant.

A la fin de la procédure de vérification des créances, le syndic dresse un état des créances, accompagné de ses propositions d'admission définitive, provisoire ou de rejet. Cet état est ensuite vérifié et signé par le juge-commissaire, qui mentionne, pour chaque créance, son montant et le caractère définitif ou provisoire. Il lui est interdit de rejeter tout ou une partie d'une créance sans avoir au préalable entendu le créancier, le débiteur et le syndic. L'état des créances, une fois signé, est alors déposé au greffe de la juridiction compétente dans le ressort du tribunal ayant statué. Le greffier avertit sans délai les créanciers du dépôt de l'état de créances par l'insertion d'un ou plusieurs journaux d'annonces légales de l'état concerné. En outre, il adresse aux créanciers un extrait de l'état des créances. Il adresse également aux créanciers un avis les informant du rejet, en tout ou partie de leur créance. Les créanciers dont la créance a été rejetée totalement ou partiellement et qui souhaitent former opposition contre la décision de rejet, dispose de quinze jours à compter de la réception de l'avis du greffier.

En second lieu, les droits de certains créanciers peuvent souffrir d'une révision par l'effet du jugement d'ouverture. En effet, les droits de ces créanciers pourraient être frappés d'inopposabilité s'ils avaient été consolidés pendant la période suspecte qui s'ouvre à partir de la date de la cessation effective des paiements jusqu'à celle de la décision qui la constate.

On considère que sentant le naufrage arriver et disposant encore de tous ses pouvoirs à la tête de l'entreprise, le débiteur pouvait bien accomplir des actes d'appauvrissement du patrimoine social au profit de certains créanciers, réels ou fictifs, et aux dépens d'autres. Ce sont les actes accomplis pendant cette période qui sont suspectés de fraude, susceptibles de révocations lorsque l'inopposabilité à l'égard de la masse sera décidée par le juge.

On distingue les inopposabilités de droit de celles qui ne sont que facultatives. Sont inopposables de droits, les actes emportant transmission ou transfert à titre gratuit de propriété, les contrats commutatifs déséquilibrés, les paiements de dettes non échues, les paiements de dettes échues par des procédés anormaux, les sûretés constituées pour la garantie d'une dette antérieure ainsi que l'inscription de sûretés judiciaires conservatoires. Lorsque ces conditions sont réunies, le juge est tenu de décider de l'inopposabilité. En revanche, en ce qui concerne les actes qui ne rentrent pas dans cette catégorie, le juge n'a qu'une faculté. Il peut décider de valider l'acte accompli comme il peut le révoquer.

Dans tous les cas, il tiendra compte de ce que l'acte a été accompli pendant la période suspecte ; que le débiteur était au courant de l'état de la cessation des paiements ; qu'enfin, l'acte accompli préjudicie aux droits des autres créanciers. Après l'exposé sommaire des caractéristiques communes aux procédures collectives au sens strict, il convient, à présent, d'examiner les sorts spécifiques attachés à chacune des procédures.

La décision d'ouverture de l'une de ces deux procédures, arrête le cours des inscriptions de toute sûreté mobilière ou immobilière. Elle emporte, au profit de la masse, l'hypothèque que le greffier est tenu de l'inscrire sans délai sur les immeubles présents du débiteur y compris sur ceux qu'il acquerra par la suite au fur et à mesure des acquisitions.

Cette décision emporte interrompt ou interdit, selon l'article 75 de l'AUPCAP, toute action en justice de la part de tous les créanciers composant la masse, qui tend à la condamnation du débiteur au paiement de somme d'argent et à la résolution d'un contrat pour défaut de paiement d'une somme d'argent. Elle arrête ou interdit également toute procédure d'exécution de la part de ces créanciers tant sur les meubles que sur les immeubles ainsi que toute procédure de distribution n'ayant pas produit un effet attributif avant la décision d'ouverture. Les délais impartis aux créanciers à peine de déchéance, prescription ou résolution de leurs droits sont, en conséquence, sont suspendus pendant toute la durée de la suspension des poursuites elles-mêmes. Les instances encours sont interrompues jusqu'à ce que le créancier poursuivant ait produit sa créance. Les actions en justices et les procédures d'exécutions autres que celles visées ci-dessus, ne peuvent être exercées ou poursuivies au cours de la procédure de redressement judiciaire ou liquidation des biens qu'encontre du débiteur, assisté du syndic en cas de redressement judiciaire ou représenté le syndic en cas de liquidation des biens.

S'agissant des créances résultant du contrat de travail ou d'apprentissage, elles sont garanties en cas de redressement judiciaire ou liquidation des biens par le super privilège des salaires. En effet, au plus tard dans les 10 jours qui suivent la décision d'ouverture ou sur simple décision du juge-commissaire, le syndic paie toutes les créances super privilégiées de travailleurs, à défaut de fonds nécessaires, elles doivent être acquittées sur premières rentrées de fonds avant toute créance (art.95 &96).

Section II. Les sorts spécifiques à chacune des procédures

Ces sorts diffèrent, en effet, suivant qu'il s'agit de la procédure de redressement judiciaire (1) ou de la liquidation des biens (2).

§1. Les spécificités attachées au redressement judiciaire

La décision d'ouverture du redressement judiciaire emporte pour le débiteur certaines conséquences pratiques pour la continuation de son activité, la direction de son entreprise comme la déclaration et le contrôle d'éléments concernant sa situation financière.

1) Continuation de l'activité

L'activité du débiteur est continuée avec l'assistance du syndic pour une durée indéterminée, sauf décision contraire du juge-commissaire (art.112). Le syndic doit communiquer au juge-commissaire les résultats de l'exploitation au moins une fois tous les deux mois et indiquer à ce dernier le montant des sommes perçus par le débiteur. Le juge-commissaire décide si les dirigeants de la personne morale débitrice participeront à la continuation de l'exploitation et fixe, dans ce cas, les conditions dans lesquelles ils seront rémunérés.

2. Direction de l'entreprise

En cas où il est décidé l'exclusion des dirigeants du débiteur de la continuation de l'exploitation, la juridiction compétente pourra autoriser la signature d'un contrat de location-gérance avec un tiers, lorsque la disparition ou la cessation de l'activité de l'entreprise, même provisoire est de nature à compromettre son redressement ou causer un trouble grave à l'économie nationale, régionale ou locale dans la production et distribution des biens. Lorsque le débiteur est une personne morale, les dirigeants sociaux ne peuvent, à compter de la décision d'ouverture de la procédure collective, céder les parts sociales, actions ou autres sociaux représentatifs de la créance de la société qu'avec l'autorisation du juge-commissaire. Les titres représentant les droits sociaux sont d'ailleurs déposés entre les mains du syndic jusqu'à l'issue de la procédure.

3. Assistance obligatoire

La décision qui prononce le redressement judiciaire emporte, de plein droit, à partir de sa date, et jusqu'à l'homologation du concordant de redressement judiciaire ou la conversion de celui-ci en liquidation des biens, assistance obligatoire du débiteur pour tous les actes concernant l'administration ou la disposition de ses biens, sous peine leur inopposabilité.[364]

---

[364] Article 112 AUPCAP

Cependant, le débiteur peut continuer à accomplir seul et valablement les actes conservatoires et ceux qui entrent l'activité habituelle de l'entreprise, à charge pour lui d'en rendre compte au syndic.[365]

4. Obligation déclarative

Le débiteur doit, dans les trois jours de la décision d'ouverture, présenter au syndic ses livres comptables en vue de leur examen et de leur clôture, afin de définir l'étendue des actifs du débiteur. Le syndic doit également procéder à l'inventaire des biens du débiteur.

En outre, il y a l'obligation de déclaration. En effet, le syndic doit immédiatement requérir le débiteur de souscrire toutes les déclarations lui incombant en matière fiscale, douanière et de sécurité sociale. Le syndic s'assure de la production rapide de ces déclarations, et en cas de défaillance du débiteur, en informe le juge-commissaire et transmet lui-même aux autorités compétentes les informations qu'il a en sa possession.

5. Contrôle de la situation du débiteur par syndic

Sans préjudice de l'élaboration du bilan économique prévu par l'article 119-1, le syndic, dans un délai de 30 jours à compter de son entrée en fonction, remet au juge-commissaire un rapport sommaire sur la situation apparente du débiteur. Le juge-commissaire transmet sans délai ledit rapport avec ses observations au ministère public. Dans le cas où le débiteur exerce une profession libérale, le rapport est également remis à l'ordre professionnel ou à l'autorité compétente dont le débiteur relève (art 66).

6. Effets du concordant de redressement

a) Sur les créanciers

Une fois homologué par la juridiction compétente, le concordant devient en principe obligatoire pour toutes les créances antérieures au jugement d'ouverture (art.134).

Cette règle souffre néanmoins de quelques exceptions. Ainsi, certaines administrations, à qui la loi interdit de consentir des remises ou délais, ne sont pas liées par les termes du concordant.

Par ailleurs, les bénéficiant des sûretés réelles spéciales ne sont obligés que par les délais et remises consentis par eux, sauf si le concordant des délais n'excédant pas deux ans, auquel cas ces délais pourront leur être opposés. Plus

---

[365] Article 52 AUPCAP.

généralement, les créanciers munis de sûretés réelles ne perdent pas le bénéfice de celles-ci, mais ne pourront les réaliser qu'en cas d'annulation ou de résolution du concordant de redressement. Une autre exception concerne les salariés du débiteur, qui ne peuvent se voir imposer aucune remise, ni aucun délai de paiement supérieur à deux ans. Enfin, le concordant de redressement ne profite pas aux cautions du débiteur qui demeurent tenues selon les termes de leur garantie.

b) Sur le débiteur

Dès que la décision d'homologation a acquis la force de chose jugée, la procédure de dressement judiciaire prend fin et le débiteur recouvre la libre administration et disposition de ses biens. Cependant, lorsqu'un ou plusieurs contrôleurs ont été désignés pour surveiller l'exécution du concordant, ceux-ci doivent faire rapport sur le retard ou manquement à l'exécution du concordant au président de la juridiction compétente, qui pourra alors ordonner une enquête diligentée par le syndic.

7. Annulation ou résolution du concordant

La résolution du concordant peut-être prononcée par la juridiction compétente en cas de manquement grave par le débiteur à ses obligations au titre du concordant ou si la direction de la société est assurée par des personnes contre lesquelles a été prononcée la faillite personnelle ou l'interdiction de diriger, gérer ou administrer une entreprise commerciale (art.139).

Par ailleurs, le concordant est annulé en cas de dol résultant d'une dissimulation d'actifs ou d'une exagération du débiteur (art.140).

En cas d'annulation ou de résolution du concordant de redressement, la juridiction compétente convertit le redressement judiciaire en liquidation des biens et procède à la nomination d'un liquidateur. Dans ce cas, les créanciers liés par les termes du concordant de redressement et les créanciers ultérieurs à celui-ci sont regroupés en une masse pour les besoins de la liquidation (art.141).

§2. Les spécificités attachées à la liquidation des biens

La liquidation des biens prépare la disparition de l'entreprise. Elle peut être ouverte, ab initio, par le jugement d'ouverture, ou par conversion du redressement judiciaire. Dans tous les cas, elle met les créanciers en état d'union, la clôture pouvant intervenir pour insuffisance d'actif.

1) L'union

Dès que la liquidation des biens est prononcée, les créanciers sont constitués en état d'union. Celle-ci est le regroupement des créanciers consécutif à la décision de la liquidation des biens dont le but poursuivi est la réalisation de l'actif en vue de l'apurement du passif (art 146). Sous la conduite du syndic, la surveillance des contrôleurs et le contrôle du juge-commissaire, chacune des phases est exécutée dans l'intérêt des créanciers. La sauvegarde de l'entreprise ne constitue plus un enjeu.

2) La réalisation de l'actif

En ce qui concerne la réalisation de l'actif, elle porte essentiellement sur les meubles mais intéresse aussi des immeubles. La réalisation peut être perçue comme une voie d'exécution concertée. Le syndic poursuit, à sa seule initiative, la réalisation des actifs. Il a ainsi le pouvoir d'engager ou d'accepter des compromis et de transiger si des contestations naissent au sujet des actions engagées. Le syndic a également le pouvoir, sur autorisation du juge-commissaire, de lever les charges qui pèseraient sur certains biens exposés aux garanties. C'est ainsi qu'il peut choisir de payer le créancier gagiste pour libérer au profit de la masse des créanciers, le bien servant à la garantie.

Mais il n'effectuera ce choix que si le bien servant a une valeur substantiellement supérieure à la dette à l'égard de ce créancier. Le créancier gagiste ou nanti reprendra cependant son initiative à la poursuite individuelle, à charge d'en rendre compte au syndic, si, dans le délai de trois mois à compter de la décision de la liquidation des biens, celui-ci n'a pas retiré le gage ou le nantissement ou entrepris une procédure de réalisation appropriée.

3) L'apurement du passif

En ce qui concerne l'apurement du passif, elle consiste à satisfaire les créanciers. Mais il serait illusoire, particulièrement en ce qui concerne la liquidation des biens, d'espérer que chaque créancier soit complètement satisfait.

Le juge-commissaire ordonne, s'il y a lieu, une répartition des deniers entre les créanciers, en fixe la quotité et veille en ce que tous les créanciers soient avertis. Dès la répartition, le syndic dresse à chaque créancier admis, en règlement de son dividende, un chèque à son ordre tiré sur le compte ouvert dans conditions définies à l'article 45 ci-dessus.[366]

En réalité, les créanciers sont réglés, dans la mesure du possible, jusqu'à l'épuisement total des actifs réalisés. Mais compte tenu des modalités de

[366] Article 164 de l'AUPCAP-Révisé.

distribution relatives à l'ordre des créanciers, certains pourraient ne rien recevoir. Il faut souligner cependant que les actifs ne sont répartis qu'après distraction du montant des frais et dépens de la liquidation, notamment, des honoraires du syndic ainsi que du secours accordé au débiteur et à sa famille pour des raisons alimentaires.

Périodiquement (une fois par semestre) le syndic dresse un rapport sur l'état de la liquidation. Ce rapport est adressé au juge commissaire.

4) Clôture de l'union

A la fin des opérations de liquidation, le syndic procède à la reddition des comptes au juge commissaire, en présence du débiteur. Le procès-verbal de compte rendu est communiqué à la juridiction compétente qui prononce la clôture de la liquidation. La décision qui clôture les opérations aura tranché les contestations éventuelles. L'union est alors dissoute de plein droit ainsi que les organes de la procédure. Les créanciers recouvrent leur droit de poursuite individuelle. La décision de clôture est publiée au journal officiel, dans les journaux d'annonces légales et par toutes voies appropriées. Mais la clôture de la procédure peut intervenir de manière prématurée, pour insuffisance d'actif (art. 170).

5) Clôture pour insuffisance d'actif

La clôture pour insuffisance d'actif intervient, selon l'article 173 de l'AUPACAP, si les fonds manquent entretenir et terminer les opérations de la liquidation. Il semble bien que le législateur vise ici la situation d'extrême difficulté de l'entreprise qui ne permet point à celle-ci de faire face même aux frais et dépens que génère la liquidation. Sur les observations dans ce sens du syndic ou à la demande de toute personne intéressée, la juridiction compétente prononce, à tout moment, la clôture pour insuffisance d'actif. Comme dans le cas précédent, la décision de clôture met fin aux opérations et aux fonctions des organes désignés par le jugement de clôture. Les créanciers recouvrent leur droit de poursuite individuelle. Leurs créances ayant été admises, ils tiennent un titre exécutoire qu'ils peuvent mettre à exécution lorsque, conformément à leur espérance, le débiteur recouvre une meilleure santé financière. D'autant que lorsqu'il est postérieurement justifié que des fonds nécessaires à la procédure ont été rassemblés ou consignés, la décision de clôture pourra être rapportée à la demande du débiteur ou de toute personne intéressée. On peut donc retenir que, dans le cas de la clôture pour insuffisance d'actif, la décision n'est que provisoire.

Signalons qu'il peut y avoir aussi clôture par l'extinction du passif règlementé par l'article 178 de l'Acte uniforme portant procédures collectives d'apurement du passif.

Par ailleurs, la décision qui prononce la liquidation des biens d'une personne morale emporte, de plein droit, dissolution de celle-ci et dessaisissement pour le débiteur de l'administration et de la disposition de ses biens (art. 53). Pour de tels actes, le débiteur est représenté par le syndic. Les lettres adressées au débiteur, autres que celles à caractère purement personnel, sont remises au syndic. Le débiteur peut cependant être présent lors de leur couverture (art.56).

Section III. Responsabilité des dirigeants des personnes morales

Le législateur communautaire prévoit que la responsabilité des dirigeants des personnes morales en état de cessation des paiements, en redressement judiciaire ou en liquidation des biens peut être engagés dans certaines circonstances. Il faut noter que le terme dirigeant s'entendre comme incluant non seulement les dirigeants de droit de la société rémunérés ou non, mais également les dirigeants de fait de la personne morale, ainsi que les représentants permanents des personnes morales dirigeantes (art.180 AUPCAP).

§1. Complément du passif

Il résulte de l'article 183 de l'AUPCAP que, « lorsque le redressement judiciaire ou liquidation de biens fait apparaître une insuffisance de l'actif, la juridiction compétente peut, en cas de faute de gestion ayant contribué à cette insuffisance d'actif, décider, à la requête du ministère public, du syndic ou de 2 contrôleurs dans les conditions de l'article 72 alinéa 2, ou même d'office, que les dettes de la personne morale sont supportées en tout ou partie, avec ou sans solidarité, par les dirigeants ou certains d'entre eux ».

A cet effet, la doctrine exige qu'il ait un lien de causalité. En effet, l'imputation de tout ou partie des dettes de la société suppose, aux termes de l'acte uniforme, comme cela est le cas en droit français, que la faute de gestion commise soit à l'origine du dommage causé à la société du fait de l'insuffisance d'actif et qu'il existe un lien de causalité entre cette faute et ce dommage.[367]

Dans ce cas, la juridiction compétente statue dans le bref délai, après avoir entendu le juge-commissaire en son rapport, et les dirigeants sociaux en audience non publique, et peut alors tenir tous les dirigeants ou certains d'entre eux responsables solidairement ou individuellement de l'insuffisance d'actif et mettre à leur charge une partie des dettes. Elle peut aussi enjoindre aux dirigeants de céder leurs actions ou parts sociales ou ordonner la cession de ces titres, le produit de la vente étant alors affecté au paiement de la part des dettes mise en

367 Boris MARTOR, Nanette PILKINGTON, David SELLERS & Sébastien THOUVENOT, Op.cit. p.204.

charge des dirigeants art.184 & 185 de l'AUPCAP). La décision de condamnation des dirigeants sociaux est publiée dans le journal officiel et mentionnée au RCCM.

§2. Extension des procédures de redressement judiciaire et de liquidation des biens aux dirigeants des personnes morales

En cas de redressement judiciaire ou de liquidation des biens d'une personne morale, peut être déclaré personnellement en redressement judiciaire ou en liquidation des biens tout dirigeant qui a, sans être en cessation des paiements lui-même :

- exercé une activité professionnelle indépendante, civile, commerciale, artisanale ou agricole ne soit par personne interposée, soit sous couvert de la personne morale masquant à ses engagements ;

- disposé du crédit ou des biens de la personne morale comme des siens propres ;

- poursuivi abusivement, dans son intérêt personnel, une exploitation déficitaire qui ne pouvait conduire qu'à la cessation des paiements de la personne morale.

La juridiction compétente peut également prononcer le redressement judiciaire ou liquidation de biens des dirigeants à la charge desquels a été mis tout ou partie du passif d'une personne morale et qui n'acquittent pas cette dette (art. 189).

Conformément aux dispositions de l'article 191 de l'AUPCAP, les créanciers admis dans la procédure collective ouverte contre la personne morale sont admis, de plein droit, dans le redressement judiciaire ou liquidation des biens du dirigeant. Ainsi, le passif comprend en outre, le passif personnel du dirigeant concerné, et celui de la personne morale.

§2. Faillite personnelle et réhabilitation

a) champ d'application

Personnes concernées : les personnes physiques exerçant l'activité professionnelle indépendante, civile, commerciale, artisanale ou agricole ; les personnes physiques dirigeantes des personnes morales soumises à une procédure de redressement judiciaire ou de liquidation des biens ainsi des personnes physiques représentants permanents de personnes morales dirigeantes des morales visées précédemment.

Cas de faillite personne : la faillite personnelle peut être prononcée à l'encontre de telles personnes dans certains cas limitativement énuméré à l'article 198, à savoir lorsqu'elles ont :

- soustrait la comptabilité de leur entreprise, détourné ou dissimulé une partie de leur actif ou reconnu frauduleusement des dettes qui n'existent pas ;

- exercée une activité professionnelle indépendante civile, commerciale, artisanale ou agricole dans leur intérêt personnel, soit par personne interposée, soit d'une personne morale masquant leurs agissements ;

- usé du crédit ou des biens des personnes morales comme des leurs propres ;

- par dol, obtenu pour eux-mêmes ou pour leur entreprise un concordant annulé par suite ;

- commis des actes de mauvaise foi des imprudences inexcusables ou qui ont enfreint les règles et usage du commerce.

- Peuvent également être déclarés en faillite personnelle, les dirigeants d'une personne morale condamnés pour banqueroute simple ou frauduleuse.

En outre, la juridiction compétente peut prononcer la faille personnelle des dirigeants qui ont commis des fautes graves ou qui ont fait preuve d'une incompétence manifeste, qui n'ont déclaré, dans les 30 jours, la cessation des paiements de la personne morale ainsi que qui n'ont pas acquitté la partie du passif mise en leur charge (art.198).

b) procédure

En cas de connaissance des faits susceptibles de justifier la faillite personnelle, le syndic en informe immédiatement le ministère public et le juge-commissaire à qui il fait rapport dans dix jours à charge pour ce dernier de transmettre au président de la juridiction compétente. Dès qu'il est saisi du rapport du syndic ou du juge-commissaire, le président de la juridiction compétente fait citer à comparaître au jour fixé, huit jours au moins à l'avance par signification d'huissier ou par notification de tout moyen permettant d'établir la réception effective au destinataire, à la diligence du greffier, le débiteur ou les dirigeants de la personne morale pour être entendus par la juridiction compétente siégeant en audience non publique en présence du syndic ou lui dûment appelé par le greffier, par lettre au porteur conte réception ou par lettre recommandée avec demande d'avis de réception ou par tout moyen laissant trace écrite. Une copie du rapport est jointe à la convocation à peine de nullité. Le débiteur ou les dirigeants de la personne morale mis en cause doivent comparaître en personne ; en cas d'empêchement dûment justifié, ils peuvent se faire représenter par une personne munie d'un pouvoir spécial et habilitée à représenter les parties devant la juridiction saisie. Si le débiteur ou les dirigeants de la personne morale ne se présentent ou ne sont représentés, la juridiction compétente les cite à nouveau à comparaître dans les mêmes formes et délais ci-dessus. En cas d'itératif défaut, la juridiction compétente statue par décision réputée contradictoire à leur égard.

Les décisions prononçant la faillite sont mentionnées au RCCM, publiée au journal officiel.

c) Effets de la faillite personnelle

Aux termes de l'article 203 de l'AUPCAP, « la décision qui prononce la faillite personnelle emporte de plein droit : -l'interdiction générale de faire le commerce, et notamment de diriger, gérer, administrer ou contrôler une société ; - l'interdiction d'exercer une fonction publique élective et d'être électeur pour ladite fonction publique ; - ainsi que l'interdiction d'exercer toute fonction administrative, judiciaire ou professionnelle ». Lorsque la juridiction compétente prononce la faillite personnelle, elle en fixe la durée qui ne peut toutefois, être inférieure à six mois ni supérieure à dix ans. Les déchéances, incapacités et interdictions résultant de la faillite personnelle cessent, de plein droit, au terme fixé.

La décision de clôture pour extinction entraîne de plein droit la réhabilitation du débiteur si le passif est éteint dans conditions déterminées par l'article 178 du présent acte uniforme ci-dessus. Pour être réhabilité de plein droit, le membre solidairement responsable des dettes d'une personne morale déclarée en cessation de paiement doit justifier qu'il a acquitté, dans les mêmes conditions de l'article 178, toutes les dettes de la personne morale, alors même qu'un concordant particulier lui aurait été consenti. Cependant, peuvent être réhabilitée avant l'extinction de l'interdiction, si sa probité est reconnue : toute personne qui a obtenu de ces créanciers un concordant particulier et qui a intégralement payé les dividendes promis ou toute personne qui justifie de la remise entière de sa dette par ses créanciers ou de leur consentement unanime à sa réhabilitation.

Il y a lieu de marteler que conformément à l'article 214 de l'AUPCAP, le débiteur réhabilité est rétabli dans les droits dont il avait été privé par la décision prononçant sa faillite personnelle.

Nous signalons en passant que le législateur Ohada, auteur de l'AUPCAP-révisé a instauré une procédure simplifiée applicable aux trois procédures collectives étudiées, à savoir : le règlement préventif, le redressement judiciaire et la liquidation des biens. La spécificité de la procédure simplifiée est qu'elle n'est applicable que pour les petites entreprises. Il faut entendre par petite entreprise, toute entreprise individuelle, société ou personne morale de droit privé dont le nombre de travailleurs est inférieur ou égal à vingt (20) personnes, et dont le chiffre d'affaires n'excède pas cinquante millions (50.000.000) de francs CFA, hors taxes, au cours de 12 mois précédents la saisine de la juridiction compétente.

Tout débiteur répondant à la définition de petite entreprise ci-dessus, peut demander l'application de la procédure simplifiée pour le règlement préventif, de redressement judiciaire ou de liquidation des biens en soumettant au président de la juridiction compétente, une requête dans les conditions fixées par les dispositions y afférentes à chacune de ces procédures, en tenant compte notamment aux dérogations accordées aux petites entreprises. C'est ainsi par l'exemple pour le règlement préventif, la procédure peut être ouverte même en l'absence de présentation d'un projet de concordat préventif (art.24-2). Dans l'ensemble, les délais sont raccourcis et les exigences modérées.

Section IV. Voies de recours en matière de redressement judiciaire et de liquidation des biens

Ne sont susceptibles ni d'opposition ni d'appel :
1°) les décisions relatives à la nomination ou au remplacement du juge-commissaire à la nomination ou à révocation du syndic ou à la nomination ou à la révocation des contrôleurs ;
2°) les décisions par lesquelles la juridiction compétente statue sur des recours formés contre les décisions rendues par le juge-commissaire dans les limites de ses attributions, à l'exception de celles résultant sur les revendications et autres prévues aux articles 162[368] et 164 ;[369]
3°) la décision rendue par la juridiction compétente en application de l'article 111 alinéa 3;[370]
4°) les décisions autorisant la continuation de l'exploitation, sauf dans le cas prévu par l'article 113 alinéa 2.

Les décisions rendues en matière de redressement judiciaire ou liquidation sont exécutoires par provision, nonobstant opposition ou appel, à l'exception de celle homologuant le concordant de redressement judiciaire et celle prononçant la faillite personnelle. Par exception, et en cas d'appel, l'exécution provisoire de la décision prononçant la liquidation des biens peut être suspendue par le président de la juridiction d'appel à la demande du ministère public ou du débiteur, et seulement de la violation manifeste de la loi applicable.

L'opposition, lorsqu'elle est recevable, est formée contre les décisions rendues en matière de faillite personnelle par déclaration au greffe dans un délai de quinze jours (15) à compter de la signification desdites décisions. Pour les décisions soumises aux formalités d'insertion dans les journaux d'annonces légales, ce délai ne court que du jour où la formalité requise en dernier a été

[368] Aux termes de l'article 162 de l'AUPCAP, le juge-commissaire ordonne la cession en affectant une quote-part du prix la cession à chacun des biens cédés pour la répartition du prix et de l'exercice des droits de préférence.
[369] Cet article dit que le juge-commissaire ordonne, s'il y a lieu, la répartition des derniers entre les créanciers, en fixe la quotité et veille à ce que tous créanciers en soient avertis.
[370] La décision autorisant ou refusant les licenciements est susceptible d'opposition dans les 15 jours de son prononcé devant ouvert la procédure, laquelle doit rendre sa décision sous quinzaine.

effectuée. Il est statué sur opposition dans un délai de 30 jours (art.220 AUPCAP).

Lorsque la voie d'appel est ouverte en matière de redressement judiciaire ou de liquidation des biens ou encore de faillite personnelle, le recours est formé dans un délai de 15 jours à compter du prononcé de la décision sous disposition contraire de l'Acte uniforme. L'appel est jugé sur pièce, par la juridiction compétente, dans un délai de 30 jours à compter de la déclaration d'appel au greffe. Toutefois, les parties intéressées peuvent demander à être entendues en appel, laquelle demande doit être présentée dans la déclaration d'appel et ne peut avoir pour effet de retarder la décision au-delà du délai prévu. La décision d'appel est exécutoire sur minute (art.2221 AUPCAP).

En matière de faillite personnelle, le greffier avise, dans les 3 jours, le ministère public de la décision rendue. Celui-ci peut, dans le délai de 15 jours à compter de cet avis, interjeter appel de la décision rendue par déclaration au greffe de la juridiction qui a rendu ladite décision. Notification en est faite par le greffier au débiteur et au syndic contre décharge.

Toujours en cas de faillite personnelle ou d'autres sanctions, l'appel du débiteur ou des dirigeants est formé par requête adressée au président de la juridiction compétente.

Notons que les délais prévus en matière de règlement préventif, de redressement judiciaire, de liquidation des biens ou de faillite personnelle, le jour de l'acte, de l'évènement ou de la décision qui les font courir d'une part, le dernier jour, d'autre part, ne sont pas comptés. Tout délai qui expire normalement un samedi, dimanche ou un jour férié ou chômé, est prorogé jusqu'au premier jour ouvrable suivant. Il en est de même pour la signification en mairie ou au parquet lorsque les services sont formés au public le dernier du délai (art.2018).

Dans tous les cas, le greffier de la juridiction d'appel adresse expédition de la décision d'appel au greffier de la juridiction compétente pour mention en marge de la décision et pour accomplissement, le cas échéant, des mesures de publicité prescrites à l'article 202.

S'agissant de l'effet des procédures collectives dans les autres Etats parties, l'article 247 de l'AUPCAP dispose que lorsqu'elles sont exécutoires, les décisions d'ouverture et de clôture des procédures collectives ainsi celles qui règlent les contestations ou les différends nés de ces procédures et celles sur lesquelles les procédures collectives exercent une influence juridique, prononcées dans le territoire d'un Etat partie conformément au l'AUPCAP ont autorité de la chose jugée sur le territoire des autres Etats parties. Néanmoins, les mesures d'exécution forcée requièrent l'exéquatur.

Bibliographie

- Constitution de la République Démocratique du Congo du 16 février 2006 telle que modifiée par la loi no 002 du 20 janvier2011 portant révision de certains articles de la constitution de la République Démocratique du Congo du 18 février 2006 in journal officiel n° spécial du 5 février 2014, 52ème Année.
- Traité du 17 octobre 1993 relatif à l'harmonisation du droit des affaires en Afrique tel que révisé à Québec le 17 octobre 2008, in JO de la RDC Volume 1, n° spécial 12 septembre 2012, 53ème Année.
- Loi n°10/002 du 11 février 2010 autorisant l'adhésion de la République Démocratique du Congo au traité du 17 octobre 1993 relatif à l'harmonisation du droit des affaires en Afrique avec l'instrument d'adhésion du 27 juin 2012, in JO de la RDC Volume 1, n° spécial 12 septembre 2012, 53ème Année.
- Acte uniforme révisé portant sur le droit commercial général, adopté le 15 décembre à Lome in JO OHADA n°23, 15/02/201.
- Acte uniforme portant organisation des procédures collectives d'apurement du passif, adopté le 15 septembre 2015 à Grand-Bassam.
- Acte uniforme révisé relatif au droit des sociétés commerciales et du groupement économique, adopté le 30 janvier 2014 à Ouagadougou.
-Acte uniforme révisé portant organisation des sûretés, adopté le 15 décembre 2010 à Lome, in JO OHADA n°22 du15/02/2011.
- Acte uniforme portant organisation des procédures simplifiées de recouvrement et voies d'exécution du, adopté le 10 avril 1998 à Libreville, in JO OHADA n°6, 01/06/98.
- Acte uniforme relatif au droit comptable et à l'harmonisation financière, adopté le 27 janvier 2017 à Brazzaville, in JO OHADA n° spécial du 15 02 /2017.
Décret du 30 juillet 1888 portant code des obligations et des contrats in JO de la RDC, N° spécial 15 février 2014, 55ème Année.
- Loi n°04/016 du 19 juillet 2004 portant lutte contre le blanchiment des capitaux et le blanchiment du terrorisme in Journal officiel-Numéro Spécial 20 janvier 2013, 54ème année.
- la Loi n° 15/003 du 12 février 2015 relative au crédit-bail, in Journal officiel de la RDC, N° spécial 18 février 2015, première partie, 56ème année.
- Loi n°15/025 du 31 décembre 2015 relative aux baux à loyer non professionnels, in JO, N°12 janvier 2016, 57ème année
- Ordonnance-LOI N° 90-046 du 8 aout 1990 portant règlementation du petit commerce telle que modifiée et complétée par l'ordonnance-loi n° 002/2012 du 21 septembre 2012.
- Ordonnance-loi n° 002/2012 du 21 septembre 2012 modifiant et complétant certaines dispositions de l'ordonnance-loi n° 90-046 du 8 aout 1990 portant règlementation du petit commerce
- Décret n° 21/002 du 22 janvier 2021 portant création, organisation et fonctionnement d'un Etablissement public dénommé Guichet Unique de Création d'Entreprise, « GUCE » en sigle, in JO de la République Démocratique du Congo 15 février 2021, 1ère partie n° 4.
- Décret 28 juillet 1934 relatif à la lettre de change, du billet à ordre et des protêts.
- Décret du 10 décembre 1951 relatif au chèque, in Bulletin Officiel, n°2 du 15/2/1952.
- Arrêté interministériel n°002/Cab/MIN/JGS & DH/014 et 243/Cab/MIN/FINANCES/2014 du 30 décembre 2014 déterminant la forme des statuts et du capital social de la société à responsabilité en République Démocratique du Congo.
-CCJA 2ème Ch., n°2/2006, Ohadata J-07-11.
- CA Bobo-Dioulasso (Burkina Fasso), Ch. Civ., n°29/08 : S. I. c/ B. O., Ohadata J-10-113.
Cass. Com. 31 janv. 2006, Gaz. Pal., Rec. 2006, J n°124, 4 mai 2006.
- CCJA, arrêt n°040/2016 du 3 mars 2016 – affaires Kouame Kouame et Collège Notre Dame du Bouaflé c/ Dea Tieu Apollinaire et crts.
- CCJA, Ass. Plén. Avis n°002 du 23 juin 2015, demande d'Avis n°255/SP/DAJ/OHADA/2015 du 23 avril 2015 : République Démocratique du Congo, Ohadata J-16-2008.
- CCJA, 1er Ch., n°045/2012, 7-6-2012.
- CCJA, 3ème Ch., n°60/2012, 7-6-2012.
- CCJA, 2ème Ch., n°2, 2-2-2012 : Sté SSI c/ SANY, Juris-Ohada, 2012, n°4, oct.-déc., Ohadata-J-13-56.
- Tricom Brazzaville, Ord. réf. n°065, 28-10-2011 : Sté générale WIETC Company Ltd c/ - - - - BRAEL-CONGO SARL, Ohadata J-13-111.
- Tricom. Brazzaville, Ord. réf. n°065, 28-10-2011 : Sté générale WIETC Company Ltd c/
- Tricom. Pointe-Noire, n°054, 19-7-2011 : Mme I. A. c/ Mrs S. F. & S. S., Ohadata J-13-80.
- CA Abidjan, Ch. Civ. & com., n°311, 2-7-2011: SCI EVA c/ Sté PETROCI-HOLDING, Juris-Ohada, 2011, n°4, oct.-déc. P.36, Ohadata J-13-14.
- CA de l'Ouest (Cameroun), n°44/CIV, 22-6-2011 : Sté G.D.B. c/ T.D., Ohadata J-12-66.
- CA Centre Cameroun, n°77/CIV, 4-2-2011 : Dame E. M. V. C/ F. J. M., Ohadata J-12-02.
- CA Centre Cameroun, n°44/CIV, 26-1-2011: K. J. c/ F. E., Ohadata J-12-01.
- PTI Lomé (Togo), Ch., Civ. & Com., n°1206, 21-5-2010 : SANGRONIO K. K., c/ E.K., Ohadata-J-11-92.
- CA Ouagadougou, Ch com. n°040, 16-4-2010 : S. N. M. c/ SCIM et SOBFI, Ohadata J-12-183.

- CA Ouagadougou, Ch. Com., n°40, 16-4-2010: S. N. M. c/ SCIMI et SOBFI, Ohadata J-12-183.
- CA Centre (Cameroun), n°310/Civ, 14-4-2010: F.G.c/F.J., Ohadata J-12-75.
- CA Ouagadougou (Burkina Faso), Ch. Com., n°034, 19-3-2010: M.Z.A. c/ T.L.J., Ohadata J-12-185.
- Cass. Franc. Com. 15-12-2009 n°08-20.522, Légifrance.
- CCJA, 2ème Ch., n°051, 26-11-2009 : SODICAM SA c/M., Le Juris-Ohada n°1/2010, Ohadata J-10-305.
- CA Centre Cameroun, n°237/CIV, 17-6-2009 : Sté La Plaza SARL c/ S. de B. et son épouse, Ohadata J-10-132.
- CA Bobo Dioulasso (Burkina-Faso), Ch. Com., n°13/09, 10-6-2009 : S. I. c/ C.M.M., Ohadata J-09-398.
- CA Lomé, n°066/09, 20-4-2009: BIA-TOGO, Sté SICOMIE SARL, SAS-TOGO, Sté MIDNIGHT SUN SA, Sté BATIMEX-TOGO c/UDECTO, Ohadata J-10-156.
- CCJA, n°018/2009, 16-4-2009 ; Maître A. M. et consorts c/ BENEFICIAL LIFE INSURANCE SA, Recueil de Jurisprudence n°13, janvier-juin 2009, Ohadata J-10-66.
- CCJA, n°059/2008, 30-12-2008 : R. F. c/ F. J. B., Recueil de jurisprudence n°12, juillet-décembre 2008, p.82 ; Ohadata J-10-33, Ohadata J-09-268.
- CA Bobo-Dioulasso, Ch. Com., n°014/08, 12-11-2008 : K. J. B., S. F., et K. A. c / H. D. et Sté Belcot, Sté Généralité Burkina, J-10-120.
- TGI Ouagadougou, n°179/08, 5-11-2008 : O. N. EL Hadji c/ N.L. & N.C., Ohadata J-09-383.
- CA Lomé, n°176/08, 2-9-2008: BIA-TOGO c/ UDECTO SA Ohadata-J04-339.
- TPI Yaoundé, Centre Administratif, Ord. n°477/C, 1-9-2008 : Sté AGF Cameroun Assurances c/ Techni-Cameroun, journal Le Jour, Faty and Sister Compagny et autres, Ohadata J-09-225.
-CCJA, 2ème Ch., n°35, 3-7-2008 : Standard Chartered Bank Cameroun SA c/ SITABAC SA et AZUR FINANCES SA, Le Juris-Ohada, n°4/2008, Ohadata J-09-74.
- CCJA, 2ème Ch., n°32, 3-7-2008: METALUX SARL c/ B., Le Juris-Ohada n°4/2008, p.15, Ohadata J-09-71.
- CCJA, 2ème Ch., n°36, 3-7-2008 : Société Burkina et Shell c/ O., Le Juris-Ohada, n°4/2008, Ohadata J-09-75.
- CA Ouagadougou, ch. Com., arrêt n°048 du 20 juin 2008: Ohada.com/Ohadata J-10-129.
- CA Ouagadougou, Ch. Com., n°042, 6-6-2008: LATEX FOAM RUBER PRODUCTS S.A. C/ B. J. C., Ohadata J-11-43.
- TGI Bobo-Dioulasso, n°015, 6-6-2008: S. M. L. c/ V. O., Ohadata J-09-103.
- CCJA, 1ère Ch., n°018, 24-4-2008 : Docteur A. c/ DPCI-SA, Le Juris-Ohada n°2, avril-juin 2008, Recueil de jurisprudence de la CCJA, n°11, janvier-juin 2008, Ohadata J-09-32, Ohadata J-09-315.
- CCJA, n°030/2007, 22-11-2007 : S.C.I. GOLFE DE GUINE c/ MARINA ATLANTIC SARL, Recueil de jurisprudence n°10, juillet-décembre 2007, p.44, Ohadata J-08-247.
- CCJA, n°030/2007, 22-11-2007: S. C. I. GOLFE DE GUINEE c/ MARINA ATLANTIC SARL, Recueil de jurisprudence n°10, juillet-décembre 2007, p.44, Ohadata J-8-247.
- CA Beyrouth, 4e ch., arrêt n°956, 20 juin 2007, Al Adl 2007/4.
CCJA, n°024/2007, 31-5-2007 : W. B. c/ SOCIMAT-CI, Recueil de Jurisprudence n°9, janvier-juin 2007, Ohadata J-08-225.
- CA Abidjan, 5ème Ch. civ. & com. B. n°144, 20-2-2007: Mr B. K. c/ D. Mr D. A., Ohadata J-08-43.
-Cass. Com. 23 janv. 2007 Soc., Gaz. Pal., Rec. Tables 1980/2007, V 2007.1, jurispr. N°071263.
- Cass. Crim. 7° ch., arrêt n°364, 30 nov. 2006, Cassandre 2006/11.
- TGI Bobo-Dioulasso, n°308, 22-11-2006 : BOA & FIB c/ SOPROFA & SODEGRAIN, Ohadata J-09-85.
- TGI Bobo-Dioulasso, n°308, 22-11-2006 : BOA & FIB c/ SOPROFA SODEGRAIN, Ohadata J-09-85.
- CA Cotonou (Bénin), n°2006-001 /CM/CA-AB, 9-11-2006 : Mme G. A. née K. c/ Mme T. N. épse A. 2/ La mairie de Bohicon représentée par le Maire, Ohadata J-10-246.
- TGI Bobo-Dioulasso, n°244, 9-8-2006 : Requêtes aux fins de règlement préventif c/ Entreprise SOFACI, Ohadata J-09-92.
- CCJA, 1ère Ch., n°14, 29-6-2006 : Sté de l'EQUI-PAGRO-CI SARL c/B.K., Le Juris Ohada, n°4/2006, Ohadata J-07-28.
- TPI Douala-Bononjo, Ord. n°251, 29-6-2006 : O.K. c/ S.D.V. Cameroun SA, note Jean Gatsi et Willy James NGOUE, Ohadata J-07-81.
- TGI Bobo Dioulasso, n°219, 21-6-2006: AD S. S. Siméon c/ O. L., Ohadata J-09-89.
- TGI Bobo-Dioulasso, n°21-6-2006: AD Sanou S. S. c/ O. L., Ohadata J-09-89.
- Cass. Com. 3-5-2006 n°535: RJDA 10/06 n°1009.
- CCJA, 2ème Ch., n°5, 30-3-2006 : Sté PONTY SARL c/ Sté PONTY IMMOBILIERE SA, Le Jurs-Ohada n°3/2006 ; Ohadata J-07-12.
- Cass. com. 14 fév. 2006 D 2006, act. jur. p 856 note AVENA-ROBARDET ; RD bancaire et fin. juillet-août 2006.
- CA Ouagadougou, n°15, 20-1-2006 : Sté TELECEL FASO c/ Sté HORTEL PROJECT, Ohadata J-09-22.
- CA Abijan, n°1153, 27-12-2005: K. D. c/ B.L.B., Ohadata J-09-202.
- CCJA, n°064/2005, 22-12-2005 : SANY Quincaillerie c/ SUBSAHARA SERVICES NC, recueil de jurisprudence de la CCJA, n°6, juin-décembre 2005, Ohadata J-06-39.

- CCJA, n°064/2005, 22-12-2005 : SANY Quincaillerie c/ SUBSAHARA SERVICES NC, recueil de jurisprudence de la CCJA, n°6, juin-décembre 2005, Ohadata J-06-39.
- TGI Bobo-Dioulasso, n°238, 7-12-2005: Ets. SANGA c/ BELEM Idrissa, Ohadata J-09-65.
- Cass. civ. 20 nov. 2005, Bull. civ. I n°400 ; Gaz. Pal., Rec 2006, somm., J n°28, 28 janv. 2006.
- Cass. civ. lib. 4e ch., arrêt n°123, 26 oct. 2005, Al Adl 2006 p 216 ; en l'espèce le chèque était libellé au nom du tireur même. Adde Cass. civ. lib. 5e ch., arrêt n°100, 24 juin 2004, Al Adl 2005.
- Cass. civ. lib. 4e ch., arrêt n°123, 26 oct. 2005, Al Adl 2006/1.
- CA Abidjan, n°820, 22-7-2005: M.W.D. R. c/ Mme S. S. A. Ohadata J-09-209.
- C A Ouagadougou, Ch. Civ. & com. n°57, 20-5-2005 : Sté Togolaise de travaux publics c/ SAS SA et S. Jean de Dieu, Ohadata J-09-17.
- CA Abidjan, 2ème Ch. Civ. & com. n°497, 6-5-2005: B/ Coopérative Agricole Kavokiva, Le Juris-Ohada n°1/2007, Ohadata J-08-70, Ohadata J-09-163.
- TRHC Dakar, 27-3-2005 : Prenant n°870, p.113, note Diallo, Ohadata J-10-106.
- CA Brazzaville, Ord. réf. n°040, 3-3-2005: O. B. M. A. c/ Sté S. A. R., Ohadata J-13-129.
- CA Abidjan, 3ème Ch. civ. & com., n°263, 25-2-2005 : B.K. c/ K.K. B., Le Juris-Ohada, n°4/2006, Ohadata J-07-32.
- CA Abidjan, 3ème Ch. civ. & com., n°263, 25-2-2005: B.K. c/ K. K. B., Le Juris-Ohada, n°4/2006, Ohadata J-07-32.
- TRHC, n°124, 14-1-2005 : Sté nationale de recouvrement dite S. N. R. c/ Enterprise Sénégalaise de Rotin dite E. S. R. et autres, Ohadata J-09-331.
- TGI Ouagadougou, 25-5-2004, Revue burkinabé de droit, n°45, note Michel SAWADOGO, Ohadata J-05-249.
- CSP Côte d'Ivoire, Ch. Judiciaire de cassation, n°122, 4-3-2004 : J. E. K., K. E. K. c/ A.A.T., Actualités juridiques n°49, 2005, Ohadata J-05-351.
- TGI CA Ouagadougou, n°45, 18-2-2004: K. H., BATEC-SARL & Entreprise DAR-ES-Salam c/ SOSACO, Ohadata J-04-374.
- Cass. Franc. Com. 4-2-2004 n°252: D. 2005. Pan. 1717 obs. Galloux.
- CA Ouagadougou, Civ. & com. n°84, 21-11-2003 : SOSACO c/ Syndics liquidateurs de la SOSACO, Ohadata J-04-369.
- TGI Ouagadougou, n°389, 17-9-2003 : Requête de la Sahel compagnie aux fins de liquidation des biens, Ohadata J-05-218.
- CA Abidjan, n°1030, 22-7-2003 : K. B c/ Sté EQUIP-AGRO CI, Le Juris-Ohada, n°1/2005, janvier-mars 2005, Ohadata J-05-193.
- TGI Ouagadougou, n°341, 16-7-2003 : Requête aux fins de liquidation des biens de la CNEA, Ohadata J-04-255.
- TPI Cotonou, 1ère Ch. Civ. Moderne, n°61/03, 18-6-2003 : O.T.T. c/ Sté Kolawole et Fils, Ohadata J-05-306.
- TRHC Dakar, 5-5-2003 : Héritiers de feu Hadji A. C. c/ S.A., Ohadata J-03-212.
- TRHC Dakar, 5-5-2003: SAI – LIBERATION c/ J. C. R., Ohadata J-03-210.
- TRHC Dakar, 5-5-2003: Sté IFRATELLI ITALIA SARL c/ Y.M.K., Ohadata J-3-211.
-TIG Bobo-Dioulasso, n°153/03, 30-4-2003: ECODIS c/ SANAMIKOOM INTERNATIONAL, Ohadata J-09-93.
- TGI Banfora, n°17, 4-4-2003 : Dame K. née O. A. c/ Sté S. K. I., Ohadata J-04-60.
- CA Versailles 3 avr. 2003, RD bancaire et fin., janv. Fév. 2004 act 2.
- CA Abijan, n°206, 25-2-2003: M.J.Q. c/ Le Montparnasse, Ohadata J-03-296.
- Cass. com. 11 fév. 2003, RD bancaire et fin., mai-juin 2003.
- Trib. Com. Paris, ord. Réf., 31 janv. 2003, Gaz. Pal., Rec. 2004, somm., J. n°188, 6 juill. 2004
- TGI Ouagadougou, n°20, 29-1-2003 : Requête de I. F. E. X. Aux fins d'être admise au bénéfice du règlement préventif, Ohadata J-04-188.
- Trib. com. Paris 2e ch., 21 janv. 2003, Gaz. Pal., Rec 2004.
- CA Douala, n °39/REF, 8-1-2003 : Dame J. Née N. T. c/ E. N. R. et autres, F. AHO et al., - Ohada, jurisprudences nationales, Ed. BENIN CONSULTING GROUP, Cotonou, 2004.
- CA Dakar, Ch. Civ. et com., 2-1-2003: SOLOTECH c/ P.M., Ohadata J-03-145.
- TPI Bafoussam, n°23/civ., 27-12-2002: B. D. c/ F. B., Ohadata J-04-233.
- TRHC Dakar, 12-12-2OO2 : A. N., F. S. A. W. D., S.S. c/ M. A. M. et l'Agence immobilière MAREGA, Ohadata J-03-205.
- CA Abidjan, n°1205, 29-11-2002 : K.K. et cinq autres c/ T. Y., Ohadata J-03-307.
- Cass. com. 5 nov. 2002, D 2003, act. jur. p 2003 note X; JCP E 2003 p 36 note BONNEAU, JCP E 2003 chron STOUFFLET; P. aff. 2003 note E. C. CREDOT et GERARD; Gaz. Pal., Rec. 2003, somm, J n°221, 9 août 2003
- Cass. Civ. 18 sept. 2002, D 2002, act. jur. p 3011 note X; RTD com 2003.
- Cass. com. 9 juillet 2002 RD bancaire et bourse, sept /oct 2002, 250 n°169.
- TGI Ouagadougou, n°631, 12-06-2002 : K. J. P. c/ T. F., Ohadata J-04-18.

- CCJA, Arrêt n°103/2016 du 2 juin 2O16, affa. Olam Togo SARL c/ société Vatel SA.
- TGI Bobo-Lasso n°245, 24-4-2002 : Liquidation des biens de la société Briqueteries de Faso, Ohadata J-04-16.
- CA Niamey, Ch. Civ., n°51, 3-4-2002: A. H. T. c/ M. E. H., Ohadata J-03-250.
- TR Thiès, civ. & com., 21-3-2002: TOTAL ELF FINA SENEGAL c/ B. S., Ohadata J-03-36.
- TGI Ouagadougou, n°224, 20-3-2002 : Requête de la SOFIVAR aux fins de liquidation des biens, Ohadata J-04-197.
- TRHC Dakar com., n°422 SDV, 6-3-2002 : SENEGAL c/ Sté SOSETRA, Ohadata J-05-47.
- TGI Mfoundi, n°246, 4-3-2002 : M. M. M. c/ LABOREX CAMEROUN SA, Ohadata J-04-216.
- CA Paris 15e ch. B, 8 fév. 2002, D 2002, act. jur. p 1201 note X.
- TRHC Dakar, n°153, 22-1-2002 : K. A. c/ M. F., Ohadata J-05-58.
- TRHC Dakar, n°153,22-1-2002 : K.A. c/ M.F., Ohadata J-05-58.
- TRHC Dakar, n°96, 9-1-2002 : S.A. c/ M.D., Ohadata J-05-101.
- TGI Ouagadougou, n°984, 12-12-2001 : OK-RAIDS c/ LATIL, Ohadata J-04-03.
- TGI Ouagadougou, n°790, 26-9-2001 : Requête de la SOFIVAR aux fins de liquidation des biens de la SOTRAO, Ohadata J-04-187.
- TRHC Dakar, 27-8-2001 : Ministère public et Sté TOUTELECTRIC c/ P. A. G., Ohadata J-03-101.
- Cass. com 19 juin 2001, Gaz. Pal., Rec. 2001, somm. p 1623, J n°275, 2 oct. 2001. D 2001, act. jur. p 2297 obs. AVENA-ROBERDET; Pet. Aff. 31 juill. 2001.
- TGI Ouagadougou, n°583, 13-6-2001 : Requête de la SOFIVAR aux fins de liquidation des biens de la Sté INTELCOM-Burkina SARL, Ohadata J-04-184.
- CA Ouagadougou, n°30/2001, 10-5-2001 : SONATUR c/ FEPACI, F. AHO et al., OHADA : jurisprudences nationales, éd. BENIN CONSULTING GROUP, Cotonou, 2004.
- TPI Cotonou, n°18/ 2ème Ch. Com., 10-5-2001 : A. O. c/ Héritiers A. M., Ohadata J-04-288.
- TGI Ouagadougou, n°423, 25-4-2001, Ohadata J-03-94.
- CA Abidjan, n°449, 24-4-2001 : D. C/ Ets Barnoin, Le Juris Ohada, n°449, juin-août 2004, J-04-305.
- Com. lib. En ce sens, CA Beyrouth 2e ch., arrêt n°46, 20 mars 1950, Rec. Hatem fasc 6 n°5.
- TGI Ouagadougou, com., n°215, 21-2-2001 : STTP SARL c/ Société Africaine des services SA et SOFITEX, Ohadata J-04-01
- TGI Ouagadougou, n°100 bis, 24-1-2001 : Requête des établissements KORGO et Frères aux fins de redressement judiciaire, Ohadata J-04-128.
- TGI Ouagadougou, n°90 bis, 24-1-2001 : Conversion du redressement judiciaire de FLEX-FASO en liquidation des biens, Ohadata J-04-181.
- CA Liban-Nord, 4e ch., arrêt n°10, 11 janv. 2001, Al Adl 2001.
- CA Abidjan, n°1054, 1-12-2000 : M. c/ GOMPCI, Le Juris-Ohada, n°1/2003, juin-mars 2003, Ohadata J-03-76.
- TRHC Dakar, n°1538, 8-8-2000 : Liquidation des biens des Nouvelles Brasseries Africaines, Ohadata J-04-342.
- TRHC Kaolack, 25-7-2000: C. H. c/ F.N., Ohadata J-03-2019.
- TRHC Kaolack, 25-7-2000: C.H. C/ F.N., Ohadata J-03-219.
- Cass. com. 14 juin 2000, RD bancaire et fin. juillet - août 2000 n°141.
- Cass. com. 14 juin 2000, RD bancaire et fin., juillet - août 2000.
- Cass. Com. 30 mai 2000, Gaz. Pal., Rec. 2000 somm. J. n°263, 19 sept. 2000.
- TGI du Littoral, n°263, 16-3-2000 : MAGZI c/Sté DIANA SICAC SA, Ohadata J-05-20.
- Cass.com. 22-5-1970: Bull. civ. IV n°167; CA Paris 26-11-1999: RJDA 7-8/00 n°792.
- TGI Ouagadougou, n°432, 2-6-1999 : Requête de la SOFIVAR aux fins de liquidation des biens, Ohadata J-04-197.
- TGI Ouagadougou, n°248, 9-4-1999 : Requête de la SOFIVAR aux fins de liquidation des biens, Ohadata J-04-197.
- TPI, Beyrouth, 1re ch., 1re, 3 mars 1997, Al Adl 1997.
- Cass. com. 30 janv 1996 D 1996, 320 notes RIVES-LANGE.
- Cass. Franc. Com. 13-5-1995: RJDA 11/95 n°1220.
- Trib banc. spéc. lib. 6 avril 1993, Grands arrêts ABOU EID, vol 16.
- Bull. civ. 1993, IV n°52; Cass. com. 9 fév. 1993 D somm.
- Cass.1re civ. 16-10-1990 : Bull. Joly 1990.
- CA Paris 16-5-1990: D. 1990. IR. 150.
- Cass. civ. lib. 21 avril 1988, Al Adl 1989 p 252 ; Rev. jud. lib. 1988 p 397 ; 28 mars 1988, Ibid 1988 ; 14 nov. 1968, Baz 1968.
- Cim., 9 nov. 1987, n°86-91.427 : Bull. crim., n°393.
- Crim., 25 nov. 1985, n°84-95.590 : Bull. Crim., n°371.
- Cass. com. 11 janv. 1985 RTD com 1985 p 192 obs. CABRILLAC et TEYSSIE.

- CCA Beyrouth, 1re ch., arrêt n°92, 14 févr. 1983, Al Adl 1983 p 404ass. civ. lib. 1re ch., arrêt n°48, 7 avril 1964, Baz 1963/1967.
- CA Beyrouth, 1re ch., arrêt n°92, 14 févr. 1983, Al Adl 1983.
- Cass. Civ. 4 Nov. 1981 RTD civ 1982, 781 obs. PATARIN; Cass. civ. 10 fév. 1993, D 1994, som 182obs. CABRILLAC.
Cass. Com. 4 déc. 1979, JCP E 1980, II-8456.
- Cass. com. 12 nov. 1974, RTD com 1975 obs. CABRILLAC et RIVES-LANGE ; 15 juillet 1992, RJDA 1992.
- Cass. civ. lib. 4e ch., arrêt n°50, 22 mai 1972, Rev. jud. lib. 1973.
- Cass. Fran. Com. 7-3-1972: Bull. civ. IV. P.80.
- CA Beyrouth 1re ch., arrêtn°475, 21 avril 1970, Rec. Hatem fasc 106.
- Cass. civ. lib. arrêt n°6, 17 mars 1970, Rec. Hatem fasc 101.
- Cass. civ. 11 mars 1970, JCP G 1970, II-16490, RIVES-LANGE ; RTDcom 1970, 569, obs. CABRILLAC ; Beyrouth 21 avril 1969, Al Adl p 69 1993.
- CA Beyrouth, 4 janv. 1968, Al Adl 1968 p 286 n°193.
- Cass. civ., 4 janv. 1967 RTDcom 1967, p 831 obs CABRILLAC et RIVES-LANGE ; Com 11 juill. 1988, 1988, Gaz. Pal 1989, 1, somm.
- Cass. civ. lib. 1e ch., arrêt n°48, 7 avril 1964, Baz 1963/1967.
- Cass. civ. lib. 1re ch., arrêt n°77, 14 juin 1960, Baz 1960/1962.
- CA Beyrouth, arrêt n°1191, 18 nov. 1955, Rec. Hatem, fasc 26.
- Cass. Civ. lib. ch., n°75, 9 sept 1952, Baz 1950/1956.
- CA Paris 21-11-1951 : J. soc. 1955.
- Cass. Civ., 16 mars 1942, et Bull. Joly 1998, 1183, note Delebecque.
- CA Toulouse 3-4-1941 : JCP. 1942. II. 1954.
- CA Littoral (Cameroun), n°69/REF, 9-4-200 : Sté CORELIS SARL c/ NGANNE Jacques, Ohadata J-09-132.
- Ch. com., D 2004, act. jur. p 1380, obs. AVENA-ROBARDET; JCP E 2004 p 913 note STOUFFLET; JCP G 2004, II-10105 note CUTAJAR; Pet. Aff. 20 juill. 2004.
- CA Dakar, chambre civile et commerciale, arrêt n°397 du 8 septembre 2001, les nouvelles brasseries africaines contre la Compagnie Sucrière du Sénégal.
- CA Lyon 13-1960 : JCP. 1961. II. 12103, note Boitard.
- CA Ouagadougou, Ch. Civ. et com., n°84, 16-17-2004: Burkina & Shell c/ O.S. P., Ohadata J-05-228.
- CA Versailles 22-9-20210 n°09-5646 : BRDA 1/1 inf. 8.
- CCJA, n°056/2005 : RDR C/ F.D.P.C., Recueil de jurisprudence de la CCJA, n°6, juin-décembre 2005.
- TRHC Dakar, (date et n° non indiqués) : EGECOM, ECOPRES, Ets. CATIM c/ Sté SOGERES, Ohadata j-05-53.
- Issa Sayegh J., Répertoire quinquennal OHADA, 2006-2010, T.2, 4ème partie : Jurisprudence, Unida, 2010.
- THALLER, loc., RIPERT, Loc. cit. comm. Liège, 9 février 1929, Fur. Liège, 1929.
- SAVATIER R., Les métamorphoses économiques et sociales du droit civil d'aujourd'hui, 2e éd.
- SAVATIER R., Traité de droit commercial, 1948, n°13 : Référé Beyrouth 26 juin 197.
- BART, La lex mercatoria au Moyen Âge, Mythe ou réalité ? Mélanges Philippe KAHN, 2000, Litec.
- Barthélemy MERCADAL, Mahutodji Jimmy Vital KODE et Al., Code pratique Ohada : Traité, Actes uniformes et Règlements annotés, éd. Francis Lefebvre, Normandie, 2014.
- BONNECASE, Introduction à l'étude du droit, 3e éd., t. Ier.
- Boris MARTOR, Nanette PILKINGTON, David SELLERS & Sébastien THOUVENOT, Le Droit Uniforme Africain des affaires issu de l'OHADA, 2e Ed, Litec, Paris, 2009.
- Bossa G.et al, L'entreprise et le droit, Ed JURISCOPE, 2008
- Champaud C., L'entreprise personnelle à responsabilité limitée, RTD Com. 1979.
- CLOQUET A., Les présomptions de commercialité des actes de commerçants relatifs à des immeubles, 1957.
- Coulombel P., Le particularisme de la condition juridique des personnes morales de droit privé, thèse Nancy, 1946.
- Didier Martin, Le droit des entreprises en difficultés, Les lois des 1er mars 1984 et 25 janvier 1985, Revue Banque Editeur, 1985, n°29 ; cité par Filiga Michel SAWADOGO.
- Fady NAMMOUR, Instruments de paiement et de crédit : Chèque, Virement, Carte de crédit et de paiement, Lettre de change, Billet à ordre, Librairie Générale de Droit et de Jurisprudence, E.J.E, Paris, 2008.
- Diane Boustan, L'ESSENTIEL DU DROIT DES CONTRATS SPÉCIAUX, 2ème éd. Gualino, Paris, 2020-2021.

- Fady NAMMOUR, Instruments de paiement et de crédit : Chèque, Virement, Carte de crédit et de paiement, Lettre de change, Billet à ordre, Librairie Générale de Droit et de Jurisprudence, E.J.E, Paris, 2008.
- Filiga Michel SAWADOGO, Procédures collectives d'apurement du passif, Communication au séminaire de formation des magistrats des cours d'Appel en droit Ohada, ERSUMA, 26 mars-26 avril 2007.
- HAMEL, LAGARDE et JAUFFRET, Traité de droit commercial t 2, 1966.

- HILAIRE, Introduction historique au droit commercial, PUF 1986.
- ISSA SAYEGH J., POUGOUE P., et SAWADOGO F., OHADA : Traité et Actes uniformes commentés et annotés, JURISCOPE, 4ème édition, Cedex, 2012.
- ISSA SAYEGH J., POUGOURE P., et SAWADOGO F., OHADA : Traité et actes uniformes commentés et annotés, JURISCOPE, Paris, éd.2016.
- JUGLART et IPPOLITO, Les effets de commerce par DUPICHOT et GUEVEL, 3e éd. Montchrestien, 1996.
- KALIEU ELONGO Y., Droit et pratique des sûretés réelles OHADA, PUA, Yaoundé, 3ème éd, 2010.
- KALONGO MBIKAYI, Droit civil Time I: Les obligations, CRDJ-Kinshasa, 2008.
- LAUFENBURGER, Le commerce et l'organisation des marchés (traité d'économie politique), cité par Jean VAN RYN, op.cit.
- Le Gac, Protection du patrimoine et risques liés à l'entreprise : l'obligation aux dettes sociales, thèse Nantes, 1995.
- LE GOFF, Marchands et banquiers du Moyen Âge, PUF, Coll "Que sais-je", 1972
- LEROY-BEAULIEU P., Traité théorique et pratique d'économie politique, t.1er, 4e éd.,
- LESCOT et ROBLOT, Les effets de commerce 1953 n°77.
- LEVY-BRUHL, Histoire de la lettre de change en France aux XVIIe – XVIIIe siècles, Paris 1933.
- LUKOMBE NGEHENDA, Droit commercial Général Ohada en application en RDC, PFDUC, Kinshasa, 2018.
- LUKOMBE NGHENDA, Droit Ohada des sociétés en application en RDC, volume I : contours et sources du droit Ohada des sociétés, différentes sociétés commerciales, personnification des sociétés commerciales, PFDUC, Kinshasa, 2018.
- LUKOMBE NGHENDA, Droit OHADA des sociétés en application en RDC, TM II : constitution des sociétés commerciales, PFDUC, Kinshasa, 2018.
- Mazeaud (H., L. et J.), Leçons de droit civil, T.II, 3ème éd., Paris, 1966.
- Michel Jeantin, Droit commercial, Instrument de paiement et de crédit, Entreprise en difficulté, Précis Dalloz 2ème éd.
- Nguyen Chanh Tam, Philippe Dartois et Charles Simon, Lexique de droit des affaires zaïrois, Kinshasa, Faculté de droit, 1972.
- Oumar SAMBA et Mamadou Ibra DIALLO, Guide pratique des sociétés commerciales et du groupement d'intérêt économique Ohadaj : Schémas didactiques- Modèles (statuts, procès-verbal et autres formulaires) Jurisprudence Ohada, 3ème édition, Editions Comptable et juridiques, Dakar, 2015.
- Paul-Gérard POUGOUE, Encyclopédie du droit OHADA, Lamy, Cotonou, 2011, p.8.
- Paul Le Cannu et Bruno Dondero, Droit des sociétés, 6è éd., LGDJ, Lextenso éd.
- Renaud SALOMON, Les Arrêts du droit pénal des affaires, éd CUJAS, Paris, 2018/2019.
- Renaud SALOMON, Les grands arrêts du droit pénal des affaires, éditions CUJAS, Paris, 2018/2019.
- Ripert C., Aspects juridiques du capitalisme moderne, 1946.
- Ripert et Roblot, Traité élémentaire du droit commercial, L.G.D.J. 1976.
- RIPERT, Traité élémentaire de droit commercial, n°8 12 &13, cité par Jean VAN RYN, op.cit.
- Rivero J., « Le régime des entreprises nationalisées et l'évolution du droit administratif », Archives de philosophie du droit, 1952.
- RIVES-LANGE, Les engagements abstraits pris par le banquier, travaux de l'Association CAPITANT T XXXV 1984.
- ROBLOT, Effets de commerce, Sirey 1975.
- ROOVER, L'évolution de la lettre de change, XIVe – XVIIIe siècles, Paris 1953.
- SAVATIER J. La profession libérale, Paris, 1947.
- SAY L., & J. CHAILLEY, Nouveau dictionnaire d'économie politique.
- VAN RYN J, Principes de droit commercial Tome 1er, Etablissements Émile Bruylant, Bruxelles, 1954.
- VEGELI, La provision de la lettre de change et son attribution au porteur, Etude d'histoire et de droit comparé, Paris-Lausanne 1947.
- VIVANT, Le fondement juridique des obligations abstraites D 1978.
- Yves Guyon, Droit des affaires, Tome 2 : Entreprises en difficultés, redressement judiciaire, faillite, Economica, 9ème éd. 2000.
LYON-CAEN G., Contribution à la recherche d'une définition du droit commercial, Rev.trim.comm., 1949.
-Yves Chaput, Droit de la prévention et du règlement amiable des difficultés des entreprises, PUF, 1986.
- MILINGO ELLONG J., Le protêt et la protection du porteur d'un effet de commerce dans la zone CEMAC, Revue de l'ERSUMA : Droit des affaires - Pratique Professionnelle, N° 3 - Septembre 2013, Etudes disponible sur https://revue.ersuma.org/no-3-septembre-2013/etudes-27/article/le-protet-et-la-protection-du consulté dernièrement é le 8. Septembre 2021.

Annexes

1) Schéma résumant la procédure de règlement préventif [371]

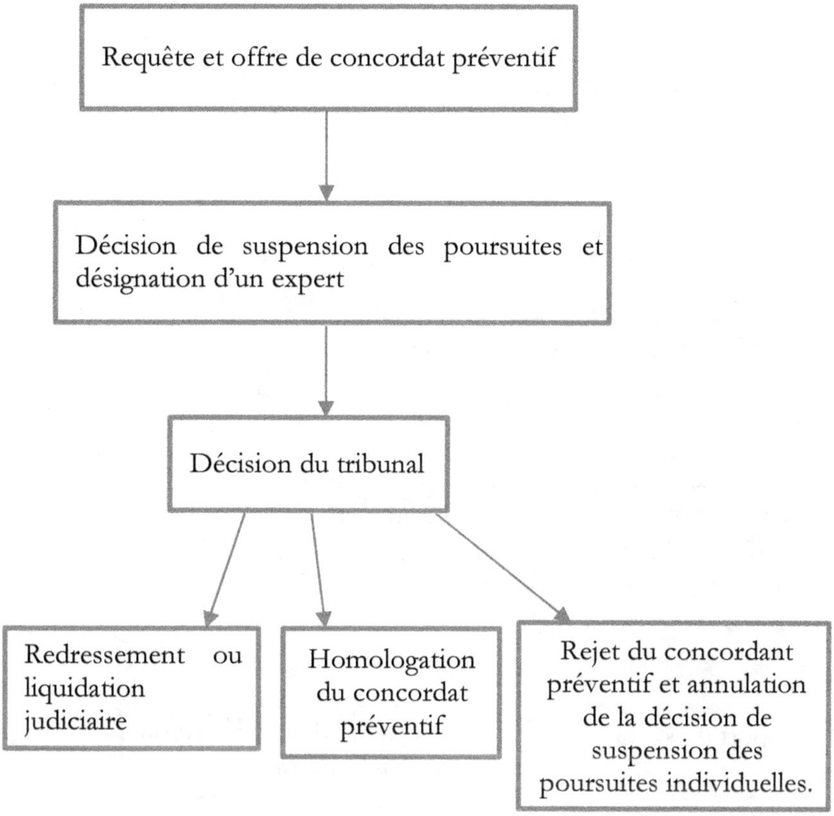

[371] Boris MARTOR, Nanette PILKINGTON, David SELLERS & Sébastien THOUVENOT, Op.cit. p.187.

2) Procédure de redressement judiciaire[372]

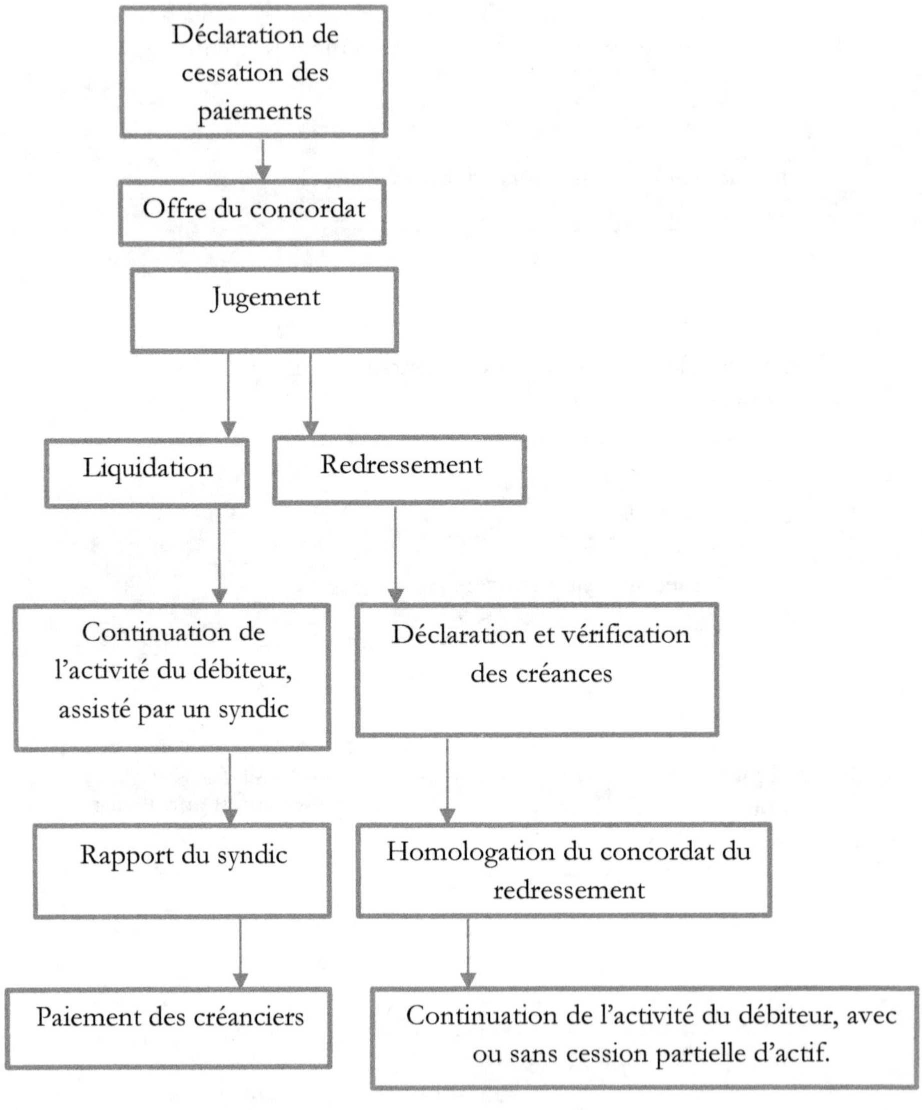

[372] Boris MARTOR, Nanette PILKINGTON, David SELLERS & Sébastien THOUVENOT, Op.cit. p.199.

3) La procédure de liquidation des biens[373]

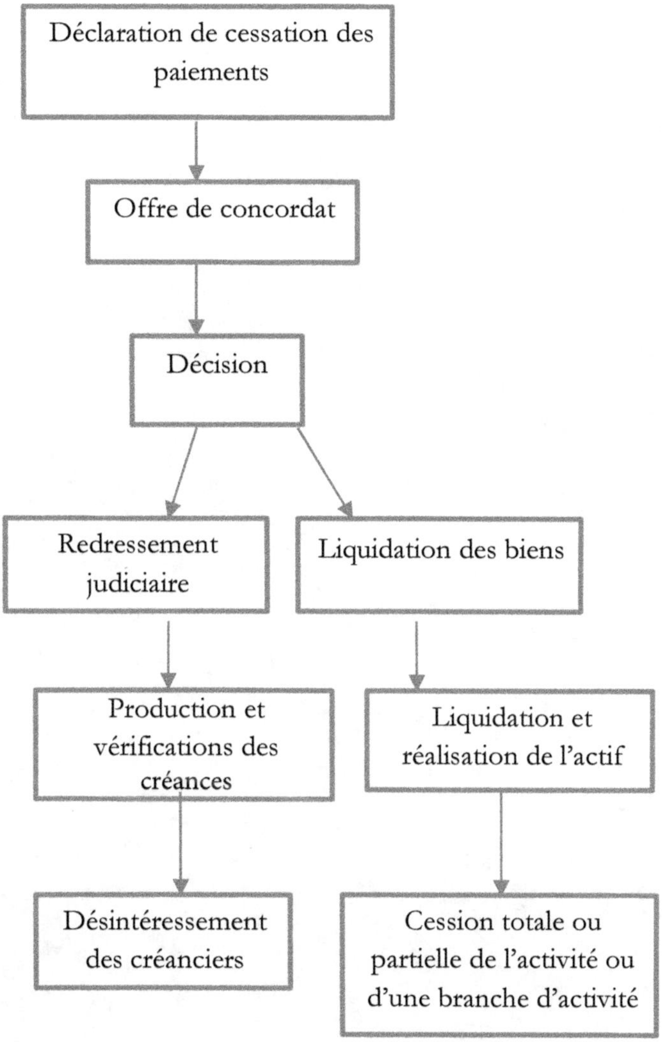

373 Boris MARTOR, Nanette PILKINGTON, David SELLERS & Sébastien THOUVENOT, Op.cit. p.203.

TABLE DES MATIERES

Structures éditoriales du groupe L'Harmattan

L'Harmattan Italie
Via degli Artisti, 15
10124 Torino
harmattan.italia@gmail.com

L'Harmattan Hongrie
Kossuth l. u. 14-16.
1053 Budapest
harmattan@harmattan.hu

L'Harmattan Sénégal
10 VDN en face Mermoz
BP 45034 Dakar-Fann
senharmattan@gmail.com

L'Harmattan Cameroun
TSINGA/FECAFOOT
BP 11486 Yaoundé
inkoukam@gmail.com

L'Harmattan Burkina Faso
Achille Somé – tengnule@hotmail.fr

L'Harmattan Guinée
Almamya, rue KA 028 OKB Agency
BP 3470 Conakry
harmattanguinee@yahoo.fr

L'Harmattan RDC
185, avenue Nyangwe
Commune de Lingwala – Kinshasa
matangilamusadila@yahoo.fr

L'Harmattan Congo
67, boulevard Denis-Sassou-N'Guesso
BP 2874 Brazzaville
harmattan.congo@yahoo.fr

L'Harmattan Mali
ACI 2000 - Immeuble Mgr Jean Marie Cisse
Bureau 10
BP 145 Bamako-Mali
mali@harmattan.fr

L'Harmattan Togo
Djidjole – Lomé
Maison Amela
face EPP BATOME
ddamela@aol.com

L'Harmattan Côte d'Ivoire
Résidence Karl – Cité des Arts
Abidjan-Cocody
03 BP 1588 Abidjan
espace_harmattan.ci@hotmail.fr

Nos librairies en France

Librairie internationale
16, rue des Écoles
75005 Paris
librairie.internationale@harmattan.fr
01 40 46 79 11
www.librairieharmattan.com

Librairie des savoirs
21, rue des Écoles
75005 Paris
librairie.sh@harmattan.fr
01 46 34 13 71
www.librairieharmattansh.com

Librairie Le Lucernaire
53, rue Notre-Dame-des-Champs
75006 Paris
librairie@lucernaire.fr
01 42 22 67 13